金融发展探索

JINRONG FAZHAN TANSUO

■ 周高雄 著

中国金融出版社

责任编辑：肖　炜
责任校对：潘　洁
责任印制：丁淮宾

图书在版编目（CIP）数据

金融发展探索（Jinrong Fazhan Tansuo）/周高雄著. —北京：中国金融
出版社，2015.10
ISBN 978 - 7 - 5049 - 8106 - 6

Ⅰ.①金…　Ⅱ.①周…　Ⅲ.①金融—文集　Ⅳ.①F83 - 49

中国版本图书馆 CIP 数据核字（2015）第 202862 号

出版
发行　中国金融出版社

社址　北京市丰台区益泽路 2 号
市场开发部　（010）63266347，63805472，63439533（传真）
网 上 书 店　http://www.chinafph.com
　　　　　　　（010）63286832，63365686（传真）
读者服务部　（010）66070833，62568380
邮编　100071
经销　新华书店
印刷　北京松源印刷有限公司
装订　平阳装订厂
尺寸　169 毫米 ×239 毫米
印张　29.75
字数　395 千
版次　2015 年 10 月第 1 版
印次　2015 年 10 月第 1 次印刷
定价　55.00 元
ISBN 978 - 7 - 5049 - 8106 - 6/F.7666
如出现印装错误本社负责调换　联系电话（010）63263947

序　言

我在华南理工大学任校长期间（2003 年 9 月—2011 年 12月），有幸认识了周高雄同志，那时他正在华南理工大学在职攻读金融工程专业博士研究生，毕业后也常有工作联系。周高雄同志是一位热心改革、善于创新、敢于担当的人。在中共广东省委、省政府的正确领导和支持下，他具体组织或直接推动的改革有：财政体制改革、农村税费改革、非税收入管理改革、高等教育投入改革等。特别是最近 8 年任广东省人民政府金融工作办公室主任、党组书记期间，他大胆解放思想，积极建言献策，大力推动改革创新，使广东金融发生了三大根本转变，深得上级领导、各有关部门以及广东金融界广大同仁的肯定和支持。由于周高雄同志在推动率先发展金融产业，打开粤港澳金融合作大门，创建全国最大金融改革试验区——珠江三角洲金融改革创新综合试验区工作中发挥了重要作用，被《第一财经日报》等重要媒体评为 2012年度中国金融人物。

《金融发展探索》包括研判、探索、培训等多个篇章，是周高雄同志 8 年探索与实践的结晶，既是一份知行合一的理论和经验总结，也是一份攻关克难的重要答卷。我谨以一名学者的身份将本书推荐给关心、参与和研究金融改革创新的朋友们。

吉林大学校长：

（中国工程院院士）

2015 年 3 月 3 日

目　录

培　训　篇

解 读 篇

工 作 篇

研判篇

资本与财富分配

——在中山大学股权班、上市班毕业典礼及新班开学典礼暨东莞市干部培训班上的专题辅导报告

（2008 年 7 月 15 日）

　　世界是物质的，物质由人类占有。人们占有物质的总和称为财产。财产的运用、交换形成了经济活动，渐渐发展成为可以创业更多财富的高级化的经济活动。财富不仅是人们生存的基本条件，也是成就的重要体现。为了改善生活条件、改变生存的社会地位，人们想方设法获得更多的财富。套用古人的话拿到今天来说就是"君子爱财，取之有道"。因此，也就有了挣钱、赚钱等说法与做法。

　　挣钱："挣"，用手去争，显而易见就是靠劳动创造财富。

　　来钱：繁体的"來"，有三个"人"字，可以理解为靠人力资本创造财富。

　　生钱："生"，"牛"加上"一"，"一"是平台，是资本平台，"牛"是牛市的牛（牛吃草的时候，眼睛都是往上看的），抓住牛市机会，进行资本运作，从而获取财富，即靠资本运作创造财富。

　　赚钱："赚"，财富、兼并，合起来就是指靠智慧将资本放大获得更多的财富。

　　很显然，随着人类社会的不断发展进步，人们获取财富的手段也不断创新和提高。现代人、现代企业、现代政府利用财产、财富创造更多财富

的本领之高，令人叹为观止，其中一些故事近乎神话传说。我没有对其概括的能力。今天我讲演的题目是《资本与财富分配》，仅就一些重要的财富关系问题谈一些肤浅的认识，探讨如何充分发挥资本优势，运用资本运营的现代手段，掌握财富分配的主导权，以获取更多的财富的问题。

一、财产与财富效应

早在 1978 年，邓小平同志就提出"要允许一部分地区、一部分企业、一部分工人、农民由于辛勤努力成绩大而收入先多一些，生活先好起来"。由此，极大地调动起亿万人的致富热情和创造财富的潜力。

中国共产党的十六大进一步提出"初次分配注重效率，发挥市场作用，鼓励一部分人通过诚实劳动、合法经营先富起来"。花了 14 年时间（1993～2007 年）制定的《物权法》作出规定，保护人民群众的财产财富不受侵犯。进一步激发了人民群众创造财富的积极性。

中国共产党的十七大报告首次提出"创造条件让更多群众拥有财产性收入"。创造什么条件？十七大报告提出的"人均 GDP 到 2020 年比 2000 年翻两番"，这就是最基础的条件。国家统计局数据显示，2000 年，中国人均 GDP 为 7078 元人民币，按当年汇率折算为 856 美元，到 2020 年，人均 GDP 应达到 3500 美元左右。创造条件让更多群众拥有财产性收入，还要深化资本市场改革，发展多层次资本市场，让人民群众的财产通过资本市场投资增值而获得更多的财富。这就是说，资本市场是让人民群众获得更多财产性收入的重要桥梁条件。

（一）促进经济又好又快地发展，创造日益丰富的物质财富

改革开放 30 年以来的经济持续发展，社会财富快速增长，很多人、很多企业基本完成了资本的原始积累，掌握了较多的物质财富，广东等地的发展情况也印证了这一点。

1. 改革开放 30 年以来，广东经济发展较快，城乡居民收入增长较快

2007 年，广东省实现生产总值 30674 亿元，比 1978 年增长了 186 倍，翻了 7 番多，年平均增长 18.6%；人均地区生产总值达到 32713 元，比 1978 年增长了 88 倍，年平均增长 16.1%，翻了 6 番半；城镇居民人均可支配收入 17699 元，比 1978 年增长了 412 倍，年平均增长 13.4%，翻了 5 番多；农民人均纯收入 5624 元，比 1978 年增长了 29 倍，年平均增长 11.8%，翻了近 5 番。

2. 改革开放 30 年，也是东莞经济持续快速发展、经济实力快速提高的 30 年

2007 年，东莞市实现生产总值 3151 亿元，比 1978 年增长了 120 倍，翻了近 7 番，年平均增长 18.0%；人均 GDP 达到 46690 元，比 1978 年增长了 85 倍，年平均增长 16%，翻了 6 番多；城镇居民人均可支配收入 27025 元，比 1978 年增长了 84 倍，年平均增长 16.0%，翻了 6 番多；农民人均纯收入 11606 元，比 1978 年增长了 77 倍，年平均增长 15.6%，翻了 6 番多。

3. 迎接新的考验，保持经济又好又快地持续发展

综观国际国内形势，广东省既面临前所未有的机遇，也面临新的考验。在广东，除了要应对美国次贷危机影响出口萎缩的考验、应对全国宏观调控影响经济较快增长的考验外，还要应对土地等资源紧缺的考验，应对成本全面上升的考验，应对产业转移及新的产业科学发展的考验。我们要深入贯彻落实科学发展观，以世界眼光、战略思维谋划广东的新发展，继续解放思想，坚持改革开放，积极推进自主创新，调整优化经济结构，力争全年生产总值增长 9% 左右，进一步推动经济社会又好又快发展。

（二）积极发展多层次的资本市场，利用资本市场放大财富效应

未来 30 年，关键是发挥资本的优势，提高资本运营效率，进一步放大财富的积极效应。发挥财富效应作用就是使"财产性收入"增加。所谓财产性收入的增加，是指因拥有不动产（包括房产、土地、收藏品等）和

动产（如银行存款、有价证券等）而获得的收入，包括出让财产而获得的红利、财产增值收益等。

　　财富效应的实现，经过资本市场进行资本运作是很重要的手段。中国证监会主席尚福林认为："财产性收入必然会涉及各种投资，除了实业投资，还包括投资金融产品，涵盖了储蓄、债券、保险和股票等"。资本市场是投资金融产品最直接、最广泛的场所，能够为投资者提供创造新财富的机会。因此，我们要积极推进资本市场健康发展，加快多层次资本市场建设，为广大投资者提供更好的投资平台。

　　中国共产党的十七大报告明确要求："优化资本市场结构，多渠道提高直接融资比重"。据中国人民银行统计，2007 年我国企业直接融资额占当年融资总额的 17.5%，比上年提高了 5.2 个百分点。广东 2006 年直接融资占当年融资总额的比例仅为 12.5%，2007 年提高到 20.1%，取得很大的进步。目前，日本、德国、美国等发达国家的企业直接融资比重已分别达到 50%、57% 和 70%。与之相比，我国直接融资比例还偏低。因此，当前我们更需要加快发展多层次资本市场，提高直接融资比例，以均衡直接融资与间接融资之间的比例关系。

　　1. 多层次资本市场的主要内容

　　资本市场是金融市场的重要组成部分，在发达国家资本市场是金融市场最重要的组成部分。多层次的资本市场，按地域范围划分具有多层次，可分为国际性资本市场、全国性资本市场和区域性资本市场；按金融工具划分具有多样性，包括股权市场、债券市场和产权市场；按金融产品划分具有丰富性，如股权市场就有股票、基金、柜台交易市场（OTC）（其中，在我国交易所又被区分为主板市场、中小板市场和创业板市场；柜台交易市场目前主要是代办股份转让系统）。债券市场就有国债、企业债券、资产证券化；产权市场就有国有产权交易、集体产权交易等。现在我们要加快发展多层次的资本市场，首先必须加快建立健全多层次的资本市场体系。一是建立健全多层次的股票市场体系，包括主板、中小板、创业板和代办股份转让系统（OTC 市场）；二是发展债券市场；三是发展期货市场等专业市场；四是发展产权市场。产权市场也是我国特色，建立之初主要是为国有企业改革和产权转让服务的，带有很强的行政性，不是严格意义上的市场。目前，许多地方正在探索向着真正市场化发展。

2. 股票市场的建立与改革

随着我国经济体制改革的推进，企业对资金的需求日益多样化，中国股票市场应运而生。1984 年 8 月，我国第一家股份有限公司——北京市天桥百货股份有限公司成立；同月，第一家向社会公开发行股票的公司——上海飞乐音响股份有限公司成立。1990 年底，上海、深圳证券交易所相继成立。我国第一家上市公司——深圳市蛇口安达实业股份有限公司的股票于 1990 年 12 月 1 日在深交所上市。我国第一部规范证券发行与交易行为的法律——《证券法》于 1998 年 12 月颁布并于 1999 年 7 月实施，标志着股票市场从雏形逐步走向规范。由于初期主要把股票市场作为国企改革的手段，我国股票市场在建立之初就存在着体制和机制的缺陷。随着股票市场的发展，"一股独大"、"股权分置"等种种制度性缺陷和结构性矛盾也逐步显现。从 2001 年开始，股票市场步入了连续 4 年的调整阶段。2004 年 1 月，国务院出台了《关于推进资本市场改革开放和稳定发展的若干意见》。此后，相继进行了一系列完善各项基础性制度的改革，包括股权分置改革、提高上市公司质量、证券公司综合治理、大力发展机构投资者、改革发行制度等。其中，股权分置改革旨在通过非流通股股东和流通股股东之间的利益平衡协商机制，解决国有股、法人股利益分置、价格分置这一历史遗留的制度性问题，使各类股东具有一样的上市流通权和相同的股价收益权，各类股票按统一市场机制定价，逐步实现二级市场价格真实反映上市公司价值，并成为各类股东共同的利益基础。因此，股权分置改革为我国股票市场优化资源配置奠定了市场化基础，也为我们发展多层次资本市场奠定了基础。

3. OTC 市场的建立与完善

OTC 市场即柜台交易市场，是指在证券交易所以外进行证券交易的市场。在 OTC 市场交易的是未能在证券交易所上市的证券，包括：不符合证券交易所上市标准的股票、符合证券交易所上市标准但不愿在交易所上市的股票等。在美国，按挂牌标准、监管从严格到宽松排列，OTC 市场依次分为纳斯达克全美市场体系、纳斯达克小市场体系、场外证券交易行情公告榜等。作为资本市场体系的重要组成部分，OTC 市场主要发挥以下作用：一是为经济发展筹集了大量资金。如美国，在 OTC 市场交易的证券数量约占全美证券交易量的四分之三；二是为投资于成长型中小企业的风险投资提供了退出通道；三是完善了上市公司的退出机制，促进了证券市场的健康发展。

在我国，股权 OTC 市场经历了 20 余年的发展历程。1986 年 9 月 26 日，我国第一个证券交易柜台——静安证券业务部正式挂牌买卖。其后，一些地方信托投资公司陆续推出了代办股票柜台交易业务。中国证券业协会开办了证券公司代办股份转让系统，它是除了上海、深圳两个证券交易所以外唯一可办理股份转让的柜台交易系统。2006 年 1 月 16 日，经国务院批准，中关村科技园区非上市股份有限公司股份进入证券公司代办股份转让系统进行股份转让试点，代办系统的功能得到拓展。2008 年 3 月，《天津滨海新区综合配套改革试验方案》获得国务院正式批复，其中包括"积极支持在天津滨海新区设立全国统一、依法治理、有效监管和规范运作的非上市公众公司股权交易市场，作为多层次资本市场和场外交易市场的重要组成部分。逐步探索产业基金、创业投资基金等产品上柜交易"。但是，由于目前缺乏相应的法律和制度安排，天津的 OTC 市场将来如何操作和发展还不清楚，比如是作为全国统一的唯一市场，还是区域性市场，其交易机制和监管制度等多方面仍未有具体的办法。从总体上来看，相对于上海、深圳两个证券交易所，我国 OTC 市场的建设相对滞后，未能满足多元化的市场需求。

4. 充分利用资本市场，不断增加财产性收入

财产性收入与工资性收入、经营性收入、转移性收入等同属居民可支配收入。扩大群众收入渠道，可使人们在劳动报酬之外，还能获得其他的合法收入，加快实现小康目标。事实上，各国的发展经验表明，在人均GDP突破2000美元、人民手中积累了一定的财富之后，财产性收入就会逐渐成为国民新的重要的收入来源。近年来，我国居民银行存款、有价证券、房屋、收藏品等财产的拥有量迅速增加。在财富效应的示范作用影响下，越来越多的人加入到投资者的行列中来，通过买卖股票、买卖基金、出租房屋、收藏艺术品等投资方式获得的股息、红利、租金、增值收入等也在成倍增长，从而分享到国家改革发展及经济增长的成果。

近几年来，我国资本市场规模迅速扩大，这既是广大投资者热情参与的结果，也让投资者从中获得越来越多的财产性收入。据统计，截至2007年底，全年新增投资者开户数6033万户，累计开户数达到1.39亿户；沪深两市上市公司总市值达到32.71万亿元，较上年增长了2.66倍，资产证券化率（总市值/GDP）达到132.64%；全年筹资金额达到8680亿元；总成交额达到46万亿元，证券交易印花税收入为2062亿元。2007年企业各类债券发行总额达到5181亿元，其中，短期融资券累计发行3349亿元，较上年增长14.7%；企业债券发行1720亿元，较上年增长72.9%；公司债券发行112亿元，是当年新推出的品种。

从国家统计局公布的数据看，我国国民财产性收入增长越来越快：2000年，全国城镇居民人均可支配收入来源中，财产性收入仅为128元；到2006年，这一数字已经突破240元，翻了一番，比2005年增长了24.4%，远远超过居民可支配收入10.4%的涨幅。其中，广东省城镇居民人均财产性收入从2002年的228.48元增长到2006年的565.47元，翻了一番多，在全国各省（自治区、直辖市）中排行第二（浙江省人均财产性收入888.78元）；财产性收入占居民可支配收入的比重从2002年的2.05%上升到2006年的3.53%，居全国第四位，仅次于浙江（4.87%）、

云南 (4.64%)、福建 (3.7%)，比全国平均水平高 1.46 个百分点。不仅城镇居民如此，全国农村居民人均现金收入中的财产性收入增幅也在两成左右。财产性收入无疑已成为城乡居民提高收入的新增长点。

东莞市城镇居民的财产性收入增长很快，在可支配收入中的比重也在提高。2006 年，东莞城镇居民可支配收入为 25320 元，比上年增长 10.7%。其中，财产性收入为 2504 元，比上年大幅增加了 32.2%，约占可支配收入的 10%，提高了 1.6 个百分点。

资本市场的发展壮大，为城乡居民获得更多的财产性收入提供了良好的条件，也为广大企业发展提供了有效的资本运营平台。资本市场在经济资源配置和国民收入的分配中的基础作用日益增强。在全面建设和谐社会的过程中，在建立和完善多层次养老体系、改革医疗保险体制和建设新农村等各个重要领域，资本市场都将继续发挥越来越重要的作用。我们要鼓励广大人民群众善于利用资本市场、充分利用资本市场，不断增加财产性收入和改善生活条件。

二、资本与财富分配

人民群众财富的增长和资本市场的发展，自然地提出了两个重要问题：一是如何将财富转化为资本并充分发挥资本的优势，通过资本运营获得最好的财富增值效应；二是如何发挥资本市场配置资源和分配财富的基础性作用，实现资源使用效率最优化和财富效应最大化。近年来，国民财富的增加和资本市场发展，推动了国民理财意识的觉醒，将财产进行投资，将存款转化为有价证券等资产渐渐成为中国老百姓的普遍选择。而依靠积累的一定资本和合作资本进行资本运营、做大做强，是更多中国企业在觉醒后的自觉行动。

（一）资本在财富分配中的地位和决定作用

在计划经济和按劳分配体制中，按劳分配是唯一的分配原则，"劳动"

是参与分配的唯一要素。改革开放 30 年以来，随着社会主义市场经济体制的逐步建立，分配制度也发生了较大的变化。党的十三大提出"以按劳分配为主、多种分配形式并存"的分配形式；十五大提出"要把按劳分配与按生产要素分配结合起来"；十七大报告则进一步发展为"要坚持和完善按劳分配为主体、多种分配方式并存的分配制度，健全劳动、资本、技术、管理等生产要素按贡献参与分配的制度"。可见，资本的地位和作用从不被承认到承认，从允许参与分配到在分配中起重要作用。随着社会主义市场经济体制的完善和资本市场的发展，资本在经济资源的配置和财富分配中必将更突出地发挥决定性的作用。

1. 在生产经营中资本的主要构成

资本是现代西方经济学中一个最基本也是最重要的概念。人们对资本的认识是逐步深化的，资本的概念也是逐步扩展和深化的。在古典经济学中，资本被定义为用人工生产的而又进一步投入生产的一切物质生产资料，一般指有形资本，包括土地、厂房、机器设备、原材料、交通运输设施等。在现代西方经济学中，资本的内涵和外延越来越宽泛，不仅指有形的物质资本，而且包括无形的资本，即包括了物质资本、人力资本、货币资本等。特别是随着生产方式的转变发展，有形的物质资本在财富分配中的决定作用渐渐弱化，而无形的人力、技术资本在财富分配中的决定作用越来越强。

人力资本升级过程：

1.0 版——计划经济近 30 年，按计划分配；计划配置人力资源。

2.0 版——改革开放 30 年，按劳分配为主；市场配置人才资源。

3.0 版——新时期，按资本分配为主；市场配置人力资本。

人力资本是无形资本，是指蕴藏于人类有机体中，能够产生价值的知识、经验、技能、个性、意识等各种因素的集合。人力资本增值主要通过三种方式：一是提升个人能力；二是团队的凝聚合力；三是创造品牌价值。

货币资本就是通常概念中的资金。最初，货币资本是以生息资本形式出现，富人以闲余资金收取利息。在商品经济的初级阶段，货币资本以商业资本方式运作，即商业上的买货卖货赚取价差。工业革命后，资本家开始将所持有的货币投资于工业生产领域，通过对资源的配置和组合，生产出新的产品，再通过市场销售出去，取得更多的货币或利润，产生了所谓产业资本。因此，在《资本论》中，马克思认为资本就是带来剩余价值的货币。随着市场经济的发展，货币本身逐步演变成了一种可供交易的商品，也成为了一种投资对象，即可以通过自身持有的货币投资于不同的货币、准货币或金融衍生产品而获取更多的货币利益，于是出现了金融资本。金融资本是货币资本化的最高级形态。

金融化已成为经济活动的主导力量。金融化是指经济运行日益以金融活动为中心，以金融关系为纽带，以金融平台、网络为基础，追求财富增值。这个判断的依据是：按 IMF 统计，2006 年全球 GDP 总值为 48.2 万亿美元，全球股票总市值为 50.8 万亿美元，全球金融市场总资产为 190.4 万亿美元，全球金融衍生产品总市值 485.7 万亿美元，分别相当于全球 GDP 总值的 1 倍多、4 倍和 10 倍。金融资产总量占 GDP 的比重，美国达 4.02，新加坡 3.82，日本 3.78，中国 2.3 左右，巴西 1.13，阿根廷 0.63。这表明了金融资产运行逐渐脱离了实体经济发展的实际需要，而成为经济全球化的主要动力。金融资本追逐高额利润的本性昭然彰显。

2. 在财富分配中起决定作用的资本或资本组合

随着生产力水平的提高和商品经济的不断发展，不仅资本构成或资本组合的形式在发展变化，而且在财富分配中起决定作用的资本或资本组合也在不断发展变化。

（1）在初级产品生产阶段，即农业经济阶段，物质资本占主导地位，并在财富分配中起决定作用。拥有土地、种子、农具等物质资本的地主牢牢掌握着经济活动的主导权，其中包括财富分配的决定权。因而，占有了大多数的财富。

（2）在高级产品生产阶段，即工业化阶段，人力资本与物质财富的组合占据主导地位，并在财富分配中起决定作用。人力资本在各生产要素中越来越发挥出决定性的作用。古典经济学的奠基人——亚当·斯密充分肯定了劳动（人力资本）在各种生产要素中的特殊地位，他在《国富论》中提出，经济增长取决于两个条件：一是专业分工促使劳动生产率的提高；二是劳动者数量的增加和质量的提高，尤其强调了劳动者的素质是国民财富增长的根本。但是，在工业化阶段，要将大量的自然资源转化为工业产品，仅仅有人力资本是不够的，必须在一定的物质基础上才能发挥人力资本的优势，于是就有了人力资本与物质资本的组合。

（3）在现代经济阶段，货币资本与有关资本组合占据主导地位并在财富分配中起决定作用。随着工业化与信息化的结合、工业高级化与服务业优化的结合，产业的优化升级趋势日趋明显，并总是由劳动密集型向技术密集型、资本密集型转化的。其生产要素的内涵也日益丰富，而对财富生产与分配起决定作用也由单一资本向组合资本发展。例如，在金融产业发展中，金融资本起关键作用，大量金融资本的运营，更需大量高级金融人才和管理人才参与。于是，金融资本与人力资本就组合起来了。又如，在发展高新技术产业中，人力资本起关键作用，大量创新产品、创新技术需要通过风险投资才能得到实现，企业才能取得飞跃性的发展。这些都充分说明，在现代经济中人力资本和货币资本的组合是常见的组合，并越来越发挥着决定性的作用。

（二）控制核心资本，掌握财富分配的主导权

核心资本是指对生产经营及其结果的分享起决定作用的资本或资本组合。从方法论上讲，控制核心资本就是抓住主要矛盾的主要方面。谁能控制核心资本，谁就掌握着财富分配的主导权。

1. 发现资本优势

巴菲特发现资本优势的方法：专注于评估资本的未来价值。

【沃伦·巴菲特投资案例】巴菲特的学历并不很高。他在美国哥伦比亚大学首次接受正规的投资学训练，获得 MBA 学位。但他的发现能力很高：他在他的老师——本·格雷厄姆教授关于现代"价值投资"方法理论的基础上，发现了会计实质之外的经济实质、一般成本之外的机会成本、历史价值之外的未来价值（内在价值）。他总是用未来预期绩效来评估内在价值。

巴菲特使伯克希尔·哈撒韦公司的资产由 0.46 亿美元变为 213.18 亿美元。这家公司是由伯克希尔公司和哈撒韦公司合并而成的。伯克希尔公司是英国最大的纺织品生产厂商，哈撒韦公司是纺织机器的制造公司。两家公司在 1955 年合并之后，由于通胀影响、外部竞争等影响，开始陷入衰退；1965 年，巴菲特和合伙人获得这家公司的控制权，并苦心经营。1980 年，公司的账面价值为 0.46 亿美元。巴菲特认为，这家公司的实业资本优势已不复存在，必须退出纺织行业。他发现了金融资本的优势，1985 年，他拿着挣来的钱买下了两家保险公司——国家保险公司和国家火灾及航运保险公司，主要做针对财产和意外的直接保险和再保险。1994 年，公司可以确认的资产为 213.38 亿美元（其中，保险业的资产为 184.94 亿美元，占 86.67%），资产扩张了 464 倍。

资本运作使企业家实现了自身价值，使企业资源得以优化整合，是企业壮大的捷径。资本运作的关键是善于发现资本优势，并能牢牢控制核心资本。

2. 控制核心资本

华为集团控制人力资本的方法：以人为本，激励先进。

成立于 1988 年的华为集团，是一家民营的高科技企业，主要从事通信网络技术与产品的研究、开发、生产与销售，专门为电信运营商提供光网络、固定网、移动网和增值业务领域的网络解决方案。经过 20 年的发展，华为集团成为中国电信市场的主要供应商之一，并已成功进入全球电信市场。2007 年，华为集团实现合同销售额 160 亿美元，同比增长 45%；

其中，72%的销售额在国际市场实现，其固定网络、IP网络和电信增值业务等多项产品的市场份额居全球第一。华为集团的信条是："华为唯一可以依靠的是人，认真负责和管理有效的员工是华为最大的财富，人力资本的增值一定要大于财务资本的增值"。作为核心竞争力的关键因素——人力资本具有收益递增特征，即随着对人力资本投入的增多，在经过一段特定的适应期后，获得的效益也随着增加。经济学认为，人力资本在内外效应的双重作用下，生产过程中的技术系数将发生变化，社会的生产可能性边界将会以越来越快的速度向外扩展。一个简单的算账是，如果一个员工创造了10元的价值，给他1元报酬，公司净得9元；假如一个员工创造了1万元价值，不应按同比例支付人力资本1000元，而是支付3000元，则公司净得7000元。这样会激励员工去创造1万元，而企业也得到更多（7000元当然大于9元）。因此，华为集团在人力资本上舍得大量的投入，这些投入促进了科研成果的迅速开发，使其在市场竞争中保持了较强的竞争力，并使其主要产品的市场份额稳步上升。华为集团成功最大的奥秘，就在于善于控制核心资本，处处把人力资本放在第一位。华为集团以人为本，很早就与多家国外著名管理咨询公司合作，引进国外先进的管理方法和管理体系，使国外的成功管理模式融入具有华为特色的管理体制。每年，华为集团从各高校招聘大量的应届毕业生，然后进行企业文化的培训，使这些掌握着最新知识、最有闯劲的年轻人成为企业发展的新鲜血液。华为集团激励先进，在企业内部管理中设计了一套任职资格评价体系，对中高级主管实行职务轮换政策，引入多种形式的竞争与淘汰机制，促进人才的有效配置，从而最大限度地发现和开发员工的潜能。在报酬与待遇上，华为集团坚持"效率优先、兼顾公平"的原则，工资分配实行基于能力主义的职能工资制；奖金的分配与部门和个人的绩效挂钩；医疗保险按贡献大小，对高级管理和资深专业人员与一般员工实行差别待遇，高级管理和资深专业人员除享受医疗保险外，还享受医疗保健等健康待遇；安全退休金等福利分配，依据工作态度的考评结果而定。华为集团还实行员工持股制度，就是把员工的知识贡献、劳动贡献应得的回报转化为公司股权，通过股权和股金的分配来实现知识的资本化。

印度米塔尔集团控制物质资本的方法：全球整合资本，占有越来越多的铁矿石。

拉克希米·米塔尔于1976年创建印度米塔尔钢铁公司。2006年收购欧洲的阿赛洛钢铁公司后组建成米塔尔钢铁集团。米塔尔个人资产约为450亿美元，在《福布斯》杂志公布的2008年全球富豪排行榜中位居第四：巴菲特（620亿美元）、卡洛斯·斯利姆·埃卢比（600亿美元）、比尔·盖茨（500亿美元）、米塔尔（450亿美元）。

米塔尔钢铁集团在短短的十几年内迅速完成对全球钢铁行业的并购整合，打造成一个年产1.2亿吨的庞然大物（占全球钢铁产量8.7亿吨的13.8%）。2007年以589亿美元的营业收入排名全球百强企业的第99位。

米塔尔集团在扩张中始终牢牢掌握着核心资本——铁矿石，掌握着自己所需60%的铁矿石。

上述案例说明，善于发现资本优势，善于控制核心资本是非常重要的，这对于企业和对于政府都一样。企业在控制核心资本方面应注重控制人力资本、核心技术、资金链条。而政府则通过实行土地差别供给、产业准入等政策控制核心资本的分布。

3. 掌握财富分配的主导权

施正荣始终掌握财富分配主导权，迅速成功与致富。

（1）点石成金，扩大财富。

施正荣是澳大利亚籍华人，2001年1月回江苏省无锡市创业。他瞄准的是亏损国有企业，用的是点石成金术：2002年，由无锡投资公司、江苏小天鹅集团、江苏国联信托公司等6家公司出资600万美元，施正荣出资200万美元（其中：40万美元现金、160万美元的技术入股）组建中外合资的"无锡尚德"，当年亏损90万美元。2003年盈利93万美元。

2003 年"无锡尚德"还不能无法满足国内上市的标准，而海外资本市场对光伏产品相当认同，恰好在 2005 年 10 月，施正荣与纽交所 CEO 约翰·塞恩偶然结识，遂在开曼群岛注册了"尚德控股"公司，在纽交所成功上市。2005 年 12 月 14 日，"尚德控股"向公众发售新股，成本价 2.31 美元/股，发行价 15 美元，增值 6.5 倍；按首日收盘价，增值 10 倍。

通过重组及海外上市，公司资产由 800 万美元，发展到 2005 年超过 25 亿美元。

（2）掌握财富分配主导权

第一是借力生财。

施正荣回国，只有 40 万美元现金，难以干成大事业。于是，他想到借力生财。2005 年 1 月 11 日，施正荣成立"尚德 BVI"公司，股本 5 万美元，施正荣持股 60%，"百万电力"公司持 40%。

"百万电力"提供 6700 万港元"过桥贷款"（借期为半年），作为收购"无锡尚德"国有股权的保证金之用。

"百万电力"为什么肯出这笔钱呢？《过桥贷款协议》协定：转让成功，可获转换成 25% 的"尚德 BVI"股权（约为"尚德控股"净资产 5480 万港元；当年分利润约 9000 万港元，合计利益为 14480 万港元，半年增值一倍）。施正荣用这笔钱，在 2005 年 4 月与江苏无锡的国有股东达成了收购股权的协议，同时吸引了海外风险投资机构入股"尚德控股"。

第二是"傍大款"发财。

2005 年 5 月，施正荣进行首轮私募，投资者包括高盛、龙科等几家大机构，以每股 2.31 美元的成本价，出售 3466.7 万优先股，募集 8000 万美元。将这 8000 万美元重组"无锡尚德"，即将"无锡尚德"从国有股控股的中外合资公司（国有占 68.61%），通过股权转让方式转变为"尚德 BVI"100% 拥有的子公司。

第三是"对赌"，提高持股比例。

高盛等外资投资机构自然是为获厚利而来，他们为规避风险，提出了保值增值要求。施正荣采用"对赌"方法，乘机也提出了他的持股比例。"对赌协议"约定：截至 2005 年末，"尚德 BVI"合并税后净利润不得低于 4500 万美元。如果低于 4500 万美元，则换股比例需乘以一个系数，即新估值/公司原值，这个新估值就是 2005 年的实际净利润乘以6，即按 6 倍市盈率投资。

施正荣在协议中对自己的控制权设定了一个"万能的保障条件"：无论换股比例如何调整，外资的股权比例都不能超过公司股本的 40%。此外，他还为公司的董事、顾问争取到了约 611 万股的股票期权。这样，施正荣的持股比例在没有投资的情况下，已由 25% 提高到 54%。

至此，出 40 万美元现金的施正荣持股 54%，出 8000 万美元现金的高盛等，持股不超过 40%。

第四是"换股"，组建上市主体。

在海外上市实务操作中，"换股"是组建上市主体最常用的方式。开曼群岛的法律环境最符合美国上市要求，开曼群岛的公司是最理想的上市主体。2005 年 8 月 8 日，在上市承销商瑞士信贷第一波士顿和摩根士丹利的安排下，由施正荣完全控股的壳公司 D&M. Technologies 在开曼群岛注册成立"尚德控股"，发行 1 股，面值 0.01 美元。2005 年 8 月 16日，"尚德控股"和"尚德 BVI"的全体股东共同签订了一份"换股协议"。

根据协议，"尚德控股"向"尚德 BVI"现有的 16 家股东发行89999999 股和 34667052 股 A 系列优先股作为代价，交换这些股东所持有的"尚德 BVI"全部股份，简称"换股"。"换股"后，"尚德 BVI"持有"尚德控股"100% 的股权，"尚德控股"作为最终控股公司择机上市。

2005 年 12 月 14 日，"尚德控股"向公众出售 2000 万股新股，老股东向公众出售 638 万股旧股，在纽交所完成上市。发行价 15 美元/ 股，首日收盘价 23 美元/股。

上市后财富分配表　　　　　　　单位：美元

财主	出资额	财富占有额	财富增值
施正荣	40 万	14.4 亿	3600 倍
国有企业	600 万	0.8 亿	13 倍
百万电力	6700 万（港元）	5 亿	596 倍
外国投资机构	8000 万	5.2 亿	6.5 倍
合计近	1 亿	25.4 亿	26 倍

在实践中，通过资本运作、合作兼并成功地掌握财富分配主导权的毕竟是少数。大多数企业一般通过利润分配、股份分红、期权配置等掌握财富分配的主导权。而政府则应关注财富分配主导权的占有是否合法合理，政府通过土地增值收入、税收、分红（股利）等方式获得应得的经济发展的收益。政府最大的收益通过掌握产业主导权获得。

三、财富分配权与产业主导权

财富分配权决定大国命运。

翻开世界经济千年史，见到的是一部"造食者"（自主发展）主宰"找食者"（依附发展）的历史。英国借助第一次工业革命的成功，首先成为了"造食者"。英国靠生产技术的绝对垄断与原材料的绝对控制牢牢掌握财富分配权而发展为头号帝国。爱德华·多加莱亚诺在《拉丁美洲：被切开的血管》一书中揭露说："在英国纺织品未立足之际，对出口未加工的羊毛的本国公民重判以断手或绞刑，但当拉丁美洲门户被暴力打开后，英国则向这些国家倾销其低质纺织品"。

法国于 1786 年和英国签订了《伊甸条约》，法国想输出葡萄酒与白兰地。但最终上了英国的当，吃了大亏。英国人用技术含量较高的工业品交换法国人的初级产品。法国始终处于与英国交换链环中技术下端的劣势。结果是英国资本打入法国，法国小农场主纷纷解体。农民进了城，1789 年，法国大革命就爆发了。

美国根本不相信英国人宣扬的"自由贸易原则",不上英国人的当,走的是自主发展的资本主义市场经济的道路。一方面积极发展本国的自主工业,另一方面由国会制定《停止通商法》,限制与英国贸易,保护民族市场。1820 年到 1902 年,美国制造业平均关税税率从 40% 猛增到 73%,远远高于当时其他新兴的工业化国家。在第一次世界大战前,美国关税税率才大幅下调到 44%。

美国发展起来后,凭借着政治霸主地位,在全世界整合与控制宝贵的资源;凭着经济霸主地位,输出廉价的美元,在吸取全球财富的同时,向全球输出通胀。所走的完全是当年英国人走过的"造食者"主宰"找食者"的道路。

基于这样的历史鉴照,财富分配权决定大省命运,财富分配权决定大市命运。

财富分配权之所以起决定命运的作用,其秘密在于产业主导权给它开辟了取得财富的康庄大道与摄取财富的力量。

发展产业是收获财富的主要手段。在经济全球化条件下,现代市场经济的竞争首先是产业主导权的竞争。如何把握产业分工的大局,按照产业发展升级规律,引导发展主导产业,增强经济又好又快发展的后劲,是中国各级政府新时期经济工作的重要目标。

(一) 以追求财富最大化为导向确定主导产业

主导产业是指在科技进步与经济发展中起骨干作用的支柱产业。它具有三个特点:一是规模大。对本地经济的发展有较强的推动或带动作用。二是贡献大。不仅对 GDP 贡献大,而且对财富增长贡献也大。三是层次高。一般处于产业链的高端。正确选择主导产业是产业发展和结构优化的前提保证。产业经济学理论认为,主导产业部门的选择有三大基准:一是收入弹性基准,即以需求收入弹性高作为选择主导产业部门的基本原则;二是生产增长率基准,即只有生产增长率高的产业才能成为主导产业部门的候选对象；三是关联效应基准，指某一产业投入产出关系对其他产业投入产出水准的影响。

邓伟根在《产业经济学研究》中指出，经济发展不能没有主导产业，也不能等条件都成熟了才选择主导产业，条件是创造出来的。

这三大基准集中到一点就是，以追求财富最大化为导向。广东改革开放三十年的五次产业升级，是越来越明确这个导向的。第一次是20世纪80年代初期，从农业产品加工到日用工业品的升级，包括"三转一响"——单车、手表、缝纫机、收音机，还有珠江水（健力宝、珠江啤酒）、岭南衣等，这是产品短缺时期，主要以产品为导向；第二次是20世纪90年代初，从日用工业品到现代家电的升级，粤家电包括"三大件"——电冰箱、电视机和洗衣机，这是生产线短缺时期，主要以生产项目为导向；第三次是进入2000年以来，从现代家电到现代高级消费用品的升级，包括"两大两小"——汽车、房屋、电脑、手机，这是消费拉动时期，财富效应促进财富增值选择；第四次是2003年以来的最近5年，省委、省政府提出产业结构调整要向适度重型化和高级化转变，并把发展装备制造业、石化、汽车放在更加重要的位置，这是产业链接与互动时期，从产业分工和支持发展支柱产业中争取财富最大化已渐渐成为广东各级政府的自觉行动；第五次是2008年起，省委、省政府作出构建现代产业体系的决定，提出大力发展现代服务业和先进制造业双轮驱动的战略，这是产业高级化发展时期，以财富最大化为追求目标是一个较为明确的导向。

我们要深刻认识领会全省产业发展升级战略的意义，认真分析现有的经济基础和资源资本条件，认真研究产业发展布局与分工问题，市、县政府应尽快确定若干个主导产业。围绕主导产业开展产前、产后服务工作，做好推动产业链配套和关联产业相应发展的工作，努力形成完善的产业链条（一些经济学家认为1+6个环节：1为制造；6为产业设计、原料采购、仓储运输、订单处理、批发经营、终端零售）。形成高效率的产业集群。以产业的聚集效应促进财富的聚集效应实现。

（二）以引导产业发展为重要责任，提供优质的政府服务

珠三角正在进行的产业转移既是制造业研发、设计环节由发达国家往发展中国家转移，也是珠三角地区产业优化升级的最新调整。因此，政府的责任重大。

1. 制定本地区产业发展中长期规划

当前，广东省经济社会发展已全面转入科学发展的轨道。日前，省委、省政府出台了《中共广东省委广东省人民政府关于争当实践科学发展观排头兵的决定》（粤发〔2008〕5 号）和《中共广东省委广东省人民政府关于加快建设现代产业体系的决定》（粤发〔2008〕7 号），这是指导广东省当前和今后科学发展的指导性和纲领性文件。各地要为实现争当实践科学发展观排头兵的总体要求和战略目标作出贡献，首先要找准自己的定位，根据现代服务业和先进制造业"双轮驱动"的发展战略，打造本地区特色的现代产业体系，制定本地区产业发展中长期规划。

先进制造业发展规划应包括建设"特色工业园区"、"专业镇"等规划内容。现代服务业发展规划应把金融业作重要的支柱产业加快发展。

金融是现代经济的核心，是国民经济的命脉，在市场资源配置中发挥基础性作用。发展金融产业，可进一步发挥金融资源配置的基础性作用，加快第一产业、第二产业中落后产业的淘汰与优势产业的升级，促进各个产业协调发展。通过发展金融产业，迅速做大做强现代服务业，占领现代产业发展的制高点。因此，2007 年，省委、省政府提出发展金融产业、建设金融强省的重要目标，2008 年，省委、省政府又将发展金融产业作为现代服务业体系的首要内容，将金融产业作为全省支柱产业加快发展。即到2015 年，广东金融产业增加值占 GDP 的比重达到8％以上，占第三产业的比重达15％以上。为什么要将金融产业作为支柱产业加快发展呢？我认为，这是广东产业升级的必然选择。这是由以下三个方面内容决定的：经济强大有内在发展规律：靠发展第二产业做大、靠发展第三产业做强；发

展第三产业，金融是龙头产业，具有很强的引导性和推动性；金融产业是"双轮驱动"战略的重要动力。东莞已经靠第二产业做大，有待做强。东莞是广东省乃至全国的"金融绿洲"，是发展金融产业条件最好的地方。发展金融产业也是东莞产业升级的必然选择。

近年来，佛山市的发展经验值得借鉴。佛山市提出要以工业园区、专业镇和特色产业基地为载体，不断推进产业的集聚和优化升级。全市现有佛山国家高新技术产业开发区等 7 个重点工业园区，有 25 个镇（街道）取得了 31 个"广东省专业镇"称号，建设了国家电子信息产业基地等 23 个国家级和 6 个省级产业基地，打造了西樵纺织等 2 个国家级产业集群升级示范区和 6 个省级产业集群升级示范区。在推进传统产业现代制造的同时，佛山依托庞大的制造业基础，大力发展生产性服务业，以金融创新为重点，加强广东金融高新技术服务区建设。2007 年 7 月，作为广东省建设金融强省的七大基础性平台之首的广东金融高新技术服务区正式落户南海。目前，广东金融高新技术服务区已和美国国际集团（AIG）签约，计划首期投资 8000 万美元设立呼叫中心等后援服务中心，并逐步将其在大陆乃至亚洲地区的后援业务引进来。吸引了中国人保集团（PICC）建设南方信息中心项目。计划到 2015 年，在区内设立后台服务部门的金融机构数量将超过 80 家，金融外包服务企业超过 100 家，从业人员 10 万人。这种"双轮驱动"推进产业结构优化升级的效应正在显现。2007 年，佛山市实现生产总值 3588.50 亿元，比上年增长 19.2%，其中，全年全部工业总产值 9358.05 亿元，比上年增长 28.2%，使得三大产业的比重分别为 2.2%、64.9% 和 32.9%；人均生产总值 60917 元，增长 18.0%，折算为 7956 美元。其中，全市工业园区实现工业总产值 4300 亿元，完成工业增加值 1000 亿元，均占全市工业总产值和工业增加值的 46%。

2. 采取激励政策，培育要素市场

温家宝总理在 2008 年的政府工作报告中提出，要加强市场体系建设，生产要素市场化程度应稳步提高。生产要素市场主要包括劳动力市场、土地市场、金融市场、产权市场、技术市场等。各级政府应采取激励政策，主要着力于劳动力市场、土地市场、金融市场、中介服务市场的培育，促进当地产业发展与优化升级。

劳动力市场是现代市场经济中最重要的生产要素市场之一。我国是世界第一人口大国，有着7.8亿总劳动力人口，约占世界总量的四分之一强。改革开放前计划经济体制的最大弊端就是没有劳动力市场，阻碍了劳动力资源的合理配置和充分利用。改革开放30年来，劳动力市场的市场化改革，引入了竞争性就业体制和激励性分配体制，大大调动了劳动者的生产积极性和创造性，为我国经济发展和产业升级提供了源源不断的劳动力资源。各级政府要从分配制度、劳动力保障制度和户籍制度等基础性制度的设计上激励有较高技能的劳动者落户。当前，国家要求经济增长由主要依靠增加物质资源消耗向主要依靠科技进步、劳动者素质提高、管理创新转变，劳动力市场也应以提高劳动者素质为管理导向，提供更多更好的培训服务，促进劳动者的素质不断提高。

在土地市场方面，由于土地是不可再生的稀有资源，土地市场必须以合理保护和利用土地，充分发挥土地效用为管理导向。国务院出台了《关于加快发展服务业若干政策措施的实施意见》（国办发〔2008〕11号），其中明确了实行有利于服务业发展的土地管理政策，"各地区制订城市总体规划要充分考虑服务业发展的需要，中心城市要逐步迁出或关闭市区污染大、占地多等不适应城市功能定位的工业企业，退出的土地优先用于发展服务业。国土资源管理部门要加强和改进土地规划计划调控，年度土地供应要适当增加服务业发展用地。积极支持以划拨方式取得土地的单位利用工业厂房、仓储用房、传统商业街等存量房产、土地资源兴办信息服务、研发设计、创意产业等现代服务业"。东莞市在处置闲置土地工作方面是全省做得最好的。我也随省领导来参观学习过，印象很深。东莞又是全省率先进行土地集中管理的市，管理效益和利用效率也是很高的，应继续发扬光大。因为东莞最需要土地。深圳市已将可用土地用了八成，东莞也紧随其后，用了七成。目前只有企石镇方向用地比较宽松，要珍惜利用土地。

金融市场，是重要的核心要素市场，它是各种实体要素市场的综合反映，也是各种生产要素配置的基础性平台，在各种要素市场资源配置中起基础性的引导作用。要采取适当的激励措施，优化信贷结构，为主导产业发展提供强有力的资金支持；要发展多层次资本市场，为经济活动提供多层次多形式的投资和融资渠道，激励更多的企业上市；要加快发展保险市场，为经济发展形成风险缓冲器和安全生产保障机制。

生产要素市场建设，还包括培育完善的中介服务市场，让人才交流中心、职业介绍所，专业的金融中介服务机构、律师事务所、会计师事务所都能守法经营，提供优良的中介服务。

（三）以产业生态为依据，决定企业去留进退

在广东一些地区，曾经野生野长的制造业遇到了突破不了瓶颈制约的困惑。一些以控制成本著称的企业正面临着成本全面上涨的危机。原材料涨价、人民币升值、出口退税降低、银行利息提高、新劳动法实施，让一些企业十分迷惘。

企业是去是留，或进或退，都面临着艰难的抉择。

广东是中国干事创业的一片热土，珠三角仍然具有在其他地方不可替代的优势：是市场化程度最高的地区；是产业链条最紧密的地区；是要素市场最发达的地区之一；是制造业最大规模的地区；是消费能力最强的地区之一。许多企业就是在这样的优势条件下发展壮大的。没有严重的理由，就不要放弃在广东继续发展。

在广东哪里求发展？要以当地的产业生态为依据。要将自己的企业及产品，放到最合适的市县或产业园区之中来规划及生产。这样做，既能得到当地政府产业政策的扶持，又能较快地确立企业在该产业发展中的合理分工，确保企业的可持续发展。

关于全球金融危机下
香港金融风险及对广东影响的分析报告

（2008 年 11 月）

2007 年 2 月在美国肇发的次贷危机于 2008 年 9 月已经演化为席卷全球主要金融市场的金融危机，全球主要股指纷纷创出近年来新低，欧美金融机构大幅亏损，一批金融机构倒闭或陷入困境，被国际金融界形容为"金融海啸"。香港作为亚洲重要的国际金融中心，不可避免地受到此次国际金融危机的冲击，近期出现了"9·24 东亚银行挤提事件"和"雷曼兄弟迷你债券事件"，对香港金融稳定造成了不利影响。粤港两地经济金融紧密联系，同兴共荣，广东必须对香港潜在的金融风险高度关注，现将香港发生金融风险的可能性及对广东的影响报告如下：

一、香港发生金融风险的可能性及表现形式

（一）目前全球金融危机对香港造成的影响

受席卷全球的金融危机影响，从 9 月份开始香港爆发了几例金融突发事件，但金融体统整体稳定，还没有出现类似欧美的大规模系统性金融风险。

1. 东亚银行挤提事件迅速平息，香港银行体系整体稳定

9 月 24 日，受一则香港东亚银行出现财务危机的谣言影响，东亚银行

遭到储户挤提，随之东亚银行及时发布辟谣信息，香港金融管理局向银行体系注资 38.83 亿港元以补充银行系统流动性，东亚银行的挤提事件迅速平息。为了提升广大储户对香港银行系统的信心，避免类似事件发生，10月14日，香港特区政府宣布采取两项措施维护银行体系稳定，第一项措施是参照现行的存款保障计划的原则，运用外汇基金为存放于香港所有认可机构的客户存款提供担保，目的是向存款人保证他们的存款是受到全面保障的；第二项措施是成立备用银行资本安排，目的是在香港本地注册持牌银行提出注资申请后，向有关持牌银行注入资金。在这几项措施的推动下，目前香港银行体系基本保持稳定，银行基本面比较良好，零售银行的整体不良贷款比率处于 1% 以下的极低水平，相比 1999 年 9 月香港经济受1997 年至 1998 年亚洲金融危机及其后楼市泡沫爆破重创时的数字为 10%，亚洲金融危机发生前则为 2.5%。目前本地注册银行的整体资本充足比率约为 14%，远高于 8% 的法定最低要求，银行备有相当充裕的资本以应付不利环境所造成的冲击。此外，银行整体流动资金比率达 40% 以上，亦远高于 25% 的法定最低水平。

2. 资本市场受国际金融市场影响较大，股指大幅下跌

香港作为国际金融中心，股票市场是最重要的金融市场，到 2008 年 8月底，香港股票市场以市值计列全球第六，亚洲第二。香港股票市场国际化程度高，资本进出自由，容易受国际市场影响，国际金融危机对香港股市的影响要超过对银行业和保险业的影响。从 2007 年 10 月以来，香港恒生指数从最高的 31958.41 点下跌到 2008 年 10 月 17 日收盘的 14554.21点，跌幅超过 50%。虽然股市跌幅较大，但在全球金融市场剧烈动荡的情况下，香港金融市场还相对安全，能起到"避风港"的作用，并没有出现国际资本大幅外逃的现象，截至 2008 年 9 月末，香港外汇储备为 1606 亿美元。

3. 雷曼兄弟迷你债券事件正在处置之中

据香港金融管理局统计，香港银行共向散户投资者销售了 201.7 亿港

元的雷曼兄弟相关产品，其中包括 112 亿港元的迷你债券，迷你债券的持有人有 3 万多人。雷曼兄弟上月倒闭后，这些债券的价值一落千丈，债券持有人对香港特区政府和销售银行的处置方式不满，10 月 13 日上午，近千名雷曼迷你债券持有人聚集在香港立法会门外，要求立法会介入调查"银行欺骗"及"政府失职"行为。经香港金融监管局调查的首批 24 宗违规销售个案于 10 月 17 日转交香港证监会处理，如投诉确立，银行将与投资者商讨解决方案。香港特区政府财政司司长曾俊华表示希望银行接受香港特区政府提出回购的建议，尽快解决事件。目前，该事件正在处置过程中。

其他如保险市场目前保持稳定，受国际金融危机影响不大，没有出现保险机构陷入困境或倒闭的事件。

（二）未来全球金融危机引发香港金融风险的可能性评估

1. 香港经济金融系统的自身特点以及对风险的抵御能力

在香港经济体系方面，目前香港的本土经济主要以金融、房地产、物流、旅游等现代服务业为主，占到其国民生产总值的 97% 以上，没有制造业作为经济的基础，经济结构与冰岛类似，一旦发生金融危机受冲击较大。香港经济系统自身主要的缺陷在于其自身是一个较小的经济体，危机爆发突然性高，传导速度快，东亚银行挤提事件就是例子。

在香港金融体系方面，香港金融市场国际化程度很高，欧美、日韩、中国香港本地资金各占三分之一。如果欧美、日韩等国金融危机进一步恶化，流动性出现不足，则可能从香港金融市场加快抽离资金，引起香港金融市场动荡。香港金融业另一个特点是自由度高，香港实行与美元联系汇率制度，没有独立的货币政策，政府对金融市场的干预手段少，只能动用外汇基金等对金融市场进行干预，例如前文提到香港特区政府就利用外汇基金对存款进行担保。截至 2008 年 9 月末，香港外汇基金资产 11951 亿港元，可以应对金融体系的流动性风险。

香港回归祖国已经 11 年，随着 CEPA 及其五个补充协议的签订，香港与内地尤其是与广东经济金融联系日益紧密，香港的经济金融稳定同时受国际市场和中国大陆的双重影响。中国改革开放之初，香港就将加工贸易企业转移到了广东的珠三角地区，其在广东及其他省市以加工贸易为主体的实体经济和在香港为其服务的现代服务业才构成了香港完整的经济体系。在金融方面，香港与内地的联系日益紧密，截至 2008 年 9 月底，在香港证券交易所上市的内地企业（包括红筹公司、H 股公司及非 H 股内地民营企业）共有 453 家，占在香港上市公司的 36%，内地企业市值约占市场总市值的 55%，内地企业的股份成交额约占交易所每日成交额的 70%。从 2004 年初在香港开始开展的人民币业务，进一步密切了香港与内地的经济金融联系。粤港两地的金融联系更为紧密，截至 2008 年 9 月，香港银行在广东设立了 81 家营业性机构，总资产近 1000 亿元人民币，是 2003 年初的 5 倍，占全省外资银行总资产的 50% 以上，有 66 家广东企业赴香港上市，筹资 1000 多亿港元。为此，我们考虑香港的经济金融问题必须综合考虑国际国内两方面的因素。

2. 国际金融危机引发香港金融风险的传导途径

从 2008 年下半年起，次贷危机向更深层次发展，信贷危机从住房贷款领域向商业信贷、消费信贷领域扩散，信贷市场几近停顿，投资和消费受到抑制，危机进入到信用危机阶段，严重影响实体经济运行，全球经济增长进而出现衰退。国际国内金融界普遍判断，金融危机已经进行了 65%，但全球经济衰退的危机才刚刚起步。在此宏观背景下，综合考虑国际国内因素，我们认为香港如果发生金融危机有两种传导途径。

第一个途径是国际金融市场直接传导金融风险到香港金融市场。目前随着美国和欧洲各国大规模的注资救市行动，金融系统得到了暂时的稳定，但是金融危机并没有结束。危机已经从次级债券到发展到规模为 62 万亿美元的 CDS（信用违约掉期），其造成的巨额损失直接导致美国国际集团被政府接管，金融危机如进一步深化，则再将影响美国利率市场，影响投资者对美国国债的信心，最后将导致世界范围内对美国金融产品的恐慌性抛售和美元的失控性暴跌，由于美元拥有世界储备货币和全球贸易主要结算货币的地位，美元的危机必将导致更严重的全球金融和经济危机的爆发。如果危机按照这个顺序蔓延，香港作为高度国际化的金融中心必将受到冲击，所受影响程度取决于香港各金融机构与欧美金融市场的关联程度，如其持有的债券、CDS、美国国债等金融产品数量。如国际金融市场能够保持稳定，在1个到2个月的时间内香港金融机构没有出现新的类似雷曼兄弟迷你债券的不良资产，香港金融系统应能够继续保持稳定。

第二个途径是由世界经济增长放缓引发香港金融危机。在美元实施低利率政策时，许多在内地的港资公司采取海外融资、境内生产的模式，既降低融资成本，还可以获得升值收益。但随着金融危机的扩散，海外金融机构纷纷收缩信贷，同时海外市场需求大量减少，两头在外的港资企业纷纷面临融资问题和经营困难。东莞的永胜电脑、佛山的佑威服装两家港资企业均因境外资金链断裂而暂时停产，香港合俊企业下属在东莞的两家大型玩具厂也突然倒闭，在内地港资企业的破产会使得在香港为这些港资企业融资的金融机构出现大量不良资产，进而影响香港金融系统的稳定，未来这种影响将逐步体现。

（三）此次金融危机与1997年亚洲金融危机的比较

本次金融危机与1997年亚洲金融危机相比较，有本质的区别。1997年亚洲金融危机是一次较为严重的货币危机，是由国际游资利用金融制度的漏洞人为引发的，对金融市场造成了冲击，但没有对实体经济造成剧烈的破坏。本次金融危机则是金融危机和经济危机交融的综合性危机，是一个教科书式的经典金融与经济危机，其与1929年世界经济危机没有本质的不同，目前危机核心问题已经是经济问题。因为有了处理经济危机的历史经验，目前各国均迅速采取手段稳定金融体系，维护投资者信心，并制定各种刺激经济的政策，最大限度地降低了危机造成的破坏。

对此,香港方面有明确的认识,香港特首曾荫权在最近的施政报告中表示,这次金融危机是全球金融危机,破坏力的深度与广度远超过1997年的亚洲金融危机,恢复期也会更长,过程也会更为艰巨,由于危机仍未结束,对香港实体经济所造成的负面影响,在现阶段还不能作出准确的评估。当务之急是要对全球各大市场和本地市场作不断监测和滚动评估,及时地判断金融危机对香港经济和主要产业造成的影响,更重要的是研究及提出具体的应对办法,供政府和业界考虑,协助香港渡过难关,从而发掘新的机遇及继续拓展新兴市场,务使金融业作为香港经济发展重要支柱的地位更加稳健。

二、若香港发生金融风险对广东的影响

广东是与香港经济联系极为紧密的地区,改革开放以来,通过"前店后厂"的模式,将粤港经济紧密捆绑在一起。2008年以来,在省委、省政府的指导推动下,粤港经济合作向着服务业合作的更高层次迈进。近年来,粤港金融联系也日益紧密,港资银行在广东设立了81家营业性机构开展业务,66家广东企业赴香港上市,一批广东的证券期货业机构赴香港设立分支机构。因此,广东必须高度重视香港经济金融变动对广东的影响。

(一) 对广东金融运行的直接影响

到目前为止,本次金融危机和香港的金融突发事件对广东的金融市场和金融机构产生的直接影响有限,广东省金融运行保持平稳。

1. 对广东货币信贷市场的影响

香港的经济金融变动对广东货币信贷市场的影响主要有两个方面:首先,在广东的港资银行方面,发生"9·24挤提事件"的东亚银行在广东分支机构的存款有60亿元人民币,贷款则高达108亿元人民币,其存贷差额资金主要来源中国区总行的调剂和内地商业银行以及中小银行的拆

借，资金运用较为紧张，如果国内银行收紧银根，则其资金面将会出现问题。不仅是东亚银行，广东省其他外资银行也有类似问题，截至 2008 年 9 月末，外资银行本外币贷款余额 1448 亿元人民币，本外币存款余额 1000 亿元人民币，从国内银行同业拆借 400 亿元，其经营方式和信贷结构存在一定问题，过于依赖自身以外的其他金融机构的资金。出现这种情况的主要原因是因为我国目前对外资银行业机构监管有一个过渡期，仅对外资银行总部有一个 75% 的整体存贷比安全要求，而对外资银行的各分支机构没有严格地要求其按照 75% 的存贷比发放信贷。其次，在广东的两头在外港资企业的停业倒闭对广东省银行信贷安全造成了一定影响。前面提到的东莞永胜电脑造成广东省银行 6300 万元的不良贷款，佛山市佑威服装的停业共造成佛山市银行 2.45 亿元的信贷风险。据广东银监局初步统计，广州、中山、东莞、佛山四市包括港资企业在内的出口加工类外资企业银行贷款共有 80 亿元，与广东省 3.3 万亿元的贷款规模相比，所占份额很小，这些企业出现经营困难造成的信贷风险规模有限，不会对广东省货币信贷市场造成大的冲击。

2. 对广东资本市场的影响

从证券交易市场看，我国证券市场自 2007 年 10 月以来持续走弱，虽然近期金融海啸突发，但指数跌幅有限，一个月来下跌了 15% 左右，低于国际证券市场的同期跌幅，广东省证券市场交易量随之有所萎缩，但是占全国证券市场交易量的比例没有下降，仍占全国证券交易量的 1/5 左右。

从证券经营机构来看，广东证监局辖区只有广发证券一家公司在香港设立全资子公司，该子公司于 2006 年开业，当年亏损 100 万元，2007 年亏损 1000 万元，预计 2008 年的亏损还将高于 2007 年。总体来说，广东证券经营机构到香港设立的分支机构非常少，即使香港发生金融风波，对广东证券经营机构影响有限。

从期货经营机构来看，广发期货在香港设立了全资子公司，注册资本 1000 万元，公司交易没有受冲击。境外金融机构只有 GP 摩根在广东设立了一家期货公司，公司经营稳健，没有受到金融海啸的影响。

从上市公司来看，广东非金融类上市公司直接境外金融投资较少，有一些境外实业投资，但比重不大；部分外资通过入股或并购成为上市公司股东，但家数少，持股比例小，受香港和国际金融风险的直接影响不大。

从基金公司来看，广东证监局辖区只有易方达基金公司获准发行 QDII 基金，但该公司一直没有发行 QDII 基金，因此，即使香港发生金融风险，该公司也不会受到影响。

3. 对保险市场的影响

香港如发生金融风险对广东保险业影响也比较有限。目前内地保险机构与香港的资金纽带联系并不密切。内地驻港保险机构仅有中国保险集团、中国人寿、中国人保香港有限公司和平安保险香港有限公司等少数以国有保险为主的公司。除汇丰参股平安保险外，其他港资保险公司较少参股内地保险机构。

4. 广东金融机构的资产损失

经过各中央驻粤金融监管机构排查，金融海啸对广东金融机构造成的直接资产损失主要有：一是招商银行持有 6000 万美元雷曼债券，目前该行已对可能的损失作了拨备。二是广东发展银行持有 2000 万美元花旗集团管理的 Centauri 基金，由于美国资产抵押商业票据融资市场崩溃，该基金净值已经大幅下跌，广东发展银行已经对该笔投资进行全额拨备。三是平安保险投资比利时富通集团共 238.74 亿元人民币，截至 2008 年 10 月 16 日，账面浮亏已经达到 225.61 亿元人民币，损失巨大。四是广东省商业银行个人理财产品中境外投资品种，仅有渣打银行等一到两宗，规模很小，不会造成类似香港雷曼兄弟迷你债券的金融风波。

（二）对广东经济发展的间接影响

目前金融危机已演化扩散到经济领域，由金融危机演化为信用危机，进而引发欧美各国的经济衰退，由于我国未全面开放的、国际化程度较低的金融体系使得广东躲过了金融海啸的冲击，但是随之而来的经济衰退的影响广东无法幸免，这是粤港共同面对的问题，其影响正在逐渐超越对金融领域的直接影响，成为影响未来广东经济金融稳健发展的重要因素之一。

1. 国际市场需求大幅减少，加工贸易企业加速倒闭

20世纪90年代后半期开始，美国消费者依赖以资产为基础的储蓄策略，通过次级债券等各种金融衍生产品实现房产的超额抵押，从世界各国投资者手中不断取得资金供其消费。2007年美国的消费与其GDP的比例达到72%的惊人数字，美国的消费狂潮，正是其他出口导向型经济体的给养，对我国，对广东尤其如此，包括香港的转口贸易在内，广东对美国出口占全省出口总值的40%以上。美国金融泡沫破灭后，美国依靠向全世界借贷过度消费的经济发展模式无以为继，接下来的2年到3年内，美国的消费增长必将受到抑制，美国经济衰退不可避免。此次金融海啸又迅速波及欧盟、俄罗斯、日本各发达国家和新兴经济体，减缓了世界经济增长，国际货币基金组织在10月8日发表的《世界经济展望》报告重新预测全球经济在2008年和2009年分别增长3.9%和3.0%，比以前的预测有较大的下调。

广东经济对外依存度高达150%，对外出口是广东经济增长的主要动力，2005年至2007年外贸出口分别拉动广东经济增长2.1个、4.1个、5.4个百分点。在世界经济增长放缓，国际市场需求减少的背景下，出口减少必将减缓广东经济增长速度。2008年1~8月，广东省进出口贸易总值为4513.4亿美元，同比增长13.5%，出口2618.8亿元，同比增长13.3%，增速同比回落12个百分点，其中对美国直接出口回落5.1个百分点，对香港出口回落18.6个百分点。对其他经济体的出口增速也开始回落，1~8月广东对欧盟出口422.6亿美元，同比增长25.2%，但8月单月出口增幅仅14.9%；1~8月对东盟出口156.7亿美元，同比增长24.6%，而8月单月出口增幅仅16%。由于金融海啸对实体经济的影响才刚刚体

现，未来几个月内，出口增幅还将进一步下降。国际市场需求的减少，将会给广东省两头在外的出口型企业带来更多的经营困难，随着停业和倒闭的企业不断增加，必将影响其上游和下游企业，波及整个产业链条，对经济发展造成更大的冲击。目前出口型企业的信贷风险已经逐步显现，截至2008年8月末，广东省纺织行业大客户不良贷款率达26.27%，工业品及其他制造业不良贷款率达26.55%。

2. 大宗商品价格快速下跌，影响初级产品加工企业和进口贸易型企业

在低利率和连续多年增长的背景下，国际资金涌入大宗商品期货市场，不断将主要商品期货价格推高。次贷危机发生后，世界经济增长放缓，需求减少；同时参与机构纷纷套现以自保，导致价格加速下降，近几个月来，国际原油价格从最高点的147.27美元/桶跌至最低的69.85美元/桶，国内白糖期货价格从4115元人民币/手跌至2788元人民币/手，油脂油料期货市场各产品价格均下跌了50%，国内钢材价格在国庆节后10天内下跌了1000元/吨。大宗商品交易价格的快速下跌，致使广东省不少进口企业原材料大幅贬值，初级产品加工类企业亏损加大。比如华南油脂公司在2008年上半年价格快速上涨时进口了大量的棕榈油，2008年下半年以来，棕榈油价格从12000元/吨降至当前的7000元/吨，华南油脂因此损失惨重，2.72亿元贷款出现风险。近期湛江的中谷糖业也因白糖价格快速下跌而出现经营问题，影响了当地整个制糖产业，并带来近10亿元的贷款风险。

3. 压抑消费和投资信心，影响正常经济金融良性互动

在金融海啸余波未了和世界经济发生衰退的背景下，投资信心与消费信心均会受到影响，出现信心危机，如果消费者不敢消费、银行等金融机构不愿融资，则经济与金融之间的正常联系将被割裂，社会经济活动将陷入停滞，危机将会演化为最恶劣的状况。

目前，广东在消费领域，受消费信心影响较大的是房地产业，呈现量价齐跌的局面，住房市场观望气氛浓厚，成交量逐月下降。目前广东省房

地产贷款占全省贷款余额的 1/4，不良贷款率为 3.54%，据广东银监局所作压力测试，如房价下跌 30%，则不良贷款率上升为 5.94%，不良率仅上升 2.4 个百分点，损失基本可控。由于住房按揭贷款的首付比例为 30%，一旦房价下跌超过 30% 的临界点，银行风险将大幅上升。

在投融资领域，9 月和 10 月国家两次下调存款准备金率和利率，银根紧缩的局面得到缓解，2014 年第一季度末广东省贷款同比少增 1000 亿元，第二季度末同比少增 800 亿元，第三季度末同比少增 500 亿元，贷款正在逐步增加。2013 年下半年开始由于国家紧缩货币政策各银行业金融机构是被动地收缩信贷，但金融海啸发生后，出于对经济衰退和企业经营情况的忧虑，银行业金融机构则可能转变为主动收缩信贷，目前广东省各大商业银行已经开始上调贷款门槛，如果未来信贷进一步收缩，将会加剧广东省中小企业融资难问题，经济运行将受到影响。

三、应对对策

面对香港可能发生的金融风险和国际经济衰退对粤港两地经济发展造成的不利影响，我们提出如下政策建议：

（一）建议中央尽力保持香港经济金融的稳定

1. 帮助香港保持经济稳定增长

目前国际金融危机引发的全球经济衰退已不可避免，香港必定面临经济衰退。香港实体经济规模小，对内地经济依存度很高，保持国内经济稳定增长是对香港最大的支持，可以有效提振香港经济信心；保持出口激励政策是对香港企业在内地分支企业最直接的支持，协助香港企业开拓包括大陆市场在内的新市场寻找新机会，有效帮助香港企业渡过难关，维护香港经济稳定。

2. 支持香港保持金融稳定

如果香港金融出现危机，建议像处置 1997 年亚洲金融危机那样给予香港最大的支持，尽最大能力使金融风险在香港得到解决，不要让其蔓延到国内，引发国内金融市场恐慌，造成更大的风险。

3. 进一步深化粤港经济金融合作，巩固香港国际金融中心地位

建议中央进一步便利粤港经济合作，下放更多 CEPA 项下审批权限，拓宽香港的经济腹地，推进香港加工贸易的优化升级，提高香港抵御经济金融危机的能力。建议中央建立粤港澳金融合作与开放试验区，深化粤港金融合作，逐步消除粤港金融合作的体制、机制和法律障碍，帮助香港开拓内地新的金融市场，巩固香港国际金融中心地位，并先行先试开展人民币国际化等试验，为国家探索有中国特色的金融改革发展道路积累经验。

（二）对广东省委、省政府应对香港金融风险的建议

1. 保持广东经济稳定增长，创造保持粤港澳金融稳定的基本条件

粤港澳经济与金融紧密联系，一荣俱荣，一损俱损，广东实体经济的衰退或崩溃必将引发粤港澳地区金融动荡或崩溃，保持广东经济稳定增长是对保持粤港澳经济金融稳定最直接的支持。

广东必须坚持 2008 年经济发展的"两个不低于"目标不动摇，即GDP 增长速度不能低于全国平均水平和 GDP 增长速度不能低于两位数。首先，按照《中共广东省委广东省人民政府关于争当实践科学发展观排头兵的决定》和《中共广东省委广东省人民政府关于加快建设现代产业体系决定》的部署和要求，加快发展现代服务业和先进制造业，构建现代产业体系。其次，加快广东省新十项工程内各重点项目建设，带动经济的发展。再次，适当调整广东省产业双转移的节奏，使之与国际经济运行周期相适应。最后，以国家制定《珠三角地区改革发展规划纲要》为契机，加快珠三角地区资源整合，提高经济运行效率和优化资源配置。

2. 如果香港发生新的金融风险影响到广东，建议采取以下对策：

（1）特别注意金融风波个案，出现一个及时处理一个，保持金融市场的稳定。在哪个市场发生就在哪个市场处置，防止金融风险跨市场传染。

以广东省处置平安集团投资富通集团亏损事件为例，省政府、地方金融工作部门、公安部门、宣传部门和广东保监局及时反应，密切注意事件发生的趋势，及时反映最新的情况，采取内松外紧的监管方法，加大对平安集团及其子公司的监管力度，防止不利消息的再发生，及时发布一些利好消息来澄清社会视听，并做好准备应对大规模群体退保事件等紧急状况。通过各部门多管齐下的措施，制止了保险市场恐慌，防止风险的进一步传导和扩散。

（2）特别注意加强舆论监控，防止群众心理恐慌。对影响经济金融稳定的谣言，政府和相关金融机构要及时作出回应，有力辟除谣言。充分发挥舆论的积极正面引导作用，减少会引起社会恐慌的负面报道，增强企业、金融机构和群众对广东省经济发展的信心和决心。

（3）特别注意做好金融突发事件预警应急准备工作。建议建立包括广东省经济工作部门、金融工作部门、统计部门和中央驻粤金融监管机构在内的经济金融运行联席会议制度，粤港双方建立金融联系联络机制，加强动态风险监测，提高信息透明度，重点关注跨地区、跨市场风险和中小金融机构的流动性风险，及早防范，做好准备。如果发生金融突发事件，按照广东省制定的《金融突发事件应急预案》的要求，按照金融突发事件的种类，及时启动各级应急预案，做好应急处置工作。同时建议省财政的金融风险准备金应保持现有规模，或可适当扩大，以应对可能发生的金融风险。

经济金融形势分析及
新年度广东金融工作思路的报告

（2011 年 12 月）

当前，全球经济金融还没有走出金融危机的阴影。在以新兴经济体为主要增长力量的拉动下，发达经济体经济增长在 2011 年上半年稍有好转，但是，席卷欧美的主权债务危机又将世界经济拖入泥潭；巴西金融危机日渐显现，更加厚了全球经济增长的疑云；我国经济增长已持续放缓，部分地区存在下行风险。总的来看，国际国内经济金融形势复杂多变，危机四伏。建议谋定而后动，在应对严峻挑战中抓住难得的发展机遇，促进全省经济金融新发展。现将当前经济金融形势分析及明年广东金融工作思路报告如下：

一、关于国际经济金融形势问题

（一）三个不变

进入 21 世纪以来，全球经济金融发展所面临的困境，是第二次世界大战后特别是布雷顿森林体系崩溃之后世界政治、经济、金融格局不断调整变化的结果，一些核心问题具有延续性，表现为"三个不变"：

一是美国输出美元换回财富的不平等经济行为 20 年不会改变。第二次世界大战以后，马歇尔计划使美元正式取代英镑成为国际主要储备货币和结算货币。20世纪80年代，里根政府自由市场主义开创了美国消费经济时代，美国由最大的债权国逐渐成为最大的债务国。依仗创新建立起来的高科技产业优势，以及牙买加货币体系下的强势美元政策，美国持续输出美元并换回其他国家（地区）的财富。主观上，作为核心利益和基本国策，美国不可能主动放弃当前对其极其有利的货币体系及博弈格局；客观上，未来20年内，包括欧洲国家、中国、日本在内的其他国家综合实力均难以超越美国，人民币、欧元、日元都不具备动摇美元地位的实力。综合一些国际智库的分析，我们认为，只有在美国以其财政收入的60%支付到期国债利息的困境之下，美国才可能大幅度减少发行国债的数量，这种情况最早要到2030年才会出现。

二是欧债危机困扰欧洲发展15年不会改变。欧债危机实质上是欧洲从经济基础到上层建筑的全面危机，其经济根源是欧洲经济体产业结构不合理，经济发展乏力，其政治原因是欧元区财政体制与货币体制相分离，其导火索则是2008年全球金融危机。欧债危机的解决必须以欧洲实现真正意义的基本统一为前提，促使产业政策、货币政策、财政政策一体化，从调整经济产业结构入手逐步解决根本问题。在欧洲民主政体和缺乏铁腕政治人物情况下，这将是一个漫长的过程，至少需要15年以上时间。因此，欧债危机将日久迁延，短期内危机深度将取决于德国、法国救援力度以及英美两国的态度。

三是发展中国家在经济全球化进程中努力提升产业分工地位的趋势15年不会改变。从关贸总协定到世界贸易组织，经济全球化对发展中国家和发达国家都是一把"双刃剑"，它将各国放到了统一的市场平台上进行产业竞争和国际分工。一些发达国家（地区）在享受发展中国家廉价劳动力和低端资源价格的同时，因创新动力不足造成其领先优势逐步缩小。发展中国家具有资源和劳动力的优势，随着经济发展"软硬件"环境的改善，其国际产业分工地位提升趋势不可扭转。近年来，金砖五国和东盟国家经济发展速度持续领先于欧美发达国家，2010年发展中国家对世界经济增长的拉动率超过50%，二十国会议取代八国会议地位就是明证。

（二）三个改变

观察2008年美国次贷危机以来世界经济金融形势的新变化，可以看到渐渐浮出水面的"冰山"，与2008年相比，当前世界经济金融形势出现了"三个改变"：

一是国际金融危机从以金融机构有毒资产积聚爆发的金融危机演化为由于政府信用危机导致货币贬值、经济金融动荡的金融危机，持续时间将更长。2008年，金融机构由于次贷危机出现巨额损失，流动性枯竭，正常金融业务随之停滞。随着各国央行向市场注入巨额流动性（美联储从2008年到2009年就向美国银行体系注资7.7万亿美元），该问题得到逐步解决。但全球范围内的货币宽松政策引发了全球货币大战和高通胀，全球金融市场剧烈动荡，国际资本流动频繁且流向不定，贸易保护主义盛行，更为严重的是由此引发国家主权债务危机，进一步加剧了危机深度。由此，新的国际金融危机已经从金融体系转向在整个货币体系、财政体系酝酿或将爆发。

二是布雷顿森林体系崩溃后，争夺与石油挂钩的国际贸易结算方式，美元同欧元的争夺愈演愈烈，未来美国对欧洲以及世界经济的干预将更加频繁。美元与石油挂钩是1971年美元放弃与黄金挂钩后维持美元地位的最主要手段之一，但是欧元的产生对其构成挑战。俄罗斯、委内瑞拉、伊拉克、伊朗（四国占全球石油储量的1/3以上）先后提出了石油贸易用欧元结算，为此，美国不惜发动第二次海湾战争。目前，虽然美元仍占据优势，但是，俄罗斯和利比亚石油主要供给欧洲，伊朗85%的出口石油用欧元结算，如果印度、中国等石油进口大国也用欧元结算，将极大地打击美元地位。因此，未来美元与欧元的斗争将更加激烈。欧债危机的爆发与美国打击欧元相关，美国重返亚太和重提TPP，就是为了进一步加强对世界的控制。

三是人民币国际化的条件 15 年后将基本成熟，但是走向国际货币舞台的道路十分崎岖坎坷。从中国的国际贸易地位和政治地位来看，人民币国际化是必然趋势，并将成为未来一定时期国际经济金融领域最重大的事件和变化趋势之一，必将重构区域和国际金融版图。但是，人民币要实现国际化，一是取决于中国经济的持续增长和金融开放的程度，二是取决于国际社会对人民币的接受程度，两项条件要取得实质性改善还需要很长时间。美国美中经济与安全评估委员会在其递交美国国会的 2011 年度报告中也表示，未来 10 年，人民币才会对美元构成挑战。

（三）三点启示

一是发达国家将更加注重发展实体经济，夯实金融创新发展的物质基础。在近几十年的全球化过程中，欧美等消费型发达国家虚拟经济由空前繁荣发展到过度繁荣，金融创新超越了实体经济所能承受的程度。2008 年国际金融危机后，发达国家开始反思"去工业化"历程，"再工业化"、"再制造业化"成为发达国家寻求经济复苏的回归之路。下阶段，发达国家将着力解决高失业率和产业"空心化"问题，发展实体经济，恢复和收回转移到海外的传统制造业，并将战略性新兴产业作为抢占未来经济发展制高点的主攻方向。

二是发展中国家将更加积极地优化产业结构，争取更高价值地位的产业分工。近十年来，发展中国家成为引领世界经济增长的重要力量，本轮国际金融危机进一步削弱了发达国家与发展中国家之间经济实力的差距，加快提升自身在国际产业分工中的地位已成为发展中国家的普遍诉求。但是，一个经济体的成长壮大如果不能顺利跳过必经的"中等收入陷阱"，则其经济发展成果将"前功尽弃"，只有及时、科学地优化产业结构，才能成功跳过"中等收入陷阱"，因此，发展中国家为了争取更高价值地位的产业分工，必将更加积极地优化产业机构。

三是诚信政府、诚信社会将成为国际竞争重要的软实力之一。金融是经济的核心，而信用则是金融的本质，整个金融体系建立在信用的基础之上，有了信用和预期，才能保证社会资源朝着合理健康的方向流动。美国次贷危机就是次级房贷及其衍生品预期信用失效引发的一场危机，目前欧洲应对主权债务危机的短期对策也是各国积极恢复市场信心。经过此轮国际金融危机和主权债务危机的"洗礼"，政府和社会的诚信程度将成为影响本国经济金融发展的重要因素，成为国际竞争重要的软实力之一。

（四）三大机遇

一是新的科技革命的机遇。纵观世界经济发展史，每一次大的经济危机都孕育新的科技革命。科技革命推动经济发生质的飞跃，是摆脱经济危机最有效的直接动力。目前来看，新能源、生物工程、生命健康工程等领域或将发生新一轮的科技革命。新一轮科技革命的发源地可能是美国，从IT革命的经验看，新科技革命往往也是新兴经济体实现发展赶超的重大机遇。

二是重构全球经济发展新格局的机遇。目前，发达经济体仍未走出危机，短期内将更多依赖宽松货币政策稀释债务和转嫁危机，给予了新兴经济体调整经济结构及转变发展模式的战略缓冲期，有关国家可以利用较为宽松的国际流动性，引进资本发展新的战略性新兴产业和培育本国市场。

三是重构国际货币体系的机遇。布雷顿森林体系崩溃后形成的牙买加体系并不是一个科学合理的国际货币体系，美元长期"称霸"（美元资产目前仍是最受市场追捧的避险资产），欧元面临难以为继的局面。随着中国综合实力的增强、人民币国际化呼声的高涨，人民币国际化进程将稳步推进。有可能形成美元、欧元、人民币"三分天下"的国际货币体系。

二、关于国内经济金融形势问题

国内经济金融受内外因素双重影响，2012年发展形势严峻，主要表现在以下三个方面：

（一）国内经济发展动力不足，增速放缓

从我国经济增长"三驾马车"来看，2011 年 1～6 月，投资占 5.1，消费占 4.6，进出口是 -0.1，2012 年进出口形势将更进一步严峻，对经济拉动作用更小。2008 年政府投资 4 万亿元以后，财政投资的空间已经很小，同时，民间资金的转换机制一直未建立起来，庞大的民间资金缺乏投资引导，投资对经济的增长作用将极为有限。另外，虽然稳增长成为当前首要问题，但通胀水平仍然没有实质性回落，国内市场消费信心不足。2012 年拉动中国经济的"三驾马车"均显乏力，预计全国经济增长将下跌 2 个百分点。

（二）国内经济发展资金链紧绷状态短时期难以消除

一方面，收紧流动性已经严重影响小微企业生存和发展。除垄断企业外，国内企业普遍存在利润空间不断缩小，劳资矛盾日益尖锐。另一方面，民间融资需求旺盛，融资成本高企。加上地方政府债务、非法集资、房地产融资等方面的风险增大，并将传导至银行业，国内金融业潜在风险正在增大。中央将保持高度警惕。短期内资金链紧绷的状态难以消除（央行 2011 年第四季度调低存款准备金率 0.5%，不足以说明是银根松动的信号，仅仅是对第四季度以来将银行业的信用证保证金存款、保函保证金存款以及银行承兑汇票保证金存款纳入存款准备金缴存范围的抵消作用而已）。

（三）2012 年 1 月至 5 月将是我国经济发展最困难的时期

国际上，发达国家短期内复苏乏力致使明年上半年国际市场走向低谷，不能完全排除欧元区债务危机导致新一轮欧美银行业危机。国际经济在 2012 年上半年难有起色。国内方面，2008 年 4 万亿元资金大都投放铁路、公路、基础设施等建设，对微观经济基础作用有限，2011 年以来，收

紧信贷实体经济融资困难，政策效应在滞后期将逐步显现，一方面会造成政府固定资产投资大规模停工，另一方面也会继续对中小企业带来生存困难，进而影响实体经济。2012 年 1 月至 5 月是新旧困难重叠、内外困难并存的时期。必须审慎应对。

三、2012 年广东金融工作思路

2012 年，广东省委、省政府将召开高规格的全省金融工作会议，有效贯彻落实全国金融工作会议精神，部署新时期广东金融工作，同时举办国际金融博览会，作为发展金融产业、建设金融强省的战略性平台。广东省金融界将继续解放思想，将金融改革创新与转型升级、发展新兴战略性产业、"双转移"、自主创新、社会管理与建设紧密结合起来，充分发挥金融推动经济发展的"血液"和核心推动力作用。

（一）保增长

2012 年，广东省将有效利用现代金融工具优化金融资源配置，提高金融资源利用效率，支持经济增速保证在 8.5% 以上。

一是深化与政策性银行、大型商业银行的战略合作，重点落实各级政府 2008 年以来与各家银行签署的 3.06 万亿元以及 2010 年与国开行签署的 4500 亿元战略合作协议，并争取扩大合作协议。同时，争取与中央金融监管部门签署战略合作协议，充分调动中央驻粤金融监管部门服务广东省经济发展的积极性和主动性。

二是提高广东省地方金融机构信贷投放能力。第一，加快推进省属金融控股集团组建工作。第二，通过改制上市、发行金融债等方式，支持广东省地方商业银行增强资本实力。第三，加快推进符合条件的农村信用社产权制度改革，推动先进农村合作金融机构和困难农村信用社开展定向合作。第四，制订广东省村镇银行下一步发展规划，争取在梅州开展地市级村镇银行试点。

三是研究由大型企业、大型保险集团牵头，组建产业投资基金，以股权、债权方式投资战略性新兴产业和重点项目。

四是拓宽粤港合作融资渠道。探索粤港跨境担保融资合作，继续做好广东企业赴香港上市工作，争取在 CEPA 框架下率先开展广东企业赴香港发行人民币债券试点。

五是开展规范民间融资立法工作，引导广东省民间资本依法进入金融服务领域，制定和落实广东省支持小额贷款公司、融资性担保机构发展的政策。

（二）促升级

以发展利用多层次资本市场为重点开展金融创新，加快转变金融发展方式，建立更加市场化的金融资源配置方式，进一步促进金融、科技、产业融合创新发展。

一是进一步加强金融政策与产业政策的协调。通过财政手段引导银行信贷向战略性新兴产业、重点项目倾斜，加快发展融资租赁机构，推进广东省重点产业领域的股权投资基金和产业投资基金的设立工作。加大金融对"双转移"工作支持力度，利用财政扶持资金设立种子基金，以投资引导、贷款贴息、融资担保等金融手段，发挥种子基金的放大效应，吸引更多金融资源和社会资金参与园区建设。

二是继续大力发展多层次资本市场。出台支持企业改制上市的指导意见，加强对后进地区的培训指导。完善省产权市场建设联席会议协调机制，建立各级产权交易市场监管体系、统一的交易规则和制度、考评及监察机制等。继续大力支持广东省国家级高新技术园区进入"新三板"扩容试点。

三是积极开展科技金融创新。拟成立省级创业投资引导基金。争取将广东省纳入股权投资企业备案管理试点地区，完善私募股权投资发展政策环境，学习"新竹模式"，在广州、深圳、珠海、佛山等有条件的市打造创业投资和私募股权投资聚集区。争取开展外商股权投资企业试点。举办广东国际金融博览会，为金融资本与科技创新、产业转型对接提供新的平台。

四是积极缓解中小企业融资难问题。拟出台《关于支持中小企业融资的若干意见》（50条），由省直相关部门会同中央驻粤金融监管部门有效落实国家促进中小企业融资的相关政策。健全中小企业信用体系，优化中小企业金融服务环境。做好中小企业梯度上市工作，创新融资担保机制，扩大中小企业集优债等发行规模，提高直接融资比重。

（三）惠民生

按照省委、省政府加强社会建设的工作部署，充分发挥金融在保障民生、提高公共服务水平和社会管理水平的社会管理功能，支持"幸福广东"建设。

一是认真总结和大力推广"湛江模式"和"番禺模式"，鼓励和支持商业保险机构参与医疗保险管理服务，支持有条件的地区采用政府购买服务方式，委托商业保险机构参与医疗服务监管、待遇核发结算等医保服务。

二是在全省山区县深入推广"郁南经验"，探索农村金融生态环境建设与农村新型社会建设相结合的新模式，推广建立县级征信中心，开展信用村、信用户建设，发展"农户＋征信＋信贷"的农村信贷业务模式。

三是推进路桥资产证券化、土地基金、房地产投资信托基金（REITs）等创新试验，降低全社会交通、物流成本，为保障房建设提供资金支持。

四是推广创业小额贷款和扶贫小额贷款，深入落实省政府《关于开展扶贫小额贷款试点工作的意见》，探索利用扶贫资金开展金融扶贫创新，促进城乡创业和开发扶贫。

五是将政策性农村住房保险试点工作转为常态工作，完善工作机制，确保2012年全省农房参保率保持在95%以上。

（四）保稳定

由于全球经济金融发展不确定性因素增多，经济下滑趋势明显，要将防范金融风险放到更加重要地位，全力维护金融稳定。

一是确保银行信贷、资本、保险三大金融市场稳定。紧密跟踪分析国际经济金融形势变化，发挥广东金融改革发展工作领导小组、货币政策联席会议等协调机制作用，建立金融风险预警预报系统，完善金融应急机制，加强对金融风险的检测、预警和协调处置，预防和及时处置宏观经济形势剧烈变化以及房地产市场快速下滑等引发的突发性金融风险。

二是确保地方中小金融机构（组织）稳健发展。加强对小额贷款公司、融资性担保机构的服务和监管。以制度建设为重点，结合监管工作实际，研究制定各项日常监管工作制度；加大现场检查力度，以资本金充足、业务合规为重点，适时组织专项检查；推进小额贷款公司非现场监管系统的全面上线运行，加快推进融资担保公司非现场监管信息系统建设，提高非现场监管工作效率。

三是有效控制民间融资风险。继续完善对民间融资的监测分析机制，全面掌握民间融资情况，探索引导民间金融科学发展的正确途径；搭建省、市、县对非法集资的打击和处置机制，落实对口负责部门，抓好各地处置非法集资工作，及早制订广东省防范和打击非法集资宣传教育工作计划和实施细则，有效遏制民间融资向非法集资转变。

关于经济金融发展形势判断和今后三年广东经济金融工作主要建议的报告

（2013 年 1 月）

按照中共中央政治局委员、广东省委书记胡春华在 2012 年 12 月 24 日省委常委会上关于研判形势，安排好明年工作的要求，现将经济金融发展形势判断和今后三年广东经济金融工作主要建议报告如下：

一、形势判断

（一）国际经济金融形势未来十年两个不变

1. 世界经济调整周期尚未结束（10 年不变）

（1）经济增长重心向亚洲转移的趋势短期内不会改变。随着中国、印度、印度尼西亚等新兴经济体的快速崛起，21 世纪以来，世界经济增长重心开始从欧美向亚洲转移。尤其是 2008 年国际金融危机之后，亚洲地区新兴经济体成为全球经济复苏的"引擎"，中国和印度 5 年来 GDP 增速分别保持在 9% 以上和 7% 以上，中国过去 5 年对全球经济增长的贡献达到了 1/4。亚洲经济快速崛起使世界经济格局形成了欧美亚三足鼎立的局面，2011 年，亚洲、美加和欧盟 GDP 分别为 21.8 万亿美元、16.8 万亿美元和 14.5 万亿美元。

（2）投资重心向拉美转移的趋势会维持一段时期。长期以来，海外投资者对拉美地区投资都持审慎态度。近年来，伴随私有化改革的深化和产业结构的调整升级，拉美地区经济活力快速提升，获得海外投资者青睐，到 2011 年底，拉美地区外国直接投资总额达到 1535 亿美元，占全球外国直接投资总额的 1/10。我国与拉美在经济上存在着巨大的互补性，近年来对拉美的投资规模不断扩大，从 2005 年开始，拉美取代亚洲成为我国最大的海外投资目的地，到 2011 年底中国对拉美的投资总额达到 230 亿美元。

（3）发达国家产业空心化倾向继续逆转。发达国家经济虚拟化、产业空心化的弊端在国际金融危机冲击下暴露无遗。痛定思痛，主要发达国家纷纷将"再工业化"作为重塑竞争优势的重大战略，美国制定《2040 年制造业规划》，实施"先进制造伙伴（AMP）"计划，欧盟《全球化新战略》明确要恢复工业应有地位，日本发布《制造业竞争策略》。未来 10 年，发达国家都会继续逆转"去工业化"过程和产业外移过程，在新一轮技术进步中夺回制造业竞争优势。这个趋势必将对全球制造业的空间分布以及发展中国家的产业结构调整产生重大影响。

2. 国际金融灰霾不散（10 年不变）

（1）美国量化宽松货币政策影响深远。2009 年 5 月以来，美国先后推出四轮量化宽松货币政策，不但没有有效提振美国实体经济，还对世界经济造成巨大伤害：推动其他货币升值，打压其他国家出口；推动全球大宗商品价格上涨，加剧各国通货膨胀；造成美元贬值，稀释美国国债。为了减少损失，大多数国家被动增发货币。从 2012 年 9 月份开始，全球宽松货币已升级为非常规、无限量、无限期政策取向。除非全球经济产生新的增长点（如产业革命），否则，宽松货币带来的全球流动性过剩对世界经济的破坏性影响将长期存在。

（2）欧债危机难以较快解除。虽然希腊局势逐步稳定，但欧元区经济在短期内将"无自主性起色"。一方面，解决欧元区危机的根本举措在于欧元区各国深化改革，促使财政体制与货币体制相适应，这不是一项短期工程；另一方面，在两轮"长期再融资计划"后，欧洲央行最终不得不出台无限量冲销式购债计划，这意味着欧元汇率将逐步走低，欧元作为储备货币的地位将大大削弱，这对于欧洲无疑是雪上加霜。

新兴经济体金融动荡加剧，全球流动性的持续过剩。一方面，有利于新兴市场国家吸引投资，另一方面，由于新兴市场国家金融体系不健全、产业转型迟缓，加上货币升值预期和资产价格溢价预期的下降等因素影响，将导致逐利的国际游资出逃，引起所在国金融市场动荡和货币贬值，2012年，亚洲除了日本外都出现了股票市场资金持续流出的现象。与之前亚洲金融危机和拉美债务危机不同的是，在国际流动性整体宽松和新兴市场国家经济基础向好的背景下，这种现象不会造成毁灭性影响，长期资本持续流入与短期资本快速流出将成为常态。

（二）全球科技和产业变革未来二十年：一个大变

世界发展史表明，每一次大的经济危机都孕育着一场科技和产业变革，每一次大的变革都重整全球政治经济格局，第一次工业革命使英国成为头牌经济大国，第二次工业革命让美国经济领先半个世纪。2008年国际金融危机深刻揭示世界经济的根本症结：科技创新突出和实体经济滞后，难以支撑虚拟经济和世界经济整体发展。危机和症结正催生一场科技革命，从机器人技术、人工智能、3D打印技术、新型材料、新能源等技术不断突破中已见端倪。未来20年，技术创新将出现爆发式增长，全球范围内将发生一场以绿色、智能和可持续为特征的新的科技和产业革命，产生更加强大的生产力和更宽广的发展空间，并将深刻改变人类生活、生产和商业模式，最终引起包括金融在内的上层建筑的重大变革。从货币及票据的电子化、第三方支付平台兴起、网络信贷平台的出现已经能够看到未来金融发展变化的新趋势。

二、广东的机遇

（一）产业升级的机遇

1. 制造业升级。制造业是拉动广东经济高速增长的重要支撑，近年来对经济增长的年均贡献率超过50%。当前，广东制造业面临转型升级的重大机遇。一是广东目前处于工业化后期，正在向后工业化阶段迈进，工业化与信息化结合、劳动力素质的提高将进一步提高制造业的全要素劳动生产率。二是2008年国际金融危机以来，各国以实体经济为主导更加明朗，先进制造业再次成为国际竞争的新焦点，这既是挑战更是机遇。三是人民币不断升值和外需不振形成倒逼机制，给国际化程度高、外援性强的广东制造业优化升级带来广阔的空间。

2. 战略性新兴产业。下一个时期，谁在新兴产业方面率先实现重大突破，谁就将在国际竞争新格局中掌握充分主动权。和传统产业不同，在发展战略性新兴产业上发达国家对发展中国家的先发优势相对较小，特别是"金砖五国"等国与发达国家基本处于同一起跑线上。广东在战略性新兴产业发展上起步较早，已经形成软件、新材料、新一代通信和半导体照明等产值超千亿元的新兴产业集群，广东只要保持并不断扩大战略性新兴产业发展优势，就能形成未来较长时期内的竞争优势。

3. 金融产业。实体经济越发达，金融的用武之地就越大，金融产业的核心推动作用就越强大。广东是我国第一经济大省，地区生产总值占全国的1/9，500万家市场主体居全国首位，实体经济规模和发展水平迫切要求更强大的金融支撑。近几年，广东金融产业实现跨越式发展，位居全国前列，金融业总规模占全国的1/9，金融生态环境达到历史最好水平，金融产业升级拥有很大的空间。国家赋予广东建设珠三角金融改革创新综合试验区的重任，这是国家在金融改革创新科学发展上对广东的殷切期望，是广东金融产业创新发展的重大机遇。

（二）打造新增长极的机遇

1. 都市经济圈增长极。经济增长极理论认为，一个国家或地区不可能实现经济平衡发展，经济增长通常是从一个或数个"增长中心"逐渐向其他地区传导。工业化早期阶段"回波效应"占主导，表现在资金、物资、信息、人才等生产要素向增长极城市聚集的过程，中心城市迅速扩大；而工业化后期阶段"扩散效应"占主导，表现在增长极城市对周边的辐射带动作用逐步加强，周边地区逐步跟上中心城市。长期以来，广东粤东西北地区与珠三角地区发展存在较大差距，之前这是问题，现在却是"优势"。因为珠三角地区已进入后工业化阶段，带动增长的"外部效应"正在逐步增强，广东将进入以广州、深圳为中心的都市经济圈带动省内其他地区加快发展的机遇期。

2. 海洋产业增长极。21 世纪以来，全球范围内掀起了新一轮海洋开发热潮，向海洋进军成为世界主要沿海国家重大的战略选择，我国"十二五"规划明确了发展海洋经济的战略部署。广东拥有良好的海洋资源禀赋，大陆海岸线 4114 公里，居全国首位，有湛江、惠州等 14 个沿海地级以上市，但受"重陆轻海"传统发展观念影响，海洋产业仍处于粗放型发展阶段。2011 年，国家批准广东成为全国海洋经济发展试点地区，赋予广东海洋经济发展先行先试权利，广东发展海洋经济、促进海洋产业升级，成为又一重大历史机遇，具有广阔发展前景。

3. 新型城镇化形成的消费增长极。目前我国城镇化率为 51%，低于世界平均水平，也与 70% 的稳定城镇化水平有很大距离，持续推进城镇化将成为具有全局意义的长期工作。与之前 30 年的城镇化道路相比，未来我国的城镇化之路将突出"新型"特色，不是单纯地大兴土木，而是囊括了农民真正市民化、公共服务配套建设等过程。这一过程将形成新的经济增长点，即消费增长极：既有消费重心的下移，包括消费人群、消费区域和消费政策在内向新型城镇下移，又有消费结构的升级，在城镇化过程中形成医疗保健、文化娱乐、交通通讯等新的消费热点。

（三）"走出去"的机遇

广东面临前所未有的"走出去"的机遇。一是本轮国际金融危机引发世界经济格局和产业分工深刻调整，国际优质资产和大宗商品价格有所下降，发达国家和地区比新兴经济体遭受更严重的打击，扩大投资合作的意愿明显增强。二是广东经济发展水平国内领先，与东盟、拉美、葡语系国家等发展中国家地区经济具有很强的互补性，对广东来说，这些地区有很大"走出去"的空间。三是人民币升值成为长期趋势，虽然给出口带来压力，但对投资"走出去"非常有利。四是党的十八大报告提出要增强企业国际化经营能力，培育一批世界水平的跨国公司，"走出去"战略成为国家战略。值得注意的是，与传统制造业海外投资设厂不同，下一阶段广东要坚持多元化"走出去"，不仅"走出去"主体要多元化，而且投资方向宜重点转向高端制造业、境外并购、资源开发合作、建立境外营销与服务网络、设立海外生产基地等方面。

三、对今后三年广东经济工作的主要建议

（一）采取积极措施保增长

在国际金融危机和经济结构调整的双重压力下，广东经济增速从 2011 年第一季度开始连续 5 个季度放缓，到 2012 年第一季度降到 7.2% 的历史低点。从第三季度看，制造业采购经理指数 PMI 仍低于 50% 的荣枯线以下、规模以上工业主营业务收入利润率降至 4.3% 的历史新低、企业亏损面高达 20%，这些反映实体经济运行活力的核心指标表明，目前广东经济企稳筑底和回升的基础很不牢固。因此，广东经济工作总的方针仍应坚持保增长与调结构并重，在保增长的前提下调结构，利用调结构有效改善经济发展质量和效率。总而言之，未来 3 年要实现 GDP 年均增长 8% 以上，还须艰苦努力，采取一系列积极措施。

1. 投资拉动。一方面，广东还有很大的投资空间，投资力度和强度可以加强。2012 年广东固定资产投资占全国的比重仅为 1/20，增速也比全国低了 6 个百分点，第一、第二、第三产业投资占全国比重分别仅为 1/40、1/25、1/16，这与广东经济大省的地位很不相称。另一方面，投资方向应

更有利于经济结构调整和社会民生建设，应坚持投资总量增长与投资效率并重，投资重点宜放在以下三个方面：一是区域发展重大平台建设投资，包括广州南沙新区、深圳前海地区、珠海横琴新区、广东金融高新技术服务区、中新（广州）知识城、茂名滨海新区、肇庆新区、中山翠亨新区、佛山中德工业服务区、东莞水乡特色经济区、汕头海湾新区、云浮西江新区、韶关芙蓉新城以及 9 个国家级高新区等；二是重大基础设施项目建设投资，包括粤西沿海高铁、粤琼合作建设琼州海峡跨海通道、"县县通高速公路"工程、广州白云机场和深圳宝安机场扩建等重点交通工程、珠三角西水东调工程等重点水利工程以及核电等能源保障项目；三是社会民生工程，包括内河污染整治、珠三角清洁空气、农村环境综合整治、重金属污染综合整治等。

2. 消费拉动。广东拥有超亿人口和 4.5 万亿元的居民储蓄，消费能力和潜力巨大。制约广东居民消费增长的主要原因是消费结构不合理，消费结构已从"吃穿用"等基本消费向"住行学"等服务消费转移，而住房出行、医疗保健、教育文化等领域的有效消费供给与迅速扩大的消费需求间存在严重矛盾，解决这一矛盾成为未来广东提振消费的关键。一是"住"，把准新型城镇化进程趋势，有效承接农村转入的城镇人口新群体，规划建设高标准的小城镇；二是"行"，推行全省高速公路"年票制"和年票互认，在全省范围内撤销路桥收费站，刺激汽车消费和旅游消费；三是"学"，发展高端教育产业、文化产业、体育产业，促进居民综合素质的提升；四是"医"，发展健康产业、养老产业，适应保健养老的新需求。

（二）全力打造新的增长极

1. 打造都市圈经济增长极。广州和深圳经济总量占广东的 45%，现代服务业和先进制造业增加值分别占广东的 70% 和 60%，是广东的核心城市，要以广州和深圳为核心加快构建产业布局更加合理、资源流动更加便利、区域竞争力更强的都市圈。战略定位是将广州、深圳作为广东区域经济圈的双核，将佛山、东莞、中山、珠海与江门等市作为第二圈，其他市作为外圈，形成三个圈层紧密衔接的新型区域发展格局。发展思路是加大力度推动广州和深圳的先进制造业和现代服务业错位发展、联动发展，提升双核城市的研发创新能力和区域内开放程度，通过产业梯度外移、技术知识外溢、市场服务辐射等带动其他地区，实现广东经济整体联动增长。

2. 打造海洋经济增长极。打造海洋经济增长极是广东转型发展的重大机遇，是巩固壮大珠三角地区海港经济和加快东西两翼沿海地区崛起的有力抓手。要充分利用广东海洋经济综合试验区这个平台，全面激活广东丰富的海洋资源禀赋，调动 14 个沿海地级以上市，特别是湛江、惠州市发展海洋经济的积极性，优化海洋产业布局，提升传统优势海洋产业，培育发展海洋战略性新兴产业和高端临海产业，提高海洋运输能力，优化海洋生态环境，深入挖掘海洋经济发展空间。用 3 年时间，打造全新的海洋经济增长极。

（三）以"发展经济学 3.0 版本"为指引，构建广东新型产业集群

世界绝大多数的财富都是在产业集群区域里创造出来的。广东有一批发展突出的产业集群，但多数都是传统制造业等劳动密集型集群，按照"发展经济学 3.0 版本"新思想，在让传统产业集群升级的同时，更要加大力度打造符合广东资源实际和能力实际的以高新技术和现代服务业为主的新型产业集群，掀起广东经济新一轮发展浪潮。

1. 先进制造业集群。广东已经具备先进制造业基础，初步形成了以广州、深圳、佛山等市为主导的珠三角先进制造业产业带、沿海地区配套发展的格局，发展形成装备制造、汽车、钢铁、船舶、石化等先进制造业，当前广东先进制造业发展最大的问题是集群效应不明显、整体实力不强。因此，应更加注重产业集群效应的整合，建立集群内分工协作体系，打造以龙头企业为主要竞争力的创新发展主体、上下游卫星企业配套紧密协作

为特征的轮轴式产业集群。

2. 现代服务业集群。现代服务业集群的形成与发展和制造业集群不同，虽然其形成和发展过程离不开政府的规划和推动，但基本主体是企业实体，它对历史文化底蕴、社会和经济结构、产业基础以及市场国际化程度等方面的要求更高。发展现代服务业，一是将珠三角发达地区作为重点发展区域，将广州和深圳作为落脚点，发展现代服务业与打造大都市增长极互为支撑；二是将大都市中央商务区作为抓手，集中建设一批现代服务业主体功能区，形成现代服务业集群。此外，金融业作为现代市场经济的枢纽，既可以带动和促进其他现代服务业加快发展，又可以与其他产业融合发展，是发展现代服务业的重中之重。

3. 战略性新兴产业集群。与很多产业不同，高风险、高投入、回报周期长等特点决定了战略性新兴产业的发展不能完全依赖市场自由发展，前期非常需要政府引导和组织，最高效的途径就是打造产业集群。对广东来说，切入点是 12 个国家级高技术产业基地、9 个国家级高新区以及一批战略性新兴产业龙头企业，不是简单地将企业"捆绑"在聚集区，而要从政策扶持、市场环境营造、资源配置、配套服务等方面，通过核心企业带动和关键技术突破，推动战略性新兴产业集群发展，提升整体竞争力。

（四）以产业集群带动中小民营企业创新发展

中小民营企业是广东经济的重要组成部分，以不到 20% 的信贷贡献了超过 40% 的增加值。但是，由于广东民营企业数量多、规模小，抗风险和自主创新能力不足，发展升级能力弱，近年来领先优势逐步减弱，进入发展"瓶颈期"。强化产业集群作用是引领广东中小民营企业创新发展最有效的路径。一是制订民营经济产业集群发展规划，根据各地传统产业基础进行全省新布局，分行业打造一批特点鲜明的重点镇和专业镇。二是充分注重龙头企业引领作用，大力培育产业集群区域品牌，扶持发展一批民营龙头企业，通过一批龙头企业带动一片民营企业创新发展。三是建立完善与产业集群相适应的公共服务体系，加强以信息咨询、物流配送、产品交易、人员培训等为配套的公共服务平台建设。

四、关于金融工作的主要建议

（一）建立长期有效的投融资机制，支持经济平稳增长

创新投融资机制，充分利用现代金融工具，有效撬动金融资源和社会资本，提高全省投资水平。一是进一步提高银行业金融机构信贷投放力度。深化落实与大型商业银行的战略合作，提高其对广东省信贷投放信心，包括提高邮政储蓄银行的贷存比等；推动广东省地方商业银行在境内外上市或发行金融债券，增强资本实力；探索组建金融资产交易所，盘活银行存量资产。二是大力发展直接融资工具。扩大中期票据、企业债发行规模，做好地方政府债券试点工作，争取较长的还债期限和尽可能优惠的利率，搭建并升级区域集优债融资服务平台，推动扩大中小企业区域集优债试点。充分运用路桥资产证券化工具，以全省路桥年票收入为现金流来源，在金融市场发行证券化产品，有效盘活交通基础设施资产。三是开拓赴香港融资渠道。扩大跨境双向人民币贷款试点范围，落实广东企业赴香港发行人民币债券试点和设立多币种产业投资基金试点。四是探索通过引入保险资金、运用融资租赁等其他方式，着力解决重点项目的融资问题。五是做优做强融资主体，利用资本市场整合省属国有资产，以此注入省属政府融资平台，推动水利、公租房、轨道交通等建设，并通过转让部分基础设施经营权，将存量资产包装上市，盘活存量资产，实现滚动发展。

（二）推动金融、科技、产业融合发展，推动产业优化升级

围绕构建现代产业体系、提高自主创新能力和发展海洋经济等要求，深入开展产业金融和科技金融创新，发挥金融支持产业优化升级的核心引擎作用。一是积极发展产业投资基金。支持有条件的地方政府、企业和金

融机构设立产业投资引导基金（母基金），引进境内外具有丰富投资经验的股权投资企业和人才，发起设立一批有利于引导产业发展和产业链条整合的产业投资基金。二是引导产业资本进入金融服务领域。围绕重点产业集群，推动大型龙头企业设立一批金融租赁公司、企业财务公司、专业保险公司等新型金融机构，促进集群内各企业间更紧密分工协作。在专业镇发展公共金融服务平台，支持发展民营金融控股集团，聚集社会资本支持中小企业发展。三是促进科技与资本更紧密结合。设立省级创业投资引导基金，以粤科集团为基础打造政策性金融服务集团，完善创新创业投融资环境，在广州、深圳、佛山、东莞等市打造创业投资聚集区。四是建立省、市、区三级联动的企业上市推进机制，着力推动企业在主板、创业板、"新三板"和区域股权交易市场挂牌上市，带动品牌、管理和资本实力的综合提升，培育一批综合实力强的骨干企业或创新型企业。五是重点在南沙新区开展航运金融创新。发挥广州航运交易所平台作用，探索开发航运价格指数衍生品，组建或引进航运产业基金、航运金融租赁公司、航运保险公司等。发展再保险、航运保险、货运保险等业务。设立大宗商品报税交割库，发展仓单串换业务。

（三）积极开展消费金融创新，支持消费结构升级

大力发展支持消费发展的金融组织、产品和服务，引导消费结构升级，支持消费持续稳健增长。一是积极发展消费金融公司、汽车金融公司、第三方支付企业等消费领域的创新型金融机构，促进大件商品、汽车、网上消费等领域快速发展，激活居民消费活力。二是积极开展农村土地经营权、宅基地使用权以及林权等农村生产要素权属抵押贷款试点，激活农村生产要素的资本属性，撬动农村消费市场。三是开展房地产金融创新，满足居住条件改善需求。开展房地产信托投资基金试点，引导社会资金参与公租房建设，探索开展个人住房抵押贷款证券化试点。四是深化医疗、保健、养老领域金融创新。争取组建友邦粤财养老保险公司，在广东

开展税收递延型养老保险试点，根据国家政策开展大病保险，探索保险公司投资医疗机构、养老社区的试点。五是丰富财富与资产管理类金融产品，拓宽居民投资渠道，提高居民财产性收入，增强居民消费能力。

（四）进一步提高金融合作与开放水平，为广东企业"走出去"提供有力金融服务

以深化粤港澳金融合作为核心，提高广东金融产业国际化水平，为人民币国际化探索积累经验，更好地支持服务广东企业"走出去"。一是全面深化粤港澳金融合作。充分利用 CEPA 机制，认真落实《推动率先基本实现粤港澳服务贸易自由化行动计划》，进一步降低金融市场准入门槛，实现金融市场互联互通，发挥香港作为广东企业"走出去"重要平台作用和澳门的与葡语系国家合作桥梁作用。二是推动南沙、前海、横琴金融开放政策尽快落地。落实三地企业赴港澳融资便利政策，开展跨境人民币业务创新，简化资本项目下审批程序，发展本外币离岸金融业务。三是提高对外投资便利程度。积极推进资本项目人民币结算，鼓励境内机构使用人民币对外直接投资和融资，发展跨境人民币贷款业务，探索设立跨境人民币投资基金、出口信贷基金等。争取开展跨国公司外汇资金运作便利化试点，方便广东跨国公司灵活使用境内外资金，为企业跨国经营创造良好的外汇环境。四是加强与涉外政策性金融机构以及中非发展投资基金、中国—东盟投资基金合作，通过跟进投资、捆绑信贷、融资担保、风险管理等方式，支持广东企业赴东盟、拉美、非洲投资。

在省委、省政府的坚强领导下，广东金融界 70 万同仁将努力实施《珠江三角洲金融改革创新综合试验区总体方案》，继续解放思想、积极先行先试，围绕省委、省政府中心工作，充分发挥金融对现代经济的"血液"支撑和核心推动作用，为广东省经济社会转型升级和科学发展作出新的贡献。

探索篇

第一部分
广东金融发展探索

发展金融产业是广东
产业升级的必然选择

—— 在中共广东省委党校全体学员集中学习会上的演讲
（2007 年 9 月）

我今天演讲的题目是"加快发展金融产业是广东产业升级的必然选择"，为什么讲这个题目？请大家注意两个字"产业"，金融作为产业，出现在省委、省政府的文件里面，是广东第一次提出来的。有人提出，既要提"科技兴国"，更要提"资本强国"。美国从 1900 年 GDP 首次超过英国之后，一直是世界第一强国。美国的科技、金融、军事都非常强，美国人打这三张牌使他们获得了很大的发展。有的时候是科技牌与军事牌合起来打，有时候是金融牌和军事牌合起来打，有时候是科技牌与金融牌合起来打。就这样美国的金融非常发达。大家都知道金融的发端在伦敦，但现在真正统治金融世界的是纽约。这是宏观上看。我们看一下微观。微软的崛起就是一个神话。1986 年，微软的资产仅为 200 万美元，2006 年，其市值已达到 2500 亿美元。再看一个微观的例子，印度的塔塔集团在短短十几年的时间里迅速完成了对全球钢铁行业的并购、整合，形成了年产 1.2 亿吨钢铁的"庞然大物"。2007 年，米塔尔钢铁集团以 589 亿美元的营业收入排名世界一百强的第 99 位，还掌控了其自身所需要矿石 60% 的资源。从这些事例我们看到了资本集聚的过程造成了财富积累的增加，是财富效应推动了金融的发展，金融的发展推动着经济的发展。

一、现代金融已经发展成为一个重要产业

现在来看金融特别是现代金融，不仅仅是融资的工具，已经发展成为一个重要的产业。金融资产与业务规模占全国七分之一的广东是全国第一金融大省。金融产业能否加快发展、科学发展备受关注。首先，省领导非常关注。汪洋书记来了以后领导我们解放思想，在全省开展解放思想学习讨论活动，其间有两天的时间省领导专门就分工和负责的课题出主意和谈看法，23 位省领导同志发言，有 6 位同志谈金融，有的甚至还书面谈金融，有的是专门谈金融。可见，金融的地位与作用非常重要。

今天，我跟大家探讨一下广东的金融发展和广东的产业发展是什么样的关系。即从产业经济学看金融，从管理会计学算金融，从历史机遇想金融，从支柱产业做金融，从支持各业发展评金融。

大家都知道，广东占全国土地面积不到 2% 创造了占全国 12.5% 的财富，经济总量继超过新加坡、香港地区之后，2007 年又超过了台湾地区。原来邓小平同志说我们要在 20 年或者较长的时间里赶超亚洲"四小龙"，现在我们已经超过了三只"小龙"。广东的 GDP，2007 年达到 30674 亿元，约占全国 24.66 亿万元的 12.5%，广东用 30 年的时间走完了西方资本主义国家用 300 年走过的工业化、城镇化的历程，经济社会全面进入科学发展的健康轨道，这是世界千年史上绝无仅有的。广东保持了 30 年的连续增长，而且增长速度较快，节能减排也越变越好，这是一个奇迹。

创造这样的奇迹有什么秘密？主要的秘密在于广东抓住了每一次的历史机遇，掀起了一轮又一轮的产业升级，已经完成的有四轮。第一轮就是20 世纪 80 年代初期所进行的从农业产品加工到日用工业品制造的升级，那时候我们讲的"三转一响"就是指自行车、手表、缝纫机、收音机。那时候江门的蓬波牌收音机卖到全国，甚至还要走后门才买得到，还有健力宝、珠江啤酒也是全国抢着要，那时候物质缺乏，生产什么都赚钱。第二轮是 20 世纪 90 年代初，从日用工业品到现代家电的升级，包括老的三大

件：电冰箱、电视机、洗衣机。人们初步改善了生活质量。第三轮是进入2000年以来从现代家电到现代高级消费品的升级，包括两大两小，就是汽车、房屋、电脑、手机。第四轮是2003年以来省委省政府提出产业结构调整，向适度重型化和高级化转变，把发展装备制造业、石化、汽车放在更加重要的位置。由此，广东省产业升级速度加快，产品质量越来越好。随着产业优化升级，广东经济增长呈现了加速增长的态势。改革开放以来到"十五"期末，全省GDP年均递增13.4%，进入"十一五"则加速到每年递增14%以上，2006年增长14.1%，2007年增长14.5%，这全都有赖于产业结构的调整和产业优化升级。

我们还要继续进行产业结构调整和优化升级，第五轮广东产业升级是什么？现在越来越多的人提到第五轮产业升级就是要做大做强第三产业。第三产业里面龙头就是金融。最近时期，省委、省政府提出了构建广东现代产业体系的构想，领头的是金融，下来就是现代物流、信息产业、房地产业等。金融和经济是互动的，支持产业升级的重要力量之一就是金融。经济发展创造财富，提供更多更好的金融资源。我们要更好地了解和认识金融，利用金融更好地推进产业升级。

什么是金融？在韦伯斯特词典里，金融的定义是管理货币的科学。我通俗地概括为金融是理财活动，或者说是玩钱的，军事是玩命的，金融是玩钱的，简单来讲是理财活动，或者说是经营财富的活动。理财当中有低级理财也有高级理财，低级理财主要是解决资金供应问题，高级理财是要使财富增长，现代金融讲的都是高级理财，要使财富增长。我有两个很能说明问题的例子，我有一个朋友准备买一套房子，想把原来约100平方米的房子换掉，他是怎么理财的？他首先把旧房子卖了，得了60万元，他想买一套大一点的，结果买来买去，买了四年，越买越贵，现在就买不到100平方米的房子了，大概只可以买到六七十平方米的，他就不愿意，把钱搁在那里，房子还没有买到。我另外一个朋友原来也有一套约100平方米的房子，底层潮湿，不想住，想卖掉，我说你不要卖，还是"营运"一下好，结果他拿着这个房子作抵押找银行贷给30万元的贷款，拿这30万元贷款去按揭买房，付了首付买了130平方米的房子，在珠江新城那里买的，现在这个房子市值已经超过了150万元了，换了一套大房子以后还有150万元的市值在那里，起码赚了100万元。两位朋友的理财观念不一样，导致理财的结果也不一样。这样的例子在我们的生活当中是常有的。因此，我们拥有财富的时候，一定要懂得金融。克林顿和里根都不是靠总统职业赚钱的，而是因为他们都懂得理财而富裕的。

什么是金融市场？如果我们按照低级理财的理解可把它理解为一个供应资金的地方，这个地方叫做金融市场。按照高级理财的理解是指能够加快资金流动，提高资金利用效率，保障资金安全的场所和监管手段。

什么是金融产业？我的理解是运用金融资源在支持其他产业发展的同时也创造了新的价值的产业。金融产业要有市场，要有资源，有买方和卖方。现在我们讲金融产业就要结合我们广东的实际来讲，广东拥有全国七分之一的金融资源，全省的金融资产是67000亿元，这是家底。但广东金融大而不强，金融产业地位还比较低。

二、从产业经济学视角审视广东金融产业发展的滞后问题

产业经济学是介于宏观经济学与微观经济学之间的中观经济学，它以产业为对象，主要研究产业内部和不同产业之间的结构关系和相应的产业政策。产业经济学研究的领域包括产业组织、产业结构、产业关系和产业布局等。产业是社会生产力和社会分工不断发展的产物，现在看来产业仍然还是一个比较模糊的概念，泛指国民经济中各种产业部门如工业、服务业、钢铁产业、食品产业等。产业划分的方法很多，现在常用三种划分法，它是澳大利亚人费歇尔于1935年在他的《物质进步的经济含义》一文中首次提出来的。而对三次产业发展变化的趋势作出总结性判断的是美国经济学家西蒙·库兹涅茨。他指出："任何国家的经济结构都是在变化

的，产业结构的高变换率主要是由于需求结构的变化以及对外贸易和技术革新的高速度及其扩散。"美国的产业发展变化充分证明了这一论断。1884年以前，在国内生产总值和使用的社会劳动力当中，美国的农业部门占了50%以上的比重，这跟我们改革开放前的情况差不多。从1789年4月30日华盛顿就任首任总统以来的100年间，美国还是一个以农业为主的国家。从1884年到20世纪上半叶，美国农业部门的这种比例才降到10%以下，工业产值上升到40%以上，服务业上升到45%。进入20世纪五六十年代，美国服务业的增加值和使用劳动力比重逐渐超过了工业，达到50%以上，工业占40%左右，农业仍然保持在不足10%的水平。

广东产业发展的变化规律跟美国非常相像。改革开放以前广东的三次产业结构为30:47:23，那时候跟全国的28:48:24基本相当，到了2006年三次产业结构改变为6:52:42. 接下来第一产业降的比例不会那么大了，但是第二产业的比例会有比较大的降幅，第三产业的比例可能还要往上增长。为什么这样讲？现在广东的第二产业比例占得非常高，占52%，里面的轻重工业的结构也已经达到了39:61，将来原料、燃料、能源、市场会使得二产的空间受挤压。2007年一开年我们就发现油不够用、煤不够用，运输紧张。必然要走发展第三产业的路子。第三产业现在是42%，将来可能赶到52%，到这种三大产业的比例结构才可以真正说明广东经济真正做大做强了。美国和广东经济发展的例子表明：产业发展优化升级的变化趋势是带有普遍规律的。一国或者一个地区的经济逐渐强大也是有其内在的发展规律的，就是：靠发展第二产业做大，靠发展第三产业做强。金融是第三产业中最重要的产业。世界级巨富就在第三产业中，就在金融之中。

2007年3月5日，美国《福布斯》杂志公布了世界财富排行榜，大家都知道股神巴菲特以620亿美元的身价成为了首富，比尔·盖茨已经降到第三位了，排在第二位的是墨西哥电信巨头卡洛斯·斯利姆·埃卢。但是，真正的富人是不露面的，我为什么把罗斯柴尔德家族摆在这里？就是想告诉大家真正富的是他，为什么是他？因为这个家族已经经营了200年，到 2006 年的时候有人估计他们家族拥有 50 万亿美元的资产。他们的神话里有一个非常经典的故事就是在伦敦国债市场上的一笔买卖，罗斯柴尔德家族进到金融业务的创始人名字叫梅耶，他的五个儿子都搞金融，其中三儿子内森主管伦敦当地金融业务。法国资产阶级大革命爆发以后，法国和英国就慢慢地打起仗来，最著名的是 1815 年在比利时滑铁卢打的那一仗，谁赢了谁主宰欧洲。在前方打仗的时候，英国人很聪明，发行了十年期的国债，让老百姓来买，让邻近国家的一些富人来买，筹资打仗去。国债卖出去以后持券人就看打仗的结果了，如果英国人打赢了，这个债券值钱，打输了这个债券就变成垃圾了。事实上是英国人打了胜仗。但当时消息传递很慢。当时罗斯柴尔德家族的间谍一直跟踪在前线，第一时间赶回到伦敦，赶在交易所开市之前报告了情况。在开市的时候，这个家族带头把手里的国债全部抛卖一空，让大家都相信英国打败了，让大家都跟着卖。在大家都卖完的时候，国债价格跌到谷底的时候这个家族又巧妙地全部买入。然后，政府的消息回来了，实际上仗打赢了，国债价格大涨。这个家族不但全部掌握了英国的国债，而且价值上涨了 20 倍。从此，这个家族就奠定了他们在英国的金融霸主地位。一个国家的国债全部给他们垄断，他们进而影响这个国家发行纸币和发行新的债券，控制了国家的金融命脉。因此，罗斯柴尔德家族是当今世界最富有的家族。

个人致富离不开金融，一个地区致富也离不开金融。广东金融发展是滞后了。首先，金融产业作为支柱产业的定位没有确立。我们广东在 2007 年提出发展金融产业这个理念，并且把它当成一个支柱产业来做，但在 2006 年以前，我们过于注重防范金融风险，没有将重点转到发展金融产业上。随着广东产业规模的扩大，经济增长质量的提高，产业结构如何升级的问题早在 20 世纪就有人提出来。按照产业经济学关于产业结构升级的"四化"规定，广东经济有"三化"做得很好，也就是：产业结构的重工业化、产业结构的高加工度化和产业结构的高信息化做得都很好。而对另"一化"就做得不够好，就是产业结构的软化做得不好。"软化"是指，在产业结构的发展过程中，第三产业的比重不断提高，出现"经济服务化"的趋势。在所有产业中，伴随着高加工度化的趋势，知识、技术与资本密集程度增高，产业发展对高技术人才的依赖大大增强，服务等"软"作用日益增强。在广东，产业结构的"软化"做得不好，主要表现在最近十年第三产业增加值占 GDP 的比重徘徊在 42% 的水平，知识、技术与资本密集程度很高的金融产业没有得到相应的产业政策支持，广东虽然拥有占全国 1/7 的金融资产，却只创造了占全国不到 1/10 的金融增加值。金融增加值占 GDP 的比重和占第三产业增加值的比重均呈逐渐降低的趋势，多年来，均低于全国平均水平。2005 年金融对 GDP 的贡献全国是 3.39%，100 元的 GDP 有 3.39 元是来自金融的贡献，但广东是 3.01 元，我们是一个金融大省，但是做不到全国的水平。2006 年的时候也没有很大的改变。金融产业在第三产业中发展也处于落后的位置。金融产业增加值占第三产业增加值的比重 2005 年全国是 8.5%，广东才 7%，又低了 1.5 个百分点，在总量规模上还落后于本省的批发和零售业、房地产业和物流业，排在第四。还有就是金融与经济的互动作用不强，金融和经济的发展是相互依存的、互相作用的，我们银行存款的增加，但贷款增加不多，我们上市公司增加，但上市公司的市值不高，还有保险的密度和深度只相当于香港的 1/20，我们觉得作为一个产业来讲它跟经济的互动作用是非常低的。

三、从管理会计学考量广东金融产业发展滞后的收益损失

管理会计学是研究经营活动利本量关系，研究成本习性，指引追求贡献毛利率最大化的新兴科学。从这门科学的一个重要理论我们可以看到广东金融产业发展滞后造成的收益损失是比较大的。从"贡献毛利随着销售的减少而减少，随着变动成本的增加而减少"这个理论推导出的公式是：贡献毛利＝销售收入－变动成本。如果用中观经济学的语言，针对金融产业的运营进行表述，这个公式可以演化为：金融产业贡献毛利＝金融各行

业营业收入总额－金融各行业变动成本。为简化计算及表述，我们只选取银行业进行考量，上述公式则可简化为：银行业贡献毛利＝银行业营业收入总额－银行业变动成本。在这里银行营业收入包括存款的利息与贷款利息的差额，包括中间业务收入以及佣金等。因为当前银行业的中间业务很不发达，大概占10%，佣金收入也很小，我们主要还是看它的贷款利息收入。广东银行业存贷比在全国同行中是较低的。2006年，广东银行机构的存款是4.33万亿元，贷款余额是2.59万亿元，存贷比不到60%，只有59.8%，低于全国平均水平7个百分点。如果提高1个百分点，我们可以新增贷款430亿元，在不计其产出的乘数效应情况下，按广东2001年至2005年平均每投入1亿元贷款创造GDP 0.82亿元测算，每年至少可多创造GDP 340亿元，相应增加财政收入68亿元；如果到了全国平均水平，提高7个百分点，则可以增加财税收入480亿元，如果达到浙江省83%的水平可以提高存贷比23个百分点，可以多创造财政收入1500亿元。

我们看看浙江，2006年，浙江省银行机构存款余额为25006亿元，银行贷款余额为20758亿元，存贷比是83%。他们做到这样以后银行的不良贷款仍然保持在2%以下，浙江主要商业银行的不良贷款率2006年才1.39%。浙江的中小企业贷款也做得非常活跃，中小企业已经贷了1.1万亿元，2万亿元的贷款当中中小企业的贷款就做了1.1万亿元，他们通过金融跟经济管理部门联手，把中小企业的资产纳入他们的监管范围，你这个中小企业不能还钱的话就变卖你的资产抵债，因此浙江省中小企业的偿还信誉是很好的。因此，从管理会计学来看，我们金融产业发展滞后，收益损失实在是很大。

四、广东加快速度发展金融产业、建设金融强省

广东金融发展是在冰和火的洗礼当中走过来的。1997年的亚洲金融风险首先把亚太地区的泰国击倒了，泰铢贬值了50%以上，整个亚太地区的股市损失就2万多亿元，接着是香港，到了广东的时候，广东把这个风险给挡

住了，为全国作出了贡献。但也因此消耗了我们很多的发展时间，消耗了我们很大的财富。回想一下广东金融三个发展阶段，教训实在是非常沉重的。

首先看第一个阶段，这个阶段是 20 世纪 80 年代到 90 年代的中期。这一时期的宏观经济发展模式是从计划经济向有计划的市场经济发展模式转变。由于产品短缺，广东经济发展是粗放型的，与之相适应，这一时期的金融发展也是粗放型的。伴随着广东率先开展经济体制改革和经济规模率先迅速扩大，大量资金流向广东，广东金融规模迅速扩大，1984 年，广东贷款总量确立了全国第一的地位，1988 年，广东存款总量确立了全国第一的地位。这个阶段金融业发展表现出明显的"供给引导型"特征，金融对经济发展的推动作用主要表现在提供更多的资金。由于这个阶段粗放型的经济增长方式与粗放型的金融投放方式互相驱动，导致了金融机构信贷资产质量较低，资金沉淀较多，坏账、损失较大，埋下了后来广东发生金融风险的种子。

第二个阶段是化解金融风险、建设金融大省的阶段，是从 20 世纪 90 年代到 2006 年。这一时期的宏观经济发展模式是逐步走向市场经济的发展模式。由于产品剩余，广东经济发展逐步由粗放型向集约型转变。这一时期，我国金融业市场化改革大步推进，金融机构法人治理结构不断改善，粗放的金融经营模式难以为继，长期以来积累的金融风险逐渐暴露，1997 年的亚洲金融危机最终引发了广东的金融风险。广国投破产，城市信用社、信托投资公司等一批地方中小金融机构停业整顿，广东为此付出了巨大的代价。处置金融风险的工作持续多年，广东也由此被称为金融业"高风险，高收益"的地区。同时这一阶段也是广东金融工作深刻自省、积极改革的阶段。2003 年 12 月，省委、省政府明确提出了建设金融强省的战略目标，2004 年 6 月，省政府建立了新的地方金融工作机制，成立了省金融办，广东省金融办跟上海市金融办是国务院专门批准的两个金融办，其他地方都没有批。到此为止，广东渐渐提出了一个建设金融强省的目标，怎么建设和用什么样的手段大家都没有明确。地方金融机构的改革还没有取得一个根本性的成功，虽然取得了很大的进步，但也还是处在一种想发展却发展不起来的阶段。

第三个阶段是重要转折与科学发展新阶段，这一时期的宏观经济发展模式是在市场经济体制下的科学发展模式。从2007年开始，广东金融产业发展转入科学发展新阶段。我是2007年1月份被派到这个新岗位的，遇上了这个历史发展机遇。2007年1月，全国金融工作会议召开（新中国成立以来一共开了三次金融工作会议），这个会议非常重要，是重要转折的会议。省里面抓住了这个机遇，积极谋划金融发展的重要转折，6月初，省委、省政府召开了全省金融工作会议，出台了两个重要文件，一个是《中共广东省委广东省人民政府关于加快发展金融产业建设金融强省的若干意见》，另一个是《广东建设金融强省"十一五"规划》，由此，广东掀开了全面加快发展金融产业，系统建设金融强省的大幕。

五、广东发展金融产业迎来了最好的机遇

随着广东经济又好又快地发展，以及国内金融改革开放的不断深化，金融领域的竞争更加激烈，金融产业发展面临着重要的历史机遇期和重要的历史转折期，广东发展金融产业迎来了新中国成立以来最好的发展机遇和广阔的发展前景。

首先，经济稳定快速发展，为广东发展金融产业，建设金融强省提供了坚实的物质基础。2006年，广东的GDP达到了2.58万亿元，占全国的比重提升到八分之一，2007年达到了3.07万亿元。同时，广东的经济结构也发生深刻的变化，全省规模以上的工业增加值增加了18%，服务业增长13%，第三产业的发展开始加快，这些都为广东建设金融强省提供强大的经济基础和市场动力。

其次，金融改革全面推进，为广东建设金融强省创造了良好的制度性条件。去年年初召开的全国金融工作会议，为深化我国金融改革指明了方向，并对深化金融企业改革、健全金融调控机制、完善金融监管体制作出了全面部署，这标志着我国金融体制改革进入了一个崭新的阶段。"十一

五"期间，我国金融改革将以市场化为取向，进一步改进金融宏观调控方式，建立以风险监管、资本充足率监管、偿付能力监管等为核心的监管体系，基本实现利率市场化，继续完善人民币汇率形成机制，稳步推进金融业综合经营，进一步体现对直接融资的支持，推动金融市场全面、协调发展。广东只要抓住机遇，乘势而上，加快发展，就能在保持金融总量领先优势的同时，稳步提高金融产业的核心竞争力和服务水平，争创广东金融发展的新优势。

再次，金融业全面对外开放，为高起点发展金融产业创造了有利条件。2006年底，我们加入世界贸易组织的五年过渡期已经结束，2007年金融业进入了一个更加开放的新时期，承诺的内容都要兑现，因此金融开放进入了一个真正开放的时期。随着CEPA的深入实施，外资金融机构尤其是港澳的金融机构将更为迅速地进入广东金融大市场，带来金融资源、金融人才、金融监管和金融经营先进经验以及各种新的金融理念，可以在短期内提升广东金融产业的发展水平，推动广东金融产业迈上新台阶。

最后，国内兄弟省市争相发展金融产业也是对我们的鞭策。除了北京、上海之外，追兵还有天津、重庆。上个星期国家批准了天津滨海新区综合配套改革试验方案。现在很多省市都睡醒了，都看到了这篇文章，看懂了这笔买卖，所以金融是非干不可的。金融产业是非发展不可的。

广东既是一个经济大省，又是一个金融大省，如果你不会干金融，不发展金融产业，我们会深深地对不起这段难得的历史机遇。

"我们一定要加快发展金融产业，广东要建设金融强省"。我们反复宣传，不断地向领导出主意，领导和同行们都非常支持。首先是省委、省政府非常重视，前任省委书记张德江同志对广东的金融改革高度关注，多次召开会议，听取汇报与建议。省委、省政府支持建立了各级政府"一把手"亲自抓金融的工作制度，从县里到省里都是政府"一把手"抓金融。新任省委书记汪洋同志高度重视金融工作，指示我们要大胆解放思想，深化粤港澳金融合作。广东还采取了重大的措施来发展金融产业。

第一是激励政策，就是每隔两年对金融企业进行一次省级的评比和奖励，一个是产品创新、技术创新做得好的给予"创新奖"，三年之内一个地方金融保持稳定，不发生风险的给予"稳定奖"，两年共拿1亿元进行重奖。

第二是建设"广东金融高新技术服务区"。前台和后台，形象一点就是餐厅里面点菜吃饭坐前台，吃什么菜看厨房。金融机构无论是金融信贷，是资本市场，还是保险市场，柜台服务叫做前台，卖产品是在前台，但是这个产品怎么来的、怎么研发是后台的工作，现代金融产业发展的一个趋势就就是前后台的业务分离，而且是加快分离，加快分离有利于他们专注研发，以后谁投入一个新产品谁就会在某个时段领先，使他的业务得到更快的发展。我们在佛山的千灯湖公园旁边划出了很大一块地，吸引大的金融机构在这里研发新产品和新技术，美国的 AIG 集团已经率先进来，中国人保集团也率先进来，现在有 36 家在那里谈，将来那里要解决 10 万人以上的就业，有白领还有金领。在我们前面已有成功的例子，都柏林本来是没有多少金融的，后来它专门做金融后台服务业务，发展成为全世界著名的金融后台服务中心，都柏林金融后台服务的 GDP 已经占其全国 GDP 的 9%，可见这也是一个很大的增长点。去年我们一举完成了"广东金融高新技术服务区"的论证、报批、授权建设、动工和规划等所有的工作，成效很显著，对全省金融企业做大做强是重要的支持。

六、金融产业将成为广东最具活力的支柱产业之一

2007 年，广东金融工作与金融产业发展都呈现很好的发展势头。在金融工作方面，首先，实现了地方金融工作指导思想的三大转变。一是从片面求大求多的思想中解放出来，实现由注重发展规模、速度向追求规模、速度与效率相协调的转变；二是从惧怕风险的思想中解放出来，实现由注重防范风险向防范风险与注重科学发展并重的转变；三是从把金融仅仅作为投融资工具的思想中解放出来，实现由注重融资行为向发展金融产业的实质性转变。这是省领导在大会小会上经常强调的，也是金融工作部门在

不同的会议上反复要求的，管理层和金融企业都统一了这个思想。其次，完善了广东金融产业布局的规划。珠三角专注做金融产业，谋求发展，因为珠三角聚集了80%以上的金融资源和金融机构，金融市场体系比较完善。其他地方我们主要是做服务，特别是改善农村的金融服务。还有广州、深圳、东莞、佛山的金融分工，深圳是区域金融中心，广州也是区域金融中心，但是要错位发展，深圳主要做资本市场，广州主要做信贷市场和保险市场，佛山主要做后台服务，东莞可以成为金融新产品和新服务的试验地。经过初步规划之后得到了各方面的赞成和支持。

在发展金融产业方面，还实现了三大新突破：一个是全省系统性的金融风险已经有效地排除。2006年的时候我们还有150家城信社停业整顿，已整顿了8年，8年都没办法退出去，所以风险仍然是风险。2007年，我们花了9亿元把这150家城信社一家一家按照合乎退出市场标准的要求，逐步地让它们退出市场，排除了最后一个系统性的金融风险，标志着广东的金融风险得到了有效全面的排除，现在我们可以大胆地讲在广东的金融市场、金融风险只是一些零星之火的风险。比如珠海商业银行的重组，昨天省政府也批准了跟某央企重组的方案。接下来是汕头商业银行和广州商业银行的重组，广州商业银行的重组也已经有了很大的希望，就剩下汕头商业银行，那也只是个别现象了，不足为惧，因此以后我们可以比较稳当地转入发展，这是第一个新突破。

第二个新突破是确立了发展金融产业的思想，并且作出了金融产业的发展规划，有关内容我刚才已经介绍过了。

第三个新突破是首次实现了金融产业增加值、金融机构利润都超过1000亿元，一改主要金融指标低于全国平均水平的不利局面。这是我们看得见、摸得着的突破。原来我们很多的金融指标低于全国平均水平，2006年我去重庆学习考察的时候，一提起这些指标就觉得很难受。最近，上海、安徽、湖南的同志来粤考察，他们对我们的这些变化感慨万千。由此，也使我们稍稍有了一点信心。给我们信心的还有广东的三大金融市场共同繁荣，三大比例都在提高，第一个市场是银行信贷市场，2007 年 12 月末全省的金融机构存款是 48955 亿元，增长了 13.16%，这个也难能可贵，因为去年的股市比较火爆，能够保持 13.16% 的增长是不容易的。贷款余额达到了 30617 亿元，增长了 16.56%，贷款的增长比存款的增长还要高，存贷比提升了 2.7 个百分点，从 59.8% 提高到 62.5%，不要小看这2.7 个点，这 2.7 个点都是用出去的钱。第二个市场是资本市场，2007 年末，我们的上市公司已经达到了 269 家，境外的达到 80 家，当年新上市公司 48 家，年初我们的目标是做到 30 家以上，上市公司总市值已经超过了3.2 万亿元，首次超过了 GDP，GDP 是 3.07 万亿元。从境内外股市募集资金超过 1000 亿元，直接融资的比例为 20.1%，比上年同时提高了 7.6 个百分点。一般的规律是银行的信贷存贷比下降，资本市场的直接融资比例提高，这是一般规律。由于我们过去落后，所以我们是银行信贷市场的存贷比提高 2.7 个百分点，同时资本市场的直接融资比例也提高了 7.6 个百分点，这些是非常难能可贵的。第三个市场是保险市场，保费首先达到了807 亿元，增长了 33%，增长了 200 多亿元，这个市场也开始繁荣。现在很多的境外保险机构包括日本、美国、中国香港的保险机构最看好的就是我们的保险市场。由于以上好的变化，根据省统计局统计，2007 年，全省实现的金融产业增加值达到了 1221 亿元，增长了 26.9%，金融产业增加值占 GDP 的比例达到了 4%，比 2006 年提高了 1 个百分点，一年提高 1 个百分点，这个是非常可喜的。如果再提高 1 个点我们就达到了 5%，"十一五"发展目标就实现了。由于金融业以前长期不受重视，金融业增加值统计还是不完整的，上述数字只有小没有大。我们已经同专家一起做一个课题叫做"金融增加值的意义和统计方法"，用计量经济学的研究原理和金融学的理论来做，在做的过程当中发现金融业增加值的统计有问题，统计小了，不真实，实际的核算数还要比它大，另外我们统计的方法还有完善的地方。从这里我们可以看到金融产业的发展对于我们做大做强第三产业给予了很大的信心，也昭示了这里面可以努力的空间是非常大的。同时，广东省金融产业快速发展也高度吸引了省内外、国内外一些金融机构和金融专家，他们对广东这个市场看得非常重。比如说2006年年底，召开的广东经济发展国际咨询会，省长的顾问给我们出主意，很多专家都谈金融，我算了一下大概有三分之一的专家给我们发展金融出主意。更重要的是一些大的金融机构纷纷向我们商谈合作的意向，中国人保、国家开发银行、农业银行、建设银行等都愿意跟我们合作，最近"两会"期间，广东三位省长和中国人保的总裁等在北京饭店签订了一个战略合作协议，这说明广东的金融市场对外界的吸引力非常大，是一片热土。我们自从高风险的帽子摘掉以后，人家就高看一眼了。分析一下我们的目标如何实现，我们认为，"十一五"规划也好，"十二五"规划也好，会提前达到。从今年的发展势头来看，我们认为2010年金融业增加值占GDP可望超过5%，可能提前一年达到，占第三产业增加值的比例更可能早达到11%以上。到"十二五"的后期，广东的金融总量、金融增加值和保费收入大体上比现在还要翻一番以上，如果金融产业增加值占GDP的比重达到5%以上，我们就可以毫无疑问地说金融产业是广东的支柱产业。

七、促进其他产业发展，培育壮大金融资源

最后介绍一下金融产业如何促进工业、农业的发展。首先是促进农业的发展，培育农村金融资源。农村地区的金融缺位，金融资源和金融服务不足已经成为制约全省县域经济发展和社会主义新农村建设的重要因素。针对农村金融的特点，省委、省政府出台的文件里面提出要建设具有广东特色的农村市场金融体系，支持全省社会主义新农村建设，对农村金融通盘考虑，提出了金融支持农业发展，保障农民生活，发展农村经济的各项措施。

第一，发挥农信社支持"三农"主力军的作用，促进农业增产增收。农信社是2005年国家下放给地方管理的，现在有将近6000亿元的资产，它的资产总量仅次于工行广东分行，它的特色就是支持"三农"。中央给它的定位是以县区级法人为基础，以支援"三农"为主要任务，主要做农村

金融服务。现在农信社改革主要是首先兑现票据。中央给了一块票据兑现的"支票"，即230亿元，当满足了中央的改革要求，这230多亿元就变成现钱，充实你的资本金，我们99家农信社朝着第一个目标即拿这230亿元，拿到之后我们要按照银行监管要求去做，达到标准以后一方面拿到现金，变现，另一方面是把资产的质量提高，达到一个合格的金融机构水平。这个工作我们现在已经完成了三分之一，2007年年底大概会完成80%以上，剩下大概11家的"硬骨头"，我们还要花一些力气，促成它改革成功。改革成功之后，广东农村金融这一块我们就大可放心了，因为农村金融这一块股份制银行大鸡不吃小米，因为它在乡镇下面没有机构，农信社改革当中有很多大的金融机构想参与进来，但我们坚持一个方向，就是服务"三农"方向不改变，我们还是有信心把农信社改革好。

第二，我们和中国人保合作，对我们农业的重要产品进行保险，包括农业的灾害和农房的保险都要做。有一个例子，在"两会"期间得到了温总理的高度称赞。2006年我们吃肉的时候说肉贵，中央拿出10亿元养猪。按照这10亿元养猪可能肉还是贵，人保就做了一件大好事，说这个事我们帮你一块儿做，然后人保做了300亿元的保险，那么养猪肯定比原来放大了很多倍。在这里我们看到了保险对农业的支持是非常重要的。我也经历过这样的一个例子，前年粤北发大水，很多的房屋倒塌，每倒塌一栋房子省里面给8000元，当地的政府给5000元，结果盖起的一套房子比原来还漂亮。但是，若按保险的话可能就只花几百元，农房买了保险之后倒了就由保险赔，我们就省很多钱。如果财政和金融联合起来的话，就可以做一些更大的事情，可以更快地解决问题。还有一个灾害保险。九江大桥被撞断以后，就由保险公司赔，赔完以后省交通集团觉得当时没有买利润保险真可惜，为什么？因为如果买了利润保险的话，这个桥断了以后，修多少年保险公司就应该按每年的利润损失给我们赔。

第三，发挥资本市场的融资作用以及规范企业行为的作用，支持工业发展。资本市场里广东很有远见，我们的上市企业虽然全国最多，市值也是最大，但是我们的金融资源非常多，我们的企业非常多，上市的积极性还不是很大。广东人办企业我觉得有三种形象，特别是一些民营资本家、民营企业，不想上市。首先他们觉得办企业是养老婆，这个企业是我的，就像我的老婆一样谁也不能动她，因此就不上市；其次办企业像养小猪，养大以后就卖掉；最后就是办企业像养小孩，是股份制，家长有一份责任，老师有一份责任。省里有 26 家的大型省级企业，上市的寥寥无几，有的国有企业也是这样，上市的积极性不大。现在我们为什么鼓励上市？实际上从国家利益来考虑的话，在人民币升值下的资本市场，中国的资产价格比较低，热钱追踪我们的股票、房地产实际上是为了套利，套完利就走，所以来也快、走也快。为了保证我们的发展成果为国人所有，必须把资产的市值做大。如果我们好的企业还是以一元钱一股卖给人家，这不是很可惜吗？如果按照市盈率算至少也有 20 元左右，最差的也要 5 元左右，这样才算是比较合理的价格。因此我们算资本的价格不能只把物质化的资本拿来算，也要算非物质化的资本。物质化的资本是什么？是资金、设备、原材料、土地，这是物化的资本，但是非物质化的资本还有我们的社会秩序好、市场好，一起构成了我们的发展环境，这也应该算进大资本里面去。我们不能在资本的博弈当中吃大亏，很多理论界专家学者都主张把资本的市值做大。今天，我们的股市下跌了，开盘的时候是 3501 点，比最高点市值蒸发了 12 万亿元。有人看到过了 6000 点就恐慌，我觉得大可不必。只要我们的经济层面是好的，社会是安定的，流动性过剩问题还没有解决，这个资本市场应有的发展就不会停。我们利用资本市场有一个主要目的是为了规范企业的管理，企业进入资本市场之后，任何经营信息都要披露，任何管理都要按照现代公司管理的法律法规来做，因此就不容易进行一些有猫腻的活动，特别是财务活动，这个企业就处于阳光底下杀毒，这样我们的经济细胞才健康，经济运行就比较安全。

今天，就为大家介绍这些，谢谢大家！

广东金融产业如何实现科学发展

（2007 年 12 月 12 日）

党的十七大在总结中国近 30 年改革开放经验与教训之后，将科学发展观写进了党章，使之成为了每个共产党员的行动准则。我们要贯彻落实科学发展观，要从哪里为切入点呢？首先，要搞清楚，我们遇到了什么问题，我们解决问题思路与方法是否正确。

我们遇到的问题大都是发展不科学造成的。思路不科学，工作方法不科学，发展目标不科学，总结起来就是违背客观规律。犯了认识论和方法论上的错误。

科学发展观的哲学含义，我认为有三层：第一层是发展要遵循两个基本原理，即生产力与生产关系本质运动原理，经济基础与上层建筑矛盾运动原理；第二层是发展要按照规律来办；第三层是从实践中来回到实践中去。

下面我就贯彻落实科学发展观，实现广东金融科学发展谈三点看法。

一、联系实际，认清金融产业发展的大趋势和条件

党的十七大报告对当前我国经济社会的发展实际做了精准深刻的概括，在此基础上提出了我国今后的发展目标和要求。全省金融工作会议和《中共广东省委、广东省人民政府关于加快发展金融产业建设金融强省的若干意见》（以下简称《若干意见》）也在全面总结和回顾广东省金融发

展的历史，深刻分析了新时期金融业面临的大好发展机遇的基础上明确提出了大力发展金融产业，建设金融强省的目标任务。省委、省政府作出大力发展金融产业、建设金融强省的战略决策，是运用科学发展观，紧密结合广东省经济社会发展实际和趋势，科学判断的结果，我们要以此作为做好地方金融工作的立足点和出发点。

（一）大力发展金融产业是广东省社会加快发展转型的客观需求

改革开放 30 年以来，我国经济社会全面发展，正处在重要的发展转型期。正如党的十七大报告指出的当今社会活力显著增强，社会结构、社会组织形势、社会利益格局发生深刻变化。经济体制从计划经济向完善的社会主义市场经济转变；收入分配从"效率优先，兼顾公平"到"更加注重公平"转变，有效增加城乡居民收入，建立覆盖城乡的社会保障体系；社会结构从传统社会向现代社会和法治社会，从封闭式社会向开放式社会转变；社会管理由管理型政府向服务型政府转变，强化公共服务。

2006 年广东省人均生产总值突破 3000 美元，这是一个具有跨越式意义的发展指标，标志着广东省已经达到中等收入发达国家水平，进入由温饱型社会向宽裕型小康社会加快转型的社会发展时期。国际经验表明，这一时期既是社会发展的黄金时期，也是社会矛盾的高发期，现今广东省社会发展主要存在以下矛盾：一是城乡之间、区域之间发展仍然很不平衡，农村经济社会发展明显滞后，欠发达地区发展基础薄弱。二是公共产品和公共服务严重不足，人民的医疗、教育、社保、住房需求得不到有效满足。三是经济的快速变革引起社会利益结构的变动带来的社会利益快速分化，收入分配不公加剧。四是社会文化变革滞后，社会普遍不适应，各种价值观冲突错综复杂。现代金融具有丰富的社会管理功能，在推动社会矛盾的解决和社会成功转型方面具有不可或缺的作用。金融可以有效支持社会主义新农村建设，解决城乡发展不平衡问题；可以为公共事业建设提供多种融资支持，为人民提供更多更好的公共服务；可以为人民群众提供投资渠道，增加财产性收入，使得人民财富有效增长；可以帮助转变传统行为方式和思维方式，树立契约意识和诚信意识；可以补充和完善现代社会保障体系，提供社会风险管理的参考和手段。但是广东省金融产业的发展还不能很好地适应社会转型的各项金融需求，比如金融业发展与经济社会发展互动作用不相称，金融产业地位不高；金融业结构性矛盾突出，区域金融发展极不平衡，城乡"二元金融"矛盾突出；金融创新能力较弱，创新机制不够完善，产品、制度和服务创新能力不足，不能满足社会发展和人民财富增加对金融服务功能多层次的需求等。这些矛盾的存在是社会转型期的伴生物，具有一定的客观历史性，是金融产业发展过程中不可避免的。

省委、省政府充分认识到社会转型期通过发展金融产业来解决社会发展矛盾，推动社会加快转型发展的重要意义和作用，将大力发展金融产业作为广东省经济社会的发展战略，并在《若干意见》中确定了金融产业发展"三步走"的奋斗目标，指明了广东省金融产业的发展方向，成为我们地方金融工作的行动纲领。

（二）大力发展金融产业是广东省经济由大到强的必然要求

改革开放 30 年以来，广东利用体制与机制优势，紧随经济全球化和国际产业转移潮流的步伐，经济持续较快发展。从 1989 年起，广东经济规模就确立了全国领先的地位，今年 GDP 预计将超过 30000 亿元，首次超过台湾地区，预计到 2015 年将超过韩国，从全球 GDP 来看已经进入了各经济体中的前 30 名。从经济规模上来说，广东已经创造了一个经济奇迹，经济大省地位已不可动摇，但从经济发展的更高层次考量，广东距离经济强省还有一定距离，主要表现有：一是经济发展方式仍比较粗放，主要依靠出口和投资来拉动，资源环境约束趋紧；二是产业结构不合理，第三产业比重低，工业中轻型加工业和传统产业比重比较高，产业链下游企业多；三是自主创新能力不强，核心技术掌握不多，产业国际竞争力比较弱。

从 2007 年开始乃至今后一段时期内广东经济发展的重点是深入推动经济结构的战略性调整和产业优化升级，提高自主创新能力和核心竞争力，从经济大省发展成为真正意义上的经济强省。要达到这一目标，关键是实现经济发展方式三个转变：在需求结构上，促进经济发展由主要依靠投资、出口拉动向依靠消费、投资、出口协调拉动转变；在产业结构上，促进经济发展由主要依靠第二产业带动向依靠第一、第二、第三产业协同带动转变；在要素投入上，促进经济发展由主要依靠增加物质资源消耗向主要依靠科技进步、劳动者素质提高、管理创新转变。大力发展金融产业既是广东省经济转变发展方式，实现由大到强发展的内在要求，也是强大的推动力，是根据广东省经济发展趋势作出的科学决策：

首先，金融产业将成为新一轮广东省产业优化升级的主角，发挥金融产业独特的引领带动作用，发展金融产业带动现代服务业的大发展，促进第一、第二、第三产业协同带动经济发展。到 2010 年，广东第三产业增加值占 GDP 的比例要达到 50% 以上，金融产业增加值占 GDP 的比重和占第三产业增加值的比重分别达到 5% 和 11% 以上，到 2015 年，全省金融业增加值占 GDP 的比重和占第三产业增加值的比重分别达到 8% 和 15% 以上，金融产业最终要发展成为广东的支柱产业。

其次，深化金融体制改革支持广东经济做大做强。金融是现代经济的核心，是国民经济的命脉，在市场资源配置中发挥基础性作用。广东经济要转变发展方式，进一步做大做强离不开金融的支持。现有的以国有商业银行信贷间接融资方式为主的银行信贷市场、仅能满足少数企业直接融资需求的资本市场、以寿险为主的保险市场还不能满足广东经济发展的需求，需要继续深化改革，改善融资环境，破除体制障碍，建立有广东特色的地方金融市场体系，为经济结构调整提供足够的金融支持。

最后，金融是广东省提高自主创新能力，增强核心竞争力的强劲推动力。金融是创新科技成果实现向现实生产力转变的重要中介，没有创业投资体系的支撑，美国就无法实现新经济的奇迹。提高自主创新能力，对金融产业发展提出了更高的发展要求，要求建立更为灵活的创业投资体系，加快构建多层次的资本市场，切实发挥支持自主创新的推动和保障作用。

（三）大力发展金融产业是金融业自身发展的必然结果

广东金融业自改革开放以来的发展历程，是从无到有，从小到大的发展历程，取得了许多成绩，也经历了许多波折，可以将其划分为三个阶段。第一个阶段是金融业成形与粗放式发展的阶段（20 世纪 80 年代至 90 年代中期）。改革开放后，广东金融业伴随着经济的快速发展迅速成长，金融市场体系初步建立，用不到 10 年的时间确立了金融大省的地位，但是粗放型的金融发展方式也积累了金融风险。第二个阶段是化解金融风险、建设金融大省的阶段（20 世纪 90 年代后期至 2006 年）。广东成功化解由亚洲金融风暴引发的系统性金融风险，加快金融体制改革，金融业规模持续增长，开始由金融大省向金融强省发展。2007 年，随着全省金融工作会议之后全新的工作局面的打开，广东进入了全面发展金融产业、推动金融产业做大做强的新阶段。当前，国家金融体制改革有序推进，广东省历史遗留的金融问题即将——被化解，金融业全面对外开放，经济社会全面发展，国际国内局势相对稳定，广东省金融产业发展面临最好的发展机遇。2007 年广东省金融产业的加速发展的良好势头说明了这一点，截至 2007 年 9 月末，广东省金融产业增加值（快报数）752.62 亿元，增长 26.1%，比 GDP 的增速高 12 个百分点。我们也必须清醒地认识到，广东金融产业还处在由金融大省向金融强省发展的起步阶段，大而不强的特征依然明显，仍有许多深层次的矛盾需要我们去解决，金融工作任重道远。

总之，我国和广东省经济社会都在又好又快发展，经济社会也都在加快转型，这些都不断对金融产业发展提出新的要求，金融产业自身也不断要求加快发展。形势喜人、形势迫人，时不我待。虽然形势变化往往超乎我们的预计，但是，我们发展金融产业这个工作中心不能变，因为，科学发展观中，发展是第一要义，只有发展金融产业才能有效解决经济社会发展和运行中出现的各种金融新问题、新矛盾。

二、掌握金融产业发展的一般规律

在新形势下如何贯彻落实科学发展观，做好金融工作，核心任务就是大力发展金融产业。如何充分认识这个核心工作问题，就必须要掌握金融产业发展的一般规律，通过认识规律提高我们做好大力发展金融产业工作的自觉性、主动性和能动性。

（一）金融与经济同兴共荣，互相推动促进的规律

金融与经济是相互促进，同兴共荣的关系。经济活动最主要的就是生产和消费，下面就从生产和消费这两个方面来考察经济与金融运行的关系。

1. 产业升级与金融产业发展的关系

现代产业经济学将国民经济的各个生产部门做了三个产业的划分，并总结出了产业发展的一般规律，在国内生产总值中所占份额和使用劳动力所占份额，第一产业所占份额都趋于下降，第二产业、第三产业所占份额都趋于上升，并最终呈现第一产业＜第二产业＜第三产业的产业发展格局。并且，各经济发达国家发展的历史经验表明，产业发展优化升级和一国或一地区经济逐渐强大具有共同的发展规律，就是：靠发展第二产业做大，靠发展第三产业做强。

广东经济发展的诀窍是产业优化升级，已成功实施四轮，从日用工业品到家用电器，到高端消费品，再到适度重工业化的升级，每一次产业升级都给广东经济发展增添了新的活力。2006年，全省规模以上工业增加值和服务业增加值双双突破1万亿元，高新技术产品产值突破1.5万亿元，重工业增加值比重由上年同期的56%提高到60%，产业结构重工业化、高加工度化和高信息化趋势十分明显，第四轮产业升级的成效十分显著。广

东目前的三次产业结构为 6:52:42，还处在第二产业发展领先第三产业的阶段，正因为如此，广东经济要做大做强，必须进行新一轮产业升级，发展现代服务业，尤其是其中最具活力、最具辐射带动作用的金融产业。通过发展金融产业迅速做大做强现代服务业，占领现代产业发展的制高点，并发挥金融资源配置的基础性作用，加快第一、第二产业的淘汰与升级，引导各个产业协调发展。

2. 消费升级与金融产业发展的关系

广义的消费结构，是指在 GDP 支出法构成中，最终消费中居民消费和政府消费的比例结构。狭义的消费结构，是指在居民消费中，各项消费支出的构成比例关系及变化情况。我们所讨论的消费结构是指狭义的消费结构。与产业结构一样，消费结构也在不断升级，消费结构的升级与产业结构升级是一种互为因果的关系，因为消费与生产是经济活动的一体两面，消费需求决定产业结构调整的方向，是产业结构调整的强制性力量。

消费升级的一般规律是恩格尔系数的不断下降，具体来说，就是食品消费以及服装等满足人基本生活需求的消费品所占比重不断下降，而住房、交通工具、电子设备、文化娱乐等满足人发展需求的消费品比重不断上升。同时，消费升级也是金融产业发展的良好机遇，消费升级意味着居民富裕程度的提高，将带来更多的金融服务需求。与产业升级相适应，我国改革开放以来经历了三次主要的消费升级，第一次是改革开放初期，基本特征是恩格尔系数迅速下降，轻、纺工业产品消费迅速增长。第二次是20 世纪 80 年代末 90 年代初，特征是恩格尔系数变化不大，家用电器等家庭耐用消费迅速进入居民家庭。第三次是目前正在经历的居民可支配收入快速增长与以"住"和"行"为主要消费内容的消费升级阶段。国际经验表明，一旦消费结构进入到以"住"和"行"为主要消费内容的消费升级阶段，其对产业结构升级和经济发展所产生的推动作用是持久而强大的。

"十一五"期末，广东省城镇居民消费构成为：食品消费占 36.1%，衣着5.7%，家庭设备及服务5.1%，医疗保健6.0%，交通通讯19.8%，娱乐文化14.1%，居住10%，其他服务3.2%。"住"和"行"消费已经占到消费总量的30%，并且近两年来增速保持在25%以上，比例还在不断提高，消费升级正进入到对经济发展持久作用力最强的阶段。这一阶段，伴随着广东省城乡居民收入的大幅提升（"十一五"期间预计每年递增8%左右），居民金融服务消费也在大幅增长，据统计，2007年广州市居民家庭资产中以基金、股票为主的比例达到48.3%，超过以存款和国债为主要金融资产的户数，购买保险的比例也在不断提高。

面对消费升级的规律和趋势，广东金融要做的是：一是引导资金与资源集中到热点消费品的产业链条中去，最大限度地发挥消费升级对经济发展的推动作用。二是积极增加促进城乡居民消费结构升级的金融产品的设计与市场开拓，提高金融服务质量，创造和引导金融需求，扩大金融服务消费，推动金融产业发展。

（二）金融产业发展的规律

金融领域的竞争激烈程度远远超过其他产业，各经济发达国家经过数百年的发展，现在也只有纽约、伦敦、东京、巴黎等寥寥几个金融中心，而新兴经济体中仅有中国香港在金融领域获得成功。通过考察各金融发达国家金融产业发展的经历，现代金融产业主要以下发展规律。

1. 从做大到做强的规律

与广东类似，各金融发达国家的金融业也经历过规模盲目扩张，市场不规范运行的发展阶段，其间不断周期性地爆发金融危机，直至爆发1929年世界性的金融危机。之后各国通过加强立法和监管，使金融产业走上比较规范的从做大到做强的发展道路。随着现代金融产业的发展，做大与做强又增添了新的内容，做大是指金融产业整体规模的大，而不是每个企业规模的大。在一个完整的金融产业体系中，应当是专业性公司与综合性公司并存，大、中、小公司并存，商业性公司与政策性公司并存，每个企业根据市场需求寻求合理定位。做强指的是金融产业整体实力的强，每一个金融企业创新能力强、核心竞争能力强和盈利能力强。

金融产业实现从做大到做强的共同路径是：金融产业依托金融中心聚集发展，金融市场逐步发育健全，管理规范、效益良好的大型金融企业不断涌现，金融创新活跃，金融与实体经济结合紧密，金融监管成熟有效。这些都是我们发展金融产业的目标。

2. 前台业务与后台业务分离的规律

进入 21 世纪，国际金融产业最新的发展规律和趋势是前台业务与后台业务加速分离，后台业务部门分工不断细化，金融后台业务向产业化发展。随着金融后台服务规模的不断扩大和产值的不断增长，必将进一步推动以金融信息技术服务、人力资源管理、客户服务、票据支付和清算、数据分析和处理、定损理赔、金融资产管理等为主营业务的金融后台业务企业聚集在一起，形成规模较大的产业集群。

利用金融产业这种发展规律，主动承接金融后台业务转移是金融产业后发国家迅速壮大金融产业的捷径。国际上已经有了爱尔兰这个成功例子。1987 年，爱尔兰决定在首都都柏林设立国际金融服务中心，发展附加值更高的金融后台服务产业。爱尔兰的尝试取得了巨大的成功，其金融后台服务基地至今已吸引了超过 400 家国际金融企业，包括半数的全球银行五十强及保险公司二十强，成为欧洲最重要的金融服务中心之一。金融产业对爱尔兰 GDP 的贡献率从 1989 年的 2.5% 增加到了 2005 年的 9.1%，高于欧盟其他地区的平均 5% 的贡献率。

广东省已在佛山南海建设广东金融高新技术服务区，这是总结国际金融产业前台业务与后台业务分离的规律和经验作出的战略决策，是广东省金融产业实现赶超式发展的有效手段，也是今后一段时间内广东省地方金融工作的重点。

3. 单一经营到混业经营的规律

国际金融产业发展的另一规律是从单一经营发展到混业经营的规律，

传统金融企业各自的经营领域不断被打破，银行、证券、保险等行业相互渗透，金融混业经营成为金融产业发展的主流。受 1929 年世界金融经济危机的影响，各国都确立了金融分业经营、分业监管的体制，以美国 1933 年颁布的《格拉斯—斯蒂格尔法》最为著名。"二战"后，随着金融业竞争的逐渐加剧，金融分业经营影响了竞争和效率，金融混业经营不断发展，金融业务的界限逐渐模糊。英国产生了以大型清算银行为母公司的多元化金融集团，美国 1995 年通过了《金融服务竞争法》，废止了《格拉斯—斯蒂格尔法》，建立了以银行控股公司为基础的新型公司形式，催生了花旗集团这样的大型金融控股公司。各国金融综合经营体制的建立，打破了固有的金融行业间的壁垒和障碍，大大提高了市场竞争程度，使得世界金融产业的发展步入了前所未有的新阶段。

混业经营的大型金融控股集团是一国金融产业发展的核心力量，是一个国家和地区金融实力的体现。我国的各大金融企业都纷纷朝着金融控股公司的模式发展。广东要发展金融产业就不能在金融混业经营的潮流中落伍，必须加紧培育金融控股公司，打造地方金融旗舰。

（三）金融市场发展规律

发展金融产业和建立有广东特色的地方金融市场体系是广东省地方金融工作的两大核心任务，是广东省地方金融工作的着力点。现代金融市场也有其自身的发展规律，需要我们认真研究。

1. 银行信贷市场从追求规模到追求效率的规律，从单一信贷业务向中间业务转变的规律

我国加入巴塞尔协议之后，银行业逐步建立起以资本充足率为核心的监管体系，对银行资本尤其是核心资本的要求大幅提高。在此制度下，银行业单纯的信贷规模扩张，将增加风险资产，降低银行的资本充足率，从而达不到监管要求。这一制度从根本上抑制了银行信贷的盲目扩张，促使银行更多关注提高资金利用效率，优化资产质量，银行信贷市场从追求规

模到追求效率的转变成为国际国内银行业共同的发展规律和趋势。

经过多年的改革，广东省主要银行业金融机构的资本充足率和核心资本充足率都达到了监管要求，农信社和各城市商业银行也都在朝着满足监管标准的目标而努力。广东省信贷增长从 2003 年至 2006 年四年间均低于全国平均水平，存贷比例一直不高，2007 年开始出现了恢复性的增长，到 2007 年 10 月末贷款余额为 30688.72 亿元，增长 21.9%，存贷比为 65.2%，比上年末提高了 5 个百分点，但是还没有达到 70% 左右较为科学合理的水平。广东省银行机构的不良贷款率为 7% 左右，与上海、浙江、江苏等省市相比，还有较大差距。可以说，广东省银行信贷市场在如何有效保持信贷规模与经济协调增长，如何提高资金利用效率方面还有许多工作要做。

从单一信贷业务向中间业务转变是现代银行业发展的另一规律。所谓中间业务，是指银行不需动用自己的资金，依托业务、技术、机构、信誉和人才等优势，以中间人的身份代理客户承办收付和其他委托事项，提供各种金融服务并据以收取手续费的业务。各经济发达国家商业银行的中间业务收入已经占到银行经营收入的 50% 以上。近年来，我国银行业中间业务每年都保持 50% 以上的增长速度，各商业银行在支付结算类业务、信用卡业务等中间业务的基础上，全面进入国债、金融债和短期融资券发行市场和银行间债券市场。商业银行成为基金销售的主渠道，而且随着保证金第三方独立存管等业务的开展，其庞大而广泛的网络将囊括股票等所有金融产品的销售。企业财务顾问和个人理财业务等咨询类业务也在迅速发展。

近年来广东省银行业中间业务收入增长很快，但是发展规模和发展水平仍然不足。2006 年全省中资银行业金融机构营业收入 2906.9 亿元，比 2002 年增长 96.9%；商业银行中间业务收入 133.6 亿元，是 2002 年的 3.2 倍，但在经营收入中的比重仅为 4.6%，广东省银行业中间业务蕴含的巨大的发展潜力还有待去开发。

2. 资本市场由单一层次向更高层次发展的规律

由单一层次向更多更高层次发展是各国资本市场发展的共同规律，这是由经济发展带来的多样化的融资需求决定的。美国是世界上资本市场层次最完善的国家，其包括主板、创业板、电子板、粉纸市场、主流报价市场等。我国的资本市场也正在由以企业直接上市融资为主的单一资本市场朝着多层次资本市场的方向发展，未来的架构是：将大力发展股权市场和债权市场；发展公募股权市场和私募股权市场；建设包括主板、中小板、创业板和代办转让系统在内的全国性证券交易市场；建立发展若干个区域性的产权交易市场。深圳证券交易所位于广东，这使得广东成为国内少数有条件发展多层次资本市场的省市，但是广东省整体上对资本市场的利用程度还远远不够，深圳以外的各地市上市公司数量不多，全省 182 家上市公司中深圳的有 93 家；在如何有效利用即将推出的创业板和代办转让系统以及发展私募股权市场方面，也还没有成熟的构想和长远的规划；区域性的统一产权交易市场迟迟没有建立。所以，我们发展利用多层次资本市场，拓宽企业融资渠道的工作亟待加强。

3. 保险市场由寿险为主向寿险与财险并重发展的规律

第二次世界大战后经济发达国家的保险业均经历了快速发展的历程，日本更是在短短几十年间超过美国成为世界保险第一大国。总结各国保险业的发展历程，可以看到各国具有相同的发展规律：就是寿险与财险共同加快发展，寿险作为具有储蓄与保障双重功能的投资产品代替银行储蓄成为国民主要投资手段；财险经营领域不断扩大，由风险补偿向风险管理转变。

目前广东省的保费收入构成中寿险与财险的比重是67:33，粗看起来与经济发达国家的保费结构基本一致，英国的寿险与财险比是 81:19，韩国是 70:30，但是，这并不表明广东省的保险业已经发展到了较高的水平，而是一种低保险密度与深度条件下的类似，尤其是财险的发展水平远远落后于发达国家。广东省必须要从寿险和财险两方面着手，加快发展保险产业。未来随着人民群众投资理财观念的转变，寿险的储蓄替代效应将会逐步增强，我们需要保持寿险平稳发展的良好势头，同时有效提高财险发展的质量，吸收国际成功经验，实现财险的大发展。

三、脚踏实地重点做好促进金融发展工作

党的十七大报告和全省金融工作会议对金融工作提出了新的要求，明年的广东省政府工作报告也首次将建设金融强省，发展金融产业列入了政府的重点工作，省委、省政府对发展金融产业的重视既是我们的动力也是我们的压力。深入贯彻落实科学发展观，实现金融产业科学发展要重点做好以下工作。

（一）建立健全促进金融发展的运行机制

建立健全地方金融工作的长效机制是顺利推动各项金融工作，实现金融产业又好又快发展的制度保障。《若干意见》明确提出了要建立政府"一把手"亲自抓金融等各项金融工作新机制，省金融办已经对如何贯彻和落实好这项工作做了全面部署：今后广东省要建立地方金融工作的"四大新机制，五大责任制"，即，地方金融稳定与发展的协调领导机制、金融风险预警预报与应急处置机制、金融产业发展表彰与激励机制、金融办自身的运行与管理新机制；政府"一把手"亲自抓金融的责任制、金融安全重点地区与重点企业责任制、关系全局重要金融建设项目工作责任制、金融生态环境保护责任制、金融系统党风行风责任制。这些制度都将在今明两年出台，出台后，各地市金融办也要结合本地区实际研究制定各项贯彻落实的工作机制。

（二）建设好两个区域金融中心

区域金融中心是金融产业赖以发展的基础和平台，广州和深圳两市的金融产业已经具备一定规模，金融市场相对完善，各自金融产业发展规划

和政策都已经制定，建设区域金融中心的基础条件都很好。今后两地要按照《若干意见》和全省金融工作会议的部署和要求，加快建设金融中心的步伐，规划建设好金融商务区，继续在优化环境、改善结构、提高发展质量上下功夫。要避免竞争的同质化，突出各自的发展特点。深圳重点围绕深圳证券交易所做好多层次资本市场的建设工作，发挥体制优势，加快金融创新。广州要找准金融产业发展的切入点，发挥金融资源优势，引进和培育金融机构总部。省金融办今后将会积极协调广州、深圳区域金融中心建设，共同推进广东省金融产业发展。

（三） 建设好"广东金融高新技术服务区"

广东金融高新技术服务区是发展金融产业的重要举措，能够有效推动金融创新和支持广州、深圳区域金融中心建设。现在美国国际集团等著名金融企业开始进驻，发展势头很好。今后广东金融高新技术服务区要按照规划，做好机构和人才引进、园区建设等各项工作，重点要建立金融创新的体制和机制，要创新金融高新技术服务市场管理体制和市场运行机制，要创新公共服务平台建设与运用机制，要创新知识产权开发与保护新机制，以保障该服务区始终充满生机与活力。

（四） 加强地方金融主力军建设

1. 培育金融龙头企业，成为金融产业主力军

一是做大做强粤财信托资产公司，打造地方金融主力军。粤财控股是广东省唯一的省属金融性企业，目前已经形成了以金融产业为核心，以信托理财、金融不良资产处置、金融股权投资等为主营业务的经营格局。围绕打造地方金融主力军的目标，广东省将继续推进、支持粤财控股改善公司治理结构，完善风险控制机制，合理引导和管理关联交易，严格控制内部风险，加强制度建设和深化内部人力资源改革。在此基础上，改善金融服务功能，加强业务创新。进一步发展信托业务，公开发行房地产信托基

金，推动广东省公有物业的滚动式发展；着力构建广东省金融领域不良资产处置和国有金融资产重组的平台；积极参与广东省产业投资基金的设立，参与广东省农村金融服务体系建设。在条件成熟时，可考虑以粤财控股为基础，采取市场化手段，以资本为纽带，通过并购、控股参股等方式进一步整合地方金融资源，最终发展为广东金融控股公司。

二是强化支持、整合资源，着力打造若干家资本雄厚、管理规范、创新能力强、具有国际竞争力的大型证券、期货和基金公司。广东省要强化政策支持，支持省内证券、期货和基金公司通过增资扩股、改制上市、发行金融债券、兼并重组等方式，不断拓展融资渠道，尽快增强资本实力，做优做强。积极支持证券期货机构和基金公司拓展业务，加快创新，支持他们探索法律法规未明文禁止的所有业务。整合地方金融资源，扶持注册地在广东省的银行、证券、保险等金融企业向金融控股集团方向发展，加快发展地方财团，不断增强地方金融实力。

2. 深化农信社改革，建设农村金融主力军

理顺农信社管理体制，支持省农信联社履行行业管理、指导、协调和服务职责，维护和保持县（市、区）级联社的独立法人地位，逐步形成以县（市、区）为单位统一法人的基本格局。坚持因地制宜、分类指导，完善农村信用社的产权制度、组织形式、治理结构和内控机制。按照服务"三农"的社区性金融机构定位，支持有条件的地区组建农村合作银行或农村商业银行，进一步发挥农村金融主力军作用。

（在广东省金融工作局长会议上的讲话）

关于支持广东金融改革创新的政策建议

（2011 年 3 月）

　　广东既是我国重要的经济大省，也是重要的金融大省。受益于改革开放的"灵活政策，便利措施"，广东金融改革起步早，市场发展快，金融规模从 20 世纪 90 年代起就长期位居全国第一，并创造了中国第一家证券公司、第一张信用卡、第一个外汇调剂中心等创新成绩，在成功正面抵御 1998 年亚洲金融危机中积累了处置系统性金融风险的宝贵经验。随着广东经济金融的不断改革发展，广东金融进入到了新的历史发展期，尤其是 2007 年以来，中共广东省委、省政府作出了发展金融产业，建设金融强省的重要战略，实现了地方金融工作指导思想的"三个转变"，在发展金融前后台产业、建设地方金融体系、深化粤港澳金融合作和应对国际金融危机实现"三促进一保持"等方面取得了突出的成绩，在全国起到了先行先试的示范带头作用。目前，广东金融机构总资产已经达到 11 万亿元，超过了香港，金融产业增加值占 GDP 的比重达到 6% 左右，已经发展成为现代服务业的龙头产业，金融全行业的盈利水平和风险水平都达到了历史最佳状态。

　　本次国际金融危机揭示了广东经济发展的深层次矛盾，按照中央工作部署，广东正在加快转变经济发展方式，加快建设现代产业体系，加快推进自主创新，这为广东金融改革发展提供了广阔的市场空间，为发挥金融资源优势，实现金融创新与产业优化升级的良性互动提供了良好的切入点

和结合点。《珠江三角洲地区改革发展规划纲要（2008～2020 年）》（以下
简称《规划纲要》）赋予了广东建设金融改革创新综合试验区的重要改革
发展任务，为广东开展金融改革创新提供了有力的政策依据，加大对广东
金融改革创新的支持力度不仅是对广东经济金融发展的极大促进，也将为
国家金融改革开放探索和积累宝贵的经验。按照国家"十二五"时期，金
融体制改革的总体部署，结合广东经济金融发展实际，希望国家在以下四
个方面给予广东大力支持：

一、完善地方金融管理体制，形成促进金融改革发展和维护金融稳定的合力

广东是我国首个由中编办批准建立省级金融工作部门的省份，在 2004
年成立了广东省金融服务办公室，并在 2008 年机构改革中成立了广东省人
民政府金融工作办公室。从 6 年来广东地方金融工作的实践看，目前，地
方金融管理体制存在责权不对等、金融管理职能不足、地方金融事权分
散、工作缺乏法律支撑等问题，制约了地方政府发展金融产业、推动金融
改革创新、维护金融稳定等职能的有效发挥，地方金融工作缺乏"有力抓
手"，金融工作不能与地方经济社会发展工作紧密结合。从我国金融发展
实际看，在"一行三会"格局下的中央直属分业监管模式，已经越来越不
适应金融组织体系日益多样化、金融需求日益多样化的金融发展现实，同
时，金融监管机构在履行金融监管职能的同时，很难同时发挥金融发展职
能，不可能既当运动员又当裁判员，中国金融发展的任务更多地要落在地
方政府的肩上。

因此，按照《中共中央关于制定国民经济和社会发展第十二个五年规
划的建议》提出的"完善地方金融管理体制"的部署，应尽快开展完善地
方金融管理体制的试验试点工作，国家应出台一个指导性的意见，或通过
立法确定中央与地方金融管理职权划分，明确地方金融事权归属。可选择
金融发展基础较好的省份开展试点，可鼓励北京、上海、广东等金融产业

较为发达的地区探索建立金融产业厅。

二、支持横琴新区开展金融制度创新

随着后国际金融危机时代，国际经济金融格局的深刻调整，需要更主动实施金融开放，加快提升人民币国际地位，中央明确提出在"十二五"时期要逐步实现人民币资本项目可兑换。人民币国际化不可能一蹴而就，将是一个渐进的过程，需要由点到面，逐步开放，需要有地区先行先试。从全国范围内看，最适合进行人民币国际化相关改革试验的地区就是广东，广东的优势在于联通港澳，可与香港合作共同开展跨境人民币业务创新，推动人民币区域化、国际化。2009 年，国务院批准了《横琴发展总体规划》，提出在横琴开展金融制度创新，并赋予了横琴更便利的通关政策，加上横琴联通港澳的区位优势，横琴具备了开展离岸金融、跨境人民币业务、跨境投资等创新试验的独特优势。广东省政府于 2010 年向国务院报送了开展金融制度创新的总体方案，国务院仅同意了其中的 4 项，还有很大的政策拓展空间。

因此，建议国家支持在横琴开展以人民币资本项目可兑换、离岸金融为重点的金融制度创新，由"一行三会"与广东省共同完善相关金融创新方案。

三、加快建立存款保险制度，完善金融风险处置机制

受 1998 年亚洲金融危机影响，广东省有 180 多家地方中小金融机构停业整顿，之后用了 10 年的时间才基本解决了停业整顿的中小金融机构退出市场问题。从广东处置金融风险的过程和经验看，地方政府财政兜底的金融风险处置方式并不是处置金融风险最有效的手段。一方面，地方政府财力有限，兑付债权的能力不强，导致风险处置周期延长；另一方面，这种处置方式，将风险转嫁给政府，最终还是由全体人民承受，不利于提高全社会金融风险意识，不利于建立金融风险防范长效机制，还会导致地方

政府不想管金融、不敢发展金融，不利于国家整体金融发展。随着国家深化金融改革，近年来，村镇银行、贷款公司、小额贷款公司等新型地方中小金融机构（组织）迅速发展，必须及早建立新型金融风险防范化解机制，不要重蹈覆辙。

因此，建议国家吸收欧美发达国家防范化解金融风险经验，尽快着手建立存款保险制度，减轻地方政府金融风险处置负担，提高地方政府金融工作的积极性、主动性。

四、支持广东组建一批新型金融机构，完善地方金融服务体系

广东省是全国金融资源最为丰富的地区之一，到 2010 年末，全省金融机构总资产达到了 11.5 万亿元。但是，从金融体系结构看，广东还是以国有大型商业银行为主，地方金融体系发展相对不足，金融资源利用效率不高，存贷比仅 63%，直接融资比例不到 20%，保险深度和密度距离发达国家还有较大差距。同时，也缺乏融资租赁公司、消费金融公司等专业性金融机构，存在金融服务的短板，金融支持经济社会发展能力不强。"十二五"时期，广东加快转型升级、建设幸福广东任务艰巨，需要金融提供强有力的支持，发挥核心推动力作用。这就要求有相应的金融载体，不然，有关金融创新缺乏相应的平台来开展。

因此，建议国家支持广东建立一批新型金融机构，如养老保险公司、科技发展银行、融资租赁公司等。

（向国家发改委、人民银行等的汇报内容）

在中山大学股权班、上市班毕业典礼及新班开学典礼上的专题报告

（2012 年 6 月 16 日）

大家下午好！

中山大学管理学院暨举办股权投资高端研修班后从 2012 年 2 月起举办后备上市企业高级研修班。这两个班，结合地方经济社会现实需求，促进金融创新，培养企业人才，更好地支持地方经济金融发展并取得良好的成效，可喜可贺。今天，我来跟同学们交流一下如何从金融危机中吸取教训，充分利用资本市场，用活资本，加快发展的认识。

一、两次金融危机对广东金融改革发展的重要启示

对于金融危机，在中国内地，广东最有发言权，广东经历过 1997 年亚洲金融危机，又经历了 2008 年国际金融危机。两次金融危机对广东经济金融改革发展都发生了很深的影响，既有深刻的经验教训，又有转危为机的改革历程，两次金融危机对广东金融改革发展有很多启示。

（一）两次金融危机的形成与区别

1997 年 7 月，亚洲爆发了金融危机，11 年后，2008 年 9 月，由美国次贷危机引发的国际金融危机爆发，波及全球。两次金融危机，似曾相识，使人有周期轮回的感觉。它们的真面目是怎样的呢？

1. 两次金融危机的形成原因

（1）1997 年亚洲金融危机。1997 年亚洲金融危机爆发之初，一般都将之归罪于以索罗斯量子基金为首的国际游资的恶意攻击。经过多年的研究，国际金融界更倾向于成因来自于一些亚洲国家自身的毛病。韩国、泰国、印度尼西亚、马来西亚、菲律宾等受亚洲金融危机影响较深的国家，在危机前经济金融政策出奇地一致，都吸取日本和亚洲"四小龙"的经济发展经验，在经济政策上都采取出口替代型的发展政策，特别是 20 世纪80 年代主要竞争国日本日元开始升值，石油等国际原材料价格下降，更加刺激了这些国家更大胆地以出口拉动经济发展。在金融政策上，较早地实行金融开放以吸引国际资本，放开资本项下的管制，为支持出口型经济在汇率上采取与美元或者一篮子货币挂钩的固定或联系汇率。上述这些政策的确在一段时间内（主要是 20 世纪八九十年代），通过引进大量国际资本有效地促进东南亚各国经济发展。但是，进入 90 年代中后期，国际形势逐渐发生了重大变化，欧盟成立，增强了成员国的国际竞争力；中国的改革开放取得了重大进步，参与到了全球经济中来，发挥着重要作用。由于欧盟、中国、印度强有力的竞争，东南亚各国出口型经济难以为继，经济出现衰退。实体经济发展受挫之后，大量资金涌向房地产和股市，产生了大量的资产泡沫和银行坏账。同时，随着国际资金的流失，为维持国际收支平衡，有关国家大量借入中短期外汇贷款，外债规模远远大于外汇贮备，各国原有的固定汇率制度已经难以维持，存在货币贬值的巨大风险，东南亚有关国家的金融体系漏洞百出。以索罗斯为首的国际炒家抓住了这些漏洞，从阻击泰铢开始，横扫泰国、印度尼西亚、菲律宾、马来西亚和韩国，逼迫各国放弃固定汇率制度。这些国家金融体系崩溃，资本大量出逃，政局动荡，一度失去了国内经济金融政策的自主权，直到几年前有关国家才从亚洲金融危机的打击下逐渐恢复过来。

（2）2008 年国际金融危机。2008 年国际金融危机形成的原因，国内外已经作了很多研究，既有经济原因，也有金融原因。概括来说，在经济方面，随着中国、印度、巴西、俄罗斯等"金砖四国"的崛起，世界经济格局发生了重大变化，欧美发达国家制造业和服务业发生转移，本国经济逐渐空心化，尤其是美国在网络泡沫破灭后，在"9·11"阴影下，经济发展受阻。在金融方面，美国金融机构为大量无还贷能力的借款人提供了住房贷款和消费贷款，为转嫁信贷风险又创设了次级债券、信用违约掉期等金融产品，转嫁风险的同时又不断扩大了风险。同时，美联储前主席格林斯潘在位期间不断维持美元的强势地位，不断发行美元从国际上购买商品和服务，造成全世界美元流动性过剩，进一步催生了过度投机和金融泡沫。从 2006 年开始，美联储为控制通货膨胀，开始加息，美国国民还贷压力不断增大，住房贷款违约率不断上升，房地产泡沫破裂，2007 年 2 月美国次贷危机开始出现，2008 年 9 月引爆全球金融危机，一批国际著名金融机构出现巨额亏损，大量金融机构倒闭，冰岛和东欧一些国家财政破产。随着欧美金融市场剧烈动荡，很快出现通货紧缩，欧美国家消费者过度透支的消费方式难以维持，金融危机迅速波及实体经济领域，国际市场需求大幅下降，全球经济陷入衰退，很快完成了由金融危机向经济危机的转化。

2. 两次金融危机的不同特点

两次金融危机，相同的地方是两者发生的原因都是由于相关国家实体经济增长缓慢，金融过度投机产生巨大的资产泡沫，都从金融领域开始并传导到经济领域。不同的地方在于危机发生的方式和影响的范围大小。亚洲金融危机更多地表现为一场货币危机，影响范围主要局限在东南亚国家，国家之间没有明显的互相传导关系，各国金融危机独立发生，独立进行，墨西哥、阿根廷等国的货币危机也都类似。而 2008 年国际金融危机则不同，从美国发端，迅速影响全球，是一环扣一环的连锁反应，并且从金融领域迅速传导到经济领域。2008 年国际金融危机中从欧美发达国家到广大发展中国家无一例外都受到冲击，欧美发达国家的损失更为惨重，没有国家在此次危机中受益，覆巢之下无完卵。

3. 两次金融危机对广东造成的影响

（1）亚洲金融危机对广东的影响。如对改革开放以来广东金融改革发展历程进行划分的话，亚洲金融危机是一个重要的分水岭。1997 年以前，广东得益于"特殊政策，灵活措施"，在经济金融领域先行改革开放，金融在市场化方面比全国其他地区先行了一步，从而吸引了大量的资金流入，1984 年广东贷款总量确立了在全国第一的位置，1988 年广东存款总量确立了全国第一的位置。这个阶段金融业发展表现出明显的"供给引导型"特征，金融对经济发展的推动作用主要表现在提供更多的资金，粗放型的经济增长方式与粗放型的金融投放互相驱动。粗放的金融发展方式产生了巨大的金融风险隐患，亚洲金融危机的爆发最终引发了广东的金融风险，广国投、粤海、华信等五大公司出现巨额亏损，大量不良资产浮出水面，大批中小金融机构出现支付性风险，最终广国投破产，粤海重组，城信社、信托投资公司等一大批地方中小金融机构停业整顿，为彻底解决历史遗留的金融风险问题，广东付出了包括国家 380 亿元再贷款在内的约 1300 亿元的代价和 10 年的时间。

（2）2008 年国际金融危机对广东的影响。与亚洲金融危机不同，2008 年国际金融危机对广东金融的直接影响很小，只有个别商业银行购买了几千万美元的债券，还有就是平安保险由于购买富通集团股权投资失败，产生了 220 多亿元的账面亏损，平安集团的当年盈利已经填补了该项损失，没有造成进一步的风险。但是，国际金融危机对广东省经济发展的影响则是巨大的，使广东对美欧日等主要市场出口大幅下降，投资大幅减少，内需严重萎缩，广东经济发展出现了重大困难。

（二）广东积极应对金融危机的举措

面对两次危机的冲击和挑战，广东省积极应对，从金融和经济两个方面着手，努力消除金融危机的不利影响，保持了金融稳定和经济平稳发展。

1997 年亚洲金融危机爆发后，广东省实施"一揽子"解决方案，解决地方中小金融机构风险问题。1999 年 11 月，广东省通过向中央借 380 亿元再贷款，一揽子解决城信社、农金会和信托投资公司的个人债务和外债的兑付问题。2007 年广东省再拿出 9 亿元财政资金最终解决了 150 家城信社的退市问题，2008 年拿出 9000 万元最终解决了 26 家信托投资公司的退市问题，经中国银监会核准，广东省停业整顿的上述金融机构都进入了退出市场程序。

2008 年国际金融危机爆发之初，广东省地方金融工作部门和中央驻粤金融监管部门即高度戒备，见事早，判断准，行动快。美国国际集团出现破产危机和平安集团投资富通失败后，为预防友邦保险和平安保险出现大规模退保事件，广东省金融办会同公安、宣传部门和广东保监局召开协调会议及时处置，科学引导新闻舆论，将风险消除在萌芽状态。广东省金融办为贯彻落实省委、省政府"三促进一保持"的决策部署，积极调动金融资源支持经济发展。例如，协助省政府、有关地市政府与各大商业银行签订了 3.06 万亿元的战略合作协议。广东省金融办还牵头制定《筹集 1000 亿元资本金支持落实"三促进一保持"工作方案》，利用恒健投资、粤财控股等省属投融资平台，通过综合运用中期票据、产业（股权）投资基金、并购贷款、企业（公司）债券、理财＋信托、金融租赁等现代金融工具，用 4 年筹集 1000 亿元资本金，支持重点项目建设。

（三）两次金融危机的重要启示

亚洲金融危机和国际金融危机深刻影响了世界，也深刻影响了广东，审视危机的发生和广东应对金融危机的过程，我们得到两点重要的启示。

1. 必须科学发展金融产业

金融是现代经济的核心，金融危机启示我们必须要科学发展金融产业，没有完善的金融体系，既不能保障金融安全，也不能促进经济的发展。具体来说就是必须正确认识和处理好四个关系。

一是金融与经济发展的关系。当金融作为资源配置的手段时，它属于上层建筑的范畴，两者关系就是经济决定金融，金融对经济具有反作用。当金融作为经济的血液时是经济的重要组成部分，金融发展不能脱离经济的发展，金融要为经济发展服务。只有雄厚的经济基础，才有金融发展的强劲动力。香港在两次危机中表现都不俗，除了有较为成熟的金融监管制度和金融市场体系外，最重要的是中国的支持，广东的支持。例如，在亚洲金融危机后，通过支持大量中国企业赴香港上市、在香港开展人民币业务、实施 CEPA 及补充协议等，将香港金融发展与内地经济发展紧密联系，巩固了香港金融发展的基础。同时，金融自身有其特殊性，既是一种资源，又是一个产业。金融的特殊性在于只要符合科学发展规律，金融资源可以实现自我增值，金融产业在实现自己发展的同时可以有力支持其他产业发展。为此，《规划纲要》将金融产业排在现代服务业的首位，省委、省政府更是明确提出要把金融产业发展成为国民经济的支柱产业。而过去我们地方金融工作所犯的错误之一就是过度强调和利用金融的投融资功能，忽视金融的产业特性，违背金融规律随意调拨金融资源，最终引发了巨大金融风险。

二是金融发展与防范金融风险的关系。金融业永远是与风险同行的行业，发展金融不能惧怕风险也不能理想化地消灭风险，而是要学会利用现代金融知识管理和控制风险，学会利用良好的金融制度安排和有效的金融监管去防范化解金融风险，学会用发展金融去解决金融风险问题。2008年，省委、省政府领导全省金融界大胆解放思想，抓住国家制定《规划纲要》的重大历史机遇，争取到在珠三角建设金融改革创新综合试验区，再次承担起国家金融改革创新先行先试的重任。我们在金融改革创新综合试验区的整体方案设计中，既大胆改革创新又充分考虑金融风险防范，认真作出科学的制度安排。

三是地方与中央的关系。在目前金融立法权限和监管权限高度集中于中央的条件下，地方政府要发展金融，就必须处理好与"一行三局"的关系，找准地方金融工作的切入点。对地方政府来说，中央金融监管机构做的事，我们不去做，他们不能做的事，我们要去做，做产业，做市场、做环境。近年来广东金融发生一系列新变化，取得新成绩都是我们主动想，主动做出来的，例如出台一系列支持金融产业发展的政策性文件，编制《广东建设金融强省"十一五"规划》，建设广东金融高新技术服务区，进一步深化全省农信社改革，深化粤港澳金融合作等。

四是处理好发展规模和发展质量的关系。科学发展金融产业已经成为广东省地方金融工作部门和全省金融界的共识，省委、省政府在 2007 年提出并带头实现了地方金融工作指导思想的三个转变：即必须从片面求大求多的思想中解放出来，实现由注重发展规模、速度向追求规模、速度与效率相协调的转变；从惧怕风险的思想中解放出来，实现由注重防范风险向防范风险与注重科学发展并重转变；从把金融仅仅作为投融资工具的思想中解放出来，实现由注重融资行为向发展金融产业的实质性转变。只要我们努力实现三大思想转变，处理好上述关系，就一定能实现金融的科学发展。

2. 必须对金融产业实行科学严格的监管

金融的高风险主要反映在两个方面：一方面是金融产业是高风险产业，其金融资产增减变化与其他资产增减变化相比显得更加复杂、更加剧烈。另一方面是对经济发展产生的影响，与其他产业对经济发展产生的影响相比显得更加广泛、更加深远。金融是经济发展的血液，如果血液有毒，必然全身中毒。金融是现代经济的核心，核心出现问题，全局必然出现大问题。在经济全球化条件下，金融产业风险之高，没有哪一个产业的风险能比得上；金融产生危机后对经济的破坏性之大，没有哪一个产业能比得上。因此，必须以对世界负责任的态度，对金融产业进行科学、严格的监管。

科学监管，就是要对现代金融体系发生、发展进行深入的研究，建立科学的监管体制（分业监管存在较大漏洞，美国、欧洲、韩国都在考虑集中监管），设立科学的行业自律体系（不让有病的金融机构乔装打扮去散发病毒）。

严格监管，就是要对各种金融组织、金融产品特别是复杂衍生产品制定严格的法律、法规、管理制度，实行及时到位的现场监管与非现场监管。

3. 紧紧抓住机遇，努力转危为机

每一次国际金融危机都伴随着国际产业结构和金融秩序的重大调整，对每个国家来说既是挑战又是机遇。广东省金融在应对两次金融危机的过程中，紧紧抓住机遇，努力转危为机。

1998 年，广东省发生系统性金融风险后，广东省认真汲取经验教训，在全力化解金融风险的同时，努力改善金融生态环境积极创造适合金融产业发展的政务环境、信用环境、司法环境和舆论环境。2004 年省金融办成立后，即召开了全省金融债权司法保护研讨会，会后省高院出台了审理金融债权的指导意见，加大对金融债权的司法保护力度。2007 年全省金融工作会议召开后，广东省逐步建立了政府"一把手"亲自抓金融的地方金融工作新机制，建立金融风险防范化解新机制，成立了广东金融改革发展工作领导小组，指导全省金融改革发展工作，建立了发展金融产业激励机制，对金融创新活跃，发展业绩良好的金融企业和金融生态良好的地区给予表彰奖励。同时，全省各地纷纷加强金融生态建设，出台了支持金融业发展的优惠政策，整顿社会信用环境，涌现出东莞、韶关、梅州等一批金融绿洲城市。经过多年的努力，广东省金融生态环境明显好转，已经变成"高收益，低风险"的地区，成为国内外金融业界高度关注的金融热土，大批金融机构争相进入广东省开展业务。

2008 年国际金融危机发生后，围绕抓住机遇，转危为机，广东省着重做了两方面卓有成效的金融工作。一是抓住产业结构优化升级的重大历史机遇，大力发展金融产业，将金融产业作为国民经济的支柱产业来发展，以此推动建立现代产业体系。该项战略不仅写进了省委、省政府在《关于争当实践科学发展观排头兵的决定》和《关于加快建设现代产业体系的决定》，而且写进了《规划纲要》。二是深化粤港澳金融合作，通过香港国际金融中心辐射带动广东省金融产业发展，形成了"互补、互利、互动"的合作原则。粤港金融合作进展很快，目前，成立了粤港金融合作专责小组，成功争取开展粤港澳货物贸易人民币结算，在 CEPA 补充协议一至八中金融合作进一步先行先试，还签署了工作协议共同编制粤港金融合作专项规划，粤港金融合作正在大步推进。

（四）建设具有广东特色的地方金融体系

建设具有广东特色的地方金融体系是《中共广东省委广东省人民政府关于加快发展金融产业建设金融强省的若干意见》首次提出的，是较长时期内广东省重要的金融发展战略。围绕建设具有广东特色的地方金融体系，我们的主要思路是：

1. 发展壮大城市金融产业体系

（1）组建金融控股集团。广东省正在研究以粤财控股集团为平台，整合地方金融资源，把粤财控股集团逐步打造成有一定资本规模和盈利能力、金融混业经营、金融主业突出、金融资产与实业资产良性互动的省属金融龙头企业，在条件成熟后，再整体转为持有金融牌的金融控股公司。省金融办已经起草了具体实施方案。

（2）组建一批专业性的地方金融机构，填补地方金融体系空白。研究组建科技发展银行、汽车金融公司、政策性农业保险公司、合资养老保险公司、政策性担保公司等一批地方金融机构，填补相关金融服务领域空白，发展壮大地方金融组织体系。

2. 发展完善农村金融服务体系

（1）进一步深化农村信用社改革。根据农村信用社改革的新形势，广东省政府及时启动了进一步深化农村信用社改革工作，在进一步深化农信社改革中广东省提出了联合体系管理，定向帮扶机制等制度创新。广东省将深化农村信用社产权制度改革和管理制度改革，建立健全整体解困、区域协调发展的新机制，逐步建立农村商业银行、农村合作银行、农村信用社和谐发展，具有广东特色的农村金融合作体系。

（2）加快新型农村金融机构（组织）建设工作。截至 2012 年 3 月末，广东省共有 26 家村镇银行开业；有 13 家农信联社改制为农村商业银行，有 13 家已获省政府批准改制；共有小额贷款公司 213 家；融资性担保机构共 394 家。

（3）开展农村金融改革创新综合试验。农村金融要发展，除了金融组织体系的创新外，更重要的是机制体制的创新。我们已在梅州建立农村金融改革创新试验区，在湛江建立统筹城乡发展金融改革创新试验区，在全省山区县推广农村社会信用体系建设与社会管理相结合的"郁南模式"。

3. 建设具有广东特色的地方金融市场体系。在构建具有广东特色的金融组织体系的同时，还要建设具有广东特色的金融市场体系，完善要素市场建设，充分发挥金融的资源配置作用。其中我们的主要着力点是区域性的资本市场，其中包括 OTC 市场、产权交易市场、债券交易市场等。建设 OTC 市场和产权交易市场，重点是整合省内资源，省市共建。债券交易市场可以利用香港扩大人民币债券发行规模的机遇与香港合作建设，到香港发行市政建设债券、项目债券以及各种资产证券化产品。在珠三角还在建设碳排放交易所、土地交易所及部分大宗商品交易所。

4. 深化粤港澳合作，共同建设金融改革创新综合试验区。《规划纲要》提出金融改革创新先行先试和粤港澳金融合作先行先试，我们要在粤港澳共建金融改革创新综合试验区过程中，完善区域金融产业发展布局，消除金融资源自由流动的体制机制障碍，全面开展金融市场、金融机构、金融产品和金融智力合作，建设具有世界竞争力的国际金融中心区域。

5. 建设辐射亚太地区的现代金融产业后援服务基地。广东省发展金融产业是金融前台业务和后台业务都产业化发展，这又是一个广东特色。于 2007 年 7 月就在佛山千灯湖建设广东金融高新技术服务区，促进金融后台服务机构和金融服务外包企业聚集发展和产业化发展。目前，广东金融高新技术服务区正在省、市、区的共同推动下，加快建设，中国人保、美国友邦等一批重大项目破土动工，目前已有 75 家金融机构进驻，投资金额超过 240 亿元。

二、广东上市公司发展情况和鼓励政策

广东省委、省政府高度重视发展和利用资本市场工作，积极采取有效措施，实施扶持政策，取得了积极成效。2007 年以来，广东省连续五年新增 A 股上市公司家数居全国首位，实现了"五连冠"。其中 2007 年至 2011 年新增 A 股上市公司分别达到 22 家、25 家、37 家、62 家、47 家，遥遥领先于全国各省市。截至目前，全省共有境内上市公司 388 家，其中中小企业板上市公司 163 家，创业板上市公司 76 家，上市公司总家数、中小企业板上市公司家数和创业板上市公司家数继续居全国第一。截至目前，全省今年新增 A 股上市公司 29 家，其中新增主板上市公司 2 家，新增中小企业板上市公司 15 家，新增创业板上市公司 12 家。广东省主要采取如下措施推动企业改制上市。

（一）以战略性新兴产业为重点，大力培育上市资源

广东省金融办 2007 年以来每年都在全省开展上市资源摸查，大规模开展企业改制上市培训，积极组织力量及时优选出一批资产质量优、成长性好、科技含量高、自主创新能力强的企业作为上市后备企业，建立了上市企业后备资源库，为广东省经查储备数百家拟上市企业，增强了广东省企业改制上市发展后劲，计划在"十二五"期末境内上市公司总数达到 600 家。

广东省上市公司快速发展，有力地支持了广东省战略性新兴产业的发展，带动了广东省战略性新兴产业集群的快速形成，促进了广东省产业转型升级和经济发展方式转变。近年来，广东省新增上市公司绝大多数属于

高新技术企业，所募集资金的 92.31% 主要投向广东省重点发展的五大产业，其中现代服务业占 35.09%，战略性新兴产业占 30.97%，传统优势产业占 12.97%，先进制造业占 8.8%，现代农业占 5.65%。已上市的公司不仅通过资本市场获得了较快的发展，还带动了其他公司和产业的发展。如，广东省首批在创业板上市的南风股份（先进制造业）、亿炜锂能（电子元件）原本都不大，但现在总市值都达 30 亿元以上。特别是，创业板上市催生了一批生物医药中小企业，如汤臣倍健、冠昊生物、大华农等总市值都在 40 亿元以上，汤臣倍健总市值已达 150 亿元。这些战略性新兴产业上市公司已形成了一定规模的产业群，并有效带动了一批相关企业的快速发展。

（二）实施优惠政策，支持和引导中小企业改制上市

近年来，广东省先后出台了一系列支持企业改制上市的政策措施，特别是随着对于企业上市工作认识的不断提高，广东省各级地方政府也纷纷出台真金白银的优惠政策。如，东莞作为世界著名的制造业基地之一，拥有大批的优秀企业。为了增创新优势，寻求新突破，推动经济社会双转型，东莞市把推动企业上市、打造东莞板块列为首要目标之一。东莞市政府出台《东莞市鼓励企业上市办法》和《东莞市培育企业上市操作规程》，规定企业上市最高奖励金额达 2200 万元，其中企业经广东证监局验收合格奖励 100 万元，上市材料获证监会受理奖励 100 万元，从上市次月起连续 24 个月按照企业新增对市地方财政的贡献额度为考核指标给予最高可达 1000 万元的资助。2011 年东莞又出台了《关于解决上市后备企业历史遗留问题进一步扶持企业上市的若干意见》，对加快推进企业上市工作起到了很重要的作用。目前，东莞市共有 A 股上市公司 13 家。

又如，中山市 2007 年出台《关于进一步发展资本市场推动企业上市的意见》，2010 年升级出台《关于进一步促进企业上市的意见》。其中规定，中山每家企业从改制并辅导备案、申报上市、成功上市等不同阶段都

会获得市政府分阶段的补助或奖励，对完成股份制改制成立股份公司并经广东证监局备案的企业给予100万元补助，向中国证监会提出上市申请并受理的给予200万元补助，成功发行上市的给予200万元奖励。一个企业从改制到成功上市，最少可获得市政府600万元补助和奖励，最高可获得1000万元。同时进一步完善推动企业上市服务机制，鼓励企业通过境内外上市、买壳上市、借壳上市、新三板挂牌等多途径、多渠道进入资本市场。目前，中山市共有A股上市公司13家。

（三）大胆创新，创造性地解决企业改制上市过程中的历史难题

1. 广东新万和电气公司因历史原因，造成产权确认困难。佛山市常务副市长周天明带队来省金融办沟通情况，广东新万和电气公司多次补充资料和来办汇报，我提出用《村民自治法》解决当时挂靠的村集体股份问题，召开村民代表大会表决，明确了公司设立的资金全部由公司个人股东出资，创造性地解决了广东新万和电气公司产权确认问题，顺利通过中国证监会审核。

2. 广东温氏集团由于历史原因多年未能实现上市，李长春、汪洋同志先后对此作出重要批示，要求有关部门支持温氏集团上市。我带队多次深入温氏集团进行调研，指导研究制定了《关于解决温氏集团下属企业温氏大华农上市障碍问题的方案》，解决了自然人持股问题，为温氏大华农成功上市找到了可行的解决方案，并积极与证监会沟通协调，使温氏大华农成功登陆资本市场。

广东金融改革创新四个重要历程

（2013 年 5 月）

干金融守业必然败业，只有创新才能兴业。2006 年，广东发展银行改革重组取得成功。从 2007 年开始，我们对历史遗留的 152 家城信社启动退市工作，花了 9 亿多元扫掉以前人民银行留下的烂摊子。至此，广东历史遗留的系统性金融风险问题在 2007 年上半年基本可解决。接下来，广东金融前路在哪里？怎么走？这是广东金融人需要首先想明白的，因为要干明白，首先得想明白。那个时候，广东有 40 万从事金融的人员（现在是 70 万人），这么庞大的一个金融队伍要干事，金融业要发展，如果老守着旧摊子，旧的风险虽然处置了，新的风险还会发生，不发展是最大的风险。所以，我们当时想，广东金融还是要发展，发展的动力是改革和创新，现在回过头来看，我们当初的想法基本上是正确的。我当时就觉得金融还有两个红利没有刨出来，这两个红利加在一起可以做金融产业。第一个红利是，金融与实体经济间的杠杆比率还很低，那个时候大约是 1:1，为什么？因为有很多外资帮我们发展实体经济，很多民间资本和国内资本还没有动用起来，这是一个机会。第二个红利就是，我国存在着城乡金融资本价格剪刀差，或者说是民间资本价格和国有资本价格间的剪刀差，这个剪刀差不公平，是要解决的，一定要让民间资本、国有资本或是多种成分的资本同等地进行竞争，这就会激发强大的内生动力。此外，还有就是香港、澳门便宜的金融资源可以流进广东来。因此，广东做金融产业得天独厚。就这样，从 2007 年开始，广东金融开始了一步又一步的金融改革创新，总共有四个重要的历程。

第一个历程是 2007 年到 2008 年（大概花了一年多的时间），以发展金融产业为动力启动了建设金融强省的伟大工程。我们第一个提出发展金融产业的战略安排。后来，国家批准上海、重庆金融事项的文件里面首次使用了发展金融产业的提法。目前，广东金融业占 GDP 的比重已经达到了 6.2%（在 2007 年的时候这个比例才 2.95%），金融产业已做成了广东国民经济的支柱产业。在改革创新当中，我们坚持前台和后台同步发展，城市做产业，农村做服务，主要成果有：一是出台了一个重要文件，是省委、省政府的 15 号文《关于加快发展金融产业建设金融强省的若干意见》。二是制定了规划（首个金融发展规划），以前金融发展是没有规划的，我们制定了"十一五"金融发展规划。三是建设了一个辐射亚太地区的金融后援服务基地，目前，已有 108 家机构进驻，投资 280 多亿元。这些成果增强了我们继续改革创新的信心和决心。

第二个历程是 2008 年至现在，以深化粤港澳金融合作为动力开启了粤港澳金融合作的大门。2008 年初，汪洋书记来广东工作以后，组织了一个解放思想的大讨论，他的调研就是粤港澳合作，而粤港澳合作里面有最大合作空间的，有努力机会的就是金融合作，所以我们一起做这个课题。粤港金融界召开了研讨会和闭门会议，合作的大门就这样在粤港两地金融有识之士的合作下顺利打开了，主要成果有：一是建立起工作机制，成立了粤港金融合作专责小组，粤澳金融合作专责小组，我们每年都召开两次会议。二是通过 CEPA 的补充（目前已经到补充协议九了），争取中央给予一系列单项政策，就是俗语的"开小灶"。三是催生了前海、横琴、南沙试验区。这个合作的大门不打开，这些事是没戏的。

第三个历程是 2009 年至现在，以珠三角一体化发展为动力创建全国最大的金融改革创新综合试验区。2009 年，国家批准了《珠三角改革发展规划纲要》，省里提出四年大发展行动，现在回过头来看，金融走在前面，主要成果有：争取到了一块牌子，叫珠三角金融改革创新综合试验区，这块牌子我们从 2008 年开始争，到 2009 年争到手了，《珠三角改革发展规划纲要》里只有两块牌子叫试验区，一个是深圳综合配套改革试验区，另一个就是金融改革创新综合试验区。开始的时候，国家部门不同意，想叫示范区，我说示范区是靠示范吃饭的，做对了就吃饭，做不对就白吃饭，我们要试错，要先行先试。我们主要以工作来感动他们，以思路来感动他们，发改委商人民银行等其他部门最后就定下来了，给你们一块试验区的牌子，但是拿得出方案就是你的，拿不出方案就不是你的，于是，我们马上做了个总体方案。所以，第二个成果是制订了一个总体方案，没有总体方案，光有帽子没用，光有牌子也没用。这个总体方案就是含金量最高、最大、可操作的政策条文，之后，经过三年多的努力，最后感动了上面，有些政策是中央加码的，比如，之前我们提深圳或广州单个市的政策，后来变成了全珠三角政策。方案批准发下来后，我们又做了个实施细则，更加具体地指引操作和进行工作分工。第三个成果是有了一个部际联席工作会议机制，其他的部际联席会议是发改委牵头的，咱们这个部际联席工作会议是人民银行牵头的，专门搞金融。第四个成果是广东由此成为了全世界吸引力最大的金融市场之一。人们对广东的了解已经从经济转向金融了，不单关注广东的经济，更加关注广东的金融。2012 年，我被评为中国年度金融人物，实际上是对广东金融的重新认识和高度关注。广东的不良贷款率已从"十五"时期的 12.3% 降到目前的 1.2%，金融生态变好了，同时金融产业占 GDP 比例从 2.95% 做到 6.2%，成为国民支柱产业，金融产业发展前景美好。再是创造了外国资本、国有资本、民间资本都有用武之地的平台。

第四个历程是 2012 年至现在，以全面建设金融强省为动力全面发展五大金融。广东建设金融强省的标准是汪洋书记讲的五个强，即发展后劲强、市场辐射力强、市场竞争力强、风险管理能力强、对经济社会发展支撑力强，已经系统概括提出来了。五大金融包括国际金融、产业金融、科技金融、农村金融和民生金融，涵盖了幸福广东和经济大省、金融大省的各个方面。广东最有条件同时发展五大金融，因为国际金融和科技金融是要有一定基础的，这是从 2010 年开始的，已有了重要成果：一是省委出了一个重要文件——《关于全面推进金融强省建设若干问题的决定》，专门就金融重点问题做决定，前面是全面铺开，将产业布局打开，现在是解决重点问题，并作出了具体分工安排。二是我们又有了一个新的规划——《广东省金融改革发展"十二五"规划》，按照这个规划完成，到 2015 年，金融业占 GDP 的比例要超过 8%，地方金融资产所占的比例要三分天下。三是全面发展五大金融的布局安排落地。四是全面发展并健全地方金融体系。目前，我们已经改革了 20 多家农商行，占农信社资产的 70% 多，有些农商行非常优秀，如果有空的话，你们可以看看东莞、顺德农商行，其股价远远高于国有商业银行，还有我们的小额贷款公司也是比较好的，每家都赚到钱，不良率才 0.8%。担保公司我们关了 90%，现在留下 10%，还是有些问题，但是起码不再兴妖作怪，其他的金融控股集团，还有一些新型的金融业态，我们几乎年年都有，上市公司大概是每个星期上一家，所以，地方金融体系正在不断壮大。

上述四个历程我们走过来了，在以前是想都不敢想的，现在都一步步落地了，从 2007 年到现在，只有 6 个年头，四个历程一步步走过来，留下了很多脚印。这个过程中，难能可贵的是，省委、省政府一直都支持我们的想法和做法，想到哪儿，支持到哪儿，六年时间给了我们两个重要文件，是空前的，也给了我们两笔钱，一笔是发展金融产业专项资金——5000 万元，另一笔是小额贷款公司风险补偿专项资金，每年 5000 万元。发展金融产业专项资金从今年起，每年加 1000 万元，今年 6000 万元，明年 7000 万元，还会往上加。在 2007 年以前，为处置金融遗留风险问题，每年平均要耗掉 100 亿元，但从 2007 年开始，我们是每年增加 100 亿元的税收和利润。现在市里面也重视了，广州奋起直追，佛山、东莞不甘落后，珠海也是一枝独秀，几个试验区像云浮、梅州差不多是无中生有，原来好多都没有做，现在都做得很优秀，全省已经形成了一个金融改革创新的热潮。我们现在比较轻松了，一手拿"胡萝卜"激励先进者，一手拿督查考核办法敲打后进者，总的来讲，我们金融办起到了一个总揽全局、总协调、总设计的角色，"一行三局"都支持我们的工作，互相补台，好戏连台。2011 年以来，广东的金融工作已做了安排，我们整理了一下，有 68 项，确定了 9 项为重点工程，已经分工了，你做你的，我做我的，最后再统筹一下。

如果谈体会，最重要的体会有三个：第一个体会是，要不停地改革创新。我们地方做金融工作，一定要讲效率，中央金融监管首先讲安全，而我们需要金融支持经济发展，需要发展金融，如果我们不讲效率，那全抓瞎了。讲效率就是要改革阻碍发展、阻碍提高效率的事项，阻在哪里，我们就改在哪里。第二个体会是，要以服务实体经济为根本出发点和落脚点。很多时候，实体经济不满足金融服务的现状，有好多事情我们没有做好，要听听企业家的呼声。前年，我们出台了 56 条专门支持中小微型企业融资发展。结果，2012 年中小微型企业贷款余额增量部分占总增量的七成以上。我们不指望这 56 条都能用上用足，但一个县（市）能用到 5 条、8 条也可以。实体经济是非常需要金融资源的，怎么能不用起来呢，不用就两亏了。墨菲定律表明：不好的事情可能要两次发生，如果中小微型企业融不到资金，肯定影响科学发展，大面积的企业融资有困难，金融家守着金融资源发呆，也是输家。广东每年新增的融资规模已是 1.2 万亿元，现在，转型升级需要钱的地方很多，必须不断改革创新，不断满足实体经济日益增长的融资需求。第三个体会是，要在服务党委、政府中心工作中增强金融工作部门的职能，发挥各金融监管部门的积极作用。

（与海南省金融考察团座谈讲话）

第二部分
推动市县金融发展

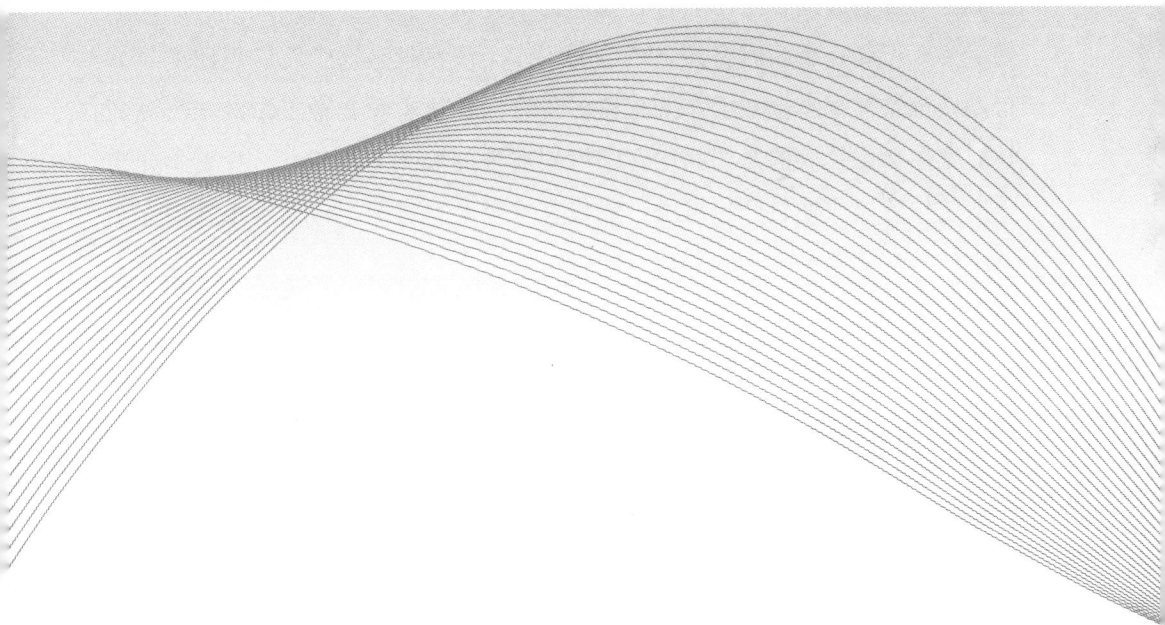

发展绿色金融产业　助力梅州绿色崛起

（2009 年 1 月 8 日）

尊敬的李嘉市长，同志们：

梅州最可宝贵的是什么？是人、是山、是水。梅州人，崇文重教，忠义道德，构成了和谐的梅州社会；一道道绿色的屏障，一个个生态园区构成了梅州的绿色家园、幸福家园。我非常赞同梅州市委、市政府提出的绿色崛起的发展思路，因为它符合梅州的实际情况，符合梅州人民的共同愿望。今天市委、市政府召开全市金融工作会议，也是这个发展思路的具体行动，也是对全省金融工作的支持。我首先转达主管金融工作的宋海副省长对全体会议代表的亲切问候，宋海副省长问候大家新年好，祝贺梅州市金融工作会议成功召开！再次，我代表省金融办对梅州市委、市政府对金融工作的支持表示衷心的感谢。同时对梅州市荣获省政府颁发的金融稳定奖表示热烈祝贺！

按照会议安排，我讲三点意见。

一、解放思想，实事求是，抢抓机遇，绿色崛起

解放思想、实事求是是党的思想路线，是党的思想作风。我们必须坚持和发扬。解放思想、实事求是就是要不断地发展与丰富马克思主义，就是要不停地以辩证唯物主义和历史唯物主义的世界观、方法论，深化认识经济社会发展的规律，不停地排除各种错误思想的干扰，坚定走科学发展

118

的道路。因此，解放思想无止境，实事求是无穷期。

解放思想是为了创新发展，创新发展必须抢抓机遇。当前，我们必须抢抓以下三大机遇：

（一）全省经济发展布局调整的机遇

经过三十年的发展，广东省传统经济发展模式在生产成本全面上升的情况下难以为继，在国际金融危机影响下，以出口（外贸依存度150%）带动经济增长方式也难以为继。必须加快产业转型升级，加快"双转移"，加快自主创新。为了更好地发展，必须危中寻机，积极参与上端、下端高价值部分产业分工的争夺（上端：原材料控制、设计、研发；下端：品牌、销售渠道、物流、金融服务；中端：组装、制造、加工）。全球经济危机对以美国为首的发达国家金融经济冲击最大，破坏最大，影响最深，经济衰退期必定比新兴发展中国家长。我们有更多更好的条件参与高价值链部分的产业分工的争夺。靠谁去争夺，靠长三角、珠三角和环渤海地区。广东省珠三角地区原有的一些产业分工要进行调整，这就给东、西、北地区带来了产业构建的机遇。产业构建的机遇也是金融改革发展的机遇。

（二）国内扩大内需，实行积极的财政政策、适度宽松的货币政策的机遇

中央经济工作会议明确提出：把扩大内需作为保增长的根本途径。党中央、国务院实施这样的政策，既是经济需要也是政治需要。政治需要：执政为民。人民需要什么：民生、民权、民主。民生问题首要的是就业问题，人口红利我们吃得差不多了，就业困难问题凸显了，知识分子就业问题更大；民权基本的要求是国民待遇，要统筹城乡发展。还有民主。为民，必须给他们看得到的利益，发展还是第一要务。经济需要投资、出口、消费"三驾马车"拉动，出口困难了，要靠投资、消费拉动。这两驾

马车之中，又要靠投资这驾马车走在前面。投资拉动，说白了，还是让东部地区再先走一步，继续富起来，创造就业，创造 GDP，创造财富。

省委、省政府对抓住这个机遇是见事早、行动快的。去年下半年以来，省政府及地方政府与国家四大银行签订的战略合作协议，总投资额高达 1.4 万亿元（建行投资 3800 亿元），并出台了加快重点项目建设的一系列配套政策。广东省投资的有效扩大，交通、通信、能源等重点建设项目的启动必将为东、西、北地区发展提供良好的机遇，也为这些地区拓宽投融资渠道、创新融资方式、完善金融服务体系带来良好的机遇。

（三）实施《珠江三角洲地区改革发展规划纲要》的机遇

2008 年 12 月，国务院批准了《珠江三角洲地区改革发展规划纲要（2008～2020 年）》，这如同当年中央同意广东"灵活措施，特殊政策"一样，是广东新的"尚方宝剑"。该《规划纲要》的实施必将加快珠三角地区一体化发展进程，必将深化粤港澳的合作与融合，必将更有力地带动环珠三角地区地发展。该《规划纲要》赋予了在金融改革创新方面先行先试的权力，赋予了建设金融改革创新综合试验区的重要任务。这是广东金融改革发展的强大动力，也是金融改革发展的最好机遇。

二、以农村金融改革创新为重点，率先完善农村金融服务体系

2007 年以来，梅州市委、市政府认真贯彻落实省委、省政府加快发展金融产业，建设金融强省的工作部署，实现了地方金融工作指导思想的重大转变，尤其是结合梅州经济金融发展实际，大力推进农村金融改革，着力改善金融生态环境，打造广东省新的金融绿洲，在农信社改革、城信社退市、发展"三农保险"、利用资本市场等金融工作方面走在全省前列，为今后梅州金融改革发展打下了良好的思想基础和物质基础。

解放思想无止境，梅州金融改革创新也无止境，以实事求是的科学态

度选择梅州金融改革创新路径，在梅州绿色崛起的大背景下，未来梅州尤其应以农村金融改革创新为重点突破方向，理由如下：

一是符合梅州经济发展的特点。梅州经济的特色是以乡镇企业和中小企业为主，乡镇企业工业增加值占到全市工业增加值的50%以上，由于信贷管理体制和成本的制约，传统的国有大银行体制无法适应经济发展的需求，必须发展适合乡镇企业金融需求的微型金融服务和特色农村金融机构。

二是梅州社会发展的实际需要。梅州是山区市和农业市，农业和农村人口仍占较大比例，农业增加值占梅州市生产总值的22%，农村人口占全市人口的75.4%，均高于全省平均水平。梅州绿色崛起的过程就是梅州农村绿色崛起的过程，必须加快县域经济发展，加快农村城镇化进程，农村金融不改革不发展不实现现代化，农村地区就难以发展，农村金融改革创新进程必须不断加快。

三是梅州绿色崛起的客观需要。梅州不能走珠三角地区工业化的老路，不能采用依赖资源、粗放增长的发展方式，而要走出一条与传统模式不一样的绿色崛起新路，以最小的环境代价和最合理的资源消耗，获得最大的经济、社会效益。一方面，金融产业作为可"循环利用"的典型绿色产业自身要发展成为梅州绿色产业的支柱产业。另一方面，金融业要为特色农业、高新技术产业和其他现代服务业等绿色产业发展提供强大的金融动力。

四是梅州具备农村金融改革创新先行先试的良好基础。经过多年的改革发展，梅州市已经具备了农村金融改革发展先行先试的基础，农村金融改革发展历史包袱小，金融生态环境良好，金融业占国民经济的比重高，同时《规划纲要》的实施为梅州农村金融改革创新试验提供了广大的政策空间。

梅州农村金融改革创新要坚持为"三农"服务和发展壮大地方金融机构两大原则，主要从以下几个方面推进：一是加快农村金融组织改革创新。

积极探索农信社改革模式，成立市一级农信社法人机构，争取发展成立农村商业银行，继续发挥支农主力军作用。加快建立村镇银行，成立小额贷款公司、资金互助社等农村金融组织，丰富农村金融服务体系。二是加快金融产品和服务模式改革创新。鼓励各类金融机构创新适合农户和县域经济发展的金融服务和产品。支持邮政储蓄银行扩大在当地的业务范围和增加服务品种。创新农村信贷担保机制和风险分担机制。三是创新农业保险。建立完善政府投入，商业保险公司参与的广覆盖的农业保险体系，增加特色水果、林业等特色农业保险品种。

三、加强金融团队建设，提高金融服务水平

近年来，梅州金融工作团队在梅州市委、市政府的关心下得到了加强，希望进一步增强金融工作团队的思想建设、作风建设，不断加强学习，提高分析判断能力、学习认识能力、科学决策能力、组织执行能力，总结提高能力的"五种能力"，在梅州金融界中带头提高金融服务水平，在梅州市委、市政府的领导下，紧紧围绕市委、市政府的中心工作，埋头苦干，扎实工作，为发展利用绿色金融产业，助力梅州绿色崛起作出应有的贡献。希望各金融机构增强责任心和紧迫感，急梅州经济社会发展之所急，积极提供优良的金融服务。

关于建设广州民间金融街的一封信

卫民、建军同志：

在广州建设民间融资一条街意义重大，不仅可以形成"广州定价"，而且将示范全省，惠及百万家小微企业。

目的：规范小微企业融资、民间融资行为，形成科学合理的定价机制，从源头上防止与惩治非法集资，降低小微企业融资成本，支持经济发展，维护金融稳定。

运行机制：在省金融办指导下，广州市腾出一条街改造建设成为富有特色的民间融资一条街。市政府发布小微企业及"三农"融资需求信息、融资人资质审核信息；市农商行、村镇银行和农信社的分支机构，小额贷款公司、财务投资公司向小微企业及"三农"发放贷款；融资性担保公司进行担保；市金融办现场监管、价格公开、交易公示、惩罚公告。

组织管理机制：省金融办帮助规划，市政府负责建设，市金融办负责监督管理，可成立理事会负责日常管理工作。理事会制定《章程》。

准入机制：理事会负责准入工作。可由市经信委、发改委、工商局、金融办负责人、专家等组成准入审核委员会，对进街企业进行准入审核，批准。

退出机制：小微企业、"三农"经济体以虚假信息骗取贷款的，一经查实，列入黑名单管理，不得再进入本街融资；贷款提供方不遵守《章程》约定，发放高利贷的，一经查实，列入灰名单管理，停业、限期整顿，不能依时整顿的，不准开业；融资担保公司违规担保、发放贷款的，一经查实，立即令其退出本街。

以上构思，供参考。

省金融办　周高雄

2012 年 2 月 23 日

对清远金融发展的工作建议

近10年清远保持全省领先的发展速度，成为广东的"新兴经济体"和"金砖市"，但经济发展的内生动力和抗风险能力不强

在珠三角产业转移以及清远自身城市化的带动下，2004～2010年清远的经济增速连续七年居广东省第一位，2010年，清远全市生产总值达到1088亿元，比2006年增长1.2倍，年均增长21.6%，总量在全省的排名从第14位跃升到第12位；人均生产总值从第15位跃升到第9位，居粤东西北地区第一。这一系列指标明显表现出类似于韩日以及珠三角工业化起飞期的发展特征。但是2011年以来，在宏观政策收紧、国际形势不利的情况下，清远市经济增速明显下降，2011年实现地区生产总值1286.2亿元，增长14.5%，虽然仍保持较高增速，但增幅比2010年的24%同比下降近10个百分点，2012年上半年同比增幅下降到7%，增速仍在继续下降。清远在外在不利因素冲击下的下降速度远大于粤东西北其他地区。经济增速的下降带来了财政的巨大压力，2010年地方财政一般预算收入完成72.8亿元，比2006年增长2.7倍，年均增长38.8%，总量从第14位跃升到第10位，居粤东西北地区首位，而去年以来随着经济增速下降，带动公共预算收入加倍下滑，从2010年的47%的增幅下降到2012年上半年的5.5%，2012年1～8月，地方公共财政预算收入完成54.4亿元，增长6.5%，而地方公共财政预算支出108.2亿元，增长20.8%，财政收支压力十分大。

清远经济内生动力和抗风险能力不强的根本原因，在于没有建立起结构合理的现代产业体系

结构合理、竞争力较强的现代产业体系是一个经济保持平稳、可持续、较快增长的基础。近 10 年来清远市产业结构升级实现重要跨越，清远第一、第二、第三产业结构从 2004 年的 31:42:27 优化为 2011 年的 11:58:31，农业下降 20 个百分点，第二产业上升 16 个百分点，第三产业上升 5 个百分点，实现了农业主导向工业主导的产业的重要跨越，8 年时间完成了日、韩近 20 年、珠三角 15 年时间的产业结构优化升级过程。但从工业化发展阶段来看，仍然处于工业化前中期，产业结构不尽合理。主要问题在于在高速发展阶段没有重视并处理好三个关系：第一，未处理好引进承接产业转移和本地产业配置的关系。工业以承接转移为主，根植性不足。产业根植性是经济平稳发展的重要保障，而清远五大支柱产业（废弃资源综合利用业、有色金属冶炼和压延加工业、非金属矿物制品业、电力生产供应业、制鞋业）中大部分是从佛山等地转移过来，属于产业末梢，不具备产业主导权，因此最容易成为受冲击的对象。第二，未处理好房地产与实体经济的关系。支柱产业中水泥、建筑、陶瓷等主导产业大多数属于房地产、基建的上游产业，经济增长过度依赖于房地产，而工业制造发育不足，因此受宏观冲击影响极大。第三，未处理好产业集聚和集群的关系。产业集群并未形成大中小和上下游产业链密切配合的产业集群，缺乏共同抵御风险、抱团发展的能力。产业结构的不合理导致清远的经济经不起宏观经济周期和外部风险的冲击，如工业增加值同比增幅从 2011 年的 23.3% 下降到 2012 年 1～8 月的 1.9%。

为推动加快发展，清远采取了一系列举措，提出了"桥头堡"战略，但市委市政府主要精力放在城市化、对产业成长和转型的注意力不足

为推动加快发展，清远 2010 年提出"广东省区域协调发展示范区、

环珠三角高端产业成长新区、华南休闲宜居名城、大广州卫星城"（"两区两城"）的主要定位，采并取了以下三个方面举措：第一，改造提升传统产业。通过建立陶瓷原料配送中心、拆除废旧物资拆解场等措施，推动有色金属、废旧物资加工、陶瓷等传统产业向高端延伸。第二，实施主体功能区规划，推动产业集聚发展。创办了3个省级产业转移工业园和1个省级产业特别合作区，引进高端产业形态。第三，加快城市建设，以城市化带动工业化。推动省职业交易基地、广清城际轨道等重点基础设施建设项目，加强与珠三角地区的产业对接。

2011年，清远第六次党代会提出"桥头堡"战略，主要内容是在利用清远市一头紧邻珠三角核心区、一头接壤国内市场腹地的区位优势，一方面，深化与珠三角核心地区产业对接和城市功能的互补；另一方面，拓展内陆市场，并引进内地企业在清远落户，借此推动提升金融产业和城市的发展水平。从目前实施情况看，"桥头堡"战略仍停留在思路上，没有具体、重大的落实举措。但从实施思路上看，"桥头堡"战略的实施重点仍将放在城市建设上，即通过优化城市发展环境、加强城市基础设施建设来提升清远的城市品味，以此带动产业发展。

总体评价，由于清远长期以来"廉价"享受到珠三角产业和城市发展的外溢效应，导致在产业发展上缺乏独立思维和主动意识，发展过于偏重城市化，而推动产业转型升级的认识不够、力度不足、办法不多，长此以往，清远可能成为珠三角的产业"附庸"，丧失经济的整体竞争力和抗风险能力。

与清远高速增长相比，金融发展明显滞后，是经济内生动力不强、产业转型升级受阻的重要原因

近年来，为推动金融产业加快发展，清远采取了一些措施，但力度还远远不足。第一，制定出台了《清远市人民政府关于加快金融业发展的若干意见》和《清远市支持金融业发展及鼓励金融机构支持地方经济建设的

奖励办法（试行）》，其中奖励办法规定对各类进驻的金融机构给予15万～400万元的奖励，已进驻的金融机构进行年度量化评比，对前三名的给予2万～15万元的奖励。第二，加强与国开行、农业发展银行合作。国开行在清远佛冈开展广东省社会主义新农村建设试验区（佛冈）建设，对清远现代职业教育基地项目给予70亿元授信，发放了5亿元土地储备专项贷款；农业发展银行对清远东城片区新农村建设开发给予30亿元项目融资，启动大燕湖片区新农村建设示范区合作项目。第三，积极推动企业上市。已确定后备企业20家，5家进入上市前期程序，对企业给予1900万元的上市补贴或者奖励。第四，加快完善地方中小金融体系，全市融资性担保公司达12家，小额贷款公司9家，进一步深化农村信用社改革，已成功改制1家农村商业银行。

与清远经济高速发展相比，清远市金融发展明显滞后，低于全省平均发展水平，远未能发挥出对经济发展的强大推动作用。2004～2011年，清远市贷款年均增长17.6%，低于地区生产总值年均增速近3个百分点，低于存款年均增速18.8%；全市仅有1家上市公司，上市公司市值仅占全省（深圳除外）上市公司市值的0.11%；保费收入占比同样很低。2011年清远市金融业增加值占地区生产总值比重为2.1%，远低于全省的6.3%。由于清远金融发展滞后，一方面，在高度发展阶段，清远本地企业受到严格的融资约束、产业整合优化缺乏金融支持，制约了本土经济的发展壮大和产业发展级次提升，从而导致经济的内生性和根植性不足；另一方面，在遭遇经济下行周期时，金融作为"经济稳定器"的作用无法发挥，企业融资约束更快更紧，从而导致经济的抗风险能力不足。

对做好清远金融工作的建议

金融是产业成长和转型的持续强大动力，金融环境既是城市环境的核心组成部分，金融体系是经济发展的"加速器"和"稳定器"，建议清远把金融发展作为实施"桥头堡"战略、加快转型升级的重要举措来抓，推动金融发展取得重要突破，为清远市经济长期、平稳、可持续发展提供强有力支撑。清远市确定的信用体系建设、农村金融、企业上市、城市资本运营四个重点金融工作方向，我们十分赞同。我们相信，只要坚持不懈地干下去，金融产业就一定能成为清远的支柱产业，金融发展就一定能够为经济社会发展提供强大动力。对抓实抓好金融工作，提以下四点建议：

第一，建议市级通盘考虑，加大对金融改革创新的投入。政府对金融的投入是"种子钱"、"发酵"的钱、"杠杆"的钱，但这种投入后的产出是十分合算的，也是长远和持续受益的，比如建好了县域征信中心，投入的是几百万元，而撬动的是数千万元乃至数十亿元。

第二，要建立督察考核机制，调动各级党委政府、各部门的工作积极性。制订一个详细的、可操作的督察考评办法有利于调动各级各部门开展金融工作的积极性。省里已制定了建设珠三角金融改革创新综合试验区实施细则及督察办法，即将以省政府名义对各地落实情况予以督察。建议清远市也制订有关金融发展的考评机制，督促清远各级党委、政府和相关工作部门都积极主动地行动起来。

第三，要加强金融发展软环境建设。重点是抓信用环境、法制环境建设，软硬件都好了，自然吸引机构和资源向清远聚集。

第四，要特别重视招揽金融人才。金融创新的成败在于人才和政策。现在有了政策，但人才不足，清远在这方面的问题也十分突出。广州、深圳、珠海等地的成功经验表明，有没有懂金融的干部推动，成效完全不一样。这次省委、省政府的《决定》制定了重要的金融人才政策，重点金融市、县可以配备金融副市长、金融副县长。清远处于非常需要金融支持的时期，建议在全省乃至全国遴选一批懂金融的干部。

关于南沙金融发展规划
三个重要问题的思索

（2013 年 3 月 23 日）

2008 年底国务院批复同意《珠江三角洲地区改革发展规划纲要（2008～2020 年）》，赋予广东建设珠江三角洲金融改革创新综合试验区的重任，国家"十二五"发展规划提出建设广州南沙、深圳前海、珠海横琴三个粤港澳合作试验区，金融改革创新与开放合作试验是其中的重要内容。2012 年 6 月，经国务院同意，中国人民银行等八部委联合印发《广东省建设珠江三角洲金融改革创新综合试验区总体方案》，9 月，国家发改委印发《广州南沙新区发展规划》，至此，珠三角地区"点面结合"的金融改革发展布局基本完成。由此，一方面增强了广东金融的政策优势，另一方面客观要求必须明确不同地区金融改革创新的方向与重点，更好地形成改革创新的合力。广州南沙新区既是国家级新区，又是粤港澳合作先行区，既是珠三角金融改革创新综合试验区的重点地区，又是广州区域金融中心的重要组成部分，南沙集区位、政策、机制优势于一身，金融改革创新、开放合作、科学发展的潜力巨大，必须认真科学规划南沙新区金融发展的定位、目标及动力等，最大限度地发挥优势，迸发动力，让南沙发展成为广东金融版图中最为亮丽的新板块。

一、关于发展定位问题

不久前，美国国家情报委员会发布《全球趋势 2025：转型的世界》指出："第二次世界大战后建立的国际体系到 2025 年几乎面目全非。向新国际体系的转型将险象环生"。到 2025 年，中国经济总量接近或追上美国，但中国金融绝非能与美国并肩而立。因为尚在资本管制下的人民币国际化进程极为缓慢，即使实现了国际化，也很难改变美元在世界金融中主导作用的局面，因为在相当长的一段时期内，世界金融市场的游戏规则仍然由主导储备货币发行国家所决定。到 2025 年，中国金融在世界金融体系中具有重大影响力，但不具备决定力。

相似的是，广州金融在中国金融体系中具有重大影响力，但不具备决定力。虽然广州金融体量大、机构多，但缺乏具有系统重要性的金融机构、金融市场和金融定价机制，金融聚集强、金融辐射弱，无法左右中国金融体系的格局。在广东建设金融强省（要做到五个"强"：金融发展后劲强、市场辐射力强、市场竞争力强、风险管理防控能力强、对经济社会发展支撑力强）的伟大工程中，广州建设金融强市是题中应有之义，必须补强金融发展的诸项"短板"。从布局和分工来看，广州国际金融城是未来 10 年南中国最重要的金融聚集区，广州民间金融街将形成民间融资的"广州价格"，而南沙新区由于具有开放的优势、机制的优势、后发的优势，则要更多地承担未来 10 年之后增强广州金融辐射力的重任。

如果从辐射的扇面看，南沙金融向哪个方向辐射，覆盖范围多大，是南沙金融发展规划的一个关键问题。从区位看，南沙是珠三角的地理中心，北联广州，南联中山、珠海，东联深圳、东莞、惠州，西联佛山、江门、肇庆，与前海、横琴相比，更加贴近珠三角强大的实体经济群；从土地面积看，南沙是横琴的 3 倍、前海的 35 倍，在产业布局上具有更大更多的打造空间，与前海、横琴单纯发展现代服务业不同，南沙将建立一个包括先进制造业、现代服务业、高新技术产业集群在内的比较完整的产业体系，由此将带来更加多样化、更大规模的金融需求；从所在城市看，广州是国家级中心城市，是南中国的枢纽城市、商贸中心，区域辐射带动能力超过前海所在的深圳和横琴所在的珠海，这种城市功能优势必将强化南沙金融辐射力及辐射半径的扩大。为此，南沙虽然与前海、横琴并列为粤港澳合作先行区，但不应只将金融发展的重点放在对外开放合作上，而应要更多地着眼于服务实体经济和对内地的金融辐射带动，其范围不应限于广州、不应限于珠江三角洲，而应对泛珠三角地区乃至南中国起到更大、更深的辐射带动作用。

二、关于发展目标问题

南沙金融发展的终极目标是建设辐射南中国的紧密服务实体经济的生产性现代金融服务中心；中期目标是建设广州金融强市的主要组成部分；近期目标是成为打造都市经济圈增长极、海洋经济增长极的主要引擎。

（一）终极目标：紧密服务实体经济的生产性现代金融服务中心

经济决定金融，任何新的金融聚集区的兴起莫不是新的经济体崛起的产物，如法兰克福的崛起得益于欧盟经济的发展，香港、新加坡、东京国际金融中心的发展，根本上得益于亚太经济的崛起。今后一段时期，世界经济格局调整重构的总趋势不会改变，亚太经济崛起的总趋势不会改变，在这个过程中将继续在环太平洋特别是东亚地区造就一批新的金融服务聚集区，服务亚太经济圈的快速发展。对于香港、新加坡等现有国际金融中心来说，其实体经济规模狭小，其金融服务缺乏对大规模现代化产业集群服务的经验，金融投机性较强，必须要有新的金融服务聚集区来弥补这个不足。南沙不仅背靠全世界最大的实体经济集群之一，而且位于未来可能成立的中日韩自由贸易区与中国—东盟自由贸易区的交界点上，通过瞄准泛珠三角、南中国乃至亚太地区实体经济转型升级科学发展和产业重构的金融需求，就能够顺应全球经济金融格局变化的大势，乘势而起。因此，南沙金融发展的终极目标，应成为打造泛珠三角地区乃至南中国的紧密服务实体经济的生产性现代金融服务中心，并成为亚太地区金融对接实体经济的新枢纽，在支持经济转型升级科学发展中发挥关键作用。诚然，实体经济发展的不同阶段对金融需求是不一样的，南沙金融发展也应该与时俱进，根据不同阶段实体经济发展的客观要求，设定金融创新的具体目标。

（二）中期目标（到 2025 年）：成为建设广州金融强市的主要组成部分

南沙金融发展是广州金融发展的重要组成部分，从中期看，其发展还取决于广州区域金融中心建设所赋予的高度。在全国经济总格局乃至亚太经济圈之中，广州是南中国的枢纽城市、商贸中心，有基础、有条件建设成为对南中国具有一定决定力、重大影响力的金融强市。相应地，南沙金融发展的中期目标理应成为广州金融强市的主要组成部分，通过 10 年至 20 年的努力，建立起具有鲜明产业特色的金融市场，聚集一批能够填补市场空白的创新型金融机构和金融中介服务机构，形成有较强区域影响力的资源定价机制。其金融核心区每平方公里产生的金融增加值达到 100 亿元，达到伦敦金融城现在的水平。

（三）近期目标（到 2015 年）：成为打造都市经济圈增长极、海洋经济增长极的主要引擎

根据广东的资源禀赋，当前和今后一个较长时期，广东经济转型升级科学发展的重点必须放在打造两个新的经济增长极上。一方面，遵循后工业化阶段大都市经济圈作为世界经济主要增长极的一般规律，应充分利用广州、深圳、东莞、佛山等市工业化和城市化水平较高、实体经济较强的优势，打造都市经济圈增长极，在进一步推动广州、深圳核心城市产业升级和城市提质扩容的同时，通过产业梯度外移、技术资本外溢等途径，发挥核心城市对经济圈城市的辐射带动作用，带动珠三角其他城市和粤东西北地区城市加快发展，形成新的都市经济圈增长极。另一方面，把握全球深化海洋开发和国家强力推动海洋强国战略的重大机遇，利用广东建设海洋经济综合试验区这个历史机遇和政策优势，以及广东海洋经济基础较

好、海岸线较长等禀赋优势，优化海洋产业发展布局，提升传统优势海洋产业，培育发展海洋战略性新兴产业和高端临海产业，努力在 10 年之内，在建设"提升我国海洋经济国际竞争力的核心区"和"全国海洋生态文明建设的示范区"方面取得重大突破，形成新的海洋经济增长极。

打造这两个经济增长极客观需要若干个战略资源配置平台作为支撑。南沙既处于珠三角都市圈的核心地带，又具有临港及临海发展的基础和优势。南沙可以大力发展产业金融、科技金融、航运金融、租赁金融等特色金融业，既服务全省产业优化升级，更直接服务海洋经济发展，自然地成为最主要的战略资源配置平台，成为广东打造两个经济增长极的主要引擎。近期可采取的具体措施包括：一方面，积极发展离岸金融、开展跨国公司外汇管理创新等试验，首先让在港澳廉价的人民币直接投资珠三角实体经济；发展大宗商品现货交易、远期交易以及与香港合作发展期货交易市场，以更加安全、较低成本的资源配置直接支持珠三角实体经济发展；引入港澳金融机构、产品和服务，促进南沙金融服务升级，逐步成为具有世界先进水平的现代金融服务中心，支持广东打造都市圈经济增长极。另一方面，组建广东海洋产权股权投资基金；发展航运金融，推出航运指数；开展融资租赁试验和商业保理试验，聚集和发展航运保险公司等，建立海洋投融资定价体系；聚集发展海洋经济需要的高端要素资源，支持打造海洋经济增长极。

三、关于发展动力问题

世界各地金融成功发展的历程都表明，金融中心区的崛起不仅需要蓬勃兴起的市场需求，更加需要政府主动作为和强力推动，以调动各方面的积极性来聚集各种金融资源。新加坡金融发展的奇迹充分说明了这个问题。在当前国际经济金融格局迅速调整和全国金融改革开放不断深化的宏观背景下，南沙金融发展时不我待，离不开政府的全力推动和各方的鼎力支持，形成"三位一体"的合作动力：

（一）根本动力：金融改革创新

改革创新是金融工作的灵魂，是金融发展的根本动力。从广东省近年金融改革创新的成功实践来看，地方政府是重大金融改革创新关键的推动者。正如国家明确深圳市政府作为前海建设的主体、珠海市政府作为横琴新区建设的主体一样，广州市政府是南沙金融发展的责任主体，承担着推动南沙金融改革创新的首要任务。一是统一思想的任务。使命感是内动力的第一源泉，当年深圳蛇口开发区之所以能够"一日一变样"，根本在于改革开放先行一步的使命感激发了广大干部群众的热情和干劲。南沙新区作为与浦东新区、滨海新区并列的三大国家级新区之一，应像浦东新区立志建设亚太地区经济发展新龙头一样，确立起较高的使命感，金融改革创新就会有众志成城的合力和"一届接着一届干"的恒心。二是加强政策研究的任务。要高度关注国家金融改革开放的政策变动，不断研究提出金融先行先试的创新事项，落实一批再提出一批，从而在国家金融改革创新的重点领域和关键环节率先进行试验。前海在这方面做得非常成功，2013 年上半年将实现中央 2012 年批准的 8 条政策全部落地，同时又已在酝酿新的政策，值得南沙学习。三是加强联动，形成合力。首先，充分利用珠三角金融改革创新综合试验区和南沙新区建设的部省协调机制，加强联系沟通，不断提高南沙金融在国家金融发展战略中的地位。其次，充分利用广州区域金融中心的省市共建机制，加强省、市与中央驻粤金融监管部门的联动，及时反映和解决南沙金融发展问题。最后，通过粤港、粤澳金融合作专责小组和 CEPA 合作机制，深化与港澳的金融合作与创新。

（二）内动力：建设区域金融中心

建设广州区域金融中心是省委、省政府全面建设金融强省的重要任务，新一届广州市委、市政府已将建设广州区域金融中心作为中心任务来抓，出台了重要的专项文件、规划和政策措施。广州全方位建设区域金融中心，将树立广州金融强市的品牌形象，优化广州金融发展环境，进一步吸引境内外金融机构、金融资源、金融人才向广州聚集，带动支持南沙金融科学发展。同时，在广州建设区域金融中心过程中，广州国际金融城、民间金融街等金融聚集区将与南沙形成良性竞争的合作关系，促进南沙金融进一步突出自身特色和功能定位。广州及南沙新区应统筹安排利用好金融发展的专项资金，在金融机构引进、金融人才聚集、金融服务创新激励等方面提出一批支持南沙金融创新发展的政策措施，分阶段、有计划地引导各种资源向南沙聚集，把南沙打造成为金融政策的高地和资金的洼地，增强南沙金融发展的内在动力。

（三）外动力：金融开放和合作

内因是矛盾变化的根据，外因是矛盾变化的条件。中国金融在世界金融体系中形成的重要影响为南沙金融创新发展创造了战略机遇，将吸引强大的外在动力支持南沙金融不断发展。

第一种是金融开放的动力。对内开放，在有效监管的情况下，最大限度地放开民间资本进入金融领域的闲置，吸引来自珠三角乃至全国各地的民间资本流到南沙设立创新型金融机构和发展金融产品。对外开放，利用人民币国际化和资本管制逐步放松的重要机遇，成熟一项、推进一项，开展人民币资本项目可兑换试点和外汇管理创新试验，将南沙打造成为联结国际国内金融市场的重要通道，形成区域金融资源配置的重要枢纽。

第二种是金融合作的动力。其一，加强与港澳的金融合作，形成合力，共同利用 CEPA 机制向中央争取新的金融政策，共同稳妥地推动跨境征信、人民币结算及投资、金融机构互设、金融产品互认、金融人才培训合作等，特别是共同建设跨境商品期货、金融资产交易等平台。其二，加强与东盟的金融合作，争取中国与东盟合作的产业投资基金等区域性金融开发组织设在南沙，研究建立人民币与东盟小币种交易的场内场外市场，引入东盟金融资源进入南沙发展。其三，加强与泛珠三角各省区的合作。

　　关于南沙金融发展规划的问题还有很多，主要是上述三个问题。主要问题想明白了，主要工作也就干明白了。

　　　　　　　　　　（向广州市委、市政府的专项建议书）

建设"广东金融高新
技术服务区"的设想

（2007 年 2 月）

　　金融是现代经济的核心。作为经济发展的引擎，金融通过带动其他生产要素的流动，正深刻地改变着世界经济的格局。

　　金融商务区（中心区）是国内城市规划建设的一种新形态。通过聚集银行、证券等金融机构，对个人和企业的储蓄及投资进行跨时结算，金融商务区（中心区）将资金从储蓄者转移到投资者，并影响不同地区的资金交易和转移。国内外的经验表明，功能齐备的金融中心对所在区域社会经济快速增长的推动作用十分显著。因此，在我国城市经济新一轮竞争发展阶段，各大中型城市纷纷谋划建设金融商务区（中心区），期望通过营造资金的集散地来获取其他生产要素，达到进一步提高城市比较优势的目的。

　　佛山市南海区桂城地处广州和佛山之间，是佛山市中心组团的重要组成部分，具有独特的区位优势、土地空间优势和成本优势。基于佛山产业升级发展对金融支持的需要、居民投资理财对金融服务的需要、佛山发展现代服务业对金融业的需要，以及城市化进程对金融商务区的需要，佛山市提出了在桂城千灯湖地区建设金融商务区的战略构想。

　　佛山金融商务区的定位不能与广州市同质竞争。宜考虑作为佛山金融业集聚发展的战略平台、广东省金融业后台服务大基地、广州区域金融中心的有益补充以及承接香港服务业转移的基地，可在如何利用金融市场扶持民营中小企业发展、支持传统制造业改造升级，以及如何通过金融商务区建设带动现代服务业发展，推动区域城市化进程等方面积极实践、努力探索，为广东建设金融强省作出应有的贡献。

　　鉴于此，在佛山南海的千灯湖，宜聚集发展金融后台服务产业，建议比照新泽西、都柏林模式，建设"广东金融高新技术服务区"。

（向佛山、南海政府的建议谈话）

第三部分
深化粤港澳金融合作

在粤港金融合作专责小组
第一次工作会议上的讲话

（2009 年 11 月 12 日）

尊敬的区璟智常任秘书长，

各位代表，女士们、先生们：

下午好！

今天，粤港金融合作专责小组全体成员相聚广州，举行第一次工作会议，这是粤港合作的大事件，更是粤港金融合作具有里程碑意义的大事件，可喜可贺！下面，我首先代表粤方金融合作专责小组谈两点意见。

一、粤港金融合作初见成效

2008 年以来，CEPA 的实施逐渐增加了粤港金融合作的内容，粤港金融合作研讨会进一步激发了两地开展金融合作的热情。两地金融机构跨境互设数量不断增加，金融市场继续拓宽，金融业务日益扩大，人才和信息等交流与合作明显增多。

在银行信贷市场方面，截至 2009 年 9 月底，港资银行在广东设立了 85 家营业性机构，总资产约 1145 亿元人民币。两地银行在资金融通、支付结算、个人银行业务及人员培训等方面都进行了有效的合作。CEPA 补充协议六允许香港银行在广东设立异地支行的先行先试措施为这方面的合作注入了新的活力。

在资本市场方面，截至 2009 年 9 月底，据香港证券交易所不完全统计，已有超过 70 家广东企业在香港证券交易所上市，占境内企业在香港上市 483 家的 14.5%，居全国首位，总融资约 1500 亿港元。广东省的广发证券、招商、中国国际期货、南方基金等 9 家证券期货经营机构先后在香港设立了子公司并开展业务活动。广东资本市场逐渐对香港投资者开放，香港新鸿基、工商东亚等 8 家港资券商已在广州、深圳两市设立了代表处，CEPA 补充协议六给予符合特定条件的香港证券公司与内地具备设立子公司条件的证券公司，在广东省设立合资证券投资咨询公司的先行先试政策，为这方面的合作创造了良好机遇。

在保险市场方面，截至 2009 年 9 月底，港资保险公司在广东设立了 6 家驻粤代表处，粤港保险业界请求国家降低进入内地的门槛和在广东开展新的保险业务的努力也已有了先行先试的可能。

随着粤港金融业界合作日趋紧密，两地政府金融工作部门之间的合作交流更加紧密、更加务实，取得了卓有成效的合作成果。去年以来，粤港两地政府金融工作部门在广州成功举办了"粤港金融合作研讨会"及闭门会议；携手推进了粤港跨境贸易人民币结算试点工作；共同争取到了 CE-PA 补充协议六中有关金融方面先行先试的政策支持；建立了粤港金融合作专责小组及其工作机制。

同时，粤港双方在共同推进贯彻落实《珠江三角洲地区改革发展规划纲要（2008～2020 年）》方面也采取了重要的行动。2009 年以来，陈家强局长曾率约 60 人的香港金融代表团访问了广东；我先后随同黄华华省长、宋海副省长赴香港进行考察活动，参加"粤港金融合作恳谈会"、"香港与珠三角 9 市落实《规划纲要》交流会"；省金融办张晓山副主任也应邀赴港为香港证监会的同行们就《规划纲要》的内容进行了演讲交流。广东省政府还在香港举办了"广东金融高新技术服务区推介会"。这些系列的交流活动为推进粤港金融合作打下了坚实的思想基础和工作基础。

二、深化粤港金融合作的思路和建议

当前，粤港两地已成功地从国际金融危机的严重冲击中走了出来，经济企稳向好发展，粤港两地作为我国经济金融重要组成部分和最活跃的地区之一，应以实施《规划纲要》为契机，根据国家金融发展战略的需要，积极承担金融改革创新的重任，全面深化粤港金融合作。根据这一思路，主要建议如下：

（一）进一步完善粤港金融合作专责小组沟通合作机制

建立粤港金融合作专责小组仅仅是深化粤港金融合作的组织保证，要确保务实高效的合作，双方均应在各自成员单位中已建立起的工作会议制度的基础上，进而完善两个专责小组的合作机制，充分发挥两个专责小组沟通合作的重要作用，通过每年举行定期的工作会议和不定期的座谈会议，共同制订合作计划，探讨合作项目；共同研究金融创新，破解合作障碍，提出在金融改革创新先行先试方面请求中央的支持政策措施；相互通报信息，共同应对突发事件，妥善处置危机，维护粤港金融稳定。本次会议是粤港金融合作专责小组成立以来召开的第一次工作会议，由于专责小组成立时间较晚，所以本次工作会议召开得比较晚，作为粤港合作联席会议下设的专责小组，今后每年专责小组的工作会议原则上在粤港合作联席会议之前召开，以便及时将专责小组有关工作情况、合作成果、新的合作计划及建议总结上报粤港合作联席会议。

（二）近期可推进的合作项目

两个专责小组近期可就金融机构、金融市场及业务、金融智力和金融后援服务建设等重点领域的重点内容加强合作：

1. 加快推进 CEPA 补充协议六准许组建"异地支行"和合资证券投资咨询公司等先行先试的工作；

2. 积极推进粤港跨境贸易人民币结算试点工作，争取逐步扩大参与跨境贸易人民币结算的银行试点地区、银行和企业范围；

3. 推进粤港跨境人民币结算、清算系统的对接和深化粤港跨境外汇结算合作；

4. 研究探索两地创新跨境证券产品的合作问题，继续支持广东企业赴香港上市；

5. 加强两地金融人才交流与培训合作，共建国际金融研究院；

6. 鼓励两地加强金融机构跨境互设，推进资本市场、保险市场、债券市场、票据市场及其业务的合作，鼓励香港金融机构来粤设立金融后台服务机构，支持广东金融高新技术服务区建设，积极打造辐射亚太地区的后援服务基地。

（三）谋划粤港金融合作的长远大计

专责小组各成员单位应在中央有关部门的指导下，在粤港合作联席会议的框架下，积极沟通、加强协调，在互补、互动、互利的合作原则之下，充分发挥各自的优势和特色，共同谋划深化粤港金融合作的长远大计，促进区域内金融资源更为便利的流动，巩固与提升香港国际金融中心地位，为中国金融改革开放探索与积累经验。近期要认真贯彻落实《规划纲要》，共同研究制定粤港金融合作专项规划和合作建立金融改革创新综合试验区。

以上是我代表粤方专责小组谈的两点意见，提出来与港方同行一起研究。希望两地专责小组各成员单位积极为推进粤港金融合作出谋划策，会后务实高效地抓好落实工作，共同开创粤港金融合作的新局面。最后，我代表广东金融界的朋友们对前来参加会议的粤港两地专责小组代表和嘉宾表示热烈的欢迎和衷心的感谢，并预祝这次会议取得圆满成功！

在粤港金融合作专责小组
第三次工作会议上的发言

（2011 年 4 月 27 日）

尊敬的区璟智常任秘书长，专责小组各成员单位的代表：

大家下午好！

在这春暖花开的阳春三月，粤港金融合作专责小组全体成员再次相聚广州，第三次共同回顾两地金融合作进展情况，探讨新的合作事项，开拓工作思路，创新合作方式，这是粤港双方务实推进金融合作的具体行动，必将推动双方合作往更深层次发展。首先，我代表粤方金融合作专责小组全体成员对港方代表的到来表示热烈欢迎！下面我谈三点意见。

一、粤港金融合作持续深入

自 2010 年专责小组第二次工作会议召开以来，在粤港两地政府、金融管理部门和金融界的共同努力下，粤港金融合作继续在多个方面获得较快发展，成效显著。

在银行信贷市场方面，截至 2011 年 3 月末，港资银行已在广东设立营业性机构 103 家（其中法人机构 4 家，分行 24 家，支行 75 家）。在粤港资银行总资产达 1968.98 亿元，贷款达 951.16 亿元，存款达 1426.84 亿元，在全省外资银行中分别占 56%、56.21% 和 58.27%。

在资本市场方面，粤企赴港上市稳步增加，截至 2011 年 3 月底，共有

124 家广东企业在香港上市，总市值超过 1 万亿港元，IPO 融资接近 1500 亿港元，总融资额超过 2700 亿港元。粤港证券经营机构互设数量持续增加，全省已有 6 家证券公司、5 家基金公司、3 家期货公司获准在香港设立分支机构，并开展相关业务。

在保险市场方面，市场开放力度不断加大，目前，在粤的港资背景保险公司有 8 家，2010 年实现保费收入 300 多亿元；香港保险公司在粤设有代表处 1 家；港资保险专业中介机构 1 家，2010 年实现代理保费收入 2.44 亿元。继续推进保险人才培养合作，2010 年，在粤报名参加保险中介资格考试的香港居民达 226 人，获得执业资格的 136 人。

在跨境人民币业务方面，截至 2011 年 3 月末，广东试点范围扩大到全省，并增加了试点企业数量，全省累计发生跨境人民币结算业务 27137 笔，金额 3330 亿元，其中粤港跨境人民币结算业务所占比例超过九成。

在落实 CEPA 补充协议实施方面，截至 2011 年 3 月末，已有汇丰、恒生、东亚和永亨等 4 家港资银行申请设立的 12 家异地支行先后开业，其中运营近一年的 5 家异地支行已实现盈利。另外，两地证券公司设立合资投资证券咨询公司的事宜取得积极进展，广州证券与恒生证券，东莞证券与台湾凯基证券香港子公司都分别开展了合作磋商。

二、深刻理解国家"十二五"规划纲要的重要内容

2011 年年初出台的国家"十二五"规划纲要，首次将涉及港澳内容列为单独一章（第五十七章），凸显中央政府对保持香港、澳门长期繁荣稳定的大力支持。规划纲要专章详细阐述了香港在国家发展战略中的重要功能定位，这既有助于香港进一步拓展新的发展空间，也有助于推动国家金融的整体发展。

关于支持香港金融业发展是港澳专章中极其重要的内容，我们应深刻理解：

（一）关于发展定位。规划中明确提出"支持香港发展成为离岸人民

币业务中心和国际资产管理中心"、"继续支持香港巩固和提升国际金融、贸易、航运中心地位，增强金融中心的全球影响力"，这些都充分表明了国家对香港国际金融中心发展的高度重视和大力支持的坚定态度。香港已经成为人民币国际化的"桥头堡"，也是中国进行金融创新先行先试的重要地域，在国家金融发展战略中的重要地位毋庸置疑。

（二）关于发展思路。规划提出"支持建设以香港金融体系为龙头、珠江三角洲城市金融资源和服务为支撑的金融合作区域"、"支持广东在对港澳服务业开放中先行先试，并逐步将先行先试措施拓展到其他地区"，深刻阐述了粤港金融合作的重要性。虽然香港巩固和提升国际金融中心地位，发展离岸人民币业务中心得到国家的大力支持，但是来自新加坡等国家和上海等地区的竞争不容忽视。广东是香港金融业发展的天然腹地，广东打造战略性新兴产业为先导、先进制造业和现代服务业为主体的现代产业体系可为香港金融业开拓广阔的发展空间。粤港金融合作应继续本着"优势互补，互利共赢"的原则，携手争取和落实先行先试政策，勇于创新，共谋发展，共同应对各种竞争和挑战，不断提升香港国际金融中心地位和促进广东金融业又好又快地发展。

三、紧抓机遇，不断深化粤港金融合作

2011 年是国家"十二五"规划纲要实施的开局之年，粤港两地应以此为契机，深入贯彻落实《珠江三角洲地区改革发展规划纲要》，加快推进实施 CEPA 及其补充协议、《粤港合作框架协议》，加大合作力度，创新合作方式，把粤港金融合作不断推向深入。近期，建议共同推进以下重要合作事项：

（一）继续推进实施 CEPA 补充协议先行先试的工作，争取后续新的先行先试政策；

（二）稳步推进跨境贸易人民币结算试点工作和人民币跨境直接投资业务；

（三）探索开展粤港跨境抵押品融资试点合作，研究相关法律、产权登记等政策的对接；

（四）推进港股 ETF 产品尽快在深交所上市的合作，继续支持符合条件的广东企业赴香港上市融资、开展并购重组以及发行人民币债券；

（五）探索两地保险产品的跨境衔接合作，推进财产险和人身险的跨境服务创新模式；

（六）鼓励符合条件的香港金融机构依法参与发起设立村镇银行等新型农村金融机构和小额贷款公司、融资性担保机构；

（七）加强金融智力合作，粤港澳研究共同组建横琴国际金融大学；

（八）鼓励香港金融后台产业及金融服务外包产业往广东金融高新技术服务区等地区转移聚集。

与此同时，加强重点区域中的金融合作，其中包括：

（一）支持广东金融改革创新综合试验区建设。目前广东省政府已将试验区总体方案上报中央，若获准实施，将更有利于粤港金融合作争取中央支持更多的先行先试政策，为两地金融改革创新合作拓展空间。

（二）探索粤港共建广州期货交易所。具体情况稍后由广州市金融办提出讨论。

（三）支持广州南沙新区、深圳前海、珠海横琴的开发建设。这三个区域将是"十二五"期间广东转型升级的三个重要的平台，也是深化粤港澳合作的重点工作。目前，《横琴总体发展规划》、《前海深港现代服务业合作区总体发展规划》的地区发展规划均已获得国家批复同意，粤港澳可以利用国家给予这三个区域的特殊政策，共同探索金融合作创新，开创新思路、巧做新文章。

以上是我代表粤方专责小组谈的三点意见，提出来与港方同仁一起研究。具体合作情况和意见，稍后将由中央驻粤金融监管部门作介绍。

最后，我衷心希望两地专责小组各成员单位积极为推进粤港金融合作出谋划策，共同开创粤港金融合作的新局面。预祝这次会议取得圆满成功！

在粤港金融合作专责小组
第四次工作会议上的发言

（2012 年 5 月 28 日）

尊敬的区璟智常任秘书长，专责小组各成员单位的代表：

大家下午好！

今天，粤港金融合作专责小组全体成员再次相聚美丽的香港，共同回顾第三次专责小组工作会议以来两地金融合作进展情况，研究商定下一阶段重点工作和重点项目，探讨如何进一步深化合作，深入实施《珠江三角洲地区改革发展规划纲要》，推进《粤港合作框架协议》、CEPA 及其补充协议中的各项金融合作事项的落实。我相信，在我们的共同努力下，一定能够不断开创粤港金融合作新局面。首先，我代表粤方金融合作专责小组全体成员对港方的热情接待和为会议所做的精心安排表示衷心感谢。下面我谈两点意见。

一、齐心协力，粤港金融合作取得新成果

自专责小组第三次工作会议召开以来，在粤港两地政府、金融管理部门和金融界的共同努力下，粤港金融合作持续深入，继续在多个方面获得较快发展，成效显著。

（一）金融市场、机构和业务合作深化发展

在银行信贷市场方面，在粤港资银行健康发展。截至 2012 年 3 月末，

港资银行已在广东设立营业性机构118家（其中法人机构4家，分行26家，支行88家）。在粤港资银行总资产达2734.11亿元，贷款达1056.76亿元，存款达1897.37亿元。2011年实现利润25.17亿元，自2008年获得人民币业务牌照以来，年复合增长率达32.78%。

在资本市场方面，粤企赴香港上市稳步推进。与香港交易所继续合作，推动广东企业赴香港上市，截至2012年3月末，广东省在香港交易所上市的企业已达129家，累计融资额约2770亿港元，其中，2011年以来新增上市公司9家，累计首发募资总额176.2亿港元。2011年10月，中信证券成功登陆香港主板，募集资金142.47亿港元，成为国内首家在香港资本市场挂牌上市的证券公司。此外，最近广东省有2家公司已通过香港交易所上市聆讯，正在择机发行。粤港证券经营机构合作取得突破。广东省已有7家证券公司、7家基金公司、3家期货公司获准在香港设立分支机构并开展相关业务。跨境证券产品合作进展明显。目前，广东省内有5家证券公司和4家基金公司的香港子公司取得了首批RQFII业务资格，占全国首批试点机构总数的42%；同时，广东省积极推进证券机构参与跨境ETF业务并取得了实质性进展。深交所与港交所通力合作，港股ETF业务规则、技术交流、操作流程和风险评估等工作已准备就绪，具备了运行条件。

在保险市场方面，市场开放力度不断加大，截至2012年3月末，在粤港资背景保险公司8家，实现保费收入160亿元，同比下降0.6%；香港保险公司在粤设立代表处4家；港资专业保险代理和经纪公司3家，公估公司1家；2012年1~3月，港资保险中介机构实现代理（经纪）保费收入2173.8亿元，同比增长43%，实现营业收入189.3万元，同比增长38%。继续推进保险人才培养合作，截至2011年底，在粤参加保险中介资格考试的香港居民已近3000人。

在跨境人民币业务方面，目前跨境人民币业务范围已经扩大到全省，业务类型涵盖货物贸易、服务贸易、直接投资和境外放款等领域，结算规模不断扩大。截至 2012 年 3 月末，广东省累计发生跨境人民币结算业务 9.2 万笔，金额 10614 亿元，其中八成以上为粤港跨境人民币结算业务。与此同时，粤方不断完善为香港人民币业务提供的清算安排，支持香港人民币市场发展，截至 2011 年末，通过香港人民币业务清算行渠道收付的跨境人民币结算资金共计达到 2.53 万亿元。

在落实 CEPA 补充协议实施方面，积极推动港资银行在粤快速布局，积极开展 CEPA 实施效果评估调研和对异地支行扩大到非珠三角地区进行调查摸底，并向银监会上报《广东辖内港资异地支行发展情况与监管建议》，提出了支持异地支行持续发展的建议，获得银监会助推异地支行发展的一些优惠政策。截至 2012 年 3 月末，已有东亚、汇丰、恒生、永亨、南洋商业等港资银行在广东佛山（含顺德）、中山、惠州、肇庆、江门、珠海、东莞及湛江等地区申请设立 28 家异地支行，其中 18 家已开业且经营情况良好，资产总额达 94 亿元，各项存款余额达 77 亿元，各项贷款余额达 61 亿元，12 家实现了盈利。另外，中国证监会已核准设立广州广证恒生证券投资咨询有限公司，广州证券和恒生证券分别持股 67% 和 33%。这是境内首家合资证券咨询公司，将有助于香港证券公司在内地拓宽业务范围并提高影响力。在保险业方面。获得中央支持，在《CEPA 补充协议八》下，允许港、澳的保险经纪公司以优惠条件在广东省内设立独资保险代理公司，为保险经纪公司进入内地保险中介市场提供了新契机，推动粤港两地保险中介人之间的良性互动。最近，广东金融界就 CEPA 补充协议九提出了多项建议，正积极争取中央给予广东更多先行先试的政策支持。

（二）金融重点合作区域和项目有序推进

一是积极推进广州南沙建设实施 CEPA 先行先试示范区。研究利用南沙新区平台进一步深化与港澳的金融合作，推进包括鼓励符合条件的港澳地区金融机构在 CEPA 框架下优先在南沙新区设立法人机构、分支机构或后台业务中心，开展金融服务等思路。二是积极推进深圳前海金融合作创新的先行先试。2011 年 9 月，省政府向中央上报了关于在深圳前海开展金融改革创新的请示，提出了 14 项的政策请求，得到国家有关部委的支持，国务院已就相关政策会同各部委召开协调会进行研究。三是珠海横琴金融创新成效显著。目前，工银国际在横琴新区成立 7 个股权投资合伙企业，募集资金总额已超过 100 亿元。横琴新区管委会正积极引进具有离岸银行业务资格的招商银行、深圳发展银行、交通银行、浦发银行等 4 家中资银行在横琴新区设立分支机构或办事处，推进外币离岸业务开展。此外，筹建信托机构和开展多币种土地信托基金（计划）试点工作等也得到稳步推进。与此同时，广东省积极推动粤港澳共建横琴国际金融大学工作。省金融办会同广东省教育厅、珠海市政府等有关部门加强与港澳有关方面的沟通，积极开展有关研究论证工作。四是广东金融高新技术服务区发展迅速。截至目前，金融高新区已累计引进 74 个重大项目（或机构），投资总额达到 240 亿元，总建筑面积达 210 万平方米。五是着力推进粤港共建广州期货交易所。积极与国家相关部门沟通、协调，中国证监会同意广东探讨与香港设立此平台的可能性。广州市政府成立了由市主要领导任组长的恢复设立广州期货交易所领导小组。4 月 12 日，广州市金融办和香港商品交易所就在南沙合作共建广州期货交易所签署了合作框架协议，明确合作模式和合作思路。

粤港金融合作专责小组第三次工作会议以来，粤港金融合作在多个方面取得了很好的成果，但仍有一些合作事项，如推动粤港共建广州期货交易所、推动粤港澳共建横琴国际金融大学、支持广东金融机构赴香港设立分支机构等方面进展较缓慢，需要两地有关部门继续加强协作，加大力度，开拓创新，深化合作。

二、紧抓机遇，继续深化粤港金融合作

2011 年 8 月，李克强副总理在香港出席国家"十二五"规划与两地经贸金融合作发展论坛时，宣布了一系列中央政府支持香港发展、深化内

地与香港经贸金融等方面合作新的政策措施，进一步拓展了粤港合作的空间。此外，国家近期将批复印发《广东省建设珠江三角洲金融改革创新综合试验区总体方案》，将为广东开展金融改革创新提供最重要的政策保障，也将为粤港金融合作打开新的篇章。粤港两地应以此为契机，加大合作力度，创新合作方式，把粤港金融合作不断推向深入。

（一）充分发挥香港国际金融中心作用，加快推进广东金融业"走出去"

香港是国际金融中心，粤港澳金融合作是广东开展金融对外改革开放的工作核心。近年来，在中央的正确领导下，广东省深入推进粤港澳金融合作，在大力推动"引进来"的同时，积极实施"走出去"战略。为了深入了解广东金融界近年来对赴香港拓展金融业务的有关情况、需求意向及需协调解决的问题，以便及时向有关部门及港方进行沟通协调，从而务实推进粤港金融交流与合作，2012 年 4 月，我办会同中央驻粤金融管理部门分别举办了广东银行、证券、保险业界座谈会，深入听取了有关金融机构对推进粤港金融合作的意见和建议。大家提的意见和建议非常多，反映比较集中的内容之一是如何充分利用广东毗邻港澳以及香港国际金融中心的资金、机制、人才等优势，在平等互惠，互利共赢的基础上，带动广东提升金融发展水平，如积极争取香港支持，推动广东法人机构赴香港开设分支机构；支持广东企业赴香港上市、推动 ETF 和 RQFII 跨境业务开展；推动人民币国际化，简化香港有关审查手续等。我们已将业界提出的有关建议做成报告上报省政府，对需要香港方面支持的建议，我们也在提交此次会议研究的合作建议中做了体现。希望港方能够充分考虑广东金融界的意见并给予大力支持，我们也将加强与港方对口部门的沟通交流，共同破除粤港金融合作中存在的困难和障碍，推进粤港金融合作更加深入。

（二）突出重点，务实推进近期各项合作事项

下一阶段，建议共同推进以下合作事项，其中有三个重点合作事项稍后将作为重点议题进行研究讨论。

1. 重点合作内容（重点议题）

（1）推动广东法人金融机构和企业赴香港发行人民币债券，将由人民银行广州分行提出讨论。

（2）粤港共建广州期货交易所，将由广州市金融办提出讨论。

（3）进一步深化横琴新区的金融创新合作，将由珠海市金融局提出讨论。

2. 其他合作事项

（1）继续推进实施 CEPA 及其补充协议，共同向国家争取新的先行先试政策。

（2）继续推动粤港跨境贸易人民币结算试点工作和人民币跨境直接投资业务，支持香港发展成立离岸人民币业务中心。

（3）鼓励符合条件的香港金融机构依法参与发起设立村镇银行、小额贷款公司、融资性担保机构等新型金融机构（组织）。支持广东法人金融机构，特别是银行业金融机构到香港设立分支机构或代表处，并开展业务。

（4）继续支持符合条件的广东企业赴香港上市融资；推进深交所与港交所合作，争取 ETF 产品先行在深交所上市；支持广东省进一步扩大 RQFII 的业务规模；支持港资银行在境内参与证券投资基金销售业务。

（5）探索两地保险产品的跨境衔接合作，推动粤港两地保险业和创新、融合。

（6）加强金融监管与智力合作。建立两地金融监管沟通机制，协调对接两地金融监管政策；积极为粤港两地金融机构搭建交流合作平台，帮助广东法人金融机构提高知名度和海外认可度；积极推动金融智力合作，推

动金融人才跨境流动。

（7）加快推进广州南沙、深圳前海、珠海横琴等重点合作区域的金融创新建设。着力将广州南沙建设成为现代金融服务区、航运金融试验区、粤港澳金融合作示范区；推动深圳前海充分利用《前海深港现代服务业合作区总体发展规划》中"金融改革创新在前海先行先试"的历史机遇，积极开展以跨境人民币业务为重点的金融创新；推动珠海横琴继续积极落实国务院批复的四项金融创新工作，加快推动粤港澳共建横琴国际金融大学。粤港双方可以利用国家给予这三个区域的特殊政策，共同探索金融合作创新，开创新思路，巧做新文章。

（8）鼓励香港金融后台产业及金融服务外包往广东金融高新技术服务区转移聚集。

以上是我代表粤方专责小组谈的两点意见，提出来与港方同仁一起研究。具体合作情况和意见，稍后将由中央驻粤金融监管部门作介绍。希望各成员单位继续为推进粤港金融合作出谋划策，共同开创粤港金融合作新局面。最后，预祝本次会议取得圆满成功！

在粤澳金融合作专责小组
第二次工作会议上的发言

（2012 年 9 月 26 日）

尊敬的丁连星主席，粤澳双方专责小组各位代表和嘉宾，女士们、先生们：

下午好！

今天，粤澳金融合作专责小组全体成员首次相聚澳门，共同回顾第一次专责小组工作会议以来两地金融合作进展情况，探讨新的合作事项，这是粤澳双方务实推进金融合作的具体行动，必将推动双方合作往更深层次发展。首先，我代表粤方金融合作专责小组全体成员对澳方的热情接待和为会议所做的精心安排表示衷心感谢。下面我谈三点意见。

一、粤澳金融交流合作取得重要成果

专责小组第一次工作会议召开以来，粤澳两地政府、金融管理部门和金融业界共同努力，深入贯彻落实《珠江三角洲地区改革发展规划纲要》、《横琴总体发展规划》和《粤澳合作框架协议》中的金融合作事项，取得了一批重要成果。

（一）多项金融合作进展顺利

一是全面推进粤澳跨境人民币业务开展。截至 2012 年 6 月末，广东跨境人民币结算业务金额累计超过 1.3 万亿元，其中，粤澳跨境结算占 3%；澳门银行人民币业务有序开展，澳门银行人民币存款余额超过 470 亿元；二是粤澳金融 IC 卡实现互通应用，2011 年 12 月，"粤澳金融 IC 卡互通应用启动仪式"在珠海、澳门、中山三地举行，珠海停车咪表、澳门通银联双币闪付电子现金卡、牡丹中山通联名卡三大项目成功上线开通，极大地便利了粤澳两地居民的往来交流。三是共同研究制定《推动率先实现粤港澳服务贸易自由化规划纲要》和《推动率先实现粤港澳服务贸易自由化行动计划》中未来三年推进粤港澳金融合作的发展目标和实施措施，目前，这两份文件已上报中共广东省委、省政府审议。四是共同开展重点课题研究。按照专责小组第一次工作会议工作要求，粤澳两地金融工作部门积极开展深化粤澳金融合作重点课题研究，目前，部分课题研究已取得重要成果，稍后将由粤方有关代表向会议介绍课题研究情况。

（二）横琴新区金融开放和创新取得积极成效

1. 横琴金融创新建设明显加快。一是信贷规模不断扩大。至 2012 年 6 月末，广东银行业向横琴新区累计授信额度达 457 亿元，实现信贷投放 120 亿元，有力地支持了横琴新区的建设。二是进驻的金融机构（组织）明显增多，种类日益多样化。目前，横琴已有银行业金融机构 5 家，小额贷款公司 1 家，货币兑换公司 4 家、保险公司营业部 1 家以及股权投资基金超过 40 家，香港工银国际在横琴新区成立 15 个股权投资合伙企业，募集资金总额超过 100 亿元。中行横琴支行已向银监会提出升级为横琴分行的申请。三是推动重点金融项目落户横琴。国内第一个外币现钞管理中心及清分中心项目落户横琴；珠海市首批 3 家获得国家外汇管理局个人本外币兑付特许业务资格的货币兑换公司在横琴新区注册并运营；设立了横琴国际金融服务中心，为进驻横琴的金融机构提供专业化的服务。

2. 横琴新区粤澳金融合作取得新突破。一是银行机构准入取得新突破。积极争取中央支持，CEPA 补充协议九同意在横琴开设银行分行或法人机构的澳门银行年末总资产要求降至 40 亿美元,这是按 CEPA 降低银行准入门槛的内地唯一一个地区,也是特别为澳门而设的新政策。根据该政策,横琴新区正抓紧与符合条件的澳门大丰银行、大西洋银行进行沟通,支持其在横琴新区设立代表处或分支机构。此外,澳门工银已得到工商银行总行及澳门金融管理局同意,向广东银监局申请在横琴新区设立代表处,正在争取银监会的支持,这将是进入横琴新区的首家外资银行及澳门本地法人银行。二是粤澳跨境贷款实现新突破。中国银行横琴分行与澳门分行首笔 3 亿元中长期跨境银团贷款已签约,将用于支持横琴新区开发建设。三是跨境人民币业务取得突破。截至 2012 年 7 月末,横琴新区办理跨境人民币结算业务约 40.68 亿元,超过了 2011 年全年的结算总量,其中主要为澳门大学及粤澳合作产业园等重点建设项目。同时,横琴新区正大力推动区内金融机构开办外币离岸业务,鼓励和支持区内金融机构以及具备离岸银行业务资格的银行在横琴新区设立机构,积极探索开办外币离岸业务。四是积极制定相关优惠政策措施,鼓励和引导澳门金融机构在横琴设立分支机构或设立后台服务机构。

二、充分认识横琴新区在粤澳金融合作中的地位和作用

开发横琴是国家战略,《横琴总体发展规划》赋予了横琴"粤港澳合作新模式示范区"的独特定位,并给予横琴比经济特区更加特殊的优惠政策。推进横琴粤港澳金融创新与合作是《横琴总体发展规划》以及国务院相关批复意见中的重要内容,从 2009 年 8 月国务院批准实施《横琴总体发展规划》到 2010 年 10 月批复横琴试行金融创新政策,再到 2011 年 7 月《国务院关于横琴开发有关政策的批复》的出台,国家都从政策层面上支持横琴先行先试,积极开展金融创新,深化粤港澳金融合作。独特的战略定位和特殊的政策优势,显示了国家对横琴开展粤港澳金融创新与合作的高度重视和大力支持的坚定态度,横琴已经成为粤港澳金融开放合作的桥头堡。粤澳两地应深刻认识横琴在国家金融发展战略中的重要地位和作

用，充分利用横琴与澳门更加紧密连接的区位优势及澳门作为通向葡语系列国家的重要平台，积极探索金融合作新模式，为促进澳门经济适度多元发展和维护港澳地区长期繁荣稳定，率先在横琴建设大珠三角优质生活圈的试验点，进而推动澳门与珠三角乃至广东全省的融合发展发挥积极作用。

三、抓住机遇，不断深化粤澳金融合作

2012 年 6 月，国务院批准了《广东省建设珠江三角洲金融改革创新综合试验区总体方案》，7 月，商务部与澳门特区政府签署了《内地与澳门关于建立更紧密经贸关系的安排补充协议九》，一系列支持粤澳金融交流与合作新措施的相继出台，进一步拓展了粤澳合作空间，为粤澳金融合作带来了新的历史机遇。粤澳两地应以此为契机，加大合作力度，充分运用"粤澳金融合作专责小组"和各金融监管部门业已形成的联络合作机制，统筹协调两地金融合作工作，将金融合作事项和要求转化为双方具体的措施和项目，切实贯彻落实，把粤澳金融合作不断推向深入。在此，下一步，建议粤澳金融合作专责小组共同推进以下重要合作事项：

（一）稳步推进跨境人民币业务的发展，发挥澳门与葡语国家同欧盟经贸关系紧密的优势，扩大人民币境外结算区域；

（二）支持"澳门通"、"珠海通"、"羊城通"、"岭南通"在粤澳两地跨境使用；

（三）鼓励两地金融机构互设分支机构。支持澳门银行在广东设立小企业金融服务专营机构和发起设立新型金融机构、参与广东地方法人金融机构的改革和建设。择机向中央争取在 CEPA 政策框架下降低澳资保险机构进驻广东的准入门槛；

（四）探索开展粤澳跨境抵押品融资业务，探讨内保外贷、外保内贷等融资方式；

（五）鼓励粤澳银行联合对重大跨境基础设施项目提供银团贷款；

（六）支持符合条件的在粤澳资企业通过国内资本市场上市融资，支持广东上市公司融资参与澳门产业多元化发展；

（七）加强粤澳保险业务合作，探索粤澳保险业协同为跨境出险的客户提供查勘、救援、理赔等后续服务；

（八）加强两地金融智力的交流，继续合作开展专责小组第一次工作会议提出的重点课题研究。

与此同时，重点加强横琴新区的金融创新合作，其中包括：

（一）鼓励澳门金融机构在横琴新区设立分支机构和参与发起设立新型金融机构（组织）。鼓励粤澳两地金融机构在横琴设立金融后台服务机构；

（二）鼓励两地金融机构加强业务合作，加大融资方面支持，根据实际需求创新金融产品和服务，推进横琴新区发展；

（三）探索两地联合发起设立横琴产业（股权）投资基金，支持澳门股权投资企业在横琴新区设立外商股权投资基金及基金管理公司；

（四）加快横琴新区离岸在岸结算岛建设，共同向国家争取横琴金融创新的更大支持；

（五）大力推进横琴首发多币种金融 IC 卡业务开展；

（六）粤港澳共同推动横琴国际金融大学（暂名）建设。

以上是我代表粤方专责小组谈的三点意见，提出来与澳方同行一起研究。具体的合作情况和建议，稍后由粤方的代表分别介绍。希望专责小组成员畅所欲言，积极为推进粤澳金融合作出谋划策，共同开创粤澳金融合作新局面。最后，预祝本次会议取得圆满成功！

以《粤港合作框架协议》为指导
开创粤港金融合作新局面

——在 2010 年中国风险投资论坛
"粤港金融合作"圆桌会议上的发言
(2010 年 6 月 3 日)

今天，粤港两地金融管理部门和金融业界的朋友们及部分专家学者欢聚鹏城，共同探讨在《粤港合作框架协议》指导下，如何良性互动进一步深化粤港金融合作，这将对实施《粤港合作框架协议》起到良好的推动作用，有利于开创粤港金融合作的新局面，我感到由衷的高兴，并预祝本次会议取得圆满成功！下面我谈三点意见。

一、粤港金融合作已取得重要成果

推进粤港金融合作，一直以来是党中央、国务院正确领导，是广东省委、省政府大力支持，是粤港双方携手推进、互利共赢的重大决策。近年来，特别是世界金融危机爆发后，在国家的正确领导下，在粤港两地政府、金融管理部门和金融界的共同努力下，粤港金融合作在多个方面实现了新突破，取得一批重要成果。

在银行信贷市场方面，截至 2010 年 3 月末，港资银行已在广东设立了 99 家营业性机构，总资产约 1145 亿元人民币，分别占在粤外资银行营业性机构数和总资产的 62% 和 50%。

在资本市场方面，截至 2010 年 4 月底，香港交易所的统计数据显示，共有 82 家广东企业在香港上市，市值近 8300 亿港元，总融资额超过 1900 亿港元；上市企业数量占 532 家境内在香港上市企业的 15.4%，居全国首位。

在保险市场方面，香港居民赴粤参加保险代理人资格考试的人数和报名参加在港举行的内地中介人考试的人数不断增加。

在跨境人民币业务开展方面，截至 2010 年 4 月末，广东累计发生跨境人民币结算业务 2046 笔，累计金额约 271 亿元。同时，广东未列入首批试点的城市也已开展此项业务。

在《CEPA 补充协议六》实施以来，港资银行在珠三角地区掀起了一轮加速开设网点的小高潮，截至 2010 年 4 月末，已有汇丰、恒生、东亚和永亨等 4 家港资银行利用先行先试政策申请设立 11 家异地支行，其中 7 家已获批开业，2 家获批筹建，另有 2 家筹建申请在审核中，港资银行在珠江三角洲各城市的覆盖面迅速提升至 89%。当前，广东金融界又为《CEPA 补充协议七》提供了多项建议，积极争取中央继续支持港澳金融合作，扩大开放及给予广东新的先行先试政策。

在参与广东地方金融体系建设方面，恩平汇丰村镇银行已设立运营。2010 年 1 月 28 日，东莞外商信用担保有限公司经广东省融资性担保公司准入审核委员会核准设立，这是首家获批的港资和内资合资信用担保公司。

二、深刻理解《粤港合作框架协议》的完整内容

经国务院批准，粤港两地行政长官共同签署，于 2010 年 4 月 7 日正式生效的《粤港合作框架协议》，内容丰富，意义重大，我们必须认真学习，深刻理解其完整的内容。

《粤港合作框架协议》作为我国内地省份与香港特别行政区签署的首份综合性合作协议，是纲领性的指引文件，具有十分重要的里程碑意义，

它奠定了粤港合作的一个思想基础："优势互补，互利共赢"，五条合作原则（详见第二条、第三条内容），必将推动粤港两地共同为增强国家国际竞争力作出新的贡献。

粤港合作是两地经济社会发展的全面合作，是构建现代化生产合作体系，构建现代化优质生活圈的实质性合作。在金融合作方面，其内容也非常丰富，我们必须深刻理解：

（一）关于发展定位。就国家战略来讲，就是要在巩固与提升香港国际金融中心地位的同时加快广东金融服务业的发展，也就是说，香港好，广东好，国家好才是真好；就区域分工定位来讲，香港金融体系是龙头，珠三角城市金融资源和服务是支撑，共同打造一个空间更大、竞争力更强的金融合作区域；就龙头意义来讲，香港金融界的同行们责任更大，更要想在前面，说在前面，做在前面（详见第二条内容）。

（二）关于合作领域。框架协议不仅有金融市场和业务合作、人民币业务合作、金融机构跨境互设、融资及金融基础设施建设合作，还有金融智力合作，这些合作为粤港金融合作先试先行拓宽了空间，注入了新的动力。在现代服务业中，金融是龙头产业，金融发展要走在前面，要充分发挥其合理配置和引导资源的作用，成为区域经济社会发展的重要推动力。粤港金融合作领域的不断拓宽，将有利于巩固和提升香港国际金融中心地位和促进广东金融业又好又快地发展，对维护香港的持续繁荣稳定和支持广东经济社会的科学发展有着十分重要的意义（详见第三章第一条金融）。

三、认真落实框架协议，深化粤港金融合作

当前，全球经济金融格局发生了深刻变化，地区竞争日趋激烈，在广东加快转变经济发展方式、香港培育新的经济增长点的背景下，深化粤港金融合作，对提升粤港区域金融综合竞争力和支持经济社会发展都具有重大的现实意义。

粤港的金融合作既是"一国"内的合作，又是"两制"间的合作，

粤港两地应按照"先易后难"的合作原则和"务实创新"的合作精神共同推进《粤港合作框架协议》中金融合作事项的落实。务实打基础，创新出动力。只有在务实的基础上加强创新，以"逢山开路，遇水架桥"的精神不断拓展两地金融合作空间，落实合作事项，才能最终达到共同打造一个空间更大，竞争力更强的金融合作区域的目标。

近期，希望粤港金融合作在以下三个方面取得新突破：

（一）充分利用和发展资本市场有新突破

1. 支持在粤港两地发展房地产投资信托基金（REITs）。目前，越秀城建在香港交易所上市的越秀房地产投资信托基金，是首只投资于中国内地物业的房地产信托基金。发展房地产投资信托基金，不仅可以解决房地产公司外部融资渠道单一和融资难问题，还可以促进房地产业资金结构的优化，并为中小投资者参与房地产投资和收益分配提供了现实途径。在香港发行房地产投资信托基金产品，既可用港元计价，也可用人民币计价，必将成为国家重大的金融创新工具。

2. 粤港合作建立广州期货交易市场。广州作为全国非常重要的商品集散地和制造业大省，建立期货交易市场，有利于区域内资源的有效配置和争取大宗商品的"定价权"。同时，目前香港仅有股指期货一项，没有实物期货交易所，粤港合作建立期货交易所，可为香港国际金融中心补缺，有利于完善香港金融市场体系，形成优势互补、互动互利的粤港国际金融合作中心区域。

3. 鼓励发展风险投资基金（VC）和私募股权基金（PE）。深圳是国内 VC/PE 发展的先行之地，已有较好的基础，特别是国内创业板的推出，为 VC/PE 提供了更为灵活的退出机制，有利于 VC/PE 的长远发展。但广东其他地方才起步，充分利用香港 VC/PE 集聚的优势、较强的资金实力和丰富的管理经验，鼓励其参与推动广东经济发展方式转变进程，不仅有利于缓解银行信贷市场的压力和有效分散金融风险，还在缓解中小企业的融资困境的同时提供管理、技术和市场等资源，对加快广东地方优质企业上市进程，激活经济发展起到积极促进作用。

（二）粤港区域金融合作有新突破

1. 共同加快深圳前海地区开发合作。以发展现代服务业为重点，双方一定要打好金融这张牌，做到有思路、有市场、有产品、有措施，对金融发展的研究要更加集中。

2. 粤港澳三地共同创建横琴金融创新试验区。横琴新区是特区中的特区，是第三种制度的创新。在该区域内要创造条件形成政策洼地，吸引粤港澳及海外金融机构的设立和金融人才的聚集，推动金融市场的拓宽、金融产品的创新和金融资源的便利流动。横琴新区的建设没有香港的力量做不好，做好了首先对香港有好处，对内地也有好处，这是一个互利共赢的合作。

3. 共同建设广东金融高新技术服务区。广东省人民政府于 2007 年 7 月批准设立的广东金融高新技术服务区，已被《珠江三角洲地区改革发展规划纲要》明确为辐射亚太地区的现代金融产业后援服务基地。该区作为深化粤港金融合作的重要基础平台，对促进两地在各自发展的基础上形成各有分工、互利共赢和有序发展的基本格局有重要作用。我们积极鼓励香港各类金融机构利用广东低成本优势、区位优势等有利条件转移后台业务，不仅可以节省成本，优势互补，双方还可以在此开发更多的新产品。

（三）金融智力交流合作有新突破

金融合作的根本首先是金融人才智力的合作。粤港金融合作要务实推进，要创新，就必须依托两地的金融人才智力的优势互补。近期，要争取有关方面支持，在粤港澳三方政府的主导下，联合三地重点大学组建横琴国际金融大学（暂名），重点培育学历教育、三地互认的从业资格考试、高端金融研究三大功能。这既有利于推动三地人才的交流与合作，又能解决三地金融发展人才储备问题，可谓"一举三得"。

此外，可同时务实推进如下一些较易合作事项的实施：

一是继续推进实施 CEPA 补充协议六设立"异地支行"等先行先试的工作，争取 CEPA 补充协议七后续新的先行先试政策；

二是切实将参与粤港跨境贸易人民币结算试点工作的地区、银行和企业范围扩大到广东全省；

三是推进港股 ETF 产品尽快在深交所上市合作，继续支持广东企业赴香港上市，支持符合条件的港资企业在深交所发行上市；

四是鼓励符合条件的香港金融机构依法参与发起设立村镇银行、小额贷款公司和融资性担保公司等新型金融机构或组织。

以上是我的个人意见，提出来与各位一起研究。希望粤港两地金融管理部门、金融业界和专家学者们积极为推进粤港金融合作献计献策，共同谋划，共同开创粤港金融合作的新局面。

推进粤港金融产业合作大有可为

——在粤港服务业专责小组第六次工作会议上发言

香港是重要的国际金融中心，金融产业十分发达。广东是我国重要的金融大省，金融资源十分丰富，存款规模超过4.5万亿元人民币，金融机构总资产超过5万亿元人民币；同时广东金融市场体系健全，交易活跃，金融需求旺盛，货币市场、债券市场、资本市场、保险市场交易规模均居全国首位。同时，经过多年的金融风险化解工作，目前广东金融运行稳健，金融产业发展质量和效益显著提高。香港和广东金融产业合作拥有深厚的基础和现实的需求，充分利用香港金融健全的制度、丰富的人才、雄厚的资源优势，开拓带动辐射广东省金融市场，前景广阔、大有收益、大有可为。

一、近年来粤港金融产业合作取得了丰硕的成果

一是粤港金融机构双向引进合作进程加快，逐步完善了两地金融服务体系，提升了市场竞争活力，给金融机构提供了新的业务增长点。近年来随着CEPA的实施和粤港合作联席会议机制的进一步健全，香港金融机构进入广东的步伐不断加快。截至2006年底，广东共有港资银行类金融机构40多家，是2003年底的2倍。2007年3月29日汇丰、渣打和东亚银行全部分行完成了在广东工商部门的注册登记，成为内地法人机构。同时中银香港、汇丰银行和东亚银行等香港银行将数据处理中心、档案管理中

心、单证业务、电话业务中心等后台业务部门内移至广东。广东还有 2 家港资财产保险公司和 7 家港资保险公司驻粤代表处。同时，广东金融机构也积极进入香港市场，招商银行、深圳发展银行在香港开设了分行。根据 CEPA 协议第三阶段的开放措施协议，广东的广发期货经纪公司、中国国际期货和金瑞期货已在香港设立了从事期货业务的子公司；广发、招商、中信三家证券公司在香港设立分支机构，并获得了香港证监会颁发的证券经纪和投行业务牌照。平安保险集团公司也在香港开设了资产管理公司。

二是通过引进香港金融机构和赴港上市，为广东经济发展提供了大量资金。众多进入广东的港资银行类机构为广东企业尤其是中小企业提供了积极的信贷支持。截至 2006 年底，港资银行累计在广东共发放了美元贷款19.43 亿美元，人民币贷款 71 亿元，占全部外资银行贷款的 50% 以上。另外广东省各级政府近年来积极推动广东企业赴港上市，利用香港资本市场融资功能支持广东经济建设。2004 年以来，广东省共 10 家企业在香港新发上市，实际募集资金达近 70 亿美元。今年在香港新上市广东民营企业碧桂园融资超过 120 亿港元。目前，广东以各种形式在香港上市的公司已达 59 家，通过香港资本市场，发展壮大了一批大型国有企业和优质民营企业，有力地支持了广东经济的建设。

三是穗深港金融业融合加速，香港金融中心辐射作用进一步加强。近年来广州、深圳主动与香港加强金融合作，建立了联络沟通机制，不断加强金融机构和金融业务合作，拓宽金融业合作的广度与深度，支付结算系统等金融基础设施建设合作进展迅速，穗深港三地金融联结日渐紧密，各具特色、协调分工的穗深港金融走廊日具雏形，对珠江三角洲和整个广东的金融辐射作用日渐增强。

二、进一步加强粤港金融产业合作的意见建议

我建议，今后粤港双方共同从以下六个方面推进粤港金融合作：

一是建立高层次的粤港金融合作平台，提升金融合作水平。可以在现

有粤港合作制度框架内，建立粤港金融业合作专责小组，形成区域内金融业合作与发展的定期或不定期沟通、交流制度，两地政府、金融监管部门和金融企业可以及时协商解决金融合作与发展中出现的问题。

二是继续优化金融发展环境，大力引进香港金融机构进入广东金融市场。今后广东将继续大力改善金融产业发展的政务环境、法制环境、人才环境和信用环境，建立发展金融产业的激励机制，为进入广东的香港金融机构提供更好的服务，鼓励香港金融机构从珠三角逐步向全省拓展业务渠道，充分发挥广东香港金融机构进入内地的桥头堡作用。

三是全面拓展金融合作领域。随着粤港金融业的逐步全面互相开放，今后粤港两地要在银行业、资本市场和保险业三个方面不断拓宽金融合作的广度和深度，积极培育区域银团贷款市场，申办两地银行间同业拆借市场，支持广东省企业到香港发行股票和借壳上市，支持省内港资企业在境内发行股票。

四是建设好广东金融高新技术服务区，为香港金融产业发展提供优质服务。主动接受香港金融辐射，承接香港金融产业转移是今后粤港金融合作的重点。广东省目前正在佛山南海筹划建设"广东金融高新技术服务区"，其功能初步定位为：第一是金融业后援服务基地，主要包括在粤境内外金融机构的金融新产品和新技术的研发基地、数据处理中心和备份中心、远程客户服务基地、人才培训基地等；第二是金融商务区，主要包括金融机构区域性分部、资金清算结算中心、保险融资中心、资本市场业务中心和风险投资中心等。该服务区的功能和定位契合香港金融业产业转移的趋势，针对香港金融机构降低经营成本的现实需求，将为承接香港金融业务转移提供更多的机会与便利，为切实有效推进粤港金融合作打造良好的基础性合作平台。

五是鼓励支持香港为广东金融产业发展培训高级管理人才。金融人才是广东金融产业做大做强的关键性因素之一，香港在金融人才方面具有独特的优势。今后要建立完善粤港金融人才交流制度，吸引香港金融人才来广东省工作，鼓励、资助两地金融从业人员参加内地和香港相关资格考试，与香港合作加快培养具有国际视野懂得全球一致的业务规范，并能够从全球视角把握金融市场发展的高级国际化人才。

六是加强粤港金融界的互访、交流、沟通，增进相互了解，增强合作信心和诚意。组织香港金融机构到广东省进行考察，进一步了解广东省经济金融发展形势和发展环境，了解广东省新制定的金融政策和金融发展规划，进一步加强粤港金融合作的信心。

稳步推进粤港金融合作

——在粤港合作联席会议第十三次会议上的发言
（2010 年 9 月）

一、粤港金融合作取得新进展

自粤港合作联席会议第十二次工作会议以来，在粤港两地政府领导下、在金融监管部门和金融界的共同努力下，两地金融合作不断加深，主要体现在以下几方面：

（一）粤港金融合作专责小组协调合作机制作用运转正常，发挥积极作用。双方分别主办了粤港金融合作专责小组第一次和第二次工作会议，共同明确了年度合作工作计划及重点事项，不断探索新的合作内容。

（二）金融合作增添新内容。2010 年 4 月两地签署了《粤港合作框架协议》，明确了粤港在金融产业发展的侧重点和分工合作的关系，在扩大人民币结算业务合作、金融市场及业务合作、金融机构跨境互设、融资及金融基础设施建设、金融智力交流与合作等方面也提出了重要合作措施，为不断深化粤港金融合作增添了新的动力。

（三）跨境贸易人民币结算试点范围不断扩大。由于前期试点各项业务流程顺畅有序，手续便利，受到了试点企业和银行界的普遍欢迎。2010年 6 月，经国务院批准，试点地区扩大到 20 个省份，不再限制境外地域。广东省乘势而上，将试点范围扩大到全省，并增加了试点企业数量。

（四）CEPA 补充协议得到不断落实。截至 2010 年 6 月末，已有汇丰、恒生、东亚和永亨等 4 家港资银行利用先行先试政策申请设立 13 家异地支行，其中 8 家已获批开业，1 家获批筹建，另有 4 家筹建申请在审核中，港资银行在珠江三角洲各城市的覆盖面迅速提升至 89%。

此外，在推进金融市场和机构合作、推动企业赴港上市、建设广东金融高新技术服务区等方面均获得良好进展。

二、努力促进粤港金融合作实现新的突破

粤港金融合作既是"一国"内的合作，又是"两制"间的合作，粤港两地应按照"先易后难"的合作原则和"务实创新"的合作精神共同推进《粤港合作框架协议》中金融合作事项的落实。近期，希望共同努力实现以下三个方面取得新的突破：

（一）充分利用和发展资本市场有新突破。一是支持在粤港两地发展房地产投资信托基金（REITS），解决房地产公司外部融资渠道单一和融资难问题，促进房地产业资金结构的优化，并为中小投资者参与房地产投资和收益分配提供现实途径。二是粤港合作建立广州期货交易市场。共同研究推出期货交易品种，开展商品期货和金融衍生产品交易。三是鼓励在广东发展风险投资基金（VC）和私募股权基金（PE），充分利用香港 VC/PE 集聚的优势、较强的资金实力和丰富的管理经验，推动广东经济发展方式转变进程。

（二）粤港区域金融合作有新突破。一是共同加快深圳前海地区开发合作。二是粤港澳三地共同创建横琴金融创新试验区。在该区域内创造条件，吸引粤港澳及海外金融机构的设立和金融人才的聚集，推动拓宽金融市场、加快金融产品的创新和金融资源的便利流动。三是共同建设广东金融高新技术服务区。鼓励香港各类金融机构利用广东低成本优势、区位优势转移后台业务，共同打造辐射亚太地区的现代金融产业后援服务基地。

（三）金融智力交流合作有新突破。有关方面支持，在粤港澳三方政

府的主导下，争取联合三地重点大学组建横琴国际金融大学（暂名），重点构建学历教育、三地互认的金融从业资格考试、高端金融研究三大功能。

除此之外，还可同时务实推进如下一些较易合作的事项：

一是继续利用CEPA补充协议机制，争取后续新的先行先试政策；

二是继续推进跨境人民币结算工作。引导粤港金融机构加强业务和技术合作，共同开发与跨境人民币结算业务相配套的贸易融资、保值避险、资金理财等产品，以满足两地企业的金融需求；

三是推进港股ETF产品尽快在深交所上市，继续鼓励广东企业赴香港上市，支持符合条件的港资企业在深交所发行上市；

四是鼓励符合条件的香港金融机构依法在广东参与发起设立村镇银行、小额贷款公司和融资性担保公司等新型金融机构或组织。

乘势而上
全面深化粤港金融合作

——在粤港合作联席会议第十四次会议上的发言

（2011 年 8 月 23 日）

2008 年 10 月，粤港两地联手打开了粤港金融合作的大门，粤港金融合作进入到政府主导、业界互动合作的新阶段，近年来的历次粤港合作联席会议不断为粤港金融合作注入新的动力，粤港金融合作不断取得新的成果。

一、粤港金融合作取得重要的阶段性成果

（一）粤港金融合作机制不断完善。粤港金融合作专责小组已经召开了 3 次工作会议，不断拓宽合作思路，在 CEPA 框架下粤港金融合作先行先试政策得到适当运用，积极推进重点合作事项。

（二）粤港金融合作制度安排及先行先试布局取得新突破。广东省建设珠江三角洲金融改革创新综合试验区总体方案已经上报国务院，其中粤港金融合作内容得到了中央有关部委的大力支持。珠海横琴新区、深圳前海新区开展金融制度创新及金融合作先行试验已经获得国家批复。广东金融高新技术服务区已经吸引友邦保险、新鸿基金融集团等一批香港金融机构进驻，粤港金融·科技园于 2011 年 2 月在该区内动工建设。

（三）金融市场、机构和业务合作稳步推进。截至 2011 年 6 月末，港

资银行已在广东设立营业性机构 105 家，其中异地同城支行 12 家，总资产达到 2256 亿元，存款余额 1667 亿元，贷款余额 990 亿元；粤港跨境人民币结算累计金额 4671 亿元，占全省总额的 87.4%；约有 125 家广东企业在香港上市，总市值约 1.02 万亿港元，总融资超过 2900 亿港元；广东已有 6 家证券公司、5 家基金公司、3 家期货公司在香港设立分支机构，广州证券与恒生证券、东莞证券与台湾凯基证券香港子公司正协商设立合资证券投资咨询公司；在粤港资背景的保险公司有 8 家，2011 年上半年实现保费收入 270 亿元，同比增长 12.1%（按可比口径）。

二、以国家"十二五"规划为指引，全面深化粤港金融合作

（一）深刻认识粤港金融合作的国家定位及意义。巩固香港国际金融中心地位是重要的国家战略，国家"十二五"规划首次明确提出"支持建设以香港金融体系为龙头、珠江三角洲城市金融资源和服务为支撑的金融合作区域"，粤港两地深化粤港金融合作的战略思路和实践已上升为国家战略。"十二五"时期，国家将推进利率市场化、人民币资本项目下可兑换、金融综合经营等一系列重大金融改革，香港作为国际金融中心，将在其中扮演重要角色，深化粤港金融合作将为国家重要的金融改革创新开展探索和积累经验。为此，国家也赋予了广东金融改革创新综合试验区地位，并且支持鼓励广州南沙新区、深圳前海地区、珠海横琴新区开展金融合作与开放的试验。

（二）继续完善两地沟通协作机制。发挥粤港金融合作专责小组和各种监管例会的积极作用，加强信息沟通和监管协作，深入研究确定"十二五"时期粤港金融合作的思路和合作事项。

（三）在重要金融合作项目（领域）取得新突破。有效利用金融改革创新综合试验区以及广州南沙新区、深圳前海地区、珠海横琴新区的特殊制度安排和政策优势，进一步争取国家政策支持，重点争取在粤港跨境人

民币业务，粤港合作发展期货交易市场，支持广东企业赴香港上市融资，加强两地智力合作、共建横琴国际金融智力园区，加快建设广东金融高新技术服务区等领域取得新的突破。

深化合作
携手建设金融改革创新综合试验区

——在粤港合作联席会议第十五次会议上的发言

（2012 年 9 月 14 日）

在粤港金融界共同努力下，2008 年开启了粤港金融合作的大门。在贯彻落实《粤港合作框架协议》、CEPA 及先行先试政策和粤港联席会议确定的重点合作事项中不断增强了合作的共识，取得了显著成效，进一步增强了深化合作的信心。粤港金融合作前景广阔美好。

一、粤港金融合作已取得重要成果

深化粤港金融合作是国家战略。为深入推进这一战略，粤港两地充分发挥地缘优势，在粤港联席会议合作机制下建立的粤港金融合作专责小组已开展卓有成效的工作。自 2008 年以来，专责小组已召开了 4 次工作会议，不断拓宽合作思路和创新合作方式，分阶段、有步骤地推进金融合作重要项目，积极落实了《粤港合作框架协议》中的金融合作内容，加快推动在 CEPA 框架下金融合作先行先试。广东已成为香港国际金融中心的重要腹地。截至 2012 年 6 月末，港资银行已在广东设立营业性机构 124 家，其中，异地支行 27 家；在粤港资银行总资产达 2839.34 亿元。粤港跨境人民币结算累计金额达 1.1 万亿元，占全省总额的 85%。在香港交易所上市的广东企业达 132 家，累计融资额约 2770 亿港元；全省已有 7 家证券公司、

7 家基金公司、2 家期货公司获准在香港设立分支机构并开展相关业务；广州证券和恒生证券合资设立的广州广证恒生证券投资咨询有限公司获得中国证监会核准。在粤港资背景保险公司 7 家，香港保险公司在粤代表处 4 家，港资专业保险代理、经纪公司 2 家，公估公司 1 家；截至 2011 年底，在粤参加保险中介资格考试的香港居民已近 3000 人。

广州南沙、深圳前海、珠海横琴相继成为推进粤港澳金融合作的重要平台。广东金融高新技术服务区加快发展，积极承接包括香港国际金融中心在内的后台业务转移，该区的重点建设项目粤港金融科技园首期实验办公楼于 2012 年 1 月竣工并投入使用。

二、深化合作，携手建设金融改革创新综合试验区

2012 年 6 月，国务院批准了《广东省建设珠江三角洲金融改革创新综合试验区总体方案》（以下简称《总体方案》）并由中国人民银行等八部委共同印发，《总体方案》从国家层面将粤港澳金融作为一个整体进行规划布局，并提出要建立更加紧密的粤港澳金融合作机制，深化粤港澳三地金融在市场、机构、业务、监管和智力等方面的合作，为粤港澳金融合作开辟了更大的空间，此举将更加有力地推动以香港金融体系为龙头，珠江三角洲城市金融资源和服务为支撑的金融合作区域建设，提升整个区域的金融辐射力、影响力。把握好这一新的历史机遇，将有利于粤港两地加大合作力度，创新合作方式，共同把粤港金融合作不断推向深入。

（一）继续完善粤港金融合作工作机制。充分发挥粤港金融合作专责小组的积极作用，协调粤港金融工作部门、监管部门和金融业界共同研究新的合作思路，共同推进新的合作事项。

（二）深入开展金融各个方面的合作。继续推进实施 CEPA 及其补充协议，鼓励港资银行在广东省内科学布设异地支行，支持香港金融机构在内地设立合资证券公司；积极开展跨境人民币业务活动；支持广东法人金融机构到香港设立分支机构或代表处并开展业务；支持广东企业赴香港上

市和发行人民币债券；探索深、港两地证券交易所在产品开发、技术联通等方面开展更深层次的合作；支持港资银行在境内参与证券投资基金销售业务；推动粤港共建广州期货交易所；探索两地保险产品的跨境衔接合作；加强金融监管合作，打击跨境金融违法活动；推进智力交流合作，推动共建横琴国际金融大学。

（三）合力推进金融创新和开放平台的建设。广州南沙、深圳前海、珠海横琴是国家开展金融创新和开放的重要试验区，也是深化粤港澳合作的重要平台，粤港澳地区充分利用国家给予这三个区域的特殊制度安排和优惠政策，可深入探索金融合作创新，开创新思路，共同争取国家更多的政策支持，携手推动最具国际竞争力的金融创新区域建设。同时，鼓励香港金融后台产业及金融服务外包往广东金融高新技术服务区转移聚集，把该区打造成辐射亚太地区的金融后援服务基地。

在"台湾·广东周"粤台金融交流合作恳谈会上的发言

（2010 年 8 月 18 日）

今天，粤台两地金融界的代表们欢聚台北，共叙友谊，交流情况，展望金融合作前景，开创金融交流合作的新局面。我和大家一样感到由衷的高兴！在此，我谨代表广东金融界的全体成员对参加本次会议的台湾金融界的朋友们和嘉宾表示热烈的欢迎和衷心的感谢！下面我介绍四点情况。

一、广东金融生态环境良好

广东是 1997 年亚洲金融危机的重灾区，经过 10 年不懈努力化解，广东系统性金融风险已于 2007 年全面排除，2008 年国际金融危机爆发后，广东见事早、行动快，及时妥善处置了个别金融集团的风险，有效防止了金融风险的扩散和跨市场、跨区域传导，维护了广东金融的稳定。

1998 年以来，广东更加注重金融生态环境建设，更加注重发挥财富效应的积极作用，全省涌现了广州、深圳、东莞、梅州、惠州、韶关、中山等一批金融绿洲城市，2008 年，中国人民银行给予广东金融生态评分为 91 分（满分为 100 分）。2009 年以来，全省银行贷款不良率为 2%，广东已经由原来金融高风险地区成为最具吸引力的金融生态良好区域之一，良好的投融资环境为广东经济金融发展开辟了广阔的前景。

二、广东金融产业发展迅速

广东金融界在坚持以改革发展来解决历史遗留问题、着力完善金融生态环境的同时，不断加强金融基础设施建设，大力支持金融改革发展创新，努力把金融产业打造成国民经济的支柱产业。

首先，确立了发展金融产业的新观念。2007 年以来，广东明确提出了发展金融产业、建设金融强省的战略目标，将金融产业作为国民经济的支柱产业谋划发展、激励发展，2008 年年底，国务院批准了《珠江三角洲地区改革发展规划纲要（2008～2020 年)》，将金融产业列为现代服务业重点发展的十大产业之首，广东发展金融产业的构想与实践已上升为国家战略。

其次，加大对金融创新发展的支持力度。广东省政府建立了建设金融强省激励机制，定期对创新发展业绩优秀的金融机构和保持金融稳定的地方政府给予表彰与奖励。广州、深圳、佛山、中山、东莞等许多城市也确定了金融商务并作出发展规划，出台引进金融机构总部（或区域总部）的优惠政策，给予金融机构用地、办公用房、人才引进各种支持和优惠政策。形成了推动金融产业加快发展的合力。

最近 5 年，广东省金融产业增加值从 2004 年的 602 亿元增长到 2009 年的 2176.98 亿元，增长了 3.61 倍，年均增长 29%，占 GDP 的比重从 3%提高到 6.1%，占第三产业增加值的比重从 7.2%提高到 12.23%。2009 年当年金融发展对 GDP 增长的直接贡献率为 9%，金融业已经成为广东发展现代服务业的龙头产业，成为广东经济的支柱产业。

与此同时，三大金融市场全面繁荣。在银行信贷市场方面，截至 2010 年 6 月末，广东中外资金融机构本外币存款余额 76734.30 亿元，同比增长 19.34%；储蓄存款余额 35005.33 亿元，增长 13.32%，本外币贷款余额 49022.72 亿元，增长 15.88%。在资本市场方面，截至 2010 年 6 月末，全省共有境内上市公司 278 家，上市公司总市值超过 2.8 万亿元。2009 年全省证券公司共代理股票基金交易额 27.33 万亿元，基金公司管理基金规模 10341.27 亿份，期货公司代理期货交易额 24.5 万亿元。在保险市场方面，2009 年达到 1231.17 亿元，是目前全国唯一保费收入过千亿元的省份，保险深度 3.15%，密度 1277.41 元/人；2010 年上半年实现保费收入 855 亿元，同比增长 32.8%，是近年来增速最高的一年。在发展金融机构方面，截至 2010 年 6 月末，广东省共有银行业法人机构 130 家，证券公司 22 家，基金管理公司 19 家，期货公司 24 家，保险法人机构 64 家。全省金融机构总资产从 2004 年的不足 6 万亿元发展到 2010 年上半年的 10.6 万亿元（比香港略高）。全行业经营效益也显著提升，从 2007 年起已经连续三年实现经营净利润超过 1000 亿元。2010 年，全行业纳税可望超过 1000 亿元。

三、粤港澳金融合作进展顺利

在"一国两制"方针指引下，在 CEPA 及其补充协议的先行先试政策支持下，一系列促进粤港澳建立更紧密合作关系的政策导向激发了三地开展金融合作的热情，从政府到金融界到民间，三地进一步深化合作的意愿都非常强烈，已经进入到开展实质性合作的新阶段，并取得了良好的成效。目前，广东省正在运用建设珠三角金融改革创新综合试验区、先行先试优势条件积极推动珠三角地区金融一体化发展，打造以香港国际金融中心为龙头、珠江三角洲城市金融为支撑、与构建广东开放型经济体系进程相适应的国际金融中心区域。将通过推动珠江三角洲发达的制造业与香港发达的现代金融服务业的紧密结合，创造新的发展优势和持续发展的新动力。

四、粤台金融合作前景广阔

2009 年以来，两岸先后签署了《海峡两岸金融合作协议》、《两岸金融监督管理备忘录（MOU）》和《海峡两岸经济合作框架协议》（ECFA），为推进粤台金融合作提供了制度保障和深化合作的空间。

广东省是最早吸引台资的省份之一，伴随台商投资的增加和两地经贸合作的深化，两地金融交流合作也不断发展。在广东省，具有台资背景的银行机构现有分行 1 家（华一银行深圳分行）、代表处 3 家（富邦银行、玉山银行、华南银行）；宝来证券、元富证券、金鼎综合证券、凯基证券、兆丰证券共 5 家台湾证券公司通过其香港子公司在广东设立了 6 家代表处；国泰人寿广东分公司于 2008 年 9 月正式成立，国泰产险广东分公司正在筹建；已有成霖股份、海鸥卫浴、信隆实业、劲胜股份 4 家台资企业在 A 股上市。

目前，广东正处在加快转变经济发展方式，加快建设现代服务业和先进制造业的现代产业体系的新时期。在粤的众多中小台资企业也同样面临着转型升级的新形势。产业转型升级离不开现代服务业特别是金融业的大力支持，这也为发展金融产业提供了良好的契机和广大的市场空间。同时，ECFA 的签订为粤台开展金融合作提供了坚实的制度保障和广阔的发展前景。粤台两地将来可在 ECFA 框架下，在广东外经贸转型和两岸经贸合作发展过程中，促进广东成为内地与台湾金融合作先行先试的地区之一，积极推进两地金融机构跨境互设，开展贸易结算、企业融资等金融业务合作，加强金融基础设施对接和协调金融监管，推动金融人才及智力交流等。

我们相信，经过两岸的共同努力，粤台金融交流合作的前景越来超广阔，关系越来越密切。让我们携起手来共同努力！

最后，祝各位嘉宾朋友事业成功、身体健康、家庭幸福！

第四部分
探索金融监管改革创新

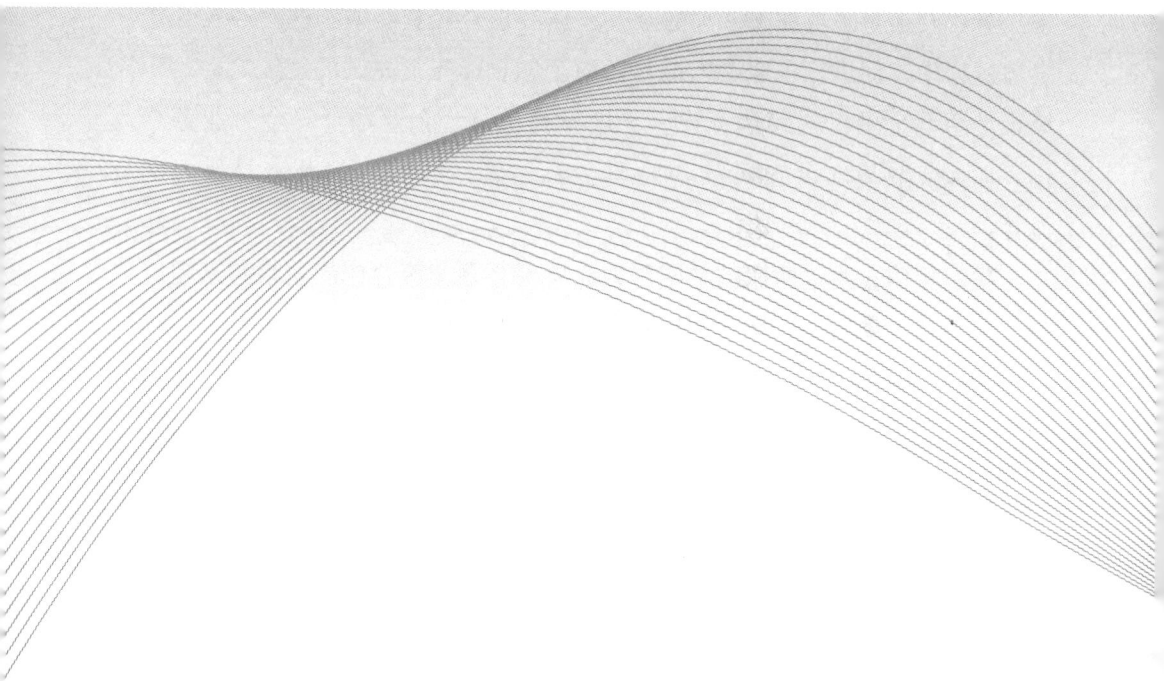

关于建立联合监督管理新机制的建议

（2011 年 9 月 7 日）

为贯彻省委、省政府领导有关批示精神，广东省金融办在 2011 年七八月间，组织有关单位在珠三角、粤东、粤西等地区开展了专题联合调研，深入了解广东省中小企业融资难问题和民间融资情况，形成了《广东省中小企业融资难问题分析》和《当前广东省民间融资情况调研报告》两份调研材料，并在调查研究的基础上草拟了《关于支持中小企业融资的若干意见》（讨论稿），希望征求各单位意见再完善后尽快上报省政府审定出台，进一步帮助中小企业解决融资难的问题，促进中小企业科学发展。

中小企业融资难问题的解决离不开各大中型金融机构的支持，离不开以中小企业为主要服务对象的地方金融机构的支持，地方金融的发展壮大更有利于缓解中小企业融资难问题。在调研中，许多地方的政府领导、金融机构负责人和企业代表向我们提出了一些解决中小企业融资难问题的好建议，其中相当一部分建议是关于改善金融监管政策和监管思路的。下面，我介绍一下广东省完善地方金融服务体系，支持中小企业融资的基本情况，并就创新思路，加强对金融的科学监管，建立联合监督管理新机制提一些建议，请大家研究。

一、广东省已经建立多层次的地方金融服务体系，在支持中小企业发展方面发挥了重要作用

近年来，在省委、省政府的正确领导下，在中央驻粤监管部门的大力

支持以及各有关部门的共同努力下，广东省积极实施发展金融产业、建设金融强省战略，大力推动金融改革创新，积极培育和发展地方金融机构，多层次的地方金融服务体系已经形成，在支持中小企业融资发展方面发挥了举足轻重的作用。截至 2011 年 6 月末，广东省地方银行业金融机构资产总额达 15080 亿元，占全省银行业金融机构总资产的 19.41%；全省银行业金融机构中小企业贷款余额为 18835 亿元，占全部企业贷款余额的 60%，其中城市商业银行、农村合作金融机构、村镇银行等地方银行业金融机构中小企业贷款余额为 4785 亿元，比年初增加 480 亿元，增长 11.15%，占全省银行业金融机构中小企业贷款余额的 25.4%。具体情况如下：

（一）地方法人商业银行改革发展情况。近年来，广东省分别完成了广发银行、广州银行、东莞银行、珠海市商业银行、湛江市商业银行的改革重组，汕头市商业银行也将于 9 月 8 日开业。广东省地方法人商业银行的资产实力、资产质量和经营管理水平都上了一个新台阶。截至 2010 年末，广东省四家城市商业银行资本充足率均在 11% 以上，广发银行资本充足率为 11.02%。截至 2011 年 6 月末，广东省城市商业银行企业贷款余额 1895.24 亿元，其中中小企业贷款余额 1005.57 亿元，占全部企业贷款的 53.06%，比年初增加 158.89 亿元，增长 18.77%。

（二）农村合作金融机构改革发展情况。广东省深化农村信用社的改革工作顺利推进，农村合作金融机构成为支持中小企业和"三农"发展的主力军。广东省已有 7 家农信社成功改制为农村商业银行，还有 12 家农信联社正在开展相关改制工作。农村合作金融机构大力开展金融服务创新，积极设立小企业专营中心，为小企业提供便捷有效的金融服务，全省农村合作金融机构已设立小企业专营中心 11 家。截至 2011 年 6 月末，全省农村合作金融机构本外币各项贷款余额为 5952.90 亿元，90% 以上的资金都投向了中小企业和"三农"领域。

（三）以村镇银行为代表的新型农村金融机构改革发展情况。目前，广东省已开业的村镇银行已达12家，另外还有4家获批复筹建。已挂牌开业的村镇银行总体经营情况良好，有效发挥了补充县域金融服务的作用，有力支持了中小企业发展。截至2011年6月末，广东省已开业的村镇银行各项存款余额为32亿元，各项贷款余额为25.3亿元，累计发放小企业贷款22.9亿元，58.6%的资金投向了"三农"和小企业；户均累计小企业贷款余额1156.9万元，比全国平均水平高出73%。

（四）小额贷款公司改革发展情况。2009年以来，广东省开展小额贷款公司试点工作，为中小企业融资提供了新的渠道，进一步充实和完善了县域小企业融资服务。截至2011年6月末，广东省有177家小额贷款公司开业，注册资本163亿元，累计投放贷款526亿元。其中在经济开发区、产业转移园区共设立各类特色小额贷款公司16家，注册资本18亿元，在帮助园区中小企业融资方面发挥了积极作用。

（五）融资性担保公司改革发展情况。2010年，广东省按照中央七部委文件要求，全面开展融资性担保机构规范整顿工作，促进形成科学高效的中小企业信贷风险分担机制，提供高效的中小企业融资担保服务。截至2011年6月末，经过规范整顿，全省共有326家融资性担保公司和34家分支机构获得经营许可证，注册资本总额达462亿元，累计担保金额2843亿元，在保余额1172亿元。

（六）直接融资情况。除推动地方金融发展外，广东省也加大对风险投资、创业投资、产业基金发展的政策支持和引导力度，积极拓宽中小企业直接融资渠道：一方面发展集合工具，帮助中小企业融资，另一方面通过建立创业投资引导基金和创业投资政策性担保机制等方式，大力促进创业投资机构发展。广东省还大力推动企业上市融资：截至2011年6月末，广东省462家上市公司大部分为中小企业，IPO累计筹资超过人民币4000亿元。"十一五"期间，广东省境内外上市公司在境内融资额达4460亿元。

二、地方金融体系的快速发展客观要求建立一个与之相适应的金融监督管理体系

广东省地方金融业蓬勃健康发展的关键原因是我们建设了良好的金融生态环境、政策环境和初步形成了联合监管的工作局面。这是与"一行三局"长期以来的鼎力支持和辛勤工作分不开的。另一方面也说明了广东省地方政府及其金融工作部门对发展金融产业的高度重视，对加强金融监管工作的高度负责任，一些制度建设和机制建设是可行的；比如，成立广东金融改革发展工作领导小组，加强对广东省金融改革发展的统筹协调工作，在出台重要金融政策文件，协调解决金融改革发展的重大问题，推动全省金融产业科学发展等方面发挥了重要作用；比如，建立新型农村金融机构试点工作厅际联席会议制度，由联席会议负责制订广东省村镇银行发展规划、指导和推动新型农村金融机构组建工作，对村镇银行的合理布局和健康发展发挥了积极作用；比如，创新对小额贷款公司和融资性担保公司"民主审核、阳光准入"的联合审核制度，保证了广东省小额贷款公司和融资性担保公司依法设立依规经营、健康发展。

随着广东省金融产业不断发展，金融服务逐步由服务工业领域扩大到服务县域经济、服务民生等纵深领域发展，多层次地方金融体系的形成及其服务新特点，对地方金融管理监督提出了新的要求，现行监督管理体制上的一些问题逐步显露：

一是监管工作分工不尽科学的问题。广东省多层次地方金融体系的发展，特别是随着近年金融创新、混业经营不断发展，金融监管工作日趋复杂。现行以中央监管部门垂直管理、分业监督管理为主的金融监督管理体制导致地方金融监管信息分散，跨行业协调监管难度增大。各监管部门因职能所限及缺失联动机制，难以形成监管合力。

二是金融机构设立布局与地方金融发展规划不相适应问题。中央驻粤金融监管部门与地方政府金融工作部门之间职责不一样、信息不对称以及

对金融发展规划考虑的角度不一致，使得金融机构的设立布局与地方金融产业发展规划不协调。广东省各类金融机构、金融人才区域分布不均衡，过度集中在珠三角地区，东西两翼和粤北山区金融服务严重不足，既不利于广东省实现区域经济金融协调发展，也不利于充分发挥各金融监管机构的监管作用。

三是不能实现分类监管、差别对待的问题。从宏观层面考虑，中央必须采取统一的金融政策，难以考虑地方差异化发展的金融需求，造成监管标准的"一刀切"。地方金融机构的功能和业务范围与大型银行和股份制商业银行有明显区别，但目前监管部门受权限制约，难以根据地方特点和当地具体情况对这部分机构在信贷规模、存款准备金率、存贷比和不良贷款率等方面实行适当的差异化监管，在一定程度上制约了地方金融的业务发展，不利于地方金融机构因地制宜地发挥对中小企业和县域经济发展的支持作用。中小企业和"三农"的金融服务和信贷支持主要来自地方中小金融机构，为推动中小企业和"三农"发展，驻粤金融监管部门、地方政府金融工作部门和地方金融机构积极履行职责，出台了多项扶持政策措施，不遗余力地解决中小企业融资和"三农"金融服务的问题，但地方由于不能实施差异化监管，金融机构支持中小企业和"三农"发展的作用未能最大限度地发挥出来。

四是金融风险防控处置机制不完善的问题。从防范和化解地方金融风险的责任划分来看，地方政府往往对地方金融机构风险处置承担最终责任，但却没有相应的权力和手段。同时，各类金融机构监管信息主要集中于中央金融监管部门，地方政府对金融机构运营、风险状况知情不足，导致地方政府在金融机构出现风险时经常处于后知迟识的被动状态，难以在第一时间有效防范和处置风险，使金融防控职责难以落实。此外，随着广东省地方金融产业的不断发展，各个金融市场之间、各种类型金融机构之间的联系更加紧密，一旦出现金融风险有可能跨市场、跨机构蔓延。

要逐步解决上述存在的问题，迫切需要中央驻粤金融监管部门和地方政府金融工作部门建立金融风险防控联合排查联合监管的新机制。

三、创新思路，建立联合监督管理新机制的建议

2011 年 3 月，国家"十二五"规划纲要明确提出要"深化金融体制改革"、"完善地方政府金融管理体制，强化地方政府对地方中小金融机构的风险处置责任"，这是中央根据新形势对加强地方金融管理提出的新要求、新任务，我认为具有前瞻性。今天，我们研究建立联合监管新机制，也恰逢其时。中央已经将加强地方金融管理监督工作提上了议事日程，我们也必须有所作为。2010 年，广东省金融业增加值达到了 2493.47 亿元，占全省生产总值及占第三产业增加值的比重分别达到 6.1%（可比口径）和 12.3%，预计到"十二五"期末，金融业增加值将达到生产总值的 8%以上、占第三产业增加值的 15%以上。金融在地方经济社会中的地位和作用日益凸显，金融业已经成为广东省重要的支柱产业。因此，加快完善地方政府金融管理体制，在广东愈显得重要和紧迫。

广东省正在积极建设金融改革创新综合试验区，试验区的方案得到了国务院和中央有关部门的大力支持，正在酝酿出台。金融的创新，不仅需要业务的创新、需要机构的创新，更需要政策和监管机制的创新。我们应该抓住这个契机，争取在地方金融监督管理机制设置上先行先试，建立中央驻粤金融监管部门与地方政府金融工作部门分工明确、互相支持、联合联动的监督管理新机制。具体建议如下：

（一）建立金融监管联席会议制度

由广东省政府分管金融工作的副省长作为召集人，每季度召开一次联席会议，成员单位包括省金融办以及省直有关部门，人民银行广州分行、广东银监局、广东证监局、广东保监局等中央驻粤金融监管机构。会议主要职责是：通报全省金融运行情况和金融监管工作情况；研究和协调处理金融监管工作中的重大问题；及时协调解决金融机构发展中遇到的问题。

（二）建立中央驻粤金融监管部门、地方政府金融工作部门联动监管新机制

在机构准入方面，建议驻粤金融监管机构在对大型商业银行、股份制商业银行、城市商业银行、农村商业银行、保险公司、证券公司以及外资金融机构在广东设立总部机构或分支机构，在审批准入前应先行征求有关地级以上市政府金融工作部门的意见；对城市商业银行、农村合作金融机构、村镇银行等新型农村金融机构等地方金融机构的发展规划布局、发起设立以及重大变更事项等工作应有地方政府金融工作部门参与，共同形成方案后提交金融监管部门依法审批；对于发展小额贷款公司、融资性担保公司、股权投资机构等不吸收公众存款机构的工作，由地方政府金融工作部门负责组织审批。

在股东、董事和高管人员任职资格管理方面，对城市商业银行、农村合作金融机构、村镇银行等新型农村金融机构、保险公司、证券公司等地方法人金融机构的主要股东、主要董事会成员、主要高管人员的任职资格管理，事先应征求当地政府的意见，特别是对农村合作金融机构、村镇银行等与地方经济社会密切相关的金融机构，应建立高管人员任职资格联合管理新机制。

在业务准入监管方面，建议在建设金融改革创新综合试验区过程中，省政府和"一行三局"共同向中央金融主管部门申请，将更多商业银行金融创新业务审批或备案的权限下放至其驻粤的派出机构，缩短金融创新业务审批环节，增强金融机构创新活力。

（三）建立联合检查考核新机制

一是联合开展非现场监管。为确保地方政府金融工作部门能及时、准确掌握辖区内金融稳定情况，有效防范金融风险，建议中央驻粤金融监管机构将其各类非现场监管系统以适当方式向地方政府金融工作部门开放，

将监管报告、监管评级情况、关键审慎监管指标（特别是市场风险、流动性风险、信用风险等风险指标的情况）等监管信息及时向地方政府金融工作部门披露。"十二五"期间，广东省金融办将积极建设金融产业发展指数及安全信息监测系统，为开展非现场监管提供信息共享的平台。

二是联合开展现场检查。为将中央宏观调控政策与地方政府支持经济发展的政策有机结合，落实国家金融监管部门对金融机构履行社会责任等要求，增强地方金融产业发展的科学性，建议中央驻粤金融监管机构和地方政府有关部门建立联合现场检查新机制，主要包括以下四个方面：第一是对金融机构支持中小企业、服务"三农"等促进区域和城乡协调发展的金融服务进行专项检查考核，如对金融机构落实小企业金融服务"六项机制"和"四单原则"，对县域法人金融机构落实"县域新增存款一定比例用于当地贷款"等政策，由中央驻粤金融监管部门和地方政府金融工作部门组织联合督察小组，开展全面、系统地专项检查；第二是对关系到区域金融稳定的重要问题，如近期开展金融机构参与民间融资、地方融资平台贷款、房地产贷款等方面的专项检查，建议吸纳地方政府金融工作部门参与；第三是对关系到人民群众切身利益的金融服务质量、行风等问题，如关于金融机构收费清查的检查，建议由中央驻粤监管部门牵头、地方政府金融工作部门和行业协会参与，组成检查小组开展专项检查评价；第四是对涉及地方法人金融机构的重大专项检查，建议征求地方政府金融工作部门的意见。

对非现场监管和现场检查中出现的问题，可由地方政府金融工作部门和中央驻粤金融监管机构分工负责，采取约谈、通报批评、准入限制等方法，增强联合监督管理的效能。

（四）探索建立健全差异化监管体系

一是对大型商业银行和股份制商业银行的小企业金融专营服务机构和"三农"金融服务部门，建议由中央驻粤金融监管机构和省政府有关部门联合认真研究，加快落实和完善差异化监管政策，制定差异化监管细则，实行分类监管、差异化监管，不断提高监管工作水平和监管效率，重点是优化和调整与小企业金融服务、"三农"金融服务不相适应的非现场和现场监管指标、流程以及监管评级体系。二是对城市商业银行、农村合作金融机构、村镇银行和地方保险机构等以服务"三农"和中小企业为重点的地方中小金融机构（组织），要坚持既有利于加强金融监管，也要有利于各类地方金融机构充分发挥功能作用的原则，积极向中央争取，探索实施差异化监管政策，具体包括给中央驻粤金融监管部门和地方政府金融工作部门下放适当的权限，根据广东经济和金融实际情况酌情对地方金融机构部分考核指标、额度等进行差异化管理和区域内指标调剂。

（五）建立金融风险防控联合排查新机制

加强金融风险情况预测及通报工作，金融监管部门发现重大金融案件线索和金融风险隐患时，应及时通报省政府金融工作部门和当地政府；完善金融风险防范和应急处置工作，共同帮助提高全社会金融风险意识和防范能力，共同防控处置金融重大风险隐患问题。

对地方金融机构实施科学、有效的监管，支持其科学发展，更好地服务地方经济是新形势下的新课题、新任务，这项工作不可能一蹴而就，也不会一帆风顺，但我相信，通过在座各位的共同努力，广东将会探索出一条符合地方实际情况，具有广东特色的新路，广东地方金融一定会获得持续快速健康的发展。

以上是我对建立广东省金融联合监督管理新机制的一些思考和建议，不当之处，请大家集思广益、共同研究完善。

关于完善我国地方
政府金融管理体制的思考

地方政府金融管理体制，即地方政府介入金融资源配置的制度设计，在中央、地方政府分权及政府主导经济发展这一特定语境下，于经济增长的速度与质量举足轻重。然而，恰如诺斯悖论所言，当前地方政府金融管理体制在促进地方经济发展的同时，更存在由于不恰当的过分干预或管制造成的金融体系与实体经济两者相互制约、相互羁绊、同时滞后的现象。地方政府金融管理体制本身，亦是权力博弈与行政掣肘同在，监管真空与职能重叠并存。在当前亟待转变经济增长方式、调整经济结构的形势下，理顺地方政府金融管理体制已迫在眉睫。党的十七届五中全会通过的"关于制定国民经济与社会发展第十二个五年规划的建议"中，也首次明确提出要"完善地方政府金融管理体制"。厘清当下地方政府金融管理体制中存在的问题及其根源，探讨如何完善地方政府金融管理体制，已成为当前亟待解决的重要问题。

一、地方政府介入金融资源配置的成效与隐忧

由于金融资源是经济发展不可或缺的增值要素（曾康霖，2005），地方政府内在地具有主导金融资源配置的强烈动机。改革开放以来，地方政府对金融资源的诉求与争夺经历了一个由不计后果攫取金融资源，把不良包袱甩给中央，再到通过优化金融生态，打造金融中心等涵养金融资源的

变化，地方政府事实上已直接构成创新金融组织和产品形态，改变金融结构和金融管理运行格局，进而影响或改变金融发展路径和效率的显著因素，地方政府在金融资源配置中的作用逐步得到强化。

（一）地方政府介入金融资源配置的正面效应

作为沟通上层结构（国家）的制度供给与下层结构（社会）的制度创新需求的中间环节，地方政府介入金融资源配置的正面效应主要表现在：

第一，完善金融运行环境，促进地方经济发展。为了吸引更多金融机构进驻和更多资金流入本地区，地方政府积极推进区域金融一体化，化解地方金融风险，推动本地区信用环境建设，协助银行或金融资产管理公司加快处置本地企业不良资产，改善企业财务结构，提高甚至激活企业融资能力。例如，各级地方政府为化解城市商业银行风险，付出成本接近1000亿元，使全国城商行不良贷款率从高峰时期四级分类的30%降至现在五级分类的5%以下，资本充足率从负数提升到8%以上（唐双宁，2009）。事实上，早在改革初期，乡镇政府在企业的资金来源上就扮演了担保人的角色，从而有力地促进了乡镇企业的发展（马戎、王汉生、刘世定，1994）。

第二，促进金融市场结构优化。地方政府之间对于金融资源的竞争激发了各地区经济发展的积极性，推动了一系列旨在降低交易成本和促进经济增长的制度性创新；同时，地方政府介入信用中介增加了银行和经济主体的交易效率。此外，地方政府在竞争中大力发展地方金融机构，在一定程度上促进了金融竞争和中国银行市场结构的优化，改善了银行体系的整体效率（王恒，2010）。

第三，降低中央政府直接控制金融的成本。中央政府直接控制金融的成本主要有（林波，2000）：信息和监控成本、国有金融组织相对增多的经营费用、低效率配置金融资源的损失、增多的不良资产损失（政策性呆账和非正常的商业性呆账）。从实践来看，基层的金融监管工作如果没有地方政府的密切配合，也会遇到很多困难。地方政府参与金融资源配置，有助于降低中央政府控制金融的成本。例如，在渝富模式下，地方政府出资组建的资产管理公司成为债权人、债务人和地方政府之间的桥梁，以此承担了部分改革成本（陆磊，2006）。

（二）地方政府介入金融资源配置的负面效应

地方政府为推动地方经济发展而过度将储蓄转化为投资的同时，也导致了对金融支持经济发展功能的片面化认识，其可能的负面效应主要体现在：

第一，削弱货币政策执行效果。地方政府的金融资源控制权加大，固然有利于"调动地方积极性"，但也必然削弱中央宏观调控的力度。反映在地方金融管理方面，表现为对中央金融政策特别是货币政策实施选择性配合：对宽松性货币政策的配合度与积极性远高于紧缩性货币政策。这种地方与中央的金融博弈，在相当程度上抵消了货币政策的执行效果，加大了经济金融运行的波动风险，增加了宏观调控和维护金融稳定的运行成本。有研究表明（张永波，2010），地方政府对金融发展的不当干预致使货币政策传导效率在发生机制的终端丧失了30%。

第二，影响金融稳定。地方政府竞相利用其政治影响向金融机构施加压力，如滥用行政权力对商业银行或金融机构开展税费及各类执法检查，迫使银行妥协于地方政府的某种目的；或对地方企业各种逃避银行债务的不法行为持默许态度，暗中给逃债企业撑腰，致使银行的资产不能保全；或运用调配财政事业单位存款等行政资源诱使银行就范，中央银行驻地方的代表们很难抵御地方的需求，而最终形成"地方分支银行对地方政府一定程度上的实际隶属"以及地方金融资产质量的下降。

第三，损害金融市场效率。地方政府介入金融资源配置后，过分追求本地区经济增长速度，投资偏爱那些花钱少、见效快、周期短的项目，且多存在力挺本地企业上市融资、政府在地方信用体系建设过程的不恰当行为。这虽然推动了各地区经济发展，却导致总体金融资源的不良配置和效率损失（何凤隽，2005）。不仅如此，地方政府通过行政命令，阻碍信贷资金在商业银行内部统一调度和地区之间横向流动，人为地制造市场封锁和地区分割，从而使得地方政府与中央政府目标函数存在差异，进而影响金融宏观控制的效果（王恒，2010）。虽然在许多地区出现了不同规模与类型的金融市场，但都在很大程度上带有地方政府塑造的痕迹，且只具有省级或地区规模，彼此间的联系极少，由此导致金融资源的地方分割配置状态。

"十二五"规划提出，要"放宽市场准入"，支持更多民间资本进入金融服务等领域；"深化农村信用社改革，鼓励有条件的地区以县为单位建立社区银行，发展农村小型金融组织和小额信贷，健全农业保险制度，改善农村金融服务"。由此不难预见，我国金融地方化的趋势将日益明显。鉴于地方政府介入金融资源配置的两面性，有必要厘清地方政府金融管理现状及存在的问题，为完善地方金融管理体制和发挥地方政府金融管理的积极作用奠定基础。

二、地方政府金融管理体制：现状及问题

（一）当前地方政府管理金融资源的主要形式

我国地方政府参与金融资源配置存在地区差异，但主要形式大致相同，可分为显性管理与隐性干预两大类：

1. 显性管理地方金融资源。近年来，一些地方政府设立了专门机构负责地方金融资源统筹协调工作。据统计，自 2002 年上海金融办成立以来，到 2009 年底，我国已有 26 个省级政府、在 222 个地级以上的城市中成立了隶属于政府的金融协调机构，一些县市政府甚至区级政府也成立了相应的机构（张建森、吴智慧，2011）。从省一级金融工作办公室的职能设置看，主要承担五个方面工作：一是配合协助国家货币政策的贯彻落实，加

大金融业对地方经济和社会发展的支持；二是拟定全省金融发展规划，协调金融资源优化配置；三是协调组织对地方金融机构的管理；四是组织协调金融风险监测防范与化解，维护金融秩序，开展生态环境建设；五是承担地方企业股份制改造、上市公司培育及规范发展方面相关工作。各市、县金融办的基本职能也与此相近。此外，地方政府金融办的另一项重要职能是"主动协调中央监管部门，完善相应监管制度，建立金融风险预警系统，提高金融风险意识和防范能力"。除金融办外，还有多个部门承担具体的金融管理职能。比如，省级信用联社受省政府委托，对农村合作金融机构行使管理、指导、协调和服务的职能；省、市国资委对同级信托公司行使出资人和监管的职能；典当行的管理由经贸委负责（地市级为其下属的商贸局负责）；融资性担保公司管理由中小企业局负责。在某种程度上，地方金融管理机构弥补了"一行三会"的监管真空。

总体来看，地方政府在金融管理方面开展了一系列工作，重点包括：

其一，扶持地方金融机构。长期以来，地方政府一直致力于加强本地金融机构的建设，尤其是城市商业银行和农村信用社的建设。在推进本地金融机构整合特别是推动城商行上市方面，地方政府具有极高的积极性。例如，继徽商银行、江苏银行、吉林银行成立之后，各地纷纷加快了省级商行的组建步伐，湖南省政府引进中国华融资产管理公司作为战略投资者，对湘潭、株洲、衡阳、岳阳4市商业银行和邵阳市城市信用社改革重组而成华融湘江银行，湖北省政府则主导宜昌、襄樊、黄石、荆州、孝感5家城市商业银行合并重组而设立湖北银行。同时，地方政府对"嫡系"金融机构的支持也可谓不遗余力。当地方金融企业到了破产边缘时，地方政府往往会从维护地方稳定的角度出发积极做工作。如北京市政府有关部门对农村合作基金会清理整顿，对京华信托行政清算，对北京证券、华夏证券的重组。

其二，设立地方融资平台。近年来，我国地方政府融资平台呈现高速增长态势。特别是2009年以来，推动辖内金融机构向地方融资平台提供资金成为地方金融管理的重要内容，地方融资平台贷款占新增中长期贷款的30%以上。截至2010年6月，各类政府融资平台贷款余额约为7.66万亿元，全国四级政府融资平台超过8000家。总体来看，在地方政府缺乏规范的融资渠道，基础设施建设资金不足的情况下，通过地方政府融资平台公司，把银行资金优势、政府信用优势和市场力量结合起来，支持薄弱环节发展，对促进地方经济发展特别是加强基础设施建设方面发挥了一定的积极作用。但与此同时，也出现了诸如融资平台公司举债融资规模增长过快、运作不够规范、地方政府违规或变相提供担保、偿债风险加大等需要关注的问题。

其三，加大金融业发展的软硬件建设力度。一方面，地方政府致力于通过建立金融功能区、举办金融论坛或金融投资理财博览会等活动营造舆论氛围，建立金融机构后台服务支持体系（如吸引金融机构建设或租用呼叫中心、信息交换与处理中心、客户服务中心、技术支持中心）等措施优化金融业发展环境；另一方面，着力于制定吸引金融机构的优惠政策，包括对金融机构给予一次性奖励或补贴、办公场所补贴、税收优惠，针对金融机构高级管理人员或业务骨干给予个人所得税优惠和住房补贴，设立奖项鼓励金融机构支持地方经济发展等，降低金融机构营运成本，引导金融资源流入当地。

其四，推进地方多层次投融资市场建设。包括鼓励企业通过发行股票和债券进行直接融资，视融资额对上市企业在不同阶段分别给予相应奖励，鼓励和引导产业投资基金和风险投资等准金融机构的设立和发展，等等。一些地方政府还通过提升地方产权市场、积极拓展建立全国代办股份转让系统试点等方式，努力发展多层次资本市场体系。

2. 隐性干预具体金融业务。随着金融改革的深化，地方政府对具体金融业务的直接行政干预明显减少，但与此同时，隐性干预现象仍然存在，并有加剧趋势。所谓隐性干预，指的是地方政府不直接以行政命令的形式指挥金融机构按其偏好发放贷款，而是凭借其强有力的行政权力和政治影响，通过规劝、诱导、诱使甚至施加压力的方式，间接影响金融机构的信贷决策和经营行为，以达到服务于本地企业和经济增长的目的（王自力，2007）。当地方决策的一些项目不能通过正常渠道得到资金支持时，政府就会运用行政手段，命令某些政府能够控制的金融机构为这些项目提供资金支持。甚至通过选择性执法等手段，对"不听话"的金融机构进行环境干扰（刘煜辉、沈可挺，2008）。但地方政府所极力推荐的行业，通常并非是基于地区专业化分工和比较优势的内在要求，而是能在短期内为地区生产总值和地方财政收入作较大贡献的行业，往往是一些高污染、高耗能和资源消耗型的重化工业项目和产能过剩行业。在部分地区，银行维护债权诉讼胜诉率、胜诉后执行率双低，与地方政府的保护主义有很大关系。而过于希望金融机构能为本地区的经济和社会发展服务，更令地方政府有意限制金融机构的跨境发展。此外，地方政府的隐性金融干预行为还表现在以开展金融单位评比为诱饵，诱导金融机构加大对本地区的服务力度；大搞地方金融规划，对金融机构的发展提出目标要求等。从长期来看，这种地方政府对金融业务的隐性干预，扭曲了资金的市场化配置，损害了资源配置效率和金融市场定价机制，并加剧了金融领域的寻租行为。

（二）当前地方政府金融管理存在的主要问题

1. 地方金融管理部门职能边界模糊。且不论地方政府金融办发展参差不齐、一些省份甚至没有可以指导和规划金融发展的专门机构，亦不论与金融相关的地方政府机构名称不统一、职能不明确、地位不清晰、多个部门承担具体金融管理职能。一个关键的问题在于，地方金融管理协调部门的职能究竟是应该着眼于防范金融风险、维护地方金融稳定，还是促进地方融资？目前，各地金融办的"三定"方案中或是明确包含或是实际上承担了促进地方融资的职能，但这和金融办逐步纳入的金融监管职能之间的冲突显而易见。在融资性担保业的监管上，金融办面临的职能冲突更大。担保公司归金融办监管，而担保公司是一个融资增信机构，政府控股的担保公司可能被金融办拿来为地方融资平台贷款服务，且违规担保行为难以被揭露。调查发现，广西、四川、北京等地的政府控制的数家担保公司有违规向地方融资平台担保"输血"的行为（张一舟，2010）。此外，由于中央要求地方政府要对地方金融机构的风险负总责，尽管银监会大力促进小额贷款公司等小型金融组织的成立，并为地方政府提供监管和管理方面的指导，但地方政府在实际操作中均比较保守。为降低风险，地方政府有意提高小额贷款公司等小型金融组织的准入门槛（不少省份将小额贷款公司注册资金底线提高了一倍以上），并增加审批难度，从而阻碍了小型金融组织的发展。

地方金融管理部门职能边界不清晰，还直接导致了地方金融管理的真空与重叠并存。例如，对于农村信用联社的管理，金融监管部门以及省、市、县三级政府均可不同程度地对其经营管理进行干预；而对于市、县两级的证券机构和保险机构，既无当地监管部门，各级地方政府也基本不对其进行管理。在这种管理真空与管理重叠并存的情况下，地方金融管理的效率与效果很难得到保证。

地方金融管理部门职能边界的模糊在一定程度上也使得"一行三会"的监管权威在基层受到挑战。由于金融办代表地方政府行事，俨然是当地的"金融监管委员会"，"一行三会"的派出机构虽然不归地方政府领导，但在开展工作时必须得到地方政府配合，反倒常常要仰仗金融办。不仅如此，一些省份的金融办还充当了地方金融国资委的角色，控制地方金融机构的人事任免，继而对地方金融机构的日常经营施加影响，俨然一个"超级大股东"的姿态，使得董事会成为摆设，削弱了公司治理，这恰恰与中央政府改革金融机构的思路背道而驰。

2. 隐性干预大于显性管理。在当前地方金融管理体制中，尚存在一些管理真空。例如，农信社管理体制中，省联社兼政府管理平台和法人实体为一体，政企不分；新成立的准金融机构监管不明确，负责审批的不监管，负责管理的部门又不审批；一些地方银行、农信社发行理财产品，并游离于表外，其风险难以有效监控。管理真空的存在，加上地方政府金融管理职能边界的模糊以及对提高本地经济增长绩效的渴望，一些省份为了发展地方经济，与金融机构建立了密切的联系。他们往往采取各类优惠的措施，例如给予一定的奖金奖励和税收减免等，吸引金融机构入驻。有时，当银行需要拉存款时，会找到政府领导来协调；当企业需要贷款而银行不愿贷时，往往会求助政府向银行疏通关系，政府领导会从中多方撮合。有时，政府还会为本地企业贷款提供担保性质的证明。如此一来，本应是金融机构与企业间的自由信贷契约，演变为以政府意志而非基于经济效益最大化原则的合约。这些做法无疑干预了金融机构的正常经营，削弱了金融机构的独立性。

3. 大部分地方金融机构经营管理质量堪虞。资产质量不高是许多地方性金融机构都存在的问题。地方性金融机构不良资产的形成比全国性金融机构更复杂，除掺杂了对部分国有经济的支持成分和自身经营失误外，政策变迁、地方性行政干预及吸收合并城市信用社和部分农村基金会也是其中的重要因素。地方性金融控股公司控股的大多是地方性金融机构，这些金融机构原组建或挂靠的单位大多是地方政府的机关或组织，免不了与地方政府有千丝万缕的联系。多数地方法人金融机构都有政府参股，而地方政府是在行政管理与行使出资人权利中职能混淆，既当运动员又当裁判员、损害其他股东利益和破坏市场公平竞争秩序的现象时有发生。个别地方金融机构对大股东发放关系贷款、违规提供担保等，甚至将金融业务变为利益输送的工具。农村信用社等股份合作制金融机构由于股份分散，加之偏离合作制初衷，中小股东难以实施有效监督管理，所有者缺位和内部人控制现象较为严重。

4. 地方政府信用在很大程度上存在过度透支现象。由于缺乏国家级的主力型政策性金融机构，地方层面产生了大量非规范的政策性融资平台。目前，地方政府融资平台贷款普遍存在短贷长用、流贷固用、此贷彼用、实贷空用等问题，而与此相对应的是，政府偿债能力脆弱（贷款规模高于财政收入，风险敞口较大）、风险缓释手段贫弱（多为信用贷款，抵质押物变现能力较差）、合规操作方面薄弱（主要是政府提供担保和人大出具的决议）、谈判议价能力微弱、系统风险控制较弱（大量的平台贷款与土地财政密不可分）等不容忽视的风险。

值得警惕的是，地方融资平台的大量出现，在支持地方经济发展的同时，也带来了很多问题，"财政信贷化"使得地方政府直接参与金融资源竞争，对民间投资产生了一定的挤出效应。特别是从长期看，在货币政策宽松时，以政府信用为基础的"银政合作"推动信贷资金快速流入地方融资平台，使国有部门投资增长大幅领先于民间部门；而一旦货币政策收紧，由于地方融资平台项目体量大、期限长，在短期内难以压缩贷款，金融机构很可能将回收贷款的压力转到贷款期限较短的民营中小企业，造成信贷领域的"国进民退"。此外，由于地方融资平台的还款来源主要是公用事业收费和土地转让等非税性收入，地方政府为扩大和维持其信用规模，存在着推高公用事业收费和房地产价格的动机，将对货币政策形成倒逼，导致未来控制通胀的难度增加。

三、地方政府金融管理体制缺损的主要原因

（一）"GDP 锦标赛"官员考核机制

地方政府片面追求 GDP 的政绩考核导向，是导致地方政府金融管理体制缺损的重要原因。长期以来，我国政府发展经济的目标是多重的，但首要目标是确保经济增长。"把 GDP 的增长作为各级政府政绩的主要标志，不光在党政机关考核干部时如此，社会舆论也是如此。整个社会形成了这样一种观念"（吴敬链，2008）。地方官员的升迁竞争主要表现为地方政绩竞争，地方政绩竞争主要表现为经济增长竞争，经济增长竞争主要表现为投资竞争，投资竞争主要表现为金融资源竞争。因为对于地方政府而言，不论是短期目标还是中期规划，其实现都必然需要资金的支持。通过对当

地金融机构施加影响和压力，从而在地方建设资金调度上实现指哪打哪，对于以 GDP 为业绩标准的地方政府来说，是"最有效率"的发展和保护地方经济的资源配置方式，也是地方政府不断努力拓展其金融资源控制权的最主要动机。这种金融资源控制权既包括开设金融机构的权力，还包括对现有金融机构的经营行为施加影响的能力，通常体现在政府对金融机构人事权和股权安排上。不仅如此，"GDP 锦标赛"的重要特征是一个官员的晋升机会直接降低另一个官员的晋升机会，这使得同时处于政治和经济双重竞争中的地方官员在其成本允许的情况下，通过设置要素流动壁垒、分割市场来阻碍其竞争对手的发展，从而导致区域金融资源的配置低效。对政绩的片面追求同时还使得一些地方政府金融工作目标脱离地方实际，热衷于通过补贴、高管所得税减免、子女上学优惠等政策吸引金融机构，建设金融中心，"在很多地方，地方政府的力量没有使到正确的地方，在浪费时间、精力和资源"。

（二）地方政府财权、事权不对等

分税制下地方政府财权、事权不对等诱发中央和地方、上级和下级政府间的机会主义博弈，以及转轨时期"弱财政、强金融"（周立，2003）的格局，是地方政府介入金融资源配置的重要原因。近年来，随着我国金融体制改革的不断深化，"一行三会"和国有金融机构均强化了纵向垂直管理体制。在这种垂直管理的过程中，面向地方政府和区域金融产业发展的矛盾开始越来越突出，这些矛盾正在成为中央金融监管和金融产业发展鞭长莫及的问题。一是由于四家大型商业银行机构撤并、权力上收，导致地方金融服务越来越薄弱；二是中央金融监管部门对地方分支行彻底垂直领导并定位于金融监管后，地方金融产业发展和金融服务越来越不匹配。这种格局客观上将地方推到了一个无所适从、难以作为的尴尬境地。一方面，地方政府要对地方区域范围内经济社会发展全面负责，但面对地方经济遭受信贷服务有效供给不足的困扰却无能为力、爱莫能助；另一方面，地方政府虽然对地方金融问题缺乏发言权、更没有决策权，却不得不为确保一方金融安全承担"义不容辞"的责任。作为补救方式，在地方成立地方政府辖下的金融办，以协助中央加强对地方金融机构的监管成为必然。一方面，随着中央政府的事权下放，地方政府不仅要发展经济，还要承担教育、就业、"三农"等多项政策事务，更要对维护地方稳定负责，财政收入的滞后性与建设项目的资金需求之间存在"时间差"，银行过桥性融资就应运而生；另一方面，按市场化规则在全国范围分配金融资源的做法，往往导致金融资源流向富裕地区，贫穷地区的地方政府只能通过行政或者其他超经济手段对区域内的金融资源进行控制。地方政府可以通过各种方法控制劳动力、土地等要素的价格，事实上也就掌握了对地区金融资源的配置权，因为土地、税收、市场准入等各种"花样翻新"的优惠政策，是当下银行最值得信赖的抵押物和政府担保。金融资源自然就因而服从于行政权力而配置，达成了资本与权力的结合。

（三）政策性金融式微，地方政府融资渠道狭窄

政策性金融式微、地方政府融资渠道狭窄，是地方政府金融管制体制缺损的另一个重要原因。由于缺乏国家级的主力型政策性金融机构（贾康，2010），在"三农"、中小企业融资、重要基础设施建设、区域协调发展、灾后重建、技术改造和自主创新等对国民经济发展、社会稳定具有重要意义的领域，正是需要政策性金融业务支撑的领域，却存在着大量资金供给缺口。从融资渠道来看，目前，地方政府可以通过间接设立投资公司等方式，采用 BOT 或信托的方式对部分盈利性项目进行商业化融资，但对绝大部分公共品，因为盈利能力差，建设周期长，风险大，只能由地方政府承担。对于国外比较成熟的地方政府债券融资方式，《中华人民共和国预算法》第二十八条规定："地方各级预算按照量入为出、收支平衡的原则编制，不列赤字。除法律和国务院另有规定外，地方政府不得发行地方政府债券。"尽管 2009 年和 2010 年财政部先后为地方政府代发了 4000 亿

元地方债券，对地方政府发行债券的限制无疑影响到了地方债券发行规模和数量。在税收增长不足以满足地方需要、政策性金融式微、融资渠道狭窄的情况下，银行信贷成为产业金融体系的关键纽带，"厂商化的地方政府"（Walder，1998）必然介入其中为整个体系提供支持，并通过行政选择来做出金融分配的决策。其结果是，地方经济发展对金融资源的需求未能通过有效渠道得以满足，进而产生强烈的资金饥渴，这种饥渴在"GDP锦标赛"、财权事权不对等、中国政策性金融商业化转向等因素的催化下，又进一步激化了地方政府对金融资源的激烈争夺。

四、完善地方政府金融管理体制的若干建议

针对当前地方政府金融管理体制存在的主要问题及其深层原因，我们认为，要完善地方政府金融管理体制，必须直面地方的金融资源需求，统筹地方经济发展与整体金融资源配置效率，实现由隐性干预向显性管理、由主要依靠银行信贷向多元化融资、由政府主导向市场导向与政府引导相结合三个方面的转变。据此，当前完善地方政府金融管理体制的着力点应放在：

（一）树立科学合理的金融发展观，确定地方政府金融管理的行为边界

一是引导地方政府树立科学合理的金融发展观，将地方金融管理工作的重点从争取资金投入转为协调和服务，以市场化的金融资源配置为主导，不干涉资金在地区间的正常流动，不干预金融机构的具体业务操作，依据地区实际情况和经济发展规律制定本地区的金融业发展规划，充分吸收民间资金大力发展地方金融业，以适当的政策倾斜引导金融资源流向经济发展水平较低的农村，提高金融服务均等化水平，为地方金融体系整体功能的发挥创造良好的外部条件。

二是对现有中央与地方的金融监管权限进行必要的重新划分，使中央和

地方的金融监管权责基本对称。对全国性金融机构的地方营业分支机构的牌照发放权进行必要的分割，中央拥有机构的设立审批权，地方拥有机构入驻审批权，形成纵横结合、以纵为主的双层监管模式。同时将金融机构地方营业机构的营业税作为县市税收，由驻地根据金融服务状况决定是否进行优惠，促使驻地金融结构必须考虑揽储和放贷的平衡问题，从而保证地方的金融资源不被过度抽出。同时，鉴于"政府间的财政安排呈现出强烈的联邦制特点"（黄佩华，2003），在完备相关法规及充分考虑避免监管恶性竞争、促进监管合作等制度建设的基础上，可参照美国的做法将一部分市场准入的金融管辖权下放至省级政府，同时赋予其相应的管理职责，如此既可缩短民间资本进入金融业的过程，又可维护金融体系的相对稳定。

三是理顺各方面关系，明确和落实各级政府及金融监管部门的职责。确立地方政府与地方金融机构之间的政企关系性质，地方政府着眼于服务，保护地方金融机构合法权益，催生地方金融业商会、协会，在地方金融机构改革基本到位后交由金融业商会、协会沟通协调地方政府与金融机构之间的关系，地方政府金融管理机构协助金融监管部门保持对金融业商会、协会的指导与监督。金融监管部门要正确行使监管权，专门监管地方金融机构的资产质量、资本充足率、市场准入和退出、认证从业人员资格和地方金融机构的合法、合规经营等。

（二）建立健全激励约束机制，合理引导地方政府金融管理行为

一是建立金融机构服务所在地经济发展的制度保证，通过改革信贷资金管理体制，明确规定金融机构必须把一定比例以上的可用资金用于当地经济发展，明确规定不同类型金融机构的业务范围和服务区域，促使国有商业银行、股份制商业银行等金融机构改革经营管理体制等方式，同时还应全面落实创立新型金融主体的政策法规，为金融资源服务本地经济提供制度保证。

二是从宏观审慎角度出发，完善政府预算管理，合理控制地方信用规

模。引导地方政府结合当地经济发展目标、投资计划与本级财力进行科学预算，通过编制政府的"资产负债表"，准确测算"债务率"、"偿债率"等指标，树立与强化风险意识和偿债意愿，实现项目平衡、土地平衡和资金平衡，以合理控制地方信用规模，切实防范融资平台风险，避免与民争利、与民争贷。金融监管部门要运用逆周期监管手段，积极提示并化解各地类似融资平台这样的"个体理性引发集体非理性"现象，纠正"市场失灵"问题，并督促金融机构依据"风险为本"和"合规至上"的原则，"适度、适宜、适量"地参与到政府背景的企业或平台融资中去，确保支持发展与风险控制有机统一。

三是要建立完善地方政府金融管理体制所需的法律制度。完善地方政府金融管理体制，首先要做到法律护航。我国现行的《预算法》、《税法》等已经时过境迁，急需对部分条款进行修订，以顺应形势的需要。比如，可以允许地方政府通过发行债券和向银行贷款进行适当负债，科学界定事权与财权，既约束它们的投资冲动和融资偏好，也要引领它们做好政府应该干的事。

四是弱化地方政府过度追求 GDP 的制度激励，规避政府投资被特定利益或狭隘利益俘获的风险。在考核地方政府和官员绩效时，应加大对社会发展程度、居民幸福指数、环境保护、生态平衡等指标的考核权重，不仅要考核经济发展，更要考核社会发展、社会稳定和社会和谐，促使政府职能从直接从事经济活动向提供公共服务转变。

（三）规范地方金融管理机构职能，提高其专业化、市场化水平

一是明确在各级政府设立地方金融管理办公室，其职能明确界定为：制定地方金融产业发展总体规划；指导地方性金融机构改革与发展，负责地方政府全资或部分出资的金融机构发展和改革方面的重大决策，负责新的地方性金融机构或非金融机构组建的指导和协调等工作；推动地方信用体系的建立健全和金融生态建设；通过建立金融总体稳定发展协调机制平

台，建立地区性金融风险监测、风险预警和危机紧急干预机制，促进地方政府与基层央行、金融监管部门、金融机构的信息沟通和交流，提高金融风险意识和防范能力，共同应对金融运行中存在的问题。

二是强化金融办的管理职能，逐步剥离其融资职能，突出其稳定职能。在现行金融框架下，金融办的职能应该是配合"一行三会"做好金融监管，并负责部分"一行三会"无法覆盖的领域（如小额贷款公司、融资性担保公司）的监管，维护地方金融稳定，防范和协助"一行三会"化解地方金融风险。因此，金融办现有的融资职能应该逐步剥离，而转由类似"投资促进委员会"的机构承担。与此同时，强化金融办的稳定职能，支持其建立健全金融稳定基金，用于金融机构的兼并、重组、救助和退出等金融风险处置，提升金融风险的规避与处置能力，促进地方金融机构发展。

三是加强金融办的管理制度建设，提高金融办的甄别能力、决策能力和协调能力。建立规范、有效的地方金融机构管理、监督体系，在赋予金融办一定行政权力的同时，促进其更多地采用经济、法律和市场化的手段管理地方金融机构，监督其合法经营，防止出现违法经营及其他危害地方金融安全的行为。

（四）建立多元化多层次区域金融市场体系，拓宽地方政府融资渠道

目前，我国大部分地区性的资本市场发展滞后，融资方式过于依赖银行体系，风险过于集中在银行，加大了金融体系的脆弱性，也不利于金融整体功能的发挥。因此，地方政府应在促进区域融资结构多元化上下功夫，大力发展创业投资和多元化、多层次资本市场体系，建立更多的中小型间接融资机构，缓解中小企业融资难的压力；推动与金融相关的服务业大力发展，降低企业与金融机构之间的交易成本；同时，进一步提高直接融资比重，推动辖内企业通过股票上市、发行债券、资产证券化、发行产业基金、BT 或 BOT 模式、引入风险投资等方式进行融资。特别是要在继

续完善中央代理发行地方政府债券制度的基础上，积极探索建立符合我国国情的地方公共机构债券融资制度，发展地方公共机构债券市场，以正面回应各地城市化的正常融资需求，为地方政府及其附属机构提供规范的融资渠道，避免各种难以监管的非规范融资理下各种风险隐患。在有力支持城市化进程的同时，促进地方政府经济行为的合理化，为产业结构调整创造必要的条件。

（五）完善地方金融机构治理结构，增强其风险管控能力

对于现有的地方法人金融机构特别是政府参股的机构，应尽快完善法人治理结构，明晰产权关系，保障其独立法人地位的长期稳定。并在此基础上引入适度的外部竞争压力和可持续的扶持政策，使内部人的权益与金融机构的长期利益紧密结合，强化激励约束机制，避免出现道德风险和逆向选择。对于各类新型金融机构和准金融机构，一方面要大力支持、鼓励组织创新，另一方面也要审慎管理。要不断完善管理细则，通过外部监管规范其经营，关注其成长过程中可能出现的风险。同时，加大监管力度，管理不能仅限于对其数据的掌握，更要通过实地的检查发现其经营中出现的违法违规行为，并督促其整改落实。

（六）推进政策性金融改革，优化社会资金配置总效率

深化政策性金融机构改革，提高政策性金融机构运作的专业化水平，逐步构建完善的政策性金融体系；动员、集中和拉动一部分金融资源，来满足"三农"、科技产业、中小企业发展、产业结构转型等特殊领域和特殊行业的资金需求，填充财政直接支出与商业性融资的"中间地带"；追求政府财力依托机制转换，针对"市场失灵"参与资金和资源配置，调动、发掘与后发优势和中国特色体制相关的各种潜力和要素；优化经济结构和提升发展质量，降低实现国家战略和政策目标的发展成本，优化社会资金配置总效率。

建立适应实体经济和民生需求的现代金融管理体制

（2012 年 3 月 22 日）

经济决定金融，金融在支持经济发展过程中实现新的发展。这是经济与金融互动作用的基本规律。广东改革开放三十多年的实践充分证明：遵循这一规律，经济又好又快发展，金融运行稳定健康；不遵循这一规律，则会发生很大的金融风险。广东作为改革开放的排头兵，在 20 世纪 80 年代初率先进行市场经济的探索，率先在计划经济条件下的"金融压抑"中松绑，经济与金融互相促进，快速发展，1989 年广东金融规模全国第一，1991 年广东经济规模全国第一，为我国市场经济改革作出了积极贡献。但是，粗放的经济发展方式决定了粗放的金融支持方式，在金融法律法规不健全、一些地方政府过度透支政府信用的情况下，广东也滥用了金融的融资功能，1997 年在亚洲金融危机影响下，爆发了系统性金融风险。受历史遗留金融风险的影响，广东金融长期处于萎靡不振的状态，金融发展速度及各重要指标长期低于于全国平均水平，在广东省经济发展过程中未能充分发挥应有的支持作用。广东为此付出了 1300 多亿元的代价和 10 年的时间，才于 2006 年底走出困境。2007 年，省委、省政府作出了发展金融产业、建设金融强省的战略部署，2008 年进一步解放思想，锐意改革创新，提出将金融产业发展成为国民经济支柱产业、深化粤港澳金融合作、建设金融改革创新综合试验区等一系列新思路，并写入珠三角发展《规划纲要》，上升为国家战略。至此，广东金融迅速从"金融压抑"状态中解放出来，实现了恢复增长及跨越式发展，发生了三大根本性变化：一是实现了金融业从一般配套服务业到支柱产业的根本变化，金融业增加值占 GDP 的比重从不足 3% 提高到 6% 以上，金融机构总资产达到 13.08 万亿元，超过香港，社会融资规模从"十五"时期的每年 2000 亿元提高到"十一五"时期每年 10000 亿元左右；二是实现了从金融高风险地区到在亚太地区最具吸引力金融市场的根本变化，历史遗留金融风险基本解决，全省银行业不良贷款比例已从 2005 年的 12.2% 降至目前的 1.5%，金融生态环境指标位居全国前列；三是实现了从追兵到排头兵的根本变化，金融发展的质量、规模、效益均达到全国领先水平，金融改革创新先行先试、粤港澳金融合作以及金融后援产业发展取得重大突破，金融在现代经济中的核心作用日益明显。

但是，从总体上看，广东"金融滞后"问题依然突出，还不能适应"加快转型升级，建设幸福广东"的现实需求。

一、现行金融管理体制不能适应实体经济和民生的需求

（一）金融发展阶段与经济社会发展阶段不相适应。当前，广东已经进入到后工业化时期，人均地区生产总值已经突破 7000 美元，从国际一般经验看，已进入到应以金融为龙头的现代服务业快速发展时期。但是，反映广东省金融发展程度的主要指标表明了这种滞后。例如，FIR（金融相关率，金融资产/GDP），2011 年末广东省这个指标是 2.48，低于全国的 2.6，不及英美日等发达国家的 1/2；资产证券化率广东省是 45%，而发达国家证券化率普遍超过 100%，发展中国家一般也有 50% 的水平；保险深度广东省为 3%，低于发达国家的 12% 和全世界平均 8% 的水平，保险密度为 1514 元/人，虽排名全国前列，与发达国家 3000 美元/人的保险深度相差甚远，远不及 800 美元/人的世界平均水平。

（二）金融业发展方式的转变与经济发展方式的转变不相适应。目前，

广东省现代金融产业发展程度不高，仍然以传统业务为主。金融资产中90%是银行信贷资产，银行业80%的利润来自息差，与发达国家不到50%的情况相差甚远；有利于支持转型升级的风险管理、投资咨询、财富管理等现代业务发展滞后，贷款以批发业务为主，针对个人、家庭、中小微企业的零售业务发展不足；间接融资比重高达74%，直接融资比重较低；证券业利润主要来自经纪业务，投行业务发展滞后，债券市场不发达，难以满足企业多样化的融资需求；保险业务单一，财险一险独大，其中交强险就占了财险70%的业务份额，责任保险才占财产保险的3.39%，现代保险具备的各种社会管理、保障服务功能未能得到充分发挥。

（三）金融资源配置能力及效率与全社会巨大的投融资需求不相适应。广东省金融资源极为丰富，是最具优势的资源禀赋，全省金融机构总资产2011年底达到13.08万亿元（"十一五"时期平均每年增加1.5万亿元左右），各项存款余额超过9万亿元。此外，民间融资规模达1.19万亿元。与这种金融资源极为丰富形成的反差是，一些重大项目、保障房建设、中小微型企业、"三农"得不到有效的融资支持，人民群众管理财富的投资活动也有很大的局限。同时，农村集体土地经营权、农房等农民优质资产不能进行金融运用，未能形成资本运营。

（四）金融开放程度与发展内外并举的经济发展新格局不相适应。按照广东省"十二五"发展规划，将推进内需与外需相协调，内外并举的发展新战略，但是，金融不论是对内开放还是对外开放均不能适应上述要求。在对内开放方面，民营资本进入金融服务领域仍面临较多限制，金融业结构仍以大型国有银行为主，地方中小金融机构发展较慢；在对外开放方面，广东省整体金融营商环境距离国际先进水平仍有较大差距，引进外资金融机构的数量和质量落后于上海，粤港澳之间未能实现资本的互流互通。

上述四个"不相适应"的存在，我认为，根本原因是我国现行金融管理体制不能适应实体经济和民生的需求，严重制约了金融在充分支持经济发展、改善民生过程中的改革创新、科学发展。首先，中央高度集中的金融管理体制不能适应各地区不同等级、不同进程的转型升级的发展需求。与中国香港、新加坡等主要以服务业为主的城市经济体不同，与英国、日本、德国等中小国土面积的国家不同，中国是一个幅员辽阔、区域发展极具多样性的大国，由中央实施统一严格的金融监管必然将各地区经济金融发展同质化，"一刀切"的货币政策和金融监管政策已经产生了诸多问题，为此，只有实现金融监管的差异化，才能使之更有针对性、科学性、前瞻性。同时，在金融风险处置责任上中央要求由不具备完全金融监管职能的地方政府承担，权责不对等，造成地方政府在防范化解金融风险工作上比较被动。值得借鉴的是，美国实行了联邦与州二级金融监管体制，明确了不同的监管职责。其次，分业经营、分业监管的金融监管模式不适应金融创新的需要，降低了金融运行效率。从国际经验看，分业监管模式侧重于风险防范，压抑金融创新，导致金融创新不活跃。在我国，由"一行三会"四个部门实行金融监管，导致金融市场条块分割，金融资源不能更有效地在主要金融市场之间流动，尤其是在监管部门意见不统一的情况下，很难进行改革创新，我国债券市场、股权投资发展滞后，与中央有关监管部门意见各异有很大关系。目前，国际上金融发达国家大都采用综合监管模式，由一个金融管理局或委员会对金融业、金融市场进行统一监管，2008年国际金融危机发生后，一些国家还强化了这种监管模式，并且更加强调资本约束和在普通业务和高风险业务中构筑防火墙。最后，现行金融监管的一些行为具有浓厚的行政监管色彩，不是社会主义市场经济改革的主张。在我国，金融是较晚进行市场化改革的领域，20世纪90年代中后期才逐步开始市场化改革，"一行三会"的监管体制在2003年才最终建立，由于改革时间较短，在监管技术和监管手段上更多地采用了行政性手段，突出表现在市场准入、产品创新和发行等方面设置了严格的审批程序，而且这种行政审批职能还有强化的趋势，阻碍了金融市场化改革。例如，审批金融机构和交易所千难万难，无视旺盛的市场需求和现实条件；

企业债券和股票发行采用审批制度，扭曲了风险定价机制，不仅导致融资难而且融资贵，香港以人民币进行融资年利率在5%以下，远低于国内水平（银行贷款年利率为7%，短期融资券年利率约8%，小额贷款公司年化利率在24%以内）。

二、建立适应实体经济和民生需求的现代金融管理体制

转型升级必将建立新的产业体系和培育与之相适应的现代市场体系，客观上要求金融管理体制改革创新；建设幸福广东必将建立新的民生保障体系和社会管理模式，客观上要求金融管理体制和服务模式改革创新。建立适应实体经济和民生需求的现代金融管理体制日益显得重要和急迫。

（一）在全国建立分层监管的现代金融监管体制

新时期，我国金融改革必然涉及金融监管体制等顶层设计，以此扫除制约我国经济金融发展的体制机制障碍。我认为，应按照中国现实国情，建立中央与地方分层监管的现代金融监管体制。中央设立国家金融管理委员会、省级政府设立金融产业厅，按照各自职能分司监管职责。

首先，中央金融监管部门职能包括：一是负责制定全国金融工作的方针、政策；二是负责全国金融安全稳定工作；三是负责全国金融宏观调控工作；四是负责监管系统性重要金融机构和全国性金融市场。在对系统性金融风险的宏观审慎管理方面，应加强央行的金融稳定职能，组建存款保险公司作为应对系统性金融风险的重要应对手段，加强监管协调，组建金融稳定委员会或监管协调委员会，并探索建立综合监管体制，有效防范跨市场、跨行业的金融风险。在对系统性重要金融机构监管工作方面，按照"规模、关联度、不可替代性、复杂性"等指标确定系统性重要金融机构，由中央金融监管部门负责监管，成立金融国资委对中央的国有金融资产进行统一管理。此外，上交所、深交所、银行间债券市场、期货交易所等全国性金融交易市场也由中央监管，在市场监管手段上减少行政审批，实现

对股票、债券等传统业务品种的市场化发行，重点加强信息披露、市场退出、金融消费者权益保护等市场机制建设。

其次，省级地方政府金融监管部门职能包括：一是负责发展金融产业工作，制定本地区金融产业发展的规划和产业政策。二是负责本地区金融生态体系建设工作，包括指导推动金融基础设施建设、金融法制建设和社会信用体系建设等，协调处置在全省产生重大影响的金融风险事件。三是负责地方金融机构的监管工作。包括对农村合作金融机构、城市商业银行、村镇银行、小额贷款公司、融资性担保机构等区域性金融机构（组织），以及融资租赁公司、创业投资企业、私募股权投资企业、消费金融公司等新型金融机构的监管工作。四是负责区域性金融市场及交易场所的建设与监管工作。

最后，市、县（区）政府的金融监管部门职能包括：一是负责对本地区中小金融机构（组织）、区域性交易所的现场监管。二是负责打击处置本地区非法集资案件，监测预防民间金融风险。三是负责区域内金融生态环境建设的具体工作，不断优化本地区金融生态环境。

（二）在地方建立适应实体经济和民生需求的地方金融管理体制

为充分发挥金融对"加快转型升级，建设幸福广东"的支持作用，必须尽快建立适应实体经济和民生需求的地方金融管理体制，从体制上为金融"松绑"，为企业及个人提供活水源泉，将广东丰富的金融资源优势迅速转化为强大的核动力。

首先，加快建立适应实体经济需求的地方金融管理体制。除了逐步建立健全上述省、市县金融监管职能之外，当务之急是在创新工作机制方面要取得实效。一是建立金融协调监管新机制，实现金融差异化监管，以适应多样化的实体经济发展的需求。在明确中央与地方金融监管职责的基础上，加强中央驻粤金融监管机构与地方政府监管机构的协调，中央驻粤金融监管机构在实施金融监管时，要扩大地方政府的知情权与参与权，地方政府在制定产业政策和发展规划时也要邀请中央驻粤金融监管部门参与。同时，进一步完善广东金融改革发展工作领导小组议事制度，发挥其共同解决金融改革发展重大问题的积极作用，消除分歧，形成合力，实现对不同功能、不同服务对象、不同风险的金融业务的差异化监管，更加贴近广东省实体经济发展实际。二是建立金融、科技、产业融合发展新机制。优化财政资金使用方式，将现代金融手段与财政扶持手段相结合，发挥金融的价值发现和资源配置作用，有力支持转型升级。例如，为支持科技型企业加快发展，可建立创业投资引导基金和为创业投资提供担保服务的创业投资担保公司，组建为科技型企业融资服务的专业银行，形成一个强有力的融资支持体系；为支持传统优势产业转型升级和"双转移"，可建立对技术改造贷款、并购贷款的补贴机制，有利于金融机构实行差异化贷款管理。三是建立金融改革创新先行先试机制。利用珠江三角洲金融改革创新综合试验区和珠海横琴、深圳前海、广州南沙的特殊政策优势，争取将金融产品和服务创新审批监管权限下放广东省，在离岸金融、人民币资本项目下可兑换、利率市场化等领域先行先试。四是建立民间金融规范发展新机制。以实现民间金融阳光化、规范化为导向，放宽民间资本进入金融服务领域限制，鼓励其参与地方金融机构改革和组建新型金融机构，在广州建设民间融资一条街，公开民间借贷利率，形成民间借贷的"广州定价"。

其次，加快建立适应民生需求的地方金融管理体制。除了逐步建立健全上述省、市县金融监管职能外，应认真总结推广广东省一些成功经验，并继续在一些新领域先行先试。一是建立完善民生保障体系的金融支持新机制。以推广"湛江模式"为契机，积极探索商业金融参与医疗保障体系建设的新模式，创新养老金投资方式和模式，开展个人税收递延型养老保险试点，利用现代金融手段提高养老保障水平。二是建立以社会信用体系建设为中心的社会管理基础工程建设新机制。推广云浮郁南、云安等经验，将社会信用体系建设与社会建设有机结合，提高全社会诚信意识和契约意识，提高全社会的守信用水平。三是建立发挥金融社会管理功能与政府公共服务创新相结合的改善民生工作新机制。通过大力发展责任保险，发挥商业保险公司专业化优势，提高社会管理的抗风险能力。通过路桥资产证券化等现代金融手段，支持撤销路桥收费站，降低全社会物流成本，提高民众幸福指数。通过发行私募债、房地产信托基金等方式为保障房建设募集资金，支持改善经营管理，提高运营效率。

（三）发挥现代地方金融管理体制的积极作用，努力建设金融强省

一是建立强有力的地方金融工作机制。为发挥现代地方金融管理体制的积极作用，广东省宜将现在相对分散的金融事权统一归口省金融办管理，并探索成立金融产业厅。继续坚持各级地方政府"一把手亲自抓金融"的制度，同时，为承担重点金融改革发展任务的地级以上市配备"金融副市长"。

二是加强党对金融工作的领导。学习上海、天津市的经验，广东省应组建中共广东金融工作委员会（与金融办两块牌子、一套人马，合署办公），全面加强广东省金融系统的党建工作和廉政建设工作。

三是努力打造建设金融强省的有力抓手和平台。以粤财控股为基础，按市场化原则组建省属金融控股集团，作为整合全省金融资源，推动金融改革创新的战略平台；以粤科公司为基础，以产业政策为导向，组建政策性金融投资集团，引导发展创业投资和股权投资，支持产业转型升级。将中国（广州）国际金融博览交易会打造成为金融与实体经济对接、金融与民生对接的重要战略平台。

四是发挥粤港澳金融合作的优势，打通粤港澳之间的金融资本、人才流动渠道，以香港国际化、市场化的金融发展优势倒逼广东省的金融机构、监管部门改革开放，提高广东金融改革创新、科学发展水平。

深化地方金融管理体制改革
努力实现金融与经济社会良性互动共同发展

（2012 年 4 月 19 日）

　　经济社会发展决定金融，金融在支持经济社会发展的过程中实现新的发展。这是经济社会与金融互动作用的基本规律。广东改革开放三十多年的实践充分证明：遵循这一规律，就能实现经济又好又快发展、金融稳定健康运行，促进社会进步；不遵循这一规律，不但会增加金融系统风险，而且影响经济发展、社会稳定。作为改革开放的排头兵，广东省在 20 世纪 80 年代初率先探索建立社会主义市场经济体系，进行了与社会主义市场经济相适应的金融体制改革，经济发展从计划经济时代的"金融抑制"中松绑，实现了经济与金融良性互动、快速发展，不但为我国社会主义市场经济改革作出了巨大的贡献，也为社会取得长足进步奠定了坚实的物质基础。例如，1985～1989 年，广东金融业增速每年都超过 30％，分别高于经济总量增速 12.0 个、17.5 个、20.7 个和 25.8 个百分点。在金融业高速增长的强有力支持下，广东经济快速增长，1991 年经济规模跃居全国第一，人民生活水平得到显著改善。但是，粗放的经济发展方式决定了粗放的金融支持方式。在当时金融法律法规不够健全、金融市场监管能力滞后的背景下，一些地方政府和企业存在认识上的偏差，简单地把金融当做融资的工具，过度透支政府或企业的信用，举债金额远远超出自身偿还能力。在 1997 年发生的亚洲金融危机冲击下，广东爆发了系统性金融风险，金融发展一度低迷，各项重要金融指标长期低于全国平均水平，不能有效发挥对经济社会发展应有的支持作用。在付出了 1300 多亿元和 10 年处置时间的沉重代价后，广东金融于 2006 年底走出困境。2007 年，省委、省政府审时度势，作出了发展金融产业、建设金融强省的战略部署。2008 年，全省进一步解放思想，锐意改革创新，提出将金融产业发展成为国民经济支柱产业、深化粤港澳金融合作、建设金融改革创新综合试验区等一系列新思路，并将其写入珠三角发展《规划纲要》，上升为国家战略，广东金融迈入恢复性增长和跨越式发展的新阶段。

"十一五"时期，在省委、省政府的正确领导和中央驻粤金融监管机构的大力支持下，广东省金融全面转入科学发展轨道，发生了三大根本性变化：一是实现了金融业从一般配套服务业到支柱产业的根本变化，金融业增加值占地区生产总值的比重从不足 3% 提高到 6% 以上，金融机构总资产超过香港，社会融资规模增长到"十五"时期的 5 倍；二是实现了从金融高风险地区到亚太地区最具吸引力金融市场的根本变化，金融领域历史遗留问题基本解决，金融生态环境指标位居全国前列；三是实现了从追兵到排头兵的根本变化，金融发展的质量、规模、效益均达到全国领先水平，金融改革创新先行先试、粤港澳金融合作以及金融后援产业发展取得重大突破，金融在现代经济中的核心作用不断加强。

2011 年底开始，省委、省政府进一步加快了推动金融产业科学发展的步伐。尤其是陈云贤副省长亲历亲为、狠抓落实，在科学分析广东省经济金融发展面临的形势和对北京、上海、天津、重庆、香港等地调研考察的基础上，对全省金融工作作出了一系列重要部署。广东金融发展面貌焕然一新，金融强省建设站在新的起点上。但要看到，目前，制约广东省金融科学发展的体制机制障碍仍然存在，深化地方金融管理体制改革，破解广东金融科学发展难题迫在眉睫，意义重大。

一、广东省现行金融管理体制不能完全适应经济社会发展的需要

虽然广东发展金融产业、建设金融强省已经取得显著成绩，但是"金融滞后"问题依然突出，还不能完全适应加快转型升级，建设幸福广东的现实需要。

（一）金融发展阶段与经济社会发展阶段不相适应

广东已经进入后工业化阶段，人均地区生产总值约 8000 美元，但各主要金融发展指标与现阶段经济转型、社会转轨的客观需求不相适应。2011 年末，广东 FIR（金融相关率，金融资产/地区生产总值）为 2.48，不及英美日等发达国家的 1/2，资产证券化率 45%，远低于大多数发达国家 100% 以上的水平，金融深化和融资社会化程度滞后于经济发展水平；保险深度 3%，低于发达国家 12% 和全世界平均 8% 的水平，保险密度 1514 元/人，远不及 800 美元/人的世界平均水平，保险业发育不能满足社会对风险转移和风险共担的强烈需求。

（二）金融发展方式与加快转变经济发展方式不相适应

目前，广东金融主要依靠传统的发展模式，仍然以传统业务为主，现代金融产业发展程度不高，利润来源单一，银行业 80% 的利润来自息差，证券业利润主要来自经纪业务，中间业务、投资银行、财务顾问、资产管理等高附加值业务发展滞后，迫切要求从以"融资"为主的粗放增长方式向"融资"与"融智"并举的集约发展方式转变。支持经济发展方式转变的金融创新不足。例如，有利于支持科技创新、鼓励社会创业的天使基金、创业投资等股权投资基金发育不够充分；直接融资比重偏低，不利于企业通过并购与重组实现转型升级；银行贷款以批发业务为主，支持扩大内需的个人及家庭消费贷款发展不足；支持节能减排、环境保护的绿色金

融亟待发展。

（三）金融资源配置能力及效率与全社会巨大的投融资需求不相适应

广东省金融资源极为丰富，是最具优势的资源禀赋。2011 年底，全省金融机构总资产达 13.08 万亿元（"十一五"时期平均每年增加 1.5 万亿元左右），各项存款余额超过 9 万亿元，民间融资规模约 1.19 万亿元。与充裕的资金供给形成强烈反差的是，部分重大项目、保障房建设、中小微型企业、"三农"的融资需求得不到有效满足。金融体系将储蓄顺利转化为投资的能力和效率仍存在巨大的提升空间。此外，以集体土地经营权、农房等为抵押进行融资的金融服务缺乏，抑制了农村经济发展。

（四）金融开放程度与发展内外并举的经济发展新格局不相适应

广东省"十二五"发展规划对经济发展内外并举做了战略部署。目前，金融业无论是对内还是对外的开放程度都远远落后于广东省大多数行业。在对内开放方面，大型国有金融机构处于垄断地位，民营资本进入金融服务领域仍面临诸多限制，中小金融机构发展较慢。在对外开放方面，广东省金融领域引进外资数量和质量均落后于上海，粤港澳金融合作平台仍处于建设过程中，两岸三地金融市场联系落后于密切的经贸往来。

上述四个"不相适应"的存在，根本原因是现行的金融管理体制不能完全适应当前广东省经济社会发展的需要，严重制约了金融改革创新和科学发展的能力，限制了金融支持加快转型升级、建设幸福广东重要功能的发挥。因此，必须深化地方金融管理体制改革。首先，深化地方金融管理体制改革是广东切实当好推动科学发展、促进社会和谐排头兵的内在要求，有利于广东省更好地完成国家赋予的金融改革创新先行先试重要使命，为我国金融领域的改革创新创造新经验。其次，深化地方金融管理体制改革是坚持社会主义市场经济改革方向的重要内容，有利于加快解决阻碍广东省金融科学发展的深层次矛盾，为广东金融稳定健康持续增长释放新活力。最后，深化地方金融管理体制改革是发展金融产业、建设金融强省的有力抓手，有利于广东省加快转变金融发展方式，为金融与经济社会良性互动、共同发展增添新动力。

二、广东省金融管理体制改革的主要内容

深化广东省金融管理体制改革，必须按照有利于强化金融市场高效配置资金的功能、有利于促进地方金融体系稳健发展、有利于鼓励金融业创新和开放、有利于地方政府加强金融风险监测和防范的"四个有利于"原则，深化改革、锐意创新，努力推动广东省金融发展与坚持社会主义市场经济的改革方向相适应，与加快转型升级相适应，与建设幸福广东相适应。

（一）理顺广东省地方政府金融事权。要合理划分各级政府的金融监管权限，建立分层监管的地方金融管理体制。省金融管理部门职能包括：一是负责促进金融产业发展的工作，制定全省金融产业发展规划和产业政策。二是负责优化全省金融生态环境的工作，包括推动和指导金融基础设施建设、金融法制建设和社会信用体系建设等，协调处置重大金融风险事件。三是负责小额贷款公司、融资性担保机构等地方金融机构的监管工作。四是负责广东省区域性金融市场及产权交易市场的建设与业务监管工作。

市、县（区）政府的金融管理部门职能包括：一是根据省金融管理部门授权，负责对行政区域内设立的中小金融机构（组织）、区域性产权交易市场的现场监管。二是负责打击处置行政区域内发生的非法集资案件，监测预防民间金融风险。三是负责行政区域内优化金融生态环境的具体工作。

（二）增强地方政府金融工作部门的职能。为加强领导，提高行政效率，增强决策的科学性，必须进行体制机制创新。一是建立强有力的地方

金融工作机制，形成建设金融强省的强大合力。宜将广东省目前相对分散的金融事权统一归口至省金融办，积极探索成立金融产业厅。继续坚持各级地方政府"一把手亲自抓金融"的制度，鼓励并支持对承担重点金融改革发展新任务的地级以上市政府配备"金融副市长"。二是加强党对金融工作的领导。借鉴上海、天津等市的有益经验，加快组建中共广东金融工作委员会（与省金融办两块牌子、一套人马，合署办公），全面加强广东省金融系统党的建设和反腐倡廉建设。三是利用先行先试的政策优势，积极争取中央向广东省下放对区域性地方金融机构（组织）的部分监管职能，根据经济社会发展的多样化融资需求，在广东省实行区域金融差异化监管。

（三）健全地方政府金融管理部门与中央驻粤金融监管机构的合作机制。建立重要金融信息互报、中央金融监管部门与省政府金融工作会商制度，加强中央驻粤金融监管机构与广东省金融管理部门的协调。中央驻粤金融监管机构在实施金融监管时，应保证当地政府的知情权与参与权；地方政府在制定涉及金融的产业政策和发展规划时，要充分听取中央驻粤金融监管机构的意见。充分发挥广东金融改革发展工作领导小组的组织协调功能，建立健全会议制度，为中央驻粤金融监管机构和地方政府金融管理部门提供良好的沟通协调平台，确保金融监管更加贴近广东省实际。

三、努力实现金融与经济社会良性互动、共同发展

省委、省政府决定，当前和今后一段时间，广东省将围绕加快转型升级、建设幸福广东的核心任务，努力保持经济平稳健康可持续增长、着力提高发展质量，做好惠民生暖民心工作，让人民群众分享改革发展成果。这既为金融支持广东经济发展、社会建设提出了新的更高要求，也为金融与经济社会良性互动、共同发展提供了新的更大机遇。

（一）在支持转变经济发展方式、促进产业转型升级中建设金融强省。加快转型升级，必须以创新为动力，加快建设现代产业体系，推动城乡和

区域协调发展，依靠内外需协调拉动经济增长，走绿色发展道路。广东金融要围绕省委、省政府中心工作，紧扣主题主线，努力完成时代赋予的使命，为金融强省建设作出新的更大贡献。一是发挥财政资金的引导和杠杆作用，促进金融、科技、产业融合发展。培育发展创业投资引导基金和创业投资担保公司，组建科技银行，推动创新型企业上市，为科技型企业加快发展打造强有力的融资支持体系。建立技术改造贷款、并购贷款的补贴机制，实行差异化贷款管理，鼓励传统优势产业转型升级。二是完善对产业链和产业集群的金融服务。推动建立大型产业投资基金，建立专业镇金融综合服务体系，发起设立集团财务公司、汽车金融公司、消费金融公司、融资租赁公司、保理公司等新型金融机构，支持生产性服务业发展，推动传统制造业向"微笑曲线"两端延伸。三是推动金融改革创新和先行先试。努力向中央争取将部分金融产品和服务创新的审批监管权限下放至广东省，积极争取在离岸金融、人民币资本项目下可兑换、利率市场化等领域先行先试，为深圳前海新区、珠海横琴新区、广州南沙新区三大粤港澳合作重要平台建设提供有力支持。四是规范和引导民间金融发展。放宽民间资本进入金融领域的限制，鼓励社会资本参与地方金融机构改革和组建新型金融机构。在广州建设民间融资一条街，探索以市场竞价方式形成民间借贷利率的"广州定价"。五是开展碳汇交易试点，支持绿色发展。探索建立碳排放交易所，开展环境污染责任险试点，创新节能服务行业的金融支持，推动建立碳基金。

（二）在给力幸福广东建设中充分发挥金融的功能与作用。加快转变经济发展方式的根本出发点和落脚点是保障和改善民生。我们要认真总结推广已经取得的成功经验，进一步发挥金融保稳定、惠民生的作用，为人民安居乐业、增强幸福感、共享经济社会发展成果作出积极贡献。一是确保广东省经济"稳中求进"，为稳定和扩大社会就业作出积极贡献。落实省政府与国内大型银行金融机构签订的战略协议，保障省重大项目、重点工程建设资金需求。促进金融机构优化投资决策，提高资金投放效率，鼓励其加强对吸纳社会就业能力强的中小微企业的融资支持。推动金融机构（组织）加强对"三农"的资金支持力度。二是发挥金融参与社会管理的功能，鼓励金融机构（组织）主动承接政府向社会转移的管理服务职能，积极支持社会治理模式转变。大力发展责任保险，提高社会自我管理和应对风险的能力；探索商业金融参与医疗保障体系建设的新模式；开展个人税收递延型养老保险试点，提高养老保障水平。三是创新金融产品和服务，不断满足不同社会群体多样化的投融资需求。鼓励银行金融机构发展针对个人、家庭的消费信贷、小额信贷；支持发行分级基金、货币市场基金、企业债等不同风险级别的金融产品，拓宽企业和居民的投资渠道。四是建设以社会信用体系为中心的社会管理基础工程。推广郁南、云安等地的探索经验，将建设社会信用体系与构建和谐社会有机结合，努力提高人们守信意识和契约意识，提升全社会的诚信水平。五是推动金融信息化建设。鼓励金融机构利用现代科技信息技术，提高决策效率和服务水平。支持金融企业开发网上业务，为企业和居民转账、缴费、投资等提供更为快捷便利的服务。

让民间金融在阳光下健康发展

（2012 年 8 月 9 日）

在新一轮金融改革创新和开放的伟大实践中，地方政府金融工作部门如何把握好难得的机遇，如何找准工作的切入点，作出应有的贡献，是全国各省市区政府金融办（局）亟需想清楚的问题。经过思考，我认为，今后一段时期应将"让民间金融在阳光下健康发展"作为地方政府金融工作新的切入点，努力实现新突破。

一、民间金融是现代金融的重要补充

纵观世界金融发展的历史长河，民间金融是最具原生态的金融。民间金融发展的文明成果是现代金融市场、组织、产品创新的原始源泉。据考古发现，最早的借贷契约出现在 4000 多年前的两河流域（中东地区的幼发拉底河和底格里斯河流域），是烧制在陶片上关于白银借贷的契约，约定了借贷金额、还款期限还有利息，具备了金融的一切要素。当事人互相约定的借贷行为既是最早的金融形态，也是最简单的金融形式，具备强大的生命力，随着商品经济的发展和借贷规模的扩大，在其基础上产生了专门从事借贷业务的钱庄票号、银行等机构，最终发展成为现代金融。各大交易所的发展也是这种情况，我们都知道华尔街，华尔街最早是荷兰和英国殖民者与印第安人进行交易的场所，所使用的货币不是黄金是贝壳，黑贝壳和白贝壳，黑白贝壳之间以及贝壳与黄金之间有汇兑比例并且不断变化，交易的增多推动形成了一个金融市场，华尔街和纽约几百年后成为世界金融的中心之一。中央电视台曾经拍过一个纪录片叫《中国资本市场二十年》，在 20 世纪 80 年代的深圳，股票交易是在公园里进行的，一个人前胸后背挂两块牌子，一个牌子写的是买入价，另一个牌子写的是卖出价，交易方式就这样简单原始，最终，民间活跃的股票交易推动了上交所与深交所的诞生。

民间金融不仅是金融创新的原始源泉，更重要的是具有填补金融市场不足和参与纠正市场失灵的功能。民间金融具有高度的灵活性，与正规的商业金融相比完全没有计划性，具有更高的市场属性，民间金融活跃的时期往往是正规商业金融低效的时期。由于商业银行不能适应科技型创新企业高风险创业的融资需求，美国诞生了 VC 和 PE，并迅速发展。由于我国银行业一家独大，其资产占金融机构总资产的 90% 左右，大型商业银行长期在银行业中处于优势地位，导致金融资源的垄断与部分错配，使得近年来全国的民间融资异常活跃。据广东省金融办调查统计，广东民间借贷的规模经常超过 1 万亿元，2011 年达到 1.2 万亿元，约相当于当年银行信贷余额的 20.3%。近年来，广东民间金融显现出规模大、隐患多，可控制的特点。2011 年，上述民间资金 80% 以上支持了中小微型企业的生产经营，对广东经济发展作出了积极贡献。同时，活跃在广东的 VC 和 PE 总量接近 1 万亿元，也对广东经济发展作出了积极贡献。

总之，民间金融与现代金融（或称正规金融）活动都在实现金融资源的配置，现代金融不可能取代民间金融，民间金融的创新发展对提升金融整体创新发展水平具有重要的倒逼作用。由于国家尚未将民间金融纳入金融监管体系，客观上给地方政府金融工作部门留下了巨大的工作创新空间。

二、让民间金融在阳光下健康发展

长期以来，我国民间金融因缺乏正面的评价、公正的评估而躲在阴云之下，民间金融的脆弱性与荒蛮性共长。如果任由其野蛮生长，首先会在金融生态环境较差的地方酿成不可知的大风险。2011 年以来，民间金融风险问题已经上升为我国主要金融风险问题之一，第四次全国金融工作会议明确，要防范系统性金融风险、地方政府债务风险和民间金融风险。民间金融具有强大的生命力和高度的市场灵活性，就像荒河野流，堵不如疏，必须积极引导、规范民间金融的发展。国家已经认识到民间金融发展的重要性，国务院批准在浙江温州开展以民间金融为主题的金融改革创新试验，中国银监会、中国证监会、中国保监会都出台了支持民间资本进入金融服务领域的意见或办法。2012 年 6 月 27 日，经国务院批准同意，中国人民银行等八部委联合印发《广东省建设珠江三角洲金融改革创新综合试验区总体方案》，其中也批准广东对民间金融创新发展进行试验。国家的支持有利于我们开展此项工作。其实，各省市区都可以积极开展这方面的创新探索，中央没有禁止谁，大家都可以结合本地区实际情况，闯出各具特色的民间金融阳光发展的新路子。结合广东的探索实践，我有三点建议：

一是探索民间金融"阳光化"的新路径。广东省选择在广州市率先开展民间金融"阳光化"的创新试验，2012 年 6 月，建设了广州民间金融一条街，聚集了 32 家为中小微型企业服务的小额贷款公司、融资性担保公司、典当行、投资公司等机构进驻营业，集中和发布借、贷人信息，形成民间融资利率的"广州价格"，促进民间融资利率阳光化并逐步趋于合理。同时，广东正结合"三打两建"大力推进社会信用体系建设，已有梅州、云浮等市建立了城乡统一的市、县两级征信中心，通过征信体系建设解决信息不对称问题，有效降低民间融资成本。在这些工作基础上，将来可借助信息化手段，搭建网络信贷信息平台，成为新的金融形态（像美国的社交网络 Facebook 就有 8.4 亿实名制用户，成为直接促成信贷交易的网络平台，对商业银行提出新的挑战）。

二是创新民间金融发展模式。坚持"来之于民，用之于民"的经营理念，积极拓宽民间资本进入金融服务领域的渠道，搬掉"玻璃门"，发展各种新型金融业态，让民间金融全力服务实体经济和改善民生。除了做好小额贷款公司、融资性担保机构发展工作外，可以推动发展一批民间金融控股集团，广东佛山已经有了首个民间金融控股集团——集成金融控股集团，还可以发展一些专业性的投资管理机构，募集民间资本成立各种类型的投资基金。在农村可以成立一批农户资金互助社和探索发展互助型保险组织。

三是开展民间金融的立法试验。除了积极呼吁国家尽快出台《放贷人条例》之外，各省市区或者是有立法权的省会城市、特区城市人大都可以开展立法试验，确立民间借贷的合法性，加强对放贷人权利的保护，依法设立专门的管理机构，依法规范借贷的期限、利率和纠纷解决方式等，消除民间借贷的"高利贷""黑社会"阴影，透射更多的阳光，支持民间金融科学发展。香港已有较为成熟的放债人条例，广东通过深化粤港澳金融合作，可以较好地学习香港的成功经验，可以先行开展立法试验。希望大家给予支持。

农村宅基地使用权应允许抵押

农村宅基地是现代中国独特的土地产权制度安排。随着经济社会双转型进程加快，这种制度安排的缺陷日益凸显，影响了农民利益的实现，亟需从理论和实践上还原农村宅基地的本质意义，准许农户将其抵押贷款，实现应有的利益。

我国农村宅基地制度的演变与土地产权制度的发展变迁是紧密相连的。中华人民共和国成立初期，新政府通过土地改革把封建土地地主所有制转变为农民个体土地所有制，广大农民获得了土地的所有权和经营权，农村宅基地属于农民个人私有，可以自由买卖和租赁；经过1958年开始的以"一大二公"为特点的人民公社运动，我国农村土地所有制发生了本质改变，由运动前农村土地私有制到运动初期的农村土地公社所有制，再到规定生产队范围内的土地归生产队所有；1975年我国宪法确定形成了"三级所有、队为基础"的集体所有制，确定了农村土地产权的三级拥有，在否定了个体经济存在的同时否定了土地产权的私人拥有，与此同时，农村宅基地产权也由原来的农户个体私有转变为事实上的村集体所有；1982年我国宪法进一步明确规定："宅基地和自留地、自留山，也属于集体所有；任何组织或者个人不得侵占、买卖、出租或者以其他形式非法转让土地"。至此，农村宅基地集体所有制的产权制度最终确立。在随后30年时间内基本沿袭着这一制度安排，1986年国家颁布的《土地管理法》（先后有三次修正）和2007年颁布的《物权法》都对农村宅基地做了一些规定，但是都没有改变农村宅基地的产权归属，即宅基地产权属于农村集体所有。

一、农村宅基地产权应由虚至实

作为一种独特的产权制度安排，农村宅基地由私有转为公有并限制其流转，理论上的出发点是将其作为一种社会福利保障来安排，实现"居者有其宅"。作为上层建筑的这种制度安排，反映了当时经济基础及农村社会的现实需要，不可否认，农村宅基地制度在人民公社运动时期具有相当的合理性，既保障了农民的居住权，维护了农村的社会稳定，同时又有力地支援了城市建设及经济发展。但是，随着市场经济的建立和城镇化进程的推进，这种虚化的农村宅基地产权产权制度与经济社会转型很不适应，现实中，已出现了种种"乱象"：

一是农民对宅基地产权的认知混乱。虽然我国法律规定农村宅基地产权属于集体所有，但农民对宅基地产权的认知并不一致，有的农民把房屋和宅基地看做一体，认为宅基地应属私有；有的农民认为宅基地属于国家所有，有的农民认同宅基地集体所有。究其原因，一方面是基层组织对相关法律法规的宣传不到位，另一方面是农民通过申请可以无偿取得并长期使用宅基地，强化了农民宅基地私有的观念。

二是"集体"权力运用混乱。在一些地方，对宅基地使用人及使用数量的确定往往被乡（镇）干部、村干部或利益团体所左右，农民难以公平公正地获得宅基地。

三是村居建设混乱。当前，我国大部分农村住房建设缺乏统一规划，或是有了规划不认真执行，未能合理确定村居建设布局及用地规模，一些村干部不按照规定的程序审批，越权决定安排宅基地以及少批多占等。同时，部分农民不愿舍弃原有宅基地，导致村庄规划难以有效落实。此外，部分农民多占、早占甚至抢占抢建现象也时有发生。

四是宅基地及房屋权属混乱。从法律原理上讲，不动产登记时物权变动生效是我国物权变动中关于公示公信的总原则，宅基地使用权本质上属于不动产物权，但现行法律并没有规定其强制登记，登记只是宅基地使用权变动的对抗要件。现实中，由于历史原因，农村一户多宅、多占宅基地面积、土地权属纠纷等历史遗留问题大量存在。由于缺乏统一的法律规范，各地在宅基地及房屋登记工作中有关法律依据、登记机关、登记效力、登记程序和权属证书发放等都不统一，给宅基地及房屋确权发证工作带来很大困难。宅基地及房屋确权发证工作发展得很不平衡，有些农民得到权属确认，有的得不到，有的得到的是纠纷。

当前，以上乱象还在继续，长期以往，农村宅基地产权的虚化将愈演愈烈，农民利益的实现将更加困难，必须通过试验，寻求农村宅基地由虚变实的新路径，还原宅基地的本质意义。

二、农村宅基地产权应由残至全

从法律角度来看，宅基地产权是指有关宅基地一切权利的总和，包括宅基地所有权、使用权、收益权和处分权等权利。但是，我国农村宅基地产权是严重残缺的，主要表现在宅基地所有权主体模糊和农民住宅所有权与宅基地所有权分离两个方面：

一是农村宅基地所有权主体模糊。我国宪法第十条规定"宅基地和自留地、自留山，也属于集体所有"，《民法通则》第七十四条规定"集体所有的土地依照法律属于村农民集体所有，由村农业生产合作社等农业集体经济组织或者村民委员会经营、管理。已经属于乡（镇）农民集体经济组织所有的，可以属于乡（镇）农民集体所有"，《土地管理法》第八条规定"宅基地、自留山，属于农民集体所有"。由此可见，农村宅基地产权关系并不明确，农村宅基地所有权是"集体"，但这个"集体"可以是村民集体、乡（镇）集体，或是村民小组集体。此外，根据《土地管理法》第六十二条的规定"农村村民住宅用地，经乡（镇）人民政府审核，由县级人民政府批准"，属于农村集体所有的宅基地却由行政机关审批，这与物权法的立法精神是不相符合的。

二是农民住宅所有权与宅基地所有权分离。一方面，农村宅基地所有权属于"集体"，但农民建在宅基地之上的房屋所有权却属于农民本人，农民一旦申请获得宅基地使用权并建造房屋，就可以永久占有该宅基地，"集体"对农民的房屋不具有处置权，只要房屋存在，"集体"就无权无偿收回宅基地；另一方面，《土地管理法》第六十二条规定"农村村民出卖、出租住房后，再申请宅基地的，不予批准"，《土地管理法》第六十三条规定"农民集体所有的土地使用权不得出让、转让或者出租用于非农建设"。可见，农民对自己的房屋拥有处置权，可以买卖、出租或抵押，但却不能处置与自己房屋实为一体的宅基地。从法律原理看，这与我国"地随房走"的基本原则不相符；现实中，"宅"、"地"分离实际上剥夺了农民自由处置自己房屋的权利，抑制合理的农村住房流转需求，也导致大量农村房屋买卖的纠纷。

以上产权残缺根本在制度安排的残缺，是当今我国农民无力解决的难题，应由国家权力机关进行制度矫正，还原宅基地真实、全部的权利。

三、农村宅基地产权流转应由封闭转向开放

根据产权经济学原理，产权只有流转，才能优化资源配置；产权只有合理转让，才能实现其应有的价值。由于我国各级政府对农村宅基地产权流转持十分谨慎的态度，实行的是不许流转的管理制度，这种封闭的制度安排与农村经济社会现状不相适应：一方面，农村大量住宅闲置，造成大量农村房屋资产"沉寂"（这主要由于继承、多占、抢占以及农村集体经济组织成员之间的私下宅基地买卖等原因形成"一户多宅"，特别是大量农民进城务工，在城镇化进程中不少富裕起来的农民进城购房安居，农村闲置宅基地缺乏补偿机制和退出机制）；另一方面，宅基地交易的灰色市场已经形成（在城乡结合部，土地价值攀升，城郊农民个人受利益驱动，违规建设小产权房，为部分低薪阶层和外来就业人口提供了廉价房地下市场）。

将农村宅基地产权流转的封闭状态（或灰色交易）转变为开放状态（或公开流转），是公平和效率兼得的大好事。我国《土地管理法》、《城市房地产管理法》赋予城镇居民房产继承、转让和抵押等流转权利，但却

没有赋予农民与之对等的房产权利，这在物权上反映了对农村宅基地产权的歧视，在法律主体上则反映了对农村集体的不平等待遇；农村宅基地产权流转的开放，直接效益就是盘活大量农村闲置房屋资产，提高农村土地资源的配置效率，还可以防止集体土地资产的流失，促进农村经济发展，更为重要的是帮助农民增强经营致富的能力，农民手中"沉寂"的宅基地及房屋流转起来将大幅度增加农民创业致富的资本。

顺应农村经济社会发展变化的客观要求，将农村宅基地产权流转由封闭转向开放是我国深化农村土地改革的必然趋势。

四、农村宅基地使用权应许抵押

2011 年 7 月，中国人民银行、中国银监会、中国证监会、中国保监会联合印发《关于全面推进农村金融产品和服务方式创新的指导意见》，明确提出按照依法自愿有偿原则，在不改变土地集体所有性质、不改变土地用途前提下，探索开展宅基地使用权抵押贷款业务。宅基地使用权是我国特有的一种用益物权形式，是农民在依法取得本集体经济组织所有的土地上建筑房屋并居住、使用和收益的权利。我国现行法律虽并未完全禁止宅基地使用权的流转，但《担保法》第三十七条明确规定"耕地、宅基地、自留山、自留地等集体所有的土地使用权不得抵押"。这种选择性禁止并非完全科学合理。从以人为本的科学发展观来看，从修正改进相关法律设定、改革完善我国集体土地制度、支持"三农"发展等方面综合考虑，农村宅基地使用权应许抵押。

从法理来看，用益物权所强调的所有权与其权能相分离、扩展财产使用价值需求的特性，充分满足了现代市场经济优化资源配置的要求。因此，在现代法中，无论是大陆法系国家的民法，还是英美法系国家的财产法，都将用益物权作为现代物权法的核心，并将用益性作为其核心权利和基本属性，但在我国民事立法中对用益物权的法律描述上立法概念比较模糊，法律条文数量较少，不能构成科学的用益物权立法体系。按照用益物权要求，农民作为宅基地使用权人，同时也是宅基地之上所建房屋的所有权人，理应充分享受宅基地使用权的占有和收益权利。因此，从弥补立法缺陷、完善我国用益物权制度等法律建设来考虑，不应回避这一问题，应允许农村宅基地使用权抵押，进行必要的试验。

从宅基地使用权属性来看，根据我国《土地管理法》等相关法律规定，农村宅基地使用权具有无偿取得、永久使用的特性。因此，农民享有的宅基地使用权具有自物权性质，不是他物权，这与农村土地承包经营权相比至少应给予更大的"准物权"，其使用权权限应当与城市国有土地使用权权限相当，既然规定城市房屋抵押时其房屋占有范围内的土地使用权同时抵押，也应该强调农村宅基地使用权的私人性、长期性和可继承性，允许其抵押。

从盘活农村闲置资产、促进"三农"发展来看，目前，我国一部分外出务工较多的农村存在大量房屋闲置的问题（由于对宅基地流转的一些法律限制，目前国内法律允许农村房屋抵押，但是《担保法》禁止农村宅基地使用权抵押），宅基地与建在其上的房屋实为一体，一旦进行抵押的农村房屋实现抵押时，被抵押的农房如何再处置成为一大难题。农房本身的建筑价值往往比宅基地价值小，单是将农房和宅基地使用权转让给本集体成员，其需求量不大。因此，现实中各银行对农房抵押都持谨慎态度，不利于农民将财产转化为资本。为支持"三农"发展，必须妥善解决宅基地及农房一并抵押的问题。

五、农村宅基地使用权抵押的实现途径及方式

为顺利实现农村宅基地使用权抵押，首先要做好农村宅基地及农房确权登记和颁证工作，完善宅基地使用权价值评估机制和市场建设（可指定或成立专门的评估机构），建设良好的农村信用环境，并引导开展农村宅基地使用权抵押贷款保险业务和担保业务，有效分散贷款风险。具体实现途径和方式有：

（一）由县级政府以引导资金的方式筹集社会资金建立"扶贫济困基金会"（简称基金会），设立不低于1000万元的扶贫济困基金。

（二）县级政府建立非银行信用信息与人民银行征信系统相融合的综合性征信中心。

（三）镇级政府建立诚信村，并由行政村评定诚信户，其评定结果统一录入县级征信中心。

（四）基金会与相关金融机构（例如农村合作金融机构、村镇银行、邮储银行等）就开展宅基地使用权抵押业务签订合作协议。

（五）有融资需求的农户可向基金会提出宅基地抵押申请（为保证农民基本居住，申请户主应至少有两块以上宅基地，拿出其中一块来申请抵押），基金会与申请户主签订抵押协议。

（六）由基金会向相关金融机构推荐信用良好的贷款申请人。

（七）相关金融机构与申请人、基金会签订借款合同（其中，贷款额度一般不超过宅基地使用权价值的70%，贷款期限以中短期为主，贷款利息略低于一般授信贷款利息）。相关金融机构进行贷款审批并对申请人发放贷款。

（八）基金会和相关金融机构加强贷后管理，指导贷款运用或辅予必要的农业保险，确保按还款计划归还贷款本息。如贷款农户逾期不能归还贷款本息，则由基金会代为偿还。

（九）基金会处置违约人的宅基地。处置方式有：

1. 由政府出资或发起成立专门的农村资产流转管理中心，将宅基地交由管理中心处置。

2. 在城乡结合部，农户一般享有村办产业产生的福利分红，因此，基金会可与村委会签订协议，若贷款农户逾期不能归还贷款本息，基金会代为偿还后，由村委会以贷款农户享有的福利分红（采取一次付清或分期付款的方式）赎回被抵押的宅基地，村委会再将赎回的宅基地重新规划使用。

3. 将宅基地出卖给有使用需求的其他村集体成员，并到当地国土房管部门办理相关流转手续。

附件：两个路线图

附件1：征信路线图

发挥县级征信中心作用，建立农民运用宅基地抵押贷款可持续运行机制。

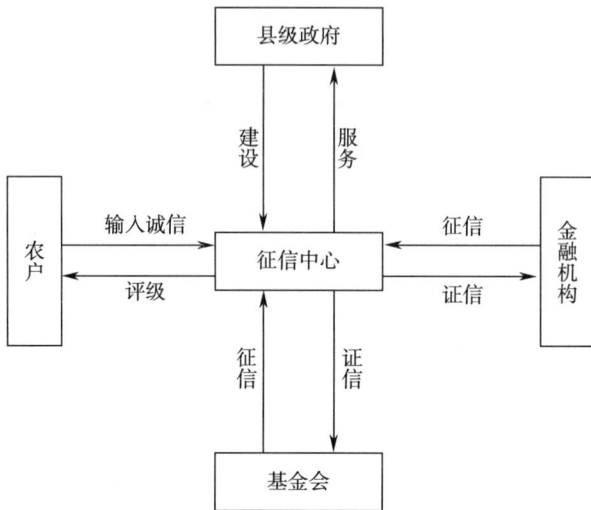

附件2：宅基地流转路线图

采取过桥抵押方式实现宅基地有效流转。

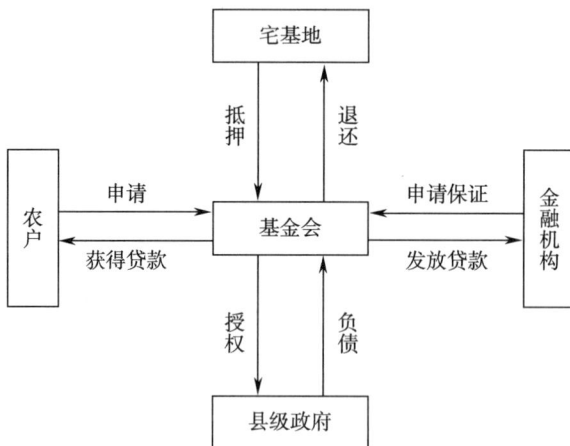

创新发展思维
创建现代融资担保体系

以中国传统担保思维构建的中国担保事业，对我国经济社会发展发挥了重要作用。但是，随着经济全球化和我国经济社会转型发展进程的加快，其缺陷日益凸显，尤其是融资担保业率先暴露的一些问题，亟需创新发展思维，通过改革创新予以解决。

我国融资担保业起步于 20 世纪 90 年代，1993 年，国务院批准中国经济技术投资担保有限公司特例试办融资担保业务，标志着我国融资担保业的起步和探索。经过 20 年的积极发展，我国融资担保业从小到大，取得了长足的进步，在服务中小微型企业发展等方面发挥了积极的不可或缺的作用。

但是，在求多求快的背景之下，融资担保业务多年来缺乏规范管理。2010 年，中国银监会等七部委发布《融资性担保公司管理暂行办法》，明确了中央层面由中国银监会牵头实施统一管理，各省（自治区、直辖市）监管部门具体负责监管，标志着我国融资担保业作为一个特许经营的行业，进入了审慎监管、规范经营、科学发展的新时期。随后，按照国家融资性担保业务监管部际联席会议的统一部署，我国融资性担保公司开展了长达一年的规范整顿工作，一批较为规范的融资性担保公司取得了经营许可证，为行业持续经营、健康发展奠定了良好基础。截至 2011 年末，全国共有融资担保法人机构 8402 家，从业人员 12.12 万人；资产总额 9311 亿元，实收资本 7378 亿元；各项在保余额 19120 亿元，其中融资担保在保余额 14943 亿元；担保业务收入 360 亿元，净利润 101 亿元。经过规范整顿，我国融资担保业开始走上有序发展的轨道。

最近两年，在国际金融危机的影响下，全球经济增长乏力，我国经济社会转型发展遇到重大困难，国内金融环境变化较大，特别是信贷投放方面，随着经济增长方式的转变，中小微型企业融资难、融资贵的问题更加突出，主要服务于中小微型企业的融资担保机构历史累积的问题集中显现，我国的一些省市，如河南、福建、内蒙古、浙江、北京、广东等地的一些融资担保机构先后因不审慎管理或违规经营出现资金链断裂的风险。2012 年以来，受一些风险事件的影响，我国融资担保业的信誉遭受质疑，行业形象遭受损害，发展前景堪忧。

在历史唯物主义看来，任何事物的发展，都不可能是一帆风顺的。一个新兴行业的发展，也难免有起落兴衰。在当前经济社会双转型和比较规范监管的时期，一些基础不牢的融资担保机构出现风险，属于正常现象，特别是在国际金融危机及国内金融市场和政策重大变化等影响下发生风险，更不足为奇。重要的是，我们要透过问题找根源，创新发展思维，理清发展思路，着力创建符合中国国情的现代融资担保体系，为我国融资担保业规范经营、科学发展探索前进的道路。

一、我国融资担保业制度安排的缺陷

目前，我国融资担保业仍处于探索发展阶段。由于多年来粗放经营及监管不严，遗留了风险隐患。虽然通过规范整顿，取得了积极成效。但是，这只是行业走向规范发展的一个起点，一些体制上、制度安排上的深层次问题，应引起我们高度关注，研究解决。当前，我国融资担保业制度安排的缺陷主要有：

（一）股权结构的缺陷

从行业的资本构成来看，我国融资担保业以商业性担保为主体，在2011年全国8402家融资性担保公司中，国有控股公司1568家，占18.7%，民营及外资控股公司6834家，占81.3%。融资担保是高风险、低收益的行业，比较发达的国家一般实行政府出资的政策性担保模式，大量的商业性融资担保机构的存在，在这些国家看来是不可思议的。我国担保业发展初期，政策性担保也曾占据主体地位，但经过20年的粗放发展，以商业性担保为主的融资担保体系在市场竞争中逐步成形，发挥了一定的作用，显示了一定的生命力。但是，资本终究是逐利的，商业性担保为主体的模式，暴露出了很多弊端，如更加追求效率导致不规范经营、风险隐患较大、更加注重短期效益而忽视稳健发展、社会信誉度不高等。当前，我国融资担保业已纳入特许经营，实施全行业审慎监管，应从制度安排上对融资担保业进行科学规划，调整优化我国融资担保业中国有资本、民营资本及外资的资本结构，以体现政策性担保的政策导向，同时发挥商业性担保的积极作用。

从公司的股权结构来看，我国融资担保机构普遍存在股权结构单一、"一股独大"的问题。巴塞尔协议Ⅱ和相关的国际惯例和原则都认为，股权多元化、分散化是有效防范风险的重要制度安排。在股权高度集中或相对集中的情况下，由于缺乏来自其他股东和利益相关者的有效制衡，公司主要股东在制定决策时，往往利用其控股地位，做出对自己有利却可能有损于其他股东或利益相关者的行为。实际运作中，融资担保机构股权结构单一、大股东操控的问题比较突出。一些担保机构的大股东利用其控股地位，严重干预公司决策，操控公司日常经营，如抽逃、挪用资本金用于高风险投资、为其关联企业提供担保、采取欺骗手段套取银行贷款等，造成了诸多行业"乱象"。融资担保业是公认的高风险行业，股权多元化、分散化对于完善公司治理、提高抵御风险能力具有十分重要的意义。

（二）公司治理结构的缺陷

公司治理结构是以所有权与经营权相分离及股东利益最大化为前提，对公司各组织架构之间的权力分配所做的制度安排。《融资性担保公司公司治理指引》规定，融资性担保公司应当建立以股东（大）会、董事会、监事会、高级管理层为主体的组织架构，并对各主体之间相互制衡的责、权、利关系作出制度安排。但是，由于我国融资性担保公司普遍规模不大，全国 8402 家融资担保法人机构平均每家实收资本为 8782 万元，其中注册资本 1 亿元以下（不含 1 亿元）的 4599 家，占 54.7%；全行业从业人数 12.12 万人，平均每家不到 15 人，因此，除了一些规模较大、经营较规范的融资担保机构外，大部分的融资担保机构都没有完全依照《指引》建立和完善公司治理结构，一些机构的公司治理同时存在着多种问题，突出表现在：董事会、股东会、监事会等组织架构不完整，"三会"形同虚设，缺乏监督制约机制；所有权和经营未完全分离，大股东严重干预公司经营管理；管理团队整体素质不高；内部控制机制不完善，风险管理工作薄弱等。

（三）盈利模式的缺陷

一个行业要实现可持续发展，需要建立一个可持续的盈利模式。我国的融资担保机构以商业性担保为主体，这就决定了我国融资担保业以盈利为主要经营目标。但是，如何建立适合行业特点的可持续的盈利模式，一直以来都是困扰全行业的一个难题。我国《融资性担保公司管理暂行办法》对投资比例、"两金"提取等作出了严格规定，按此规定进行推算，行业内一般认为，融资担保业务放大倍数要达到 3 倍才能保本，达到 4 倍以上才能盈利。从目前行业内经营效益较好的公司来看，大致有两种盈利模式，一种是放大倍数达到或接近 10 倍极限，单纯依靠经营融资担保业务就能实现持续盈利的。这些一般是大型的国有融资担保公司。另一种是放大倍数达到 5 倍左右，通过开展投资、委托贷款等综合化经营实现持续盈利。这些一般是成立时间较长、经营较为规范的民营融资担保公司。但是，就行业整体而言，担保放大倍数低、资本回报率低的问题仍然比较突出，许多公司专业性不强，业务单一，产品同质化严重，能达到 4 倍以上放大倍数、持续盈利的公司并不多。2011 年，全国全行业融资担保放大倍数仅为 2.1 倍，远低于实现正常盈利应有的 4 倍的放大倍数；全行业实现净利润总额 101 亿元，净资产收益率仅为 1.3%。在融资担保业务无法满足其盈利期望的情况下，一些公司受暴利驱使，经营行为异化，将资金投入一些盈利更高的"副业"，如高风险投资、民间融资等，个别甚至从事非法集资、非法理财等违法违规活动，隐藏着巨大风险，对行业信誉造成不良的影响。

（四）银担合作机制的缺陷

当前，中小微型企业贷款难和银行机构难贷款的矛盾十分突出。理论上，通过引入融资担保机构，银行机构可以解决中小微型企业抵押物不足的问题，有效分散贷款风险。因此，在解决中小微型企业融资难的问题上，银行机构与担保机构具有一致的目标，这为双方的平等合作提供了基础。但实际上，由于我国金融资源高度集中于银行机构，加上融资担保机构普遍存在实力不强、经营不规范、信誉度不高等问题，在银担合作中，银行机构往往处于支配地位，融资担保机构则缺乏"话语权"，双方并没有真正建立起风险共担、利益共享的合作关系。如在准入上，银行机构往往设置较高的准入门槛，对融资担保公司准入提出一些严格甚至是不合理的要求，有的银行总部甚至"一刀切"限制其分支机构与民营担保公司的合作；在风险分担上，国际上通行做法一般由银行机构和担保机构共同承担贷款损失的风险，但我国银行机构往往要求融资担保机构承担 100% 的贷款损失代偿责任，将贷款风险全部转嫁到融资担保机构身上。在市场经济条件下，任何市场主体之间的合作，一定是建立在双方利益均衡的基础之上，要求任何一方承担全部风险的做法，都有违于公平交易的市场原则。这种不平等的合作关系，既增大了融资担保机构的经营风险，制约了融资担保业的发展，也不利于双方良性互动合作，不利于解决中小微型企业融资难问题。

（五）行业扶持机制的缺陷

融资担保机构对缓解中小微型企业融资难，具有不可或缺的作用。根据信贷市场的"马太理论"，由于与大企业相比，小企业信用度较低，单靠市场机制作用，小企业很难从银行获得贷款。融资担保机构的介入，能够有效弥补市场机制的不足，是政府职能的一种有益补充。由于融资担保具有准公共产品的特性，因此，由政府对融资担保业进行扶持，是十分必要的。近年来，我国各级政府出台了许多扶持政策和措施，从资金补助、税收减免、风险补偿等多个方面，对融资担保机构给予扶持，有力地推动了我国融资担保业的发展。但是，由于历史原因，相关扶持政策由不同部门分头制定，政出多门，而且只是作为支持中小企业、外贸企业等扶持政策的一个部分，没有专门对融资担保业制定扶持政策和风险补偿机制，造成扶持资金的投入分散，"撒胡椒面"，使用效率不高。在国家对融资担保业实施统一监管后，相关扶持政策的制定、执行并没有真正落实。

二、创新融资担保业发展思维

近年来我国融资担保业发生的风险事件，究其思想原因，源于对行业定位不准确，发展思路不清晰，经营理念有偏差。我们要认真吸取风险事件的教训，纠正错误认识，树立正确观念，以科学的经营理念和创新的发展思维，引领融资担保业实现科学发展。

（一）　创新融资担保机构是金融企业的认知，还原其金融本源面目

金融是各种货币运动和信用运用的总称。在资金融通过程中，沟通货币供给者和需求者的媒介组织，即为金融中介。融资担保机构虽然不像银行一样直接经营贷款业务，但它通过与银行等金融机构的合作，寻找目标客户，为其提供担保，帮助其获得银行资金的支持。这个寻求担保对象并向其提供担保的过程，就是引导金融资源、实现货币资金融通的过程。由此可见，融资担保机构具有金融机构的特性，从功能和定位上看，融资担保业属于特殊的金融行业。但是，在过去的一段时期里，融资担保机构更多被视为帮助中小微型企业融资的工具，当做一般的工商企业进行管理，鼓励行业自由发展，但却忽略了其高风险、高杠杆率的金融特性，忽视了日常监管，以致行业在粗放发展的过程中，遗留了许多问题，积聚了大量风险。分析近两年来发生的风险事件，我们应当进一步增强对融资担保机构金融属性的认知，还原其金融企业的本源面目，充分重视行业的高风险性，不单纯追求机构规模的增长，更加注重提高行业的发展质量和单体机构的承保能力，引导融资担保机构审慎经营、规范运作，在有效控制风险的前提下实现行业的稳健发展。

（二）　创新融资担保业是金融产业有机组成部分的思想，还原其产业地位及应有的尊严

融资担保机构具有增信、分险的功能，它通过与银行机构合作，为中小微型企业等客户提供担保，可以增强企业信用，分散银行信贷风险，从而提高银行放贷的积极性。因此，融资担保是世界各国为解决中小微型企业融资难而普遍采取的一种金融支持方式。近年来，在各级政府的重视和支持下，我国融资担保业不断发展壮大，在中小微型企业信贷中发挥着越来越重要的作用，成为了金融产业中不可分割的一个重要组成部分。据中

国银监会统计，截至 2011 年末，与融资担保机构开展业务合作的银行业金融机构有 15997 家（含分支机构，不含小额贷款公司，下同），融资担保贷款余额达 12747 亿元，贷款户数 18.1 万户，占银行业金融机构各项贷款余额的比重为 2.2%，占贷款户数的比重为 9.7%。虽然当前一些融资担保机构出现了风险，但应当看到，我国融资担保业的主流还是好的，整体发展趋势还是积极向上的。我们要充分认识融资担保的重要作用，把融资担保业作为金融产业的一个重要组成部分，继续推动其规范、有序发展，使其为中小微型企业融资发展发挥更大的作用，为我国经济建设和金融发展作出应有贡献。

（三）创新融资担保是联通金融资本和实体经济的桥梁的观念，还原其"性应善"的社会服务功能

融资担保的产生，是中小微型企业融资需求和银行体系专业化分工的结果，它通过提供融资担保服务，联接银行机构和中小微型企业，促进资金融通，支持实体经济的发展。因此，融资担保是联接经济金融的重要桥梁，是经济金融互动的枢纽环节，具有重要的社会服务功能。在过去的一段时期，一些融资担保公司经不住暴利的诱惑，经营理念出现偏差，偏离融资担保主业方向，打着担保旗号，违规从事高风险投资、高息放贷等业务，以谋求高额利润，结果尝到了苦果，付出了沉重代价。事实证明，偏离融资担保主业，背离为实体经济服务的宗旨，融资担保就会成为无源之水，无本之木，最终遭到市场的抛弃。每一位融资担保从业人员，都应该引以为戒，树立正确经营理念，以服务实体经济、服务中小微型企业为己任，依法依规经营，做精做专业务，逐步树立公司品牌，建立行业信誉，善行善德，在服务实体经济发展的过程中，实现行业的长远发展。

三、创建现代融资担保体系

融资担保体系是指由融资担保机构及其相关要素组成的一个有机联系

的整体。2000年国务院办公厅转发的《关于建立中小企业信用担保体系试点的指导意见》，提出了组建我国中小企业信用担保体系的基本模式，一般概括为"一体两翼四层"，即以城市信用担保、省级信用再担保和国家级信用再担保等政策性担保组成主体，商业性担保和互助性担保"两翼"为补充，由中央、省（市、区）、地市、县（市）"四层"共同组成的担保体系。随着我国融资担保业的发展，现实情况已与当初设想所不同，比如，商业性担保已成为我国融资担保业的主体，国家级再担保机制没有形成等。

目前，我国融资担保业已纳入特许经营，实施行业监管，进入了一个新的发展时期。结合形势变化，科学规划我国融资担保业的整体布局，创建符合我国国情和行业发展需要的现代融资担保体系，才能在新的历史起点上加快行业发展，引导和推动我国融资担保业逐步走上规范经营、科学发展的道路。

（一）科学规划，合理布局，创建现代融资担保机构组织体系

目前，我国融资担保机构由省级政府负责属地管理，承担日常监管和风险处置责任。因此，在国家层面，可以不成立国家级的再担保机构，由融资性担保业务监管联席会议牵头，建立融资担保业扶持机制和风险补偿机制，引导、推动行业发展；在一省范围内，由省级融资担保监管部门负责，创建以省级再担保为龙头，地级以上市融资担保机构为主体，县域业务机构为支撑的融资担保机构组织体系。

1. 在省级组建政策性再担保公司，发挥政策引导和宏观调控的作用。省级再担保公司主要由省级政府出资组建，可以适当引入民间资本，按照"政策性目标，市场化运作，企业化管理"的方式进行运营。省级再担保公司的主要职能包括：一是运用再担保机制，推进融资担保体系建设，引导融资担保机构规范发展；二是建立全面覆盖风险的再担保体系，为融资担保机构提供分险和增信服务；三是协助、配合省级监管部门，推进行业

自律管理等。另外，可以根据实际需要，组建省级政策性担保公司，主要为科技创新产业、"三农"经济等提供融资担保服务，以解决这类企业贷款风险较大、商业性融资担保公司积极性不高的问题。

2. 在地级以上市发展多元化的融资担保机构，构建融资担保体系的主体力量。由省级监管部门根据各地级以上市经济发展和中小微型企业融资需要，制定全省融资担保业发展规划，对行业布局、机构规模、股权构成、业务规模等作出统筹安排；各市按照统一规划，积极建设以商业性融资担保机构为主体，政策性、互助性融资担保机构共同发展的多元化的融资担保机构体系。地级以上市应主要发展三个层次的机构：一是发展 1 家区域性融资担保龙头企业，由市级财政出资为主组建，民营资本、外资参股。可开展综合化经营，业务覆盖全市。二是发展数家商业性融资担保机构，以融资担保为主业，开展综合化经营，在全市范围内办理业务。三是发展一批专业化、特色化的小型商业性或互助性融资担保机构，为特定行业（专业市场）提供融资担保服务。

3. 在县（市）主要设立融资担保业务机构，满足必要的担保服务需要。县域不设融资担保法人机构，只设分支机构，现有法人机构通过改革重组，逐步向地级以上市集中；积极引导一些规模较大、实力较强、经营规范的融资担保机构到县域设立分支机构，发挥辐射带动作用。

（二）扶优扶强，创建现代融资担保龙头企业

近年来，在各级政府的扶持下，我国一批专注融资担保主业、经营规范、业绩优良的融资担保机构，在激烈的市场竞争中脱颖而出，成长为全国重要的融资担保龙头企业，如北京的首创担保、中关村担保，重庆的三峡担保、瀚华担保，广东的银达担保、中盈盛达担保等。这些公司共同的特点是，多元化的股权结构、现代化的公司治理、专业化的管理团队、综合化的经营模式。应认真总结、借鉴这些公司的发展经验，积极引导，扶优扶强，按照现代企业标准，创建一批现代融资担保龙头企业，为行业发

展发挥积极的示范带头作用。

1. 创建现代融资担保机构股权新结构。股权多元化，是现代企业制度的基本要求。创建现代融资担保机构股权新结构，首先要努力促进融资担保机构股权多元化。一是要通过政府出资引导，动员各类资本参与，鼓励和引导国有资本、民间资本和外资依法投资融资担保机构，增强行业资本实力。二是要注重引入各类专业机构，如银行等金融机构、专业评估机构等中介组织、各类行业的骨干企业、有专业市场、特色行业等背景的企业和个人等，充分发挥股东的专业优势，提升融资担保机构的专业化水平。三是要积极创造条件，扶持一批经营规范、风险管控能力强、具有行业影响力的融资担保机构改制上市，拓宽资本补充渠道，促进机构做大做强。

2. 创建现代公司治理新结构。公司治理是现代企业制度安排的核心。合理的公司治理结构安排，有助于实现权力制衡，推进科学决策。因此，要按照现代企业制度的要求，进一步完善融资担保机构的公司治理结构。一是要在实现股权多元化的基础上，优化董事会、股东会、监事会和经理层"三会一层"的机构设置，明确职责，完善职能，建立职责明晰、相互制衡的组织架构。二是实施职业经理人制度，组建专业化管理团队，并逐步建立对高管人员的股权激励机制。三是要加强制度建设，以风险控制为重点，完善各项业务流程和决策机制，提高融资担保机构的风险管控水平和抵御风险能力。

3. 创建可持续发展的盈利模式。综合化经营是融资担保机构的发展趋势。融资担保机构要发挥贴近市场、贴近中小微型企业的优势，适应中小微型企业融资发展的特点，积极开拓创新，建立以融资担保为平台，以融资担保业务为主业，综合化经营、多元化发展的盈利模式。一是要做大做强融资担保主业，加强风险管理，提高担保放大倍数；二是要推进业务创新，通过与其他金融中介组织合作，开发适合中小微型企业融资需求的业务品种，为中小微型企业提供多元化融资服务；三是要探索组建小型金融服务集团，以融资担保公司为依托，通过投资、参股等方式，大力拓展与担保有关的其他衍生业务，如典当、小额贷款、融资租赁、创投、融资咨询等，实现综合化经营，建立为中小微型企业融资服务的产业链。

（三）存优汰劣，引导传统融资担保机构改革重组、创新发展

我国融资担保业发展很不平衡，存在着相当部分传统的融资担保机构，由于规模小、实力弱，融资担保业务经营比较困难。对于这些机构，要充分发挥市场机制的作用，存优汰劣，积极推进其改革重组，创新发展。

1. 建立评级制度和市场退出机制。建立对融资担保机构的评级制度，定期进行考核评级，实施分类管理；对实力较弱、长期不经营融资担保业务，以及违法违规经营、资不抵债的融资担保机构，应依法让其退出市场。

2. 积极推动融资担保机构改革重组。鼓励融资担保机构引进战略投资者，拓展资本补充渠道，优化股权结构，增强资本实力；采取市场化方式，推动条件较好的融资担保机构对小型融资担保机构并购、重组，提升公司整体实力。

3. 大力发展专业化、特色化融资担保机构。鼓励融资担保机构开展专业化、特色化经营，为专业市场、专业镇街、特色工业园区等提供服务；支持行业协会、地区商会等发起设立融资担保机构，为会员提供专业化服务。

4. 完善行业扶持机制。省级政府统一制定对融资担保业的资金扶持政策，市级政府统筹安排各项扶持政策及资金，建立制度化、常态化的扶持政策体系，提高扶持资金使用效率；鼓励各级地方政府通过担保基金等方式，建立融资担保风险补偿和分散机制，为融资担保机构提供保障。

（四）平等合作，创新银担合作新机制

目前银担合作中出现的问题，既有担保机构本身实力不强、经营不规范，难以获得银行机构充分信任的原因，也有银行机构凭借强势地位，向

担保机构转嫁风险的问题。因此，构建平等合作、互利共赢的银担合作新机制，需要银担双方秉持合作诚意，采取实质措施不断努力。

在银担合作中，要积极倡导建立平等合作、互惠互利、相互制衡的合作关系。一方面，融资担保机构要努力提升自身实力，强化风险管控能力，依法依规经营，以良好实力和信誉赢得银行机构的认可和支持，在银担合作中赢得更大的"话语权"。另一方面，银行机构要充分认识融资担保的作用，增强社会责任感，主动推进银担合作。一是要科学制定对融资担保机构的评价办法，建立分类授信制度，加强与实力较强、经营规范、信用良好的融资担保机构的合作。二是要主动调整银担合作政策，在业务准入、风险分担、保证金收取、代偿追偿等方面建立平等合作关系。三是要保持银担合作政策的稳定性，防止银担合作大起大落。四是要积极创新银担合作模式，拓展合作领域，创新担保业务和品种，不断加强和改进银担合作。

各级政府要加强监督、引导，为银担合作创造良好的外部环境。一是要加强行业监管，促进融资担保业规范发展。二是要建立激励机制，对银担合作成效突出的银行机构给予扶持、奖励，引导银行机构加强银担合作，加大对中小微型企业和地方经济的资金支持。三是要建立和完善风险补偿和分散机制，为银担合作提供保障，调动银担双方合作的积极性。四是要加强社会诚信体系建设，落实财税扶持政策，不断完善融资担保征信管理制度和抵（质）押登记制度，协调解决银担合作中碰到的各种困难，为银担合作提供良好的条件。

路桥资产证券化研究（节选）

改革开放以来，我国经济持续较快发展、人民群众生活水平不断提高，对路桥产品的需求逐年增加。"十一五"时期，全国高速公路平均每年新增近5000公里，预计"十二五"时期，平均每年新增6000公里，按平均每公里造价3500万元计算，每年新增此项投资高达2100亿元。如何运用先进的融资工具，动员更多的资金支持路桥建设，成为本文的研究动机。

2008年爆发的国际金融危机，让人们更加深刻地认识到传统的经济发展模式越来越没有出路，只有转变经济发展方式才能实现真正意义的经济复苏和科学发展。与此相适应，传统的生产性服务方式也要转变，才能更好地支持经济发展方式的转变。其中，生产性服务的融资创新势在必行。

资产证券化是当代世界金融最重大的创新之一，日益显示其强大的优势及生命力。路桥资产证券化在中国也进行了局部尝试，取得了一定的经验。

早在20世纪80年代就在全国率先进行"贷款修路，收费还债"改革的广东省，率先遇到了改革试验的困惑：路桥使用效率不高，但路桥寿命较短；使用者付出的费用很大，但还贷的计划屡屡不能实现；路桥的需求越来越大，但修建路桥的资金供给不足。

鉴于现行路桥资产管理体制的缺陷与传统融资方式的缺陷，我们提出在一省范围内进行路桥资产证券化融资的新思想及对策，支持以路桥资产证券化替代路桥收费，提出在一省范围内创新路桥建设融资机制，撤销全部路桥收费站的积极措施。

一、广东路桥资产证券化的战略选择和主要实现途径

在广东省范围内进行路桥资产证券化融资的战略目标包括融资方式的替代、全省实行一票制收费、撤销所有路桥收费站。如按照可放入资产池支持资产证券化资产规模有三种战略选择。第一种战略选择是将单个路桥资产作为支持资产进行资产证券化；第二种战略选择是分别以广东省21个地级市为单位，将单个市及其行政区域内所有的路桥资产作为支持资产进行资产证券化；第三种战略选择是统一将全省所有路桥资产作为支持资产进行资产证券化。

以单个路桥资产进行资产证券化融资的劣势有以下几点：一是单个路桥项目经营业绩有好有坏，资产质量参差不齐，对资产证券化产品的销售不能形成价格优势。二是全省有数千个路桥项目，逐个项目进行融资太过分散，不能形成规模效应。三是以单个路桥项目的资产融资，不利于交通一体化的规划、建设和管理。

以单个地级以上市以及所有路桥资产进行资产证券化融资的劣势有以下几点：一是各地级以上市的收费效益、还贷基数、公路规模、债务余额、财政收入等情况存在较大差异，不能做到每个地级市都同步利用资产证券化进行融资。二是以单个地级以上市为单位融资，仍然无法推行全省一票制收费、撤销全部收费站，不利于珠三角交通一体化的进程，不利于全省大交通统一管理格局的形成。这两种战略选择不能支持实现三大战略目标。

以全省所有路桥项目资产进行资产证券化融资，是一种有利于较为长远打算与稳定融资的替代方式。以全省所有路桥资产作为支持资产，资产池资产规模较大，资信较高，可以在全省范围内统筹筹集还款来源和统筹使用融资资金，有较强的抗风险能力。其次，以全省所有路桥项目资产进行资产证券化融资与实现全省一票制收费、撤销全部收费站是和谐一

致的。

二、广东路桥资产证券化的主要实现途径

在广东全省范围内进行路桥资产证券化融资工作是一项比较复杂的系统工程，必须有计划、有组织、有步骤地实施。资产证券化融资与传统融资方式最大的区别在于，传统融资基于企业整体信用和盈利能力，即使在抵押贷款上，贷出方对贷款的安全性主要考虑企业整体经营的现金流。而资产证券化融资则基于特定资产本身带来的现金流，投资者的资金安全主要考虑特定的基础资产的市场价值及其本身能够带来的现金流。以特定资产为基础融资设计的资产证券化，增强了该融资的流动性，通过结构化安排，更可进一步提升资产证券化产品的安全性，提升产品的信用等级。路桥资产证券化融资既能支持新的收益分配的制度安排，更可为路桥发展提供强大的资金支持。

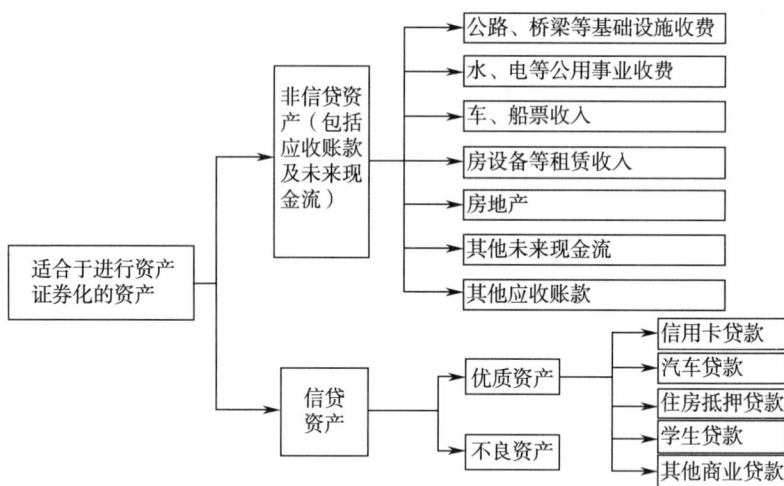

适合于进行资产证券化的资产

路桥资产属于非信贷资产（包括过路过桥收费收入及其未来现金流），非常适宜于资产证券化融资。

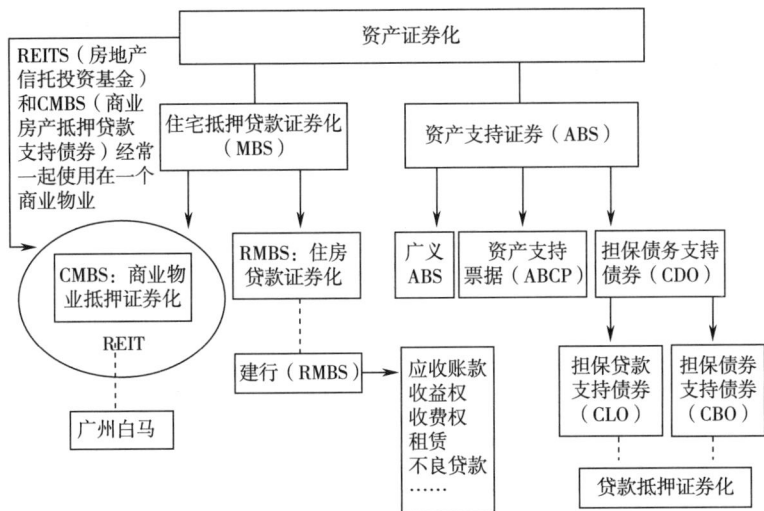

特定基础资产的资产证券化产品

路桥资产这个特定基础资产非常适宜于发展资产支持证券类的资产证券化产品。

路桥资产证券化规范运作程序设计如下：

（一）确定融资主体

可由广东省人民政府授权广东省交通集团组建"路联体"，并行使"路联体"融资主体权力。负责收购分散在各个不同路桥业主的路桥所有权；负责制定并实施路桥资产证券化融资工作方案。

"路联体"收购各路桥业主的路桥所有权是本融资方案前期准备阶段最关键，也是困难最大的环节，必须事先进行大量的、周密细致的调查、研究、访谈、摸底工作，进行充分准备后制订工作方案，然后再进入谈判阶段，保证路桥资产证券化融资工作方案的顺利实施。

广东省路桥投资者（业主）数量众多，各类业主数量达百余家，并且业主的性质各异，国有、民营、外资性质的业主都有。以当前资金来源划分，政府财政约占28%，银行贷款约占51%，外资约占13%，民营资本约占8%。这些业主，尤其是民营企业及外资业主，均需要进行一对一的沟通谈判。

关于收购方式。收购路桥所有权可以采用直接收购的方式，也可以采用发行股票，以股权换取路桥资产的收购方式，主要采取直接收购方式受让路桥资产。"路联体"获得所有或者绝大部分路桥资产产权是改变目前设卡收费为年票收费模式的前提条件和一切工作的基础。

关于作价方法。确定收购价格是路桥资产收购的重点、难点，各路桥投资成本各异，收益状况不同，定价比较困难。有三种作价方法可供选择：一是按重置成本定价；二是按历史成本加一定溢价定价；三是以未来现金流折现定价。

关于支付方式。在收购对价的支付方式上，由于全省路桥资产规模巨大，为减少支付对价数额和融资总量，可以考虑以"股权 + 现金 + 承担银行债务"结合的手段进行支付：一是被收购的项目资产入股"路联体"；二是以证券化融入资金按分期付款方式支付部分现金；三是由"路联体"承担银行贷款，通过"一票制"收费收入和证券化融入资金逐年偿还，部分银行贷款可以通过证券化方式转换成由银行持有证券化的资产方式存在。

（二）制订资产证券化融资计划

首批融资总规模：　　　500 亿元
期限：　　　　　　　　10 年
批准机关：　　　　　　中国人民银行
发行市场：　　　　　　全国银行间市场

（三）以应收账款为基础资产发行资产证券化产品进行融资

"路联体"分别向各经营性路桥资产占有者购买特定路桥资产，并采取分期付款的方式支付购买路桥资产的对价；各路桥资产出售者获得了对"路联体"的应收账款。该应收账款形成了特定的基础资产。

"路联体"收购各路桥资产后，收购对价减股权和一部分银行债务承担外，剩余部分为分期应付款。原路桥业主将该应收账款转让给 SPV（Special Purposed Vehicle，又称特殊目的载体），SPV 以该应收账款为基础资产，发行资产证券化产品进行融资，所得款项按分期付款约定支付给各路桥业主价款，各路桥业主收到现金后，交易完成。具体步骤如下：

1. 基础资产的确定

广东省交通集团及其他业主将所拥有的路桥资产转让给"路联体"后，其中 500 亿元的对价是以分期应收款的形式获得的，以这 500 亿元的应收账款债权为资产证券化融资的基础资产，并根据该部分应收账款的金额、收款方式、期限来确定证券化融资的规模、本息支付方式及期限。

2. 融资规模、期限、利率的确定

在融资规模的确定上，主要考虑的因素是未来现金流（本方案中即为年票收入）的规模、折现率（及利率）、债权规模以及融资方的融资需求。

我们假设融资利率为 4.62%（较 10 年期贷款利率低 1.5%），产品期限为 10 年，融资规模为 500 亿元（与债权规模相匹配），则每年用于归还投资者本息的年票收入应在 70 亿元左右。年票收入还要考虑其他需要，如归还银行贷款、日常路桥运营费用和新路桥的建设。

3. 成立 SPV

SPV 是一种专为隔离风险（也称破产隔离）而设立的独立特殊实体。发起人将资产池中的资产出售给 SPV，将风险锁定在 SPV 名下的证券化资产范围内，保障证券投资者的利益不受发起人破产的影响。在国内，目前较可行的 SPV 载体是通过信托公司成立的信托计划，其依托于《信托法》，具有较好的破产隔离效果。

我们可选择省内的粤财信托为平台，发起设立"广东省路桥应收款信托计划"作为本方案的 SPV。

4. 资产的转让

SPV 设立后，广东省交通集团及其他路桥业主将 500 亿元的应收账款债权转让给 SPV，以此作为资产证券化融资的基础资产。

5. 发售证券

资产转让完成后，由承销商在银行间市场发行信托受益凭证，募集资金。

6. 向发起人支付资产购买款

募集资金成功后，由承销商将募集资金 500 亿元支付给 SPV，然后由 SPV 支付给原始权益人省交通集团及其他路桥主体，以此支付资产收购对价。

（四）增强省交通集团的议价和购买能力

省政府适当安排路桥资产证券化启动资金；省建设银行等适度借给过桥贷款。以支持全省路桥资产证券化工作及增强省交通集团的议价能力、购买能力。

（五）路桥资产证券化及交易流程

基本内容

融资额度：人民币 500 亿元

融资期限：10 年

融资利率：4.62%

发行市场：全国银行间市场

审批机关：中国人民银行总行

交易流程

1. 广东省交通集团及其他投资主体将各自拥有的路桥所有权统一出让给"路联体"。

2. 各投资主体获得对"路联体"的应收账款债权。

3. 原始权益人广东省交通集团及其他投资主体将应收账款债权转让给 SPV。

4. SPV 以应收账款债权作为基础资产，在银行间市场发行信托受益凭证。

5. SPV 以应收账款债权作为基础资产，在银行间市场发行信托受益凭证，从银行间债券市场众多投资人处募集到资金。

6. SPV 将募集资金作为转让应收债权的对价支付给原始权益人。

7. 广东省政府通过立法等形式赋予"路联体"年票收费特许权。"路联体"设立专门的收费中心负责收费结算后，由"路联体"将款项按路桥转让合同的规定按时足额将款项支付给 SPV。余下部分：一部分用于偿还资产收购时承接的银行贷款；另一部分用于路桥维护和补充新路桥项目建设投资。

8. SPV 将收到的款项按信托计划书的约定向投资者支付本息。

9. 广东省人民政府设立专项的偿债保障基金（约 20 亿元），对本次证券化交易进行外部信用增级，确保 SPV 能够按时偿还投资者的本息。

交易结构与路线图

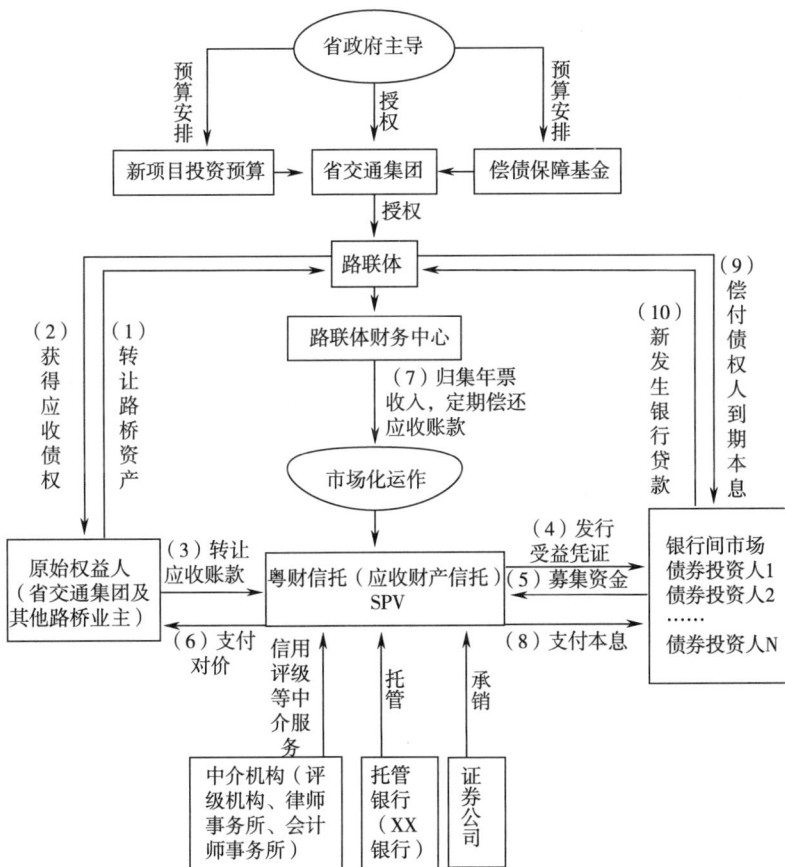

交易结构与路线图

各参与人的作用、权益和义务

1. 省政府：（1）决策人和最终义务承担人。本方案以省内路桥收费体制改革为背景，以年票制的实施为前提，这些都需要由省政府推动并最终决策。（2）偿债保障基金的设立者。本方案以偿债保障基金为外部增信措施，而偿债保障基金需要省政府以财政收入为资金来源。

2. "路联体"：（1）资产收购的主体。在路桥资产收购阶段，"路联体"将是资产收购的主体。"路联体"将承担前期的摸底调查及与各路桥业主进行谈判、收购的艰巨任务，是方案实施的关键参与方。（2）省内路桥资产的经营主体、投资人。资产收购并实施年票制后，省内路桥资产将集中统一在"路联体"名下，"路联体"将负责应付账款的归还、现有路桥的维护及新路桥建设的投资，年票收入也将统一由"路联体"进行归集，并在省政府相关部分的指导下将年票收入分配至归还应付款、维护现有路桥及新路桥建设等几个方面。

3. 省交通集团及其他投资主体：（1）在资产收购完成后，省交通集团及其他国有路桥投资主体在实质上将不复存在，其资产、负债及人员将统一由"路联体"接收。（2）在资产证券化融资过程中，省交通集团及其他投资主体由于拥有应收债权，将成为交易过程中的原始权益人。

4. 其他交易各方：

（1）承销商：产品设计及信托产品的销售。

（2）信托公司：SPV 的载体，起到通道的作用。

（3）托管银行：一般为企业的主办银行。办理专项计划账户的托管业务。

（4）会计师事务所：具有证券从业资格的会计师事务所，对基础资产产生的现金流进行预测和评估。

（5）律师事务所：对专项计划的相关事宜发表法律意见，提出依法规避风险的建议。

（6）信用评级机构：资信评级公司（如中诚信、大公国际等），对专项计划进行信用评级和跟踪评级。

（六）融资运用

"路联体"获得资产证券化融资资金后，主要运用于以下四个方面：一是按分期付款合同支付各路桥资产出售者的对价价款；二是按收益分配协议对各"路联体"成员进行收益分配；三是偿还在收购路桥资产时承接的银行贷款；四是以"路联体"名义进行新的路桥建设投资。

（七）证券化融资结束后资产运营与资产处置

融资成功后，方案实施即进入后续阶段。主要包括全省实施"年票制"收费制度，"路联体"负责归集年票收入及支付应付款项、省级政府设立偿债保障基金等。

1. 实行按"年票制"收取过路过桥费的制度

在将省内路桥资产集中到"路联体"之后，省人大或省政府可通过制定地方法律、法规等方式宣布在全省范围内对所有的经营性路桥实行每年一次收取年票的制度，废除现有的每次通行都收取通行费的规定。

"年票制"实施成败的关键，在于对年票价格的确定。年票价格的确定不仅是本融资方案成败的重要环节之一，也是关系年票制能否成功施行的关键因素，必须统筹考虑，审慎决策。年票价格的确定要综合考虑年票收入的规模及车辆使用者的承受能力，如果价格定得过低，将导致年票收入规模过小。年票收入不仅是信托计划中支付投资者本息的资金来源，也是今后"路联体"承担现有路桥的维护、新建路桥投资的资金来源，如果定价过低的话，将导致偿债保障基金设立的困难、现有路桥路况质量下降、新路桥无法建设的局面，从而加大政府的财政压力。如果年票价格定得过高，超出车辆使用者的承受能力，则可能出现省内汽车保有量下降、汽车工业增长乏力、社会不满情绪滋生等诸多经济、社会问题。

2. "路联体"取得年票收入特许经营权，支付应付款项

在"路联体"收购全省路桥资产所有权之后，由省政府授予"路联体"

全省路桥年票收入特许经营权。"路联体"可下设一个财务中心，负责全部收费路桥的路桥收费收入收缴、汇总、结算、成本核算、收益分配、到期还贷等财务工作。在信托计划存续期内，财务中心将承担定期支付应付款项的职责。

3. 省政府设立偿债保障基金，对信托计划进行外部增信

省政府以财政收入为基础，经省人大批准，在财政预算内设立专门针对本信托计划的偿债保障基金，对信托计划进行外部增信。该还债基金的作用在于当年票收入不足以支付当期投资者本息时，由偿债保障基金予以弥补。

路桥资产证券化的最终目的是要实现对路桥收费行动的替代，实现对"收费还债"融资模式的替代。

三、路桥资产证券化融资模式替代"收费还债"模式

"收费还债"融资模式是以收费能足额还本付息的假设为基础设计的。事实上，任何一条（座）路、桥的通行车辆数量都不会在通车当年达到设计收费标准、收费期限预计的情况，存在一定的误差，在路桥产品较少、全社会车辆数量较少情况下，这种误差相对较小，但随着路桥产品供给的增加，全社会车辆增加分布不均匀的情况下，这种误差相对较大，客观存在着收费不足以还债的风险，一些地方甚至发生了收费不足以支付贷款利息的巨大风险。这种"收费还债"融资模式一开始就存在着较大的缺陷，将它当做一种权宜之计未尝不可，将它当做长久之计就大可不必了。

"收费还债"，得使用收费站、收费员工，由此还必须支付相应的建设费用和员工薪酬及培训费用。按现行路桥运营财务管理，这些费用是当做收费成本冲减收费收入的，这就使得收费不能足额还本付息雪上加霜，不仅使原定的收费期限拉得很长很长，而且使债权人更加看不到资产债务人还本付息的希望，而不愿再次支持路桥资产拥有者新的建设活动。"收费还债"融资模式，一方面将路桥资产拥有者的经营活动留下了巨大风险，另一方面将债权人的金融风险一次次地放大着。这种融资模式已显得落后、显得不文明。必须找到一个科学健康的融资模式来替代它。

路桥资产证券化融资是以特定目的资产为基础设计的金融产品，它以特定目的的资产未来的预期收益作为定价依据，在融资模式设计中已允许了近期的设计误差，不留下设计风险。这种金融产品的销售不限在某一路桥区域销售，而是在全省乃至全国范围内销售，不与全社会车辆数量的增减变化直接挂钩，不与路桥建设发展不均衡情况相联系，因而不会造成单个路桥主体的经营风险。随着在一省范围内实现路桥资产证券化融资，不仅带来更多的路桥建设资金，而且抗御全省范围内的路桥经营风险的能力将大大增强。

路桥资产证券化融资模式还以低成本、快速筹集大规模建设资金的优势显现其强大的活力，必将替代"收费还债"融资模式。

四、在全省范围内撤销路桥收费站

通行不顺畅问题是车辆使用者反映最为强烈的突出问题。几乎每一车辆使用者都无法忍受超过一般通行消耗增加 10% 以上的通行时耗和缴费负担。在全省范围内撤销路桥收费站为解决这个问题提供了根本保证。

解决通行不顺畅问题，首先必须坚决拆除横亘在主干线上、潜伏在各匝道上的收费站，使道路无障碍，通途相连；其次必须对因画地为牢、各收各费而设立的互通立交进行简约化改造。如京珠高速南沙断的黄阁立交设计复杂，接驳过繁，收费站连着收费站而令人生厌，必须进行直接联通的工程改造，让过往车辆最便捷地互转互通。

（一）为外省车辆一次性交费提供服务

在广东全省实行"一费制"收费情况下，在广东境内经营性路桥上通行的外省车辆仍应按次缴交路桥通行费。广东省有关管理部门要为外省车辆通行广东缴交路桥通行费提供服务。一是设置方便缴交路桥通行费的站点，一般在两省交界处设置缴费站；二是设定合理的次票价格。应在充分抽样调研的基础上，广泛举行听证等征求意见活动，确定多方面基本认可的次票价格，制定具体的外省车辆交费管理办法和服务指引。

（二）分流安置收费人员

目前，全省路桥收费人员有 3 万余人，他们为发展广东交通运输事业工作在第一线，作出了较大的贡献。在实行大交通管理体制改革和路桥资产证券化融资体制改革情况下，应对这些人员进行科学合理的分流安置，维护社会的稳定。一是建立治理超载专项行动队伍。二是有针对性地进行免费职业培训后重新安排就业。三是其余人员在获得适当的经济补偿后自谋就业。对于不接受免费培训、自谋就业困难较大的部分人员，由当地政府按低保政策给予社会福利方面的保障与救助。

培训篇

路长雁成行

——关于团队建设的四个问题
（2010 年 10 月 19 日）

    深秋时节，大雁成行，奋力飞向南方新的目标。这是天宇中最早出现的空军，现在看来，它们仍然是最优秀的飞行团队之一。大雁为什么不是单飞？为什么始终保持"V"形队列前进？因为这是风险最小、成本最低、效率最高的飞行模式。由于路途长远，耗时较多，气象恶劣，单飞迷失方向的风险最高，在有经验的头雁的引领下，在团队的相互支持下，团队飞行的风险最小；保持"V"形队列前进，可排除乱流干扰，有效减少气流阻力，可共同选择有利时机、有利高度飞行，整体飞行效率比单飞提高 71%。难怪我国古代诗人刘沧仰天长叹"终日路岐归未得，秋来空羡雁成行"。

    大雁是人类的朋友，更是人类团队建设的导师。雁行理论已深深扎根于组织行为科学之中。

    综观本次政府机构改革后的团队建设工作，加强全省政府金融工作管理团队的建设最为紧迫。首先，与硬件建设相适应的软件建设严重滞后，形势逼人。到目前为止，继省政府设立省政府金融工作办公室及增强职能之后，各地级以上市相继设立了市政府金融工作局（办）并增强了职能，从省到市硬件建设基本完成。但是，全面履行职能的团队建设、促进全体成员全面发展的工作十分薄弱，不能很好地适应完成越来越重要工作任务的要求。其次，整个团队知识资本管理从零开始，任重道远。知识资本管理（Intellectual Capital Management）包括人力资本、结构资本和关系资本的管理。人力资本包括团队成员的专业知识及专业经验，团队精神及团队文化，团队战斗力及团队的影响力；结构资本包括在全体成员的有效沟通及紧密团结之下形成的整合功能及合作力量，团队在全局中的地位及作用，团队可持续发展的运行机制及管理制度，一定数量的产品品牌或知识产权；关系资本包括本团队与各有关团队保持良好的互动协作关系，团队内部各阶层良好的联动秩序，团队领导班子与上级领导人员良好的人际关系，团队成员与下级组织良好的工作关系。知识资本管理（ICM）最早应用于企业管理，ICM 帮助企业善待善用已拥有的知识资本，增强企业竞争力量。香港特区政府知识产权署自 2009 年 3 月推出 ICM 管理计划以来，已有 230 个团队加入其中。知识资本已被越来越多的团队所重视、所运用。我们这支年轻的团队更需要这样做。

团队建设需要解决的问题很多。由于团队各有不同，团队建设的理论众说纷纭，其方式方法也千差万别，因此，全省政府金融工作管理团队的建设不能照搬照抄，必须走自己的路。要走好自己的路，有必要认识并解决好团队意识、良好沟通、组织建设及思想文化建设等基本问题。下面，我就这些基本问题谈四点意见：

一、你是离群的孤雁吗

晚唐诗人崔涂写了两首《孤雁》，特别是第二首，写得很好，成为他的代表作品，反映了诗人对孤雁最真切的体验与同情。全诗是：几行归塞尽，念尔独何之？暮雨相呼失，寒塘欲下迟。渚云低暗度，关月冷相随。未必逢矰缴，孤飞自可疑。诗的大意是：初春时节，一群群鸿雁列队多行向北飞翔，回归北方边塞，有一只离群的孤雁迷失了方向，诗人开始担心：你掉队了，要到哪里去？孤雁不知道要飞到哪里去，在潇潇暮雨中唳声呼唤寻觅着伙伴，孤雁飞临春水寒塘，错将身影当成伙伴，于是盘旋而下，临近水面才发现是个空荡的幻影，迟疑了欲下不下，欲停还停，非常失望，倍添孤独；洲渚（小块陆地）上空的乌云低低地压了下来，在昏暗中飘忽地流动着，关山的月亮泛着凄清的寒光，伴随着那只不知前路的孤雁；诗人最后担心：这只孤雁不一定会遭遇暗箭、绳索的杀害，但孤自飞翔，能否归入团队，总是疑虑重重，其命运令人担忧。随着诗人的情怀感受，我们无不对离群的孤雁深表同情。

（一）在我们身边，有没有离群的孤雁

孤独是心的孤立。现代都市生活，内容非常丰富，活动频率较高，个人追求更高生活品质的意识强烈，为了支付较高的生活成本，有些人自觉不自觉地加入到剧烈竞争的行列之中，变成工作狂、机器人，淡薄了亲情友情，减少了人际交往，渐渐地退出了某个群体，自己将自己孤立起来；当代知识分子接受教育的水平较高，拥有的资信较多，一些人容易自恋、孤芳自赏、自命不凡而不屑与他人为伍；在较大型或较高水平的团队中，一些人未能获得施展才干的机会或未能取得较好的业绩，得不到同伴的肯定和支持而自卑，消沉的心绪最易滑向孤独。

孤独是价值认知的缺失。改革开放以来，推动了全民族思想的大解放，推动了民主与自由的进步，极大地丰富了国民的思想文化生活，也严重地撞击着每一个人的灵魂深处，考验着每个人价值认知与认同的能力。当前，有八种主要思想、思潮向着我们汹涌而至：

1. 邓小平思想（约 1978 ~ 1992 年）——主张改革开放、建立社会主义市场经济体制。

2. 老左派（约 1984 ~ 1995 年）——坚持以阶级斗争为纲。

3. 新左派（20 世纪 90 年代后期）——食洋不化、脱离实际。

4. 自由主义（改革开放以来）——对个人价值和尊严的肯定、对个人权益的保护。

5. 民族主义（1990 年）——中国必须领导世界。

6. 民粹主义（近几年）——主张直接民主，极端平民主义。

7. 新儒家（2003～2005年）——尊孔崇儒，主张儒学为官学、儒教为国教。

8. 民主社会主义（2007年）——注重群体利益，反对失业、贫困。

面对多样性的思想、思潮，如果我们什么都不信，也就什么信念都没有了；什么都信，就会把自己整糊涂，变成一个辨不清方向，行动迷茫的人，最后变成不敢行动的人、孤独的人。

（二）我们应该怎样面对孤独

孤独是一种亚健康状态。在幸福指数中，孤独是一个负指数。在中国文字的解释里，孤，指孤立、单独的；独，指独立、独处。孤独往往与孤单、孤寂、寂寞、寂寥、寥落、落寞、无助、无靠相伴相随，是心理上、精神上、实际生活上的一种悲观的感受。孤独带给我们的往往是情绪低落、忧郁、焦虑、失眠等亚健康状态。

目前，世界上标价最高的绘画制品是著名画家凡·高的《向日葵》，但是在画家生活的年代里，他本人却曾经经历了痛苦万分的孤独；世界著名的文学大师司汤达之代表作《红与黑》成书之时无人喝彩，作者默默无闻，经受着事业的孤独与贫穷的折磨，但在作家离开人世后近百年，《红与黑》已成为光彩照人、影响世界的名著；诺贝尔奖的设立者阿尔弗雷德·诺贝尔生前在很长一段时间里都处在孤独之中，尤其是无爱的孤独，这种孤独曾经让他痛不欲生，但是他却毅然走出了孤独，成就了世人少有的辉煌事业。

面对孤独，我们没有理由沉沦、逃避和颓废，应以大智大勇的智慧去解读、以大智若愚的心态去面对、以大彻大悟的心境去体会，认清孤独背后的本质，努力树立正确的价值认知，追求共同的价值取向。

价值观从总体上影响着一个人的态度、行为，相同工作的人应该趋向于形成共同的价值观，且个人价值观应与团队价值观相适合，这样才能产生更高的工作成效。价值观具有稳定性和持久性，可以在对事物的逐步认知中不断优化。以西红柿为例，随着人们对西红柿的形态特征、营养价值、生长规律（发育周期、环境条件、栽培、采收、贮藏以及病虫防治）认识的不断加深，其价值逐渐凸显。这表明：正确的价值认知形成于人们对事物规律性不断科学的分析上。正确的价值认知可以让人们逐步树立积极向上、乐观进取的人生态度。

（三）怎样才能远离孤独，融入团队呢

相传，佛祖释迦牟尼曾经给他的弟子出过一道难题，他把弟子叫到跟前，问他们："一滴水怎样才能不干涸？"弟子们搜肠刮肚答不上来。于是，佛祖对他们说："把它放到大海去"，弟子们这才恍然大悟。一滴水只有把它放在大海里才能永不干涸，一个人也只有把自己和团队融会在一起的时候才能拥有无穷的力量。

南北朝时期北齐的刘昼在《刘子·荐贤》中说："峻极之山，非一石所成；凌云之榭，非一木所构"。的确，只有一种声音，就成不了气势宏伟的音乐；只有一棵树木，就成不了郁郁葱葱的森林；只有一种色彩，就成不了五彩斑斓的美丽世界。

管理学中有一个著名的木桶理论：一只木桶能够装多少水，取决于木桶中最短的一块木板的长度，而不是最长的那块。让我们换个角度来思考，如果每块木板的长度都一样，但是结合得不够紧密，或者存在缝隙，木桶照样无法装满水，甚至根本就无法装水。这正如我们的团队，只有全体队员的紧密结合，才能构成一个强大的整体，注满新鲜的血液。

当你把水滴融入大海的时候，当你把声音融入音乐的时候，当你把树木融入森林的时候，当你把色彩融入世界的时候，当你把自己融入团队的时候，你会发现小小的个体也能创造出惊人的奇迹，也能迸发出如原子裂变般的能量。管理大师德鲁克曾经说过："组织（团队）的目的，在于促使平凡的人，一起作出不平凡的事。"

（四）打造一支高效的团队，需要我们用心去管理

大雁的团队是自然产生的团队，是为了生存而自发组织的。而我们的团队，是为了实现一个共同的目标而组成的。无论是大雁的自然团队，还是我们的目标团队，都要求我们时刻保持高度的一致性。团队建设是管理的基本内容，不一样的管理，其结果也会千差万别，正如下图的管理方格所示，缺乏管理，生产指数和员工指数就非常低下，自然工作效率也就不高；团队管理无论是与任务管理（专制型）还是与俱乐部管理（放任型）相比，都显现出他最佳的效果，达到了生产和员工的有效结合。

不一样的管理不一样的结果

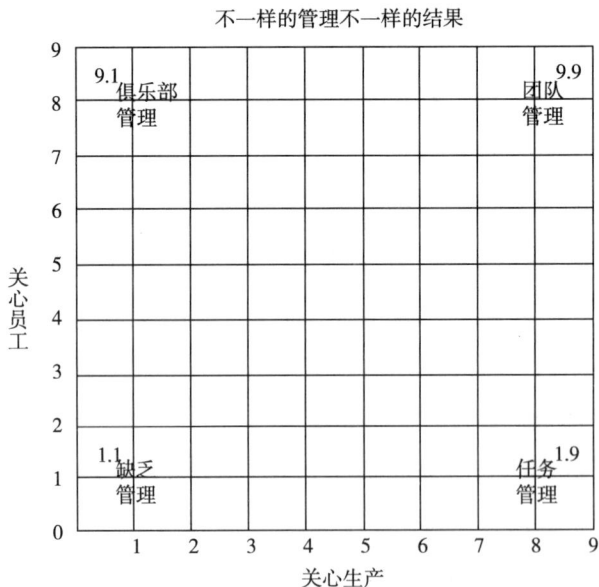

想要打造一支高绩效、一致性的团队，就需要我们用心去管理。具有以下"七心"：

1. 尊重心。尊重是人与人、人与自然的相处之道，是维系人与人之间关系最基本的要素。孟子曰："尊敬之心，礼也。"体现了一个人的平等心态，让人品得到升华。在一个团队中，只有让团队成员感知到受尊重，才能

让他从心底里愿意和你勇往直前，愿意为你分忧解难，愿意同你共谋发展。

2. 宽容心。一位哲人曾经说过：天空收容每一片云彩，不论其美丑，故天空广阔无比；高山收容每一块岩石，不论其大小，故高山雄伟壮观；大海收容每一朵浪花，不论其清浊，故大海浩瀚无比。这便是宽容最生动直观的诠释。宽容之心让我们学会换位思考，让我们懂得原谅别人的错误，让我们能够传递队友的温情，让我们懂得用心去经营我们的团队。

3. 责任心。责任，就是面对失败，仍然坚强屹立，拥有不畏挫折的意志；责任，就是面对挫折，敢于披荆斩棘，风雨无阻，勇于直面困难。一个具有责任心的队员，会认识到自己的工作在团队中的重要性，会把团队的事情当成自己的事情，把实现团队的目标当成是自己的奋斗目标。因此，责任心是成就团队事业最可靠的途径之一。

4. 合作心。合作，就是让有一致目标，有统一认识和范畴的人，在相互信赖的气氛中去完成某项任务。在这个过程中，所有的人都是合作伙伴，都是平等的个体，他们互惠互助、互帮互利，能够激发出惊人的力量。吴国大帝孙权曾经说过"能用众力，则无敌于天下矣；能用众智，则无畏于圣人矣"。可见，拥有合作之心是我们走向成功的必要因素。

5. 沟通心。沟通在古汉语中的意思是："使彼此通连；相通。"沟通是让原本意见不同的两个人或多个人交流情感与思想，最后达成一致。恰如其分的沟通，能够让我们化解矛盾，达成共识。要成为一个优秀的队员就必须学会与队友进行开放而坦诚的沟通，学会面对差异并解决冲突，学会把个人的目标升华为团队的利益。沟通的水平决定团队高效的强弱。

6. 服务心。服务心是自觉主动做好团队工作的一种观念和愿望，它发自服务人员的内心。拥有服务心的人，能够把自己利益的实现建立在服务他人的基础之上，能够把利己和利他行为有机地结合起来，始终坚持"以他人为中心"，服务他人，不断体现出自己存在的价值，最终得到他人对自己的服务。

7. 分享心。分享是一种人生的境界。托尔斯泰曾经说过：神奇的爱，会使数学法则失去平衡。两个人分担一个痛苦，只有一个痛苦；两个人分享一个幸福，却能拥有两个幸福。分享，是心与心的交换，是情与情的传递。分享，让我变成我们，让我们不再孤独，让我们不再孤军奋战，让我们勇敢地凝结团队的温暖和力量，朝着目标前进。

二、为何不懂你的心

当孤雁找到队伍，当孤独者回到大家庭的时候，通常会感觉到团队的温暖和互助的幸福。如果不能得到这种感觉，说明团队存在着严重的不和睦、不和谐问题。其基本原因是缺乏沟通、缺乏诚信。一个好的团队建设总是从有效的沟通开始的。三国时代，刘备、关羽、张飞三人在涿县相遇，几番推心置腹的交谈，共抒胸中大志，实现了有效沟通，达成匡扶汉室的共识后在桃园结拜为兄弟，组建了蜀国建国大业最早的团队。此后，刘备不断运用其高超的沟通能力和技巧，广揽天下英才，赵云、庞统、诸葛亮等猛将谋士相继加入，从无立锥之地的流浪皇亲最终成为蜀汉开国皇帝。这是历史上有效沟通最为著名的例子。

（一）沟通存在的主要问题

沟通存在的问题可以概括成5句话20个字——想了不说、说了不听、听了不懂、懂了不信、信而不行。这5句话20个字既概括沟通前后的两种状态中存在的问题，也包括了沟通过程中4个阶段存在的问题。具体分类可以用下面这个图表来说明沟通存在的问题：

沟通存在的问题分类

沟通的状态	沟通存在的问题	沟通的过程	良好沟通
不愿沟通	想了不说	起点阶段	端正心态
不会沟通	说了不听	交通阶段	
	听了不懂	理解阶段	明白道理
	懂了不信		统一思想
	信而不行	执行阶段	统一行动

想了不说，属于不愿沟通的状态，即在沟通的起点阶段就有问题，这时候，个人在心理上处于自我封闭状态，拒绝和外界交流信息，不愿意与人沟通。沟通不是生来就会的，是人的社会属性，是一种活动能力，是在教育学习、工作实践中锻炼和培养出来的。我们有些同志，长期以来没有养成与人沟通的习惯，不愿意与人沟通。其原因主要有三个。第一是自私，把自己的利益看得最重，不愿意也不主动去关心别人，对团队的利益漠不关心。例如，作为人民教师的范美忠，在地震来临后，自己撒腿就跑，"范跑跑"没有告诉学生要怎么做，怎么逃生，他只关心自己的利益，没有想到学生的安危，所以他就没想过和学生沟通，哪怕是说一声"大家快跑"，也会救上几条人命！第二是自卑，对自己没有信心，担心自己的想法说出来得不到别人的认可，甚至被人笑话，心里想说却不敢说；或者担心与别人沟通的时候暴露自己的缺点，被人瞧不起，所以不敢与别人沟通。第三是自大，觉得"老子天下第一"，觉得别人的水平和自己差了一大截，自己的想法说出来，别人也理解不了，所以干脆不说，拒绝沟通。

说了不听，属于不会沟通的状态，即在沟通过程中交流阶段存在问题。虽然愿意听别人说，但是对别人说的话左耳朵进右耳朵出，不留什么印象。不愿沟通属于"心"的问题，而"说了不听"属于态度问题。首先是态度不端正，不认真听别人说，不尊重别人的讲话。其次是态度消极，不是抱着积极主动的态度去与别人沟通和交流。例如，美国汽车推销之王乔·吉拉德曾向人们介绍过自己的一次不成功经历，有位名人向他买车，他推荐了一种最好的车型给他。那人对车很满意，眼看就要成交了，对方却突然离去。乔百思不得其解。到了晚上 11 点，他忍不住打电话问那人为什么。对方的回答是："实话实说吧，小伙子，今天下午你根本没有用心听我说话。就在签字之前，我提到我的儿子即将进入名牌大学读医科，我还提到他的学科成绩、运动能力以及他将来的抱负，我以他为荣，但是你毫无反应"。就是因为没有用心去听，诚心诚意交流，导致乔这次卖车失败。在沟通过程中，如果不认真聆听别人说的话，就不能够"听话听音"，了解别人的意图，也就无法开展有效的沟通。

听了不懂，属于不理解、不认同的状态，即在沟通过程中理解阶段存在问题。影响人们沟通中理解与认同的因素，首先是语言，人们要沟通，就要借助语言，这些语言可以是口头的，也可以是书面的，还可以是肢体的。家里养小动物的同志知道，小猫和小狗经常打架，为什么呢？因为小狗表达善意的方式是摇尾巴，但是小猫恰恰相反，摇尾巴是表示敌意。有时是因为肢体语言的含义截然不同，导致了两类动物之间的沟通失败。其次是知识，沟通如果不考虑对方受教育的水平和知识结构，往往就会闹笑话。古代有个秀才冬天去买柴，看见一个卖柴的人，就大喊"荷薪者过来"卖柴听到"过来"两个字就过来了。秀才接着问"其价如何？"，卖柴听了"价"这个字，就报了价钱。秀才接着说："外实而内虚，烟多而焰少，请损之。"这次卖柴的人一个字也没听懂，挑着柴转身就走。秀才想到这么冷的天气，没有柴怎么取暖？就着急了，赶紧拦住卖柴的人说："你这柴表面上看起来是干的，里头却是湿的，烧起来肯定会烟灰多火焰小，能不能减点价卖给我？"这也成交了。显然，这个秀才没有考虑沟通对象文化水平，不但闹了笑话，还差点没买到柴。第三是文化差异，不同的国家、不同的地区、不同的人群有不同的文化，不同文化背景的人有不同的想法。例如欧美人说话个性很强，意图很明确，因为欧美国家的文化是崇尚个性自由，但是中国人说话讲究婉转含蓄。文化的差异也会造成沟通中出现"各唱各调"，甚至误会。

懂了不信，属于不能建立诚信的状态，即在沟通理解阶段中存在问题。这个阶段，人们听也认真听了，也听懂了，但是还是不信。对这个道理对不对，这个政策行不行心里没底，甚至怀疑对方讲话的诚意。造成这个问题的最主要原因是战略思维和全局意识不一致。首先，高度决定深度，看问题只有达到一定的高度，才能看得深，看得透，才能把握事物深层次的规律。其次，境界决定眼界，一个人的思想境界高低决定一个人看问题眼界的高低。再次是沟通各方不能建立诚信，彼此之间缺乏信任，不能开诚布公的交流，不说实话、真话。

信而不做，这属于沟通无行动状态，即在沟通最后一个阶段即执行阶段存在问题。有些同志对政策理解了，对决定也相信了，就是不愿意去落实，或者做不到，这就是"知易行难"。2010 年是我国抗日战争胜利六十五周年，抗日战争爆发时，全国上下笼罩着悲观气氛，当时许多国人对中华民族取得抗战胜利持怀疑态度。毛泽东同志《论持久战》客观地分析了决定这场战争胜负的各种因素，为中国人民取得抗日战争胜利指明了方向。《论持久战》的分析客观深入、逻辑严密，但是刚发表时，仍然有很多人对中国取胜持怀疑态度。而中国共产党领导的八路军和游击队，坚决落实党中央的抗战路线，采用游击战术，深入敌后抗日，最终领导全国人民取得战争的胜利。团队建设中沟通的最终目的是为了统一思想认识，统一行动，完成各项实际工作任务。如果每个人只停留在"信"的阶段上，而没有实际的行动，这个沟通是不成功的，这样的团队建设也是不成功的。

（二）沟通的意义

团队建设是一个系统工程，团队成员的全面发展也是一个系统工程。我们知道 20 世纪人类在理论上取得的重大成就之一是系统论。系统论认为任何系统都具有三个基本属性：第一，系统总是处于不断地运动过程中；第二，系统会不断地与外界交换能量；第三，系统必须不断地与外界交换信息。每个人作为一个系统，当然也具备系统的这三个基本属性。人作为一个系统总是处于不断运动过程中。大家每天睡、起、走、跑都是运动。我们每天要通过呼吸、吃喝、排泄，不断地与外界交换能量。显然这两个基本属性属于人的自然属性，是人与生俱来的本能。

人作为系统的第三个属性，不断地与外界交换信息，就是沟通，这是人的社会属性，涉及人和人之间的关系，比前面两个属性复杂得多。人际交往中人和人之间要建立联系，信息交流要通畅。团队建设中沟通的意义就是，每个成员通过保持良好的心态、选择有效的交流方式、清楚表达感情、统一思想认识，然后一起去完成团队的工作任务。因此，我把沟通的意义概括为"信而共行"。

有效的沟通可以达成使命、目标、任务的共识。沟通的本质是要达成共识，并在此基础上统一行动，发挥团队协作的规模效应，高效率地实现团队的使命、目标和任务。一个乐队的成功演出，是每个演奏家都认真按照指挥员统一指挥进行演奏的结果。要形成共识，团队成员必须从全局出发，深入掌握对各项工作部署的意图，准确把握自己工作在团队中对实现团队目标的贡献和意义。团队每个成员掌握的信息不一样，一般而言，位于团队管理层级越高的成员掌握的信息越多、越充分，从而对团队的使命、目标和任务认识更深刻。所以，每个领导者要加强与下属的沟通，通过讲话、会议、解释多种方式，让下属清楚地理解工作目的和工作任务。中国经济崛起将增强中国经济对全球尤其是周边国家和地区的影响，广东经济也必将成为我国影响东南亚经济的"辐射源"和"支撑点"。这决定广东省政府金融工作部门的历史使命是：按照经济决定金融这个客观规律，大力发展对东南亚有较强辐射力和影响力的广东金融产业。因此，我们要围绕省委、省政府发展金融产业、建设金融强省的奋斗目标，加快推进广东省金融改革发展和创新。要达成这个共识，就需要广东省、市、县（区）各级金融局（办）在工作中实现有效沟通。

有效的沟通可明确职责，保证团队令行禁止。通过有效的沟通，让下属深入理解领导层制定的政策，更加自觉地执行政策。通过有效的沟通，让上司理解下属的建议，更好地采纳合理化建议。通过有效的沟通，得到同事真诚的理解和支持，从而更有效地开展工作。红军长征时，在赤水河附近受到国民党军队的前追后堵，为了摆脱敌军的围攻，毛泽东同志指挥红军四渡赤水，刚开始一些红军基层指战员对来回渡河感到不解甚至有怨言，但是通过有效沟通，全体指战员领会到中央军委的作战意图，并在关键时刻，坚决执行上级命令，果断将不便携带、影响渡河速度的行李和辎重沉入河中，轻装前行，巧妙地跳出了敌人的包围圈，赢得了最终的胜利。

有效的沟通可以提高团队的工作效率。通过有效的沟通，可以更好地明确团队成员的责任，增强成员之间的理解和合作，提高团队的合作能力，发挥组织的协同效应，大幅度提高工作效率。金庸小说《射雕英雄传》里面武功第一的王重阳，研究出北斗七星阵给七个弟子，这七个弟子因为天赋不够，武功都达不到超一流水平。但是全真七子通过北斗七星阵默契配合，弥补不同位置出现的破绽，充分发挥团队的协同作用，可以和超一流高手对战。北斗七星阵发挥威力的关键是七个人要默契配合，所以全真七子之一谭处端被人杀死，换了年轻一代的尹志平后，北斗七星阵屡屡被高手击破。这说明了协同一致对于提高工作效率的重要作用。

（三）沟通的基本方法

沟通的基本方法就是针对沟通存在的问题和原因，发挥每个团队成员的主观能动性，积极解决沟通的各种障碍。

第一，"沟通从心开始"。在沟通的起始阶段，团队成员要克服自私、自卑、自大的毛病，以一颗真诚的心与他人沟通。要真心去关爱他人，有信心把自己的想法说出来，虚心地向他人学习。

第二，沟通要以诚相待。在沟通的交流阶段，要端正态度，在沟通中认真聆听他人，并以积极的态度响应对方，及时反馈信息。既要敞开心扉，真心诚意地沟通，也要信任他人，相信他人沟通的诚意。

第三，沟通要掌握基本的技巧。沟通按方向可以分为向下沟通、向上沟通和平行沟通，不同方向的沟通基本技巧不一样。

上级对下级的沟通（向下沟通）技巧为：

1. 广开言路、采纳意见。俗话说"三个臭皮匠赛过诸葛亮"，不同的人从不同角度看问题想对策，可以更加全面地分析问题，并找到更加合理的解决方案。上级应该广泛听取下级的意见，采纳其合理化建议，并作出正确的决策。

2. 耐心倾听、实事求是。上级要耐心听下级把话讲完，让其完整、清楚地表达自己意思，并客观地去理解和分析下级反映的情况或者提出的建议。

3. 只辨是非、不论长短。在沟通中，上级对下级应该就事论事，只对事情的真实性进行客观分析，不对事情和他人好坏进行主观评价。

4. 少说大话、多说小话。切忌漫无边际夸夸而谈、空话连篇。要就实际问题作出有针对性和可行性的指示，或者作出合理有效的处理。

5. 多予鼓励、少点指责。要多鼓励下级积极进取，充分肯定其成绩。要有包容下级缺点的胸怀，多原谅下级工作上的失误。上级对下级的沟通，最忌争功诿过，把功劳算在自己头上，把过错和责任推到下级身上。

下级对上级的沟通（向上沟通）技巧为：

1. 相同意见，积极支持。如果下级与上级意见不谋而合，以实际行动迅速抓好落实，是表达支持上级意见的最好方式。

2. 不同意见，当面坚持。如果有不同意见，应该当面向上级提出，而不能阳奉阴违，更不能当面不说，背后议论。

3. 深思熟虑，真知灼见。要在深入调研、全面分析、严密思考、充分论证基础上，考虑成熟后再向上级提出意见或建议。

4. 勇于担当，顾及面子。对于工作中的失误、无心犯的错误，要敢于主动向上级检讨，而不是找借口掩过饰非。指出上级的缺点或不足时，要注意维护上级的权威，顾及其面子，要在非公共场合进行，且语气要委婉。

5. 保持沉默，留有余地。如果经过努力沟通，上级仍然坚持自己的意见，作为下级，应该服从上级的命令。即使仍持不同意见，也要保持沉默，待在实践中发现上级意见确实需要改进的时候，再向上级反映。下级对上级的沟通，最忌的是当面顶撞，尤其是有旁人在场时顶撞上级。

同级间沟通（平行沟通）的技巧为：

1. 尊重对方，从我做起。同级之间地位平等，更多的是合作关系，只有互相尊重让对方，才能心平气和地开始沟通。

2. 设身处地，换位思考。多考虑他人的需要和困难，从对方角度想问题，可以更好地得到对方的认可。

3. 互惠互利，互相支持。现代社会，处理国际关系、企业合作都提倡"双赢"（win－win），团队成员之间也一样，要以双赢为前提，通力协作。

4. 内方外圆，进退有据。在原则问题上要毫不让步，小节问题可以灵活退让。沟通时要有理有据，但是不要得理不饶人，甚至强词夺理。

5. 互予诚信，增进友谊。同级之间沟通，最关键的是要互信，有效的沟通，可以增进彼此的友谊，为下一次有效沟通打下更好的基础。最忌损人利己。

第四，身先士卒，带领团队成员迅速行动。人们常说"榜样的力量是无穷的"。奥斯卡获奖电影《勇敢的心》讲的是英国英雄威廉·华莱士的英勇事迹，华莱士每次战斗中都身先士卒，英勇战斗，面对英格兰"战无不胜"的骑兵的冲击，站在第一排英勇抵抗，最终带领苏格兰人用长矛、木棍击败了英格兰骑兵。所以，与其不厌其烦地去游说别人做什么，不如以实际的行动作出榜样，带动周围的人一起努力去作出良好的工作业绩。

（四）沟通要达到的最高境界

不同阶段和不同层次的沟通所达到的境界是不同的。最低的境界为传递信息，即沟通能让对方准确的理解自己所想表达的意思；中等的境界为传情达意，即沟通能顺利达到预期的目的；最高的境界是心有灵犀一点通。年轻男女之间，暗送秋波之后一见钟情，就是一种最高的沟通境界。团队沟通的最高境界是不沟自通，无为而达。能够彻底打开个人的心扉，真心的关爱他人，也不必刻意运用什么技巧就能达到佛教经典里面"佛陀拈花，迦叶微笑"的效果，彼此默契、心意相通、心领神会。这种沟通超越了技巧，超越了自我，是团队沟通的最高境界。

三、谁是受欢迎的人

无论是在家庭、在学校、在工作单位、在社会活动中，每个人都希望自己是受欢迎的人。什么样的人受欢迎呢？我们的古人早就做了研究，《易·系辞上》写道："言行，君子之枢机"。意思是，言和行是衡量君子的核心条件。《后汉书·冯异传》写道："观其言语举止，非庸人也"。这些都表明了古人对优秀人才的衡量标准是听其言和观其行，透过一个人的言和行，可以看出其综合素质如何，行动态度和能力如何，最后判断谁是受欢迎的人。

由此看来，一个受欢迎的人，应该是善言能行。

善言，要做到言之有物，言之有味。

（一）言之有物

所谓言之有物，就是要讲实话、讲真话，讲话内容有意义，反映出思考有深度、认识有高度。要做到这一点，首先必须努力学习，丰富自己的知识结构，除了掌握专业知识，还应该在哲学、艺术等方面有广泛涉猎和知识积累。一个知识渊博、有深厚文化底蕴和丰富人生阅历的人，视野就会开阔，说话就会有自己的思想、有独到的见解，自然就会受到人们的喜爱。

（二）言之有味

所谓言之有味，就是说话有趣味，能吸引听众。幽默是智慧和灵感的闪现，有良好幽默感的人是受欢迎的。

有时候，以幽默的方式处理问题也会赢得人们的欢迎。例如，2009年3月，在广东省人口计生工作电视电话会议上，当在主会场出席会议的汪洋书记发现个别分会场有人缺席、有人打瞌睡，便以幽默口吻批评个别市的领导，他说："我本以为今天的会议很重要，但会场里一些同志显然不这样想。有些该来的不来。你不来，干嘛还要摆牌子给我看？有的人来了，坐一会儿就走，有的人似乎一直在睡觉。这些同志我都记下了，今年我重点找茬，首先看你是不是已经搞好了人口计生工作。"面对会场个别市领导"缺席""睡觉"的现象，汪书记没有大发雷霆，高声训斥，而是用诙谐的语言加以调侃，以一个充满生活化色彩"找茬"来表明自己的态度，既幽默，又不失严肃地达到了批评的目的，这种效果显然比居高临下地使用那些充满火药味的批评语言要好得多。

幽默还是一种亲和力。据美国某公司针对 1160 名管理者的调查显示：77%的人在员工会议上以讲笑话来打破僵局；52%的人认为幽默有助于其开展业务；50%的人认为企业应该考虑聘请一名"幽默顾问"来帮助员工舒缓压力；39%的人提倡在员工中"开怀大笑"。一些著名的跨国公司，上至总裁下到一般部门经理，都将幽默融入到日常的管理活动当中，并把它作为一种崭新的培训手段。

幽默能给人们带来欢乐，增进团队团结。做一个有幽默感的人，需要有宽广的心胸、快乐的情绪和正确的价值观，能够轻松自如地应对生活和工作压力，充满智慧、自信，有较强的适应环境的能力，这样的人自然是受欢迎的人。

能行，包括行之有信、行之有力、行之有果。

（三）行之有信

所谓行之有信，就是为人处事讲信用、干事创业有信念、敢于负责受信任。

恪守信用，言行一致自古以来都是人们追求的优良品质。孔子在《论语》中曾 38 次提到"信"字，其中，有 24 处体现了"诚信不欺"之意，可见孔子对"信"的重视，他在《论语》中说："人而无信，不知其可也"，意思是一个人如果不讲信用，那就不知道他能做什么，何以在世间立足。

可见，"信"是一个人的立身之本。常言道：人无信不立，业无信不长。我们这里所说的"信"分三层含义：

首先是为人处事要讲信用。信用是能够履行诺言而得到的信任，它是社会道德的基石和底线，离开了信用基石，缺乏支持的社会大厦必定将倾斜和崩塌，超越了信用底线，充斥谎言的社会生活将无法运转和发展。一个社会只有讲信用，才能够形成良好的社会信任结构，成为社会正常运转的重要基础。一个人生活在社会群体中，想要受到欢迎和尊重，为人处事就必须讲信用，言行一致，才能建立人与人之间的互信，做事才能获得成功。金融和信用可谓是相伴相生的，金融信用在金融业中无可置疑地占据首要地位，离开了信用，信贷市场无法发展，资本市场缺少投资，保险市场无人投保，整个金融体系都会崩溃，所以我们地方政府金融工作者一定要重视金融信用建设，还要特别注重自身的修养，为人处事讲信用，形成良好的讲信用风气和氛围。

其次是干事创业要有信念。信念是意志行为的基础，没有信念的人就不会有坚守事业的坚强意志，更不会有积极主动的行为。坚定的信念会激发人潜在的体力、智力和其他各种能力，以实现自己的志向。我们政府金融工作部门队伍建立的时间并不长，可以说还处于刚刚开始干事创业的阶段，要想队伍不断强大，事业不断发展，就要求同志们一定要克服人员少，工作压力大等许多困难，一定要树立干大事，开拓金融事业新局面的坚定信念，在干事创业中激发人员的主动性、创造性，不断提高战斗力，逐步打造出一支能打仗，打硬仗的优秀队伍。

最后是敢于负责受信任。信任是指因相信而托付或任用。一个人只有对他人讲信用，做事敢做敢当，勇于负责，才能真正受到人们的信任，自己才能取得成功。在美国西点军校，人人都知道：不要任何借口，做事不应该找任何借口，任何借口都是推卸责任。那些遇到难以解决的困难和问题就选择找借口退缩逃避的人，虽然暂时逃避了困难和责任，获得一些心理安慰，可是久而久之，就会形成这样一种局面：每次都努力寻找借口来掩盖自己的过失，推卸自己本应承担的责任。说了不做或是做了又不努力做好，敷衍了事，不讲信用，毫无责任心，这样的人注定是失败者，也不可能受到人们的信任。

（四）行之有力

所谓行之有力，就是干事创业有较强的执行力或领导力。

个人拥有较强的执行力对团队十分重要。执行力，指的是贯彻战略意图，完成预定目标的操作能力。对个人而言执行力就是干事能力；对团队而言执行力就是战斗力。喜欢足球的人都对德国队作风顽强的战斗风格留下印象深刻，其每个队员在贯彻教练的意图时，对自己承担的任务执行得非常有力，无论是进攻还是退守，就像一台精密的仪器，环环紧扣、一丝不苟；无论比分领先还是落后，总是一如既往地保持着强大的战斗力，没有任何借口。正因为如此，德国队在每次大赛中总是夺冠的热门球队，并常常取得佳绩，是体现执行力文化的完美典范。所以，一个团队的成功除了要有清晰的目标，正确的战略，完善的计划，最重要的是要有较强的执行力。再好的构思计划，离开了执行落实，也只是虚幻的空中楼阁，或是因为没有较强的执行力，效果大打折扣。

个人拥有领导力对团队也非常重要。领导力，就是一种特殊的影响力，是能够影响和带领团队成员乐意去做事的能力。常言道：兵无将不走，雁无头不飞！士兵没有将军的带领就会组织散乱，群雁没有头雁的领航无法远飞，所以，任何一个集体、团队都要有具备领导力的领头人。但是，领导力并非只被少数人所拥有，团队中的每一个人都会去影响他人，也要接受他人的影响，因此每个人都具有潜在的和现实的领导力。通过实践学习，激发自身的潜能，每一个人都可以拥有领导力，从内心深处激发责任感和驱动力，使个人能从宏观和大局出发分析问题，在从事具体工作时保持自己的既定目标和使命不变，可以更容易地跳出局限于一人、一事的层面，用一种整体的、均衡的思路应对和解决问题，增强团队的整体战斗力。

（五）行之有果

所谓行之有果，就是处事果敢，做事出成果。

首先处事要果断勇敢。事情只要经过深思熟虑和周密计划后，就一定要果断勇敢着手去做，不拖泥不带水，时刻保持着旺盛的战斗力，不轻言放弃。只有这样才不会因为拖拖拉拉、犹豫不决丧失了良机，留下后悔和遗憾。

其次做事要出成果。成果是目标导向，任何一项工作或计划的实施，都需要有明确清晰的目标，也就是所期望达成的成果。我们所做的每一件事，都希望达成自己心中的期望成果，只有坚定要实现成果的信念，通过不懈地朝目标努力奋斗，才可以真正做出优秀的成绩。另外，成果是衡量努力价值的标准。一个优秀成员不但要想做事、能做事，而且要做成事、做大事。如果总是努力做事，但是却得不到期望的成果，那就说明你的目标期望值设定过高，根本就无法达到，需要调整；或者是你做事的方式方法存在问题，怎样努力也够不着导致做事没有达成实效。那么，你就必须认真面对和解决自身存在的问题，不断完善自己，调整方式方法争取得到符合辛勤努力的成果。

一个受欢迎的人，必定具有较强的学习能力。一个人需要不断的成长，一个团队也需要不断的进步，良好的学习能力是使人能够在生活和工作中不断提高自己的重要手段。恩格斯曾告诫人们：其实，人与人的差别是八小时之外形成的。人类社会的持续进步，来源于不断的变革和发展，社会经济形态经历了农牧经济、农业经济和工业经济，现在已进入知识经济形态。金融业的发展也随着社会经济的变迁也不断进步，金融形态也从低级到高级经历了中介金融、信用金融、资本金融阶段，现在已跨入产业金融阶段。金融形态的不断演变，管理模式的持续改革，客观要求我们金融工作者要有较强的学习能力，要时刻不忘学习新的金融知识，接受更新金融观念，汲取先进经验，才能跟上快速发展的时代步伐。

一个受欢迎的人必定自觉培养优秀的个性品质。

首先是培养高雅的气质。男人应该具有阳刚正气，显示出男人刚勇的气魄，有困难冲锋在前，凡事敢做敢当，不逃避推脱责任。女人应该具有温柔英气，温柔如水中有巾帼不让须眉的豪爽，处事自然落落大方。

其次是培养优秀的人格力量。人格，是人的性格、气质、能力等特征的总和，其综合形成的力量可分为智慧、道德、意志三种。以智慧力量为主导的人格可体现为创造性、灵性，以道德力量为主导的人格则表现为开放性、宽容性，而以意志力量为主导的人格会显现出大无畏、勇往直前的精神。

一个拥有优秀人格力量的人，必定在不断地提高自己的 EQ、AQ 和 FQ 指数。

EQ，简称情感商数。它代表的是一个人的情绪智慧之能力。简单来说，EQ 是一个人自我情绪管理以及管理他人情绪的能力指数。

AQ，简称逆境商数。它代表的是一个人在面对逆境时的处理能力及对挫折的忍受力。根据 AQ 专家保罗·史托兹博士的研究，一个人 AQ 愈高，愈能以弹性面对逆境，积极乐观，接受困难的挑战，发挥创意找出解决方案，因此能做到不屈不挠，愈挫愈勇，而终究表现卓越。

FQ，简称理财商数。是指理财能力，特别是投资收益能力。财商包括两方面的能力：一是正确认识金钱及金融规律的能力；二是正确应用金钱及金融规律的能力。这恰恰是金融工作者应该具备的重要能力。

一个受欢迎的人必定已养成了良好的习惯。习惯对我们的工作、生活有着极大的影响，好的习惯能造就人高贵的品德，坏的习惯则会毒害人的心灵，扭曲人的行为。世界著名的潜能大师史蒂芬·柯维提出的成功者七大习惯，很值得我们学习借鉴。

习惯一：积极主动。就是采取主动，对自己的行为负责，积极面对一切，主动创造有利环境，做真正对生命负责的人。

习惯二：以终为始。在着手做任何一件事情之前，先认清方向，确定目标，做好计划，并坚定地组织实施。在追求目标的过程中，坚持原则和价值观，凝聚向前的力量，并全力以赴。

习惯三：要事第一。做事要条理清晰，有步骤地实现目标，能辨别事情的轻重缓急，急所当急，以要事为先。

习惯四：双赢思维。事情并不是只有二分法，非强即弱，非胜即败，竞争中有合作，互惠互利，合作共赢，反而可能会创造更多的机会和财富，人人都可以是赢家。

习惯五：知彼知己。聆听与表达同样重要，用心聆听别人心声，诚恳表达自己的意见，才能开启真正的沟通，增进彼此关系。知彼需要仁慈之心，尊人之强，知己则需要有知弱的勇气，平衡两者，则可大幅提升沟通的效率。

习惯六：合成综效。结合多方意见，发挥众家之长，使之达到一加一大于二的合作成果，形成互动合作不断创造成绩的良好机制。

习惯七：更新提高。严格要求自己不断全面发展，在生理、社会、情感、心智和灵魂上不断更新完善自己，迈向新的成长之路。

前三个习惯主要是让人"信守承诺"，接下来三个习惯则是"让别人参与解决问题"，第七个习惯则是加强前面六个习惯，时时为你充电升华。这七大习惯准则鼓励人们探索自我发展的正确路径，培养内在修为，善用外在力量，创造全面成功的人生。

一个受欢迎的人，应该有积极的人生态度、较强的工作能力、优秀的品质和良好的习惯。一个长期受欢迎的人，不是离群的孤雁，不是高不可攀的圣人，只有把自己融入整个团队成为其中的一分子，不管任何时候都把团队的利益摆在第一位，对团队忠诚坚贞，遇事积极主动，对工作敬业负责，拥有良好的人际关系和团队协作精神，才能获得团队及成员的爱护和支持。

个人的成功，不代表团队的成功。一个团队建设的目标，就是要促进全体成员的全面发展，塑造更多的优秀分子，让更多的人受欢迎，共同建设一支受尊重的好团队。

四、什么样的团队受尊重

世界上新新旧旧的团队数以亿计，好的团队千千万，烂的团队万万千。只要我们有缘聚集在一起成为一个团队，只要我们有团队建设的共同愿望，那就让我们一起建设一支受尊重的团队吧！

一支受尊重的好团队必须是团结一致的团队，不能想象，内部都不能互相尊重的团队能得到外部的尊重；一支受尊重的好团队必定是事业成功的团队，因为成功总是孕育成功；一支受尊重的好团队必定有引人入胜的独特文化特质，文化是团队强大最重要的基因，只有强者才能更强；一支受尊重的好团队，同时也会成为受重视的团队，受重视才能被重用，这是用人成事的基本规律，这也是好的团队走向更好的基本规律。

（一）建设一支团结的团队

团队是比群体更高级的组织形态。团队共事，必须完成一定的工作任务，群体则没有任务要求；团队优势互补，每个成员之间关联性很强，群体的关联没有必然性；团队追求总绩效要大于个人绩效的总和，群体由于存在"搭便车"等惰性，可能会出现"$1+1<2$"的现象。

一支好的团队，必须是团结的团队。能否团结取决于凝聚力（也被称为内聚力，cohesiveness）的大小。

首先，凝聚力来源于共同的价值取向和事业目标。有了大家公认的价值取向、有重大意义的事业目标，就能够为团队成员指引前进的方向、提供强大的推动力量，让每个成员为之作出贡献。事业目标不应该是短期的、较容易的目标，应该是一个较为长远的、可以实现的愿景。定位较高、有较大困难的奋斗目标可以较长远地激励团队成员不断努力。就目标设置，国际上已经发展出了详细的目标设置理论。对于团队的领导来说，一定要有较长远的战略眼光，设定合理的奋斗目标，并描绘出实现目标的路线图。对于全省政府金融工作团队系统来说，我们共同的事业目标就是发展金融产业，建设金融强省。各地级以上市金融局（办）都要设定自己工作的事业目标，像广州建设与国家中心城市地位相适应的区域金融中心，梅州建设农村金融改革创新综合试验区，佛山将广东金融高新技术服务区建设成为辐射亚太地区的现代金融产业后援服务基地，都已经是较为明确的事业目标，其他各地市也要结合本地区经济金融发展的实际情况，确定自己的事业目标，没有确定事业目标的要与本地区的五年规划编制工作结合起来，写入"十二五"规划。价值取向决定行动选择。我们要坚持社会主义核心价值体系的价值取向，以马克思主义指导思想作为社会主义核心价值体系的灵魂、以中国特色社会主义共同理想作为社会主义核心价值体系的主题、把以爱国主义为核心的民族精神和以改革创新为核心的时代精神作为社会主义核心价值体系的精髓、以社会主义荣辱观作为社会主义核心价值体系的基础。就团结来说，必须坚持集体主义的价值取向，个人主义的价值取向服从于集体主义的价值取向，才有可能维护团结的局面。

其次，凝聚力来源于公平竞争的发展环境。按照公平理论，团队成员对公平的感受将直接影响其对团队的认同和依赖程度，是否公平会给他带来正向或反向的刺激。营造公平发展环境是一项系统的工程，西方国家已提出了组织公平的概念，其包括分配公平、程序公平和互动公平。分配公平指把自己的投入—产出与其他人的投入—产出进行比较后，对结果是否公平的感知。政府机构无法像企业那样采用薪酬激励的方式来实现分配公平，分配公平主要体现在认可和提拔任用等方面，要通过多种形式的肯定来认可成员付出的努力。对于没有完成自己应该完成的工作任务，要进行问责，省金融办日前就制订了领导干部不良绩效问责办法。总之要尽量减少"搭便车"、"大锅饭"的现象发生。程序公平（procedural justice）也就是法律中常说的程序正义，指分配结果的过程是否公平。即要求程序透明，每个成员有知情权、参与权、建议权，能够及时获得解释。研究表明，当无法实现分配公平的时候，程序公平就变得更加重要，当成员的付出无法获得合理报酬的时候，有一个合理的理由，就能消除这种不公平感受。对于行政机关来说，程序公平越来越重要，这也是依法行政的要求，在干部选拔等问题上要坚持原则，坚持程序正义。互动公平是新的公平概念，指个体对尊严、关怀及受尊重的感知程度，也就是氛围问题。创造相互尊重的民主氛围是实现团结的又一重要手段。在团队中，互相尊重包括平行成员之间的互相尊重，上下级成员之间的互相尊重。互相尊重有利于发挥团队成员的各自优势，鼓励其表达看法和建议，提高团队的运行效率。互相尊重也是领导的重要基础，使得团队成员更愿意接纳领导者提出的目标和作出的决策，因为领导决策中有团队成员的意愿，能化为成员自觉的执行力。如此循环，团队的团结程度就越来越高。

（二）建设一支成功的团队

不成功的团队各有各的不幸，成功的团队幸运是相同的，这就是成功总会孕育新的成功。成功团队是指有信心成功并能够取得成功的团队。成功团队对未来成功的信念是越来越强烈的，是不断激励成员更加努力工作的不竭动力。西方国家把这种动力叫做团队功效（group efficacy），我们将其称为集体荣誉感和集体自信心。建设一支成功的团队，必须首先提高团队成员的单兵作战能力和团队的整合能力，以此为基础树立团队的自信心，更为重要的是在实践中砥砺成员的意志，树立不怕困难、不要借口、不达目的誓不罢休的顽强奋战精神。同时还要有计划地设计工作任务，通过积累小成功，逐步增强团队取得大成功的信心，培养其不断成功的强烈信念。以足球来举例，说到精神顽强，首先想到的就是德国队，德国队的这种精神是在 1954 年世界杯赛上创造伯尔尼奇迹开始的，之后的历届世界杯德国队只有 3 次没有进入四强，球队对胜利的追求和坚持超过了世界上任何一支球队。本届世界杯冠军西班牙则是另一个极端的例子，该队整体水平高，其依靠巴塞罗那这支超级冠军球队班底打造国家队，2008 年夺得了欧洲杯冠军，但是，在本届世界杯赛初赛阶段，却缺乏冠军的气质和精神，战绩糟糕，是章鱼保罗刺激了他们的意志，重新变得顽强、坚强起来，最后赢得了世界杯冠军。所以说，成功孕育成功，其秘密在于有一股胜于别人的精气神。

（三）建设一支有文化的团队

一支团队的精气神从哪里来，从潜移默化中铸就、从文化建设中增强。团队（组织）文化建设理论是 20 世纪 80 年代之后才产生的，之前大部分人仍将组织看做协调和控制一群人的理性工具。但是，组织在制度化之后，逐渐拥有了自己的生命力，独立于组织创始人和任何成员之外，形成了组织共同的价值观和行为规范，产生了组织文化，赋予了组织灵魂，使得组织的存续和发展更有活力、更为持久。组织文化是组织成员所拥有的共同认知，是共同的价值共享体系，它使组织独具特色，区别于其他组织。法律上有个"法人"概念，将社会组织人格化，组织文化就是组织的人格。省金融办要建设什么样的团队文化呢，根据最近三年多的经验，我将其概括为"务实高效，敬业创新"。其主要特质有三个：

一是岭南文化特质。广东是个地域文化特征明显的地区，有百越先民与中原文化交融形成的独特的南粤文化，有数千年对外贸易交流形成的海洋文化，有与传统农业文明不同的厚商文化。经过积淀与扬弃，形成了"开放兼容、创先争先"的文化特质，善于接受外来事物和新鲜事物，能够包容多元的文化，勇于创新，敢于冒险。这种文化特质促成了改革开放的成功，特别适应于"地球是平的"全球化时代。我们要将这种宝贵的文化特质融入我们的团队，成为团队文化的重要组成部分。

二是时代文化特质。从近代开始，从鸦片战争、戊戌变法、辛亥革命到最近的改革开放，广东一次又一次站在时代大潮的前头，被历史赋予了鲜明的排头兵时代文化特质。总结改革开放的历程与经验，所形成的时代文化特质就是"解放思想，改革开放"，这是较长时期内不会改变的时代文化特质。从特区建立到邓小平南巡讲话，再到《规划纲要》出台，广东不断地解放思想，不断地改革创新。2007 年以来，广东发展金融产业和地方金融工作所取得的成绩都是不断解放思想和实现"三个转变"的成果。最近，省政府已经将建设金融改革创新综合试验区总体方案上报了国务院，中央各有关部门表示大力支持。方案批复后，将赋予广东省一系列重大金融改革创新任务，这就要求我们必须秉持"解放思想，改革开放"的文化特质，积极推动各项金融改革创新工作先行先试。

三是金融团队特质。广东省政府金融工作团队组成了政府金融工作的一个系统，从事的是金融监管、改革发展工作。金融有什么文化特质呢？结合金融业的特点来看。第一，金融是现代经济的核心，是一切交易的媒介及基础，金融业在经济发展中承载着巨大的责任，这就要求必须务实尽责，不能马虎随意；第二，金融以诚信为基础，要承担很强的道德责任和法律责任，所以诚信也是金融最重要的特质之一；第三，金融是最具流动性和发展活力的行业，根据经济社会发展需求必须创新发展，没有创新就没有现代金融；第四，金融业是管控风险的行业，永远与风险相伴，客观上要求管理团队要有高度的风险意识，注意维护金融安全。因此，金融文化特质可概括为"务实安全，诚信创新"。我们地方金融工作部门开展工作必须将这种金融文化特质融入我们的团队文化建设中来。

以上文化特质和省金融办的实际情况，决定了省金融办的团队文化是"务实高效，敬业创新"。全省各市金融局（办），乃至内部各业务部门可以根据这些文化特质和自身实际情况，设计建立自己的团队文化并创新发展。

（四）建设一支受重视的团队

什么样的团队可成为受重视的团队？我认为应该是在全局中举足轻重，在执行任务过程中特别能战斗的团队。

在全局中举足轻重有三个方面的意义：一是职能重要。省金融办是政府行政部门，职能法定，其职能设置直接反映了单位在政府部门序列中受重视的程度。省金融办成立以来，尤其是 2007 年转入科学发展以来，通过自己的努力和卓有成效的工作，提高了省领导对金融改革发展的重视程度，确立了在地方金融工作中的核心地位，在本轮以大部制为特点的机构改革中职能得到大幅增强，上升为省政府直属部门。省内地方金融工作开展较好的地级以上市金融局（办）的职能也得到了增强。可以预计，广东省地方金融工作部门职能还将不断增强，与金融现代经济核心地位相匹配。二是能够完全履行职能。行政机关一旦被法律赋予了职能，就必须完全履行，不履行职能就是失职。不能有效履行职责，就会日益被边缘化，成为被改革的对象，团队也会日益涣散，失去凝聚力和战斗力。就像精锐的作战部队，如果疏于操练，日久无战事都会退化失去战斗力，可能变为后勤补给部队。三是在战略部署、中心任务安排上受到重视。如果说职能设置是考察团队受重视的程度的常态指标，而在战略部署、中心任务的安排上受重视程度就是动态指标，是否举足轻重就看在关键时期和关键环节是否受重视。《亮剑》里李龙云及其部队总是在紧要关头被点将或挺身而出，就是这种状况。近年来，在省委、省政府的战略部署和中心安排工作中，金融工作越来越重要，构建现代产业体系，金融产业是重点发展产业之首，应对国际金融危机，金融是主力军，帮忙不添乱，加快经济发展方式转变，促进产业优化升级，金融要提供核动力作用。省和各市政府金融工作团队要谋划好促进经济发展方式转变的金融工作大局，支持打造广东经济发展新的增长极。

在执行任务过程中特别能战斗，具体有四层意思：一是有很强的组织发动能力。即反应迅速，能够快速有效地调动各种资源并转化为战斗力量。组织发动能力高低是团队成败的关键，是衡量团队战斗力的重要指标。像沃尔玛、戴尔电脑就是依靠强大的组织发动能力取得成功的典范。2009 年，为应对国际金融危机，我们动员了 1.2 万亿元的金融资源支持经济发展，显示了全省金融工作系统的组织发动能力。我们一直强调发展具有广东特色的地方金融体系，就是为了进一步增强对金融资源的组织发动能力。提高团队的组织发动能力则要在团队能力建设和团队制度建设上做文章，既要有保证团队顺利组织运作的规章制度，也要有相应的组织执行能力。二是有很强的执行能力。执行能力是实现和落实团队战略及目标任务的能力，既包括团队整体的执行能力，也包括团队成员个人的执行能力。"不讲执行就是不讲政治，不能执行就是最大的无能"，提高执行力是加强党执政能力建设的重要内容。执行能力包含丰富的内容，综合了学习思考能力、调查研究能力、改革创新能力等，增强执行能力需要全体成员从思想上到行动上全面锻炼、全面提高。三是在完成具体工作任务上受赞扬。这是对团队战斗力的外部评价，在完成任务的同时，能够得到各方的肯定，我们不是要打造一支孤独的团队，而是要打造一支受到肯定，拥有共同荣誉的团队。这有利于巩固团队的成绩，强化成功的信念。四是有很强的学习、总结、提高能力。团队不仅具有团队文化、团队精神，还具有团队智慧，开展团队知识管理，构建学习型团队是团队建设的重要内容。要有效聚集成员的综合经验和集体智慧，及时总结成功经验和失败教训，弥补团队中的短板，避免知识和经验的流失，强化竞争优势。具体手段包括，建立常态性的读书学习制度，建立知识数据库和知识经验分享机制，使得团队成员能够便利地获得及分享知识和经验。

（五）建设一支不易被破坏的团队

建设一支成功的团队不能一蹴而就，一般需要经过循序渐进的四个发展阶段：适应、形成的萌芽雏形阶段、动荡调整阶段，良好运作及可控制阶段、团队文化建设阶段。新加坡著名组织行为学家李秀娟将之概括为团队的生命周期，并描述如下图所示。

团队建设的任何过程都面临着受破坏的问题，越是在初级阶段，受破坏的问题越严重。综观各种团队建设的成功经验及失败教训，必须注意发

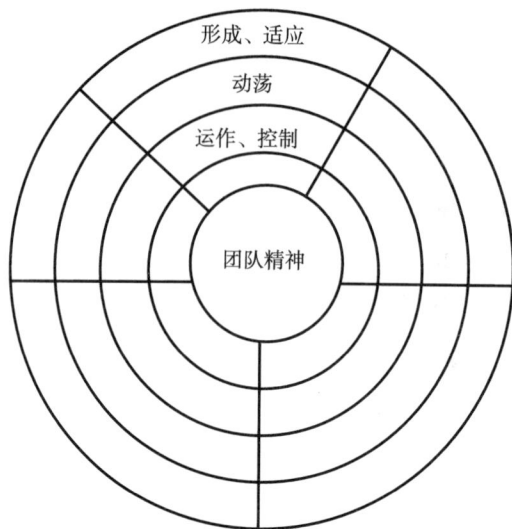

团队生命周期

现并消除以下 10 种影响团队建设的破坏力量：

1. 没有共同的事业目标追求，得过且过。前面提过共同的事业目标追求是团队凝聚力的来源，没有共同的事业目标，得过且过，则团队不能称其为团队，必定无法维持。历史上诸多农民起义败亡就是缺乏明确的政治纲领和事业目标。另外要注意的是，共同的事业目标追求不是喊口号，而是要真正去追求去实现。国民党提出了"三民主义"的政治纲领，但一直没有认真去实现追求这个目标，民主、民权、民生成为泡影，直到被逐出大陆，到了台湾则开始逐步落实其政治理念，实现了台湾经济的腾飞。

2. 对团队成员漠不关心，无情无义。团队是一个协作合作的组织，具有网状的成员关系，需要成员互相帮助、互相支持和互相信任，来发挥团队的各项功能。对成员漠不关心，无情无义的人会割裂团队的联系，尤其是有这样的领导者对团队的损害更为严重。

3. 团队成员缺乏沟通，无法凝聚。沟通对于团队的重要性不言而喻，许多团队内部的冲突都是缺乏有效沟通导致的，如果将团队比作精密的机器，则沟通就是润滑剂、粘合剂。前面关于沟通已做了讨论。

4. 个人英雄主义盛行，集体低效。团队面对的是必须集体合作的工作任务，必须强调集体主义。如果个人英雄主义盛行，无组织无纪律，个人能力再强大，也会互相抵消，造成"1＋1＜2"的坏结果。要注意的是，我们强调集体主义，不是鼓励"搭便车"，鼓励平庸，而是要求在共同事业目标指引下，劲往一处使，人人争先。我们反对个人英雄主义盛行，不是不要英雄人物，我们始终给为团队赢得荣誉的英雄敬献鲜花。

5. 派别山头林立，明争暗斗。人是有独立思考能力的个体，因此，团队中有不同意见是正常的现象，如果团队规模较大，引导不当，有可能形成不同的派系。"党外无党，帝王思想，党内无派，千奇百怪"，分歧是难以杜绝的，派系是可控制生成的。一是有科学合理的决策机制，能够采纳不同意见，及时处理分歧，形成共识。二是不给派系之争谋取好处。历史上，唐朝的牛李党争，北宋的新党旧党之争，明朝的东林与楚浙党争最终都导致亡国，对中华文明造成巨大损害。

6. 团队文化陈腐落后，缺乏创新。团队需要变革、需要进步、需要创新。最初建立的团队文化、制度会随着时间推移而变得不适应新的实际情况，如果团队文化不与时俱进，不改革创新，则先进变落后。一般人都不曾注意，联合国最小的成员是一个法人团体，就是医院骑士团（马耳他骑士团），领土就是梵蒂冈的一栋大楼，1120 年前后成立，历经中世纪、文艺复兴、近代存续到现代，团队宗旨从宗教到军事再到慈善，不断适应着时代的变化，成为历史的奇迹。

7. 绩效考核失实，优劣不清。如果缺乏有效的绩效考核和明晰的责任分工，团队中的个体就有可能出现"偷懒"的现象。一旦群体中有人"偷懒"而得不到及时纠正和问责，其他成员不公平感就会产生，"偷懒"就会传染，使得整体工作效率下降。我们不仅要通过年终考核来考评干部，还要建立从领导到个人的绩效考核体系，评出优劣。

8. 激励惩罚失当，好坏不分。考核评出优劣，紧接着就是要给予相应的激励和惩罚。刑法理论中，刑罚除了公平还要及时，不然不能有效震慑犯罪。对我们行政机关来说，要按照公务员法及相关规定，合理设计奖惩制度，以精神奖励为主，以物质奖励为辅，对于绩效考核不合格的同志，要批评教育令其改正错误，改进工作。

9. 泛民主不集中，纪律松弛。对团体的管理来说，民主与集中各有优劣，一个侧重公平一个侧重效率，在团队运作中要有机结合两者的长处，单纯追求民主的形式，则会导致决策效率低下，纪律松弛，影响整体工作。美国自称是民主国家的标杆，三权虽然分立，实际上行政权独大，总统是"无冕之王"，它也要用行政权的强大来加强集中，不然国家没有战斗力。第二次世界大战后，戴高乐的政治体制改革也是出于这种考虑，一定要把法国从议会制改为半总统制，第二次世界大战中泛民主的法国实在是没有竞争力。

10. 不学习不总结，故步自封。学习的重要性已经不需要我再做强调，在这个时代，不会学习的个人和团队是会被时代所淘汰的。现在全省金融监管部门领导班子已经带头开展读书活动，读了 7 本书，开了两次座谈会，向省委、省政府提出了很多有建设性的意见。领导已经带头，广东省各级以上市金融局（办）也要加快开展读书学习活动，形成机制。不会总结就是做对做不对都不知道，哪些要坚持发扬光大，哪些要改进抛弃都不明确，结果是干了也白干，没有提高。

同志们，全省政府金融工作团队建设事关广东省金融强省建设的大局，是完成省委、省政府和《规划纲要》赋予的各项金融改革创新、科学发展工作任务重要的组织保障。我们是一支年轻的团队，是一支成长中的团队，客观上要求我们以更坚定的信心尽快建设一支团结、成功、有文化、受尊重的好团队。让我们携起手来共同为此努力，共同为此奋斗，共同为此分享自豪。

（在全省地方政府金融工作领导干部培训班上的辅导报告）

海阔凭鱼跃

——关于锻造团队五种创造力的问题

（2011 年 11 月 10 日）

2011 年是"十二五"开局之年，广东金融改革创新、科学发展已进入到全面建设金融强省的新时期。省政府在 2011 年 6 月召开了全省金融工作会议，对地方金融工作提出了新的更高的要求。团队建设必须有新的进步。在 2010 年培训班上我以《路长雁成行》讲了团队建设的基本理论、基本方法及经验，2011 年更进一步，以《海阔凭鱼跃》为题，谈一谈团队创造力的问题。

"海阔凭鱼跃，天空任鸟飞"，是唐代诗人创造的佳句。宋代阮阅编撰的《诗话总龟前集》提到，唐代大历年间，禅僧元览在竹上题诗："大海从鱼跃，长空任鸟飞"，后来此诗被修改为上述的样子，比喻人们可以自由地行动，最充分地施展才能。

金融人对创造力应该最不陌生。当前，广东省正处于加快转型升级、建设幸福广东的攻坚时期，发展金融产业、建设金融强省也处于最重要的创业建设阶段。2011 年 6 月份召开的全省金融工作会议，对全省"十二五"期间金融工作作出了全面科学的部署，全省发展金融产业将迎来新机遇和新挑战，也给我们这一代金融人筑起了大展拳脚、施展才能的广阔舞台。金融创新将是这个舞台上的重头剧。广东省各级政府金融工作部门自 2004 年组建以来，在过去的七年间，完成了许多具有历史性意义的创新工作，取得了很多骄人的成绩；整个金融团队也在工作中经受锻炼，不断进步，团队整体素质得到了很大的提升，具备了承担建设金融强省重任的能力。我们要把握当前的大好机遇，充分发挥广东金融人的聪明才智和无限创造力，在发展金融产业、建设金融强省的大海蓝天中充分施展才能，贡献力量。

国际金融业的发展史，就是一部不断改革、不断创新、不断进步的历史。金融业的每一次重大变革和发展，都离不开金融创新。金融创新包括金融市场、金融产品、金融技术和服务，以及管理方式、企业组织形式等多个方面的内容，它通过要素的重组和创造性的变革，提高了金融发展的质量和效率，推动了金融业的持续发展。可以说，创新是金融持续发展的灵魂。

当前，建设金融强省的工作任务非常艰巨，其中许多工作，都无先例可循，这就要求我们解放思想，勇于创新，敢想会干，要有开发性的思维，要创造性地开展工作。为此，我们这支金融团队还需要进一步提升整体素质，最重要的是锻造团队的创造力，把创新作为金融团队的基因加以呵护、培育，让其在建设金融强省的伟大实践中，发出更强的光和热。下面，我就如何锻造团队创造力讲一些意见：

一、建设金融强省的阶段性进步，是广东金融人创造性工作的必然结果

改革开放 33 年来，广东作为我国改革开放的排头兵，在体制改革和对外开放中先行一步，取得了举世瞩目的成就，一跃成为经济大省。金融是现代经济的核心，广东金融业在推动地方经济发展的过程中，与经济共同发展、共同繁荣，确立了金融大省的地位，建设金融强省取得了阶段性的进步。回顾过去 33 年广东金融的发展历程，勇于创新，先行先试，是贯穿始终的主线。在此期间，既有引领全国先河的瞩目成就，也有深陷金融风险的切肤之痛。对过去广东金融工作进行认真总结，有助于我们更好

地掌握金融发展的客观规律，积累经验。过去 33 年，广东金融的发展历程，大致可以划分为三个时期：

（一）突破体制障碍，大胆探索的时期（1978～1997 年）

改革开放之初，广东金融业相对落后，发展基础较为薄弱，计划经济体制极大地制约了广东金融发展的活力。为突破计划经济的桎梏，老一代的广东金融人进行了大胆探索，信贷市场化在广东率先启动，股票交易和资本市场在广东发端，金融开放在广东开始，20 年间，广东金融人创造了很多个全国第一。大胆探索取得了丰硕成果，广东金融业在改革创新中实现了快速发展，一跃成为金融大省。这一时期金融发展的成就主要体现在：

一是金融总量由小到大。广东金融总量在改革开放之初曾处于全国中下游水平，如各项存款居全国第 9 位，各项贷款居全国第 6 位。乘改革开放之春风，广东金融人奋勇争先，金融总量实现了大跨步发展。从银行业看，1984 年和 1988 年，广东银行机构各项贷款、各项存款均先于地区生产总值指标跃居全国第一，此后该地位一直保持至今。银行机构的资产总额、营业网点、从业人数等也居于全国前列。从证券业看，随着 1990 年、1991 年上海和深圳证券交易所相继开业，证券业在广东得到很快发展，一批证券、期货、基金公司成立，大批企业上市，广东的证券机构数量、交易额，以及上市公司数量、融资金额等一直位居全国前列。从保险业看，1980 年中国人民保险公司广东省分公司恢复成立，标志着广东保险业务的重新恢复，其后一批保险公司相继成立，广东保险机构数量、保费收入等不断增长，逐渐居于全国领先水平。

二是金融机构体系由单一迈向多元。改革开放之初，广东金融机构仅有人民银行一家。随着国家金融改革的不断深入，1979～1984 年，工、农、中、建四大银行相继成立或恢复，1980 年人保广东省分公司恢复成立，1985 年新中国第一家证券公司——深圳经济特区证券公司试办，1987

年招商银行和深圳发展银行相继成立，成为国内首家完全由企业法人持股和允许私人入股的全国性股份制商业银行。在此期间，广东金融人大胆开拓，积极发展多元化金融市场主体，金融机构体系不断完善，为广东金融业的发展奠定了坚实的基础。

三是金融市场由封闭转向开放。凭借毗邻港澳的独特优势，广东在金融业对外开放上先行一步，1980年，中国银行广州分行成立内地首家外汇交易所，迈出人民币汇率和外汇分配市场化的第一步；1982年，南洋商业银行深圳分行开业，标志着外资金融机构开始进入国内金融市场；同年，民安保险公司深圳分公司开业，成为内地第一家外资保险公司；随后1984年珠海南通银行成立，成为内地第一家法人外资金融机构；1989年，招商银行在内地率先开办离岸金融业务。广东金融人的开发思维，铸就了诸多的全国第一，同时也奠定了广东金融作为我国金融对外开放的窗口地位。

改革开放前20年，广东金融人大胆探索，勇于创新，创造了一系列的辉煌业绩。但在快速发展的同时，广东金融在发展思路上出现了偏差，一些机构和个人片面求大求快，金融监管创新也跟不上金融业的发展，产生了许多风险隐患，如银行资产质量恶化，一些金融机构违规经营等，为此后金融危机的集中爆发埋下了祸根。这些祸害不是创新之祸，是金融监管不严之祸，是监管不创新之祸。

（二）处置金融风险，艰苦爬坡时期（1998~2006年）

1998年，广东省遭受亚洲金融危机的强烈冲击，爆发了严重的系统性金融风险，广国投被迫破产，粤海被迫重组，近200家地方中小金融机构停业整顿，部分地区金融服务严重缺失。此后的3年间，广东经济发展增速也因金融风险问题干扰而放缓。广东金融首次扮演了添乱不帮忙的丑角。痛定思痛，广东省深刻反思，认真总结经验教训，迎难而上，在处置金融风险，推动地方金融机构改革重组的过程中，进行了一系列金融创新，在妥善解决历史遗留金融问题的同时也注重提高金融机构自身抗风险能力。

一是以最大勇气让广国投破产。在座的年轻同志们可能难以体会和想象当时的情景，当年广国投破产面临的是巨大的政治风险和国家信誉的损失。党中央、国务院和省委、省政府顶住巨大压力，按照国际通行惯例和国家法律，坚决推进广国投的破产工作，向世界各国展示了中国推进市场化改革和依法行政的决心，也给全国的金融机构进行了重要的风险教育，警示其要依法合规经营，否则要承担经济责任、法律责任和政治责任，还对国际投机资本作出了阻吓。

二是建立城信社和信托公司退市激励机制，推动停业整顿近 10 年之久的 150 家城市信用社和 26 家信托机构全部退出市场，有效推动了历史遗留已久的金融风险问题的最终解决，维护了社会稳定。

三是多策并举推动地方法人银行实现成功重组，化解了历史包袱：广发银行、广州银行、佛山市商业银行、珠海市商业银行、湛江市商业银行、珠海南通银行等地方法人银行通过引进境内外战略投资者、剥离不良资产、股权转让、并购等方式完成风险处置和重组工作，全面改善资产质量，增强发展后劲（2011 年 9 月，历时 10 年，经历多次处置路径的变化和反复，汕头市商业银行最终通过创新债务处置方式化解了重组障碍，成功重组并更名为广东华兴银行，为广东省城市商业银行改革重组工作画上了一个圆满的句号）。

三届省政府用了 10 年时间，投入 1300 多亿元以及大量的人力、物力，成功化解和处置了系统性金融风险及各种历史遗留问题。1998 年发生的系统性金融风险，使广东金融人深刻领悟到"水能载舟，亦能覆舟"的道理。金融作为现代经济的核心，与经济互生共长，其健康持续发展能够发挥对经济的核心支持作用，反之，则会影响甚至拖扯经济社会发展的后腿。广东金融人及时反思和总结经验教训，全面深化金融监管体制改革，强调防范风险与促进科学发展并重，经过艰苦努力，全省系统性的金融风险已有效地全面排除。金融生态环境的实质性好转以及 10 年来处置历史遗留金融风险问题所进行的一系列金融改革创新，为最近这些年广东金融脱胎换骨的巨大变化和广东省金融产业科学发展奠定了坚实的基础。

（三）发展金融产业，奋力跨越的时期（2007年至今）

2007年，省委、省政府召开了第一次全省金融工作会议，颁布实施《中共广东省委、广东省人民政府关于加快发展金融产业建设金融强省的若干意见》（粤发〔2007〕15号）和《广东建设金融强省"十一五"规划》（粤府办〔2007〕78号），首次提出了发展金融产业、建设金融强省的发展新战略，对全省金融产业发展和地方金融工作作出了全面科学的规划和部署，进行了"四大创新"，开创了广东金融改革创新、科学发展的新篇章。

1. 发展战略思维的创新

2007年以来，广东金融人不断解放思想，金融发展战略思维与时俱进，不断创新：首先是在金融工作指导思想上实现了三大转变：从注重发展规模、速度向追求规模、速度与效率相协调的转变；从注重防范风险向防范风险与注重科学发展并重的转变；从注重融资行为向发展金融产业的实质性转变。其次是在战略定位上，省委、省政府形成了大力发展金融产业、建设金融强省的发展新战略，确立了将金融产业发展成为广东国民经济支柱产业的目标，并成功将广东省提出发展金融产业的构想与实践上升为国家战略。最后是在金融产业发展规划上，广东省着力破解广东金融产业发展不协调的矛盾和金融产业分工布局不科学以及金融后台服务"短板"问题，统筹兼顾，处理好提升珠三角和带动东西北的关系，促进区域金融协调发展；处理好在城市集中发展金融产业和在农村完善金融服务的关系，促进城乡金融协调发展；处理好聚集发展金融后台和创新发展金融前台的关系，促进金融前后台协调发展。

2. 工作机制的创新

在新的金融工作思想指引下，广东省创建并不断完善了五大金融工作新机制：成立广东金融改革发展工作领导小组，创新了跨部门协调推动金融改革发展新机制；省政府设立专项激励资金，创新了建设金融强省激励新机制；成立粤港、粤澳金融合作专责小组，创新了粤港澳金融合作新机制；制定金融突发事件应急预案，创新了金融风险防范化解新机制；建立地方新型金融机构（组织）"阳光准入、民主审核"联合工作制度，创新了依法廉洁行政工作新机制。五大金融工作新机制的建立和完善，促使各方形成推动金融改革发展的强大合力，为将金融产业发展成为广东国民经济的支柱产业奠定了良好的工作基础。

3. 产业体系的创新

"十一五"时期，省金融办以开发思维，首次系统性地对金融产业发展做了科学的布局安排，提出了建设城市金融产业体系和农村金融服务体系，统筹城乡发展的金融发展布局；提出了银行信贷市场、资本市场和保险市场协调发展、共同繁荣的市场发展布局；提出了建设广东金融高新技术服务区，金融前后台配套发展的产业布局；提出了建设以香港国际金融中心为龙头，珠三角城市金融产业体系为支撑的国际金融中心区域，粤港澳金融产业共同发展的布局。在全省金融产业科学布局的基础上，广东省着力建立具有广东特色的地方金融体系。这些都得到了省委、省政府的充分肯定和采纳，推动了全省金融产业的健康发展。

4. 金融开放与合作的创新

2007 年以来，我们以开阔的视野推进金融开放与合作，有效利用国际国内两个市场、两种资源：对外，大力深化粤港澳金融合作，加快粤台和广东—东盟金融合作，积极利用国际金融市场和资源，以开放促发展，对于 2008 年打开了粤港金融合作的大门，我们记忆犹新；对内，积极推进泛珠三角金融合作和金融改革创新试验区建设，拓展金融发展腹地。

这些创新及其取得的成功，共同形成了推动全省金融产业跨越发展的强大动力。广东金融在短短 5 年内取得脱胎换骨的历史巨变。

二、同步建设经济强省、金融强省，为金融创新开辟了最为广阔壮丽的舞台

黄华华省长在 2007 年全省金融工作会议上明确指出：建设经济强省是省委、省政府作出的重大战略举措。广东省要建设经济强省，必须同时建设金融强省。必须大力发展金融产业，充分利用金融稳定经济的调控功能，高度重视金融产业对经济的"血液"及"持续推动力"，通过做大做强金融产业，不断提高金融业增加值占第三产业的比重，使之成为产业结构调整中的先导性产业和战略性支柱产业。这标志着广东省在基本解决历史遗留金融问题后，金融全面转入科学发展的轨道，并在科学发展、改革创新中解决金融与经济发展脱节问题，实现金融与经济互相促进、协调发展的良性循环。经过 4 年的努力，到"十一五"期末，广东金融不仅发展成为国民经济的支柱产业，而且对经济社会发展的支持保障作用不断增强，在应对国际金融危机、促进产业转型升级等方面作出了显著的贡献，得到了省委、省政府的高度肯定，在 2011 年 6 月召开的全省金融工作会议上，黄华华省长对近年来金融工作给予高度的评价，肯定了广东金融发生的根本性转变。"十二五"时期，广东省建设经济强省和金融强省的步伐将继续加快，金融将伴随着经济加快转型升级的步伐，同步进行改革创新，金融被摆到广东省经济工作更加重要的核心位置上，几乎所有的重要经济工作部署都要金融工作部门参与，像 2011 年政府工作要点中涉及金融的就有十多项。

在新的历史时期，广东开展金融改革创新已经具备良好的经济、金融发展基础，拥有金融改革创新综合试验区和粤港澳金融合作先行先试的政策优势，得到了各级党委、政府和全省金融界的大力支持，金融改革创新的广阔舞台已搭建完成。我们要在这广阔的舞台上畅演自己成功的作品。

（一）成功应对国际金融危机，广东经济社会持续又好又快地发展，为金融创新奠定了良好的现实基础

此次国际金融危机是对广东金融工作部门和金融产业发展的一次重大考验。与 1998 年不同，面对此次国际金融危机，广东金融界交出了一份满意的答卷：帮忙不添乱、逆势争上游。不仅显示了良好的应变能力，及时启动各项应急机制，确保了金融系统的稳定，更重要的是显示了强有力的金融动员组织能力。早在 2008 年 10 月，广东省金融办对本次危机进行了研究分析，向省委、省政府提交了报告，指出 2009 年前 3 个月是广东经济最危险的时期，必须全力应对，出手要快，政策要实。广东比较成功的做法是，主要用金融手段而不是财政手段撬动经济，各级政府与各大银行签署了 3.06 万亿元的战略合作协议，当年为企业提供融资 1.2 万亿元，解决了重大项目建设 1000 亿元资本金问题，为实现"三促进一保持"作出了最重要的贡献。在成功应对国际金融危机后，广东经济社会建设继续又好又快发展，为进一步开展金融创新奠定了良好的现实基础。

1. 经济规模更为雄厚，金融资源更加丰富

广东的经济规模不仅在全国领先，如果将其作为一个独立的经济体来看待，在全世界的排名也在不断提升。2008 年，广东的地区生产总值世界排名在第 23 位，2009 年上升到第 18 位，2010 年，广东地区生产总值达到 46013.06 亿元，虽然排名未变，但与第 17 位的土耳其差距已经极小，广东的人均地区生产总值近 7000 美元，珠三角地区人均地区生产总值超过 1 万美元，已进入中等收入国家（地区）行列。从产业结构看，广东第二产业占地区生产总值的比重达 50%，制造业具有相当优势，并在加快升级和重新布局，仍有较大发展潜力。先进制造业和现代服务业创造的产值占地区生产总值的 43%，仍有较大上升空间。因此，广东并没有欧美发达国家产业空心化的问题，经济发展的持续性和动力更加充足。良好的实体经济基础将有力支撑金融的发展。

广东金融资源非常丰富。首先是金融产业已成为国民经济的支柱产业之一。2010 年，广东金融增加值达 2658 亿元，居全国首位，是"十五"期末的 4 倍，占地区生产总值比重为 6.1%（可比口径），全行业税后净利润 1530 亿元，税收 847 亿元，金融产业的从业人员约 60 万人。其次是金融资源非常丰富，"十一五"时期，广东省金融机构总资产大约每年增加1.5 万亿元，2010 年底达到 11.54 万亿元，2011 年第三季度末是 12.35 万亿元，2011 年又可以再增长 1 万余亿元。广东省的存款 9 月末已达到88615.89 亿元，民间融资 1.19 万亿元，私募和创投管理资金超过 1 万亿元。最后是金融市场规模庞大，银行信贷市场、资本市场、保险市场规模均居全国首位，且增长迅速。如下表所示：

	2006 年	2010 年	年均增长率
金融业增加值（亿元）	900	2658	30%
金融机构总资产（万亿元）	5.12	11.54	22.5%
金融业税收（亿元）	184.6	847.2	46.3%
金融业净利润（亿元）	532	1530	30.2%
本外币存款（亿元）	43262.2	82019.4	17.4%
本外币贷款（亿元）	25935.2	51799.3	18.9%
上市公司家数（家）	164	312	17.4%
保费收入（亿元）	607.9	1593.2	27%

2. 金融需求非常旺盛

广东是中国最早进行金融市场化改革的地区，经济社会的发展对金融服务、金融发展、金融改革创新等方面的需求更加旺盛，一般来说，一个经济体的人均 GDP 突破 3000 美元后，对金融的需求将迅速增长，广东早已突破了这一关口。但是，由于历史原因，在一段时间内，这种金融需求受到了压抑，直到 2007 年及之后，在科学发展金融产业的正确引导下，庞大的金融需求全面迸发，促成了金融业务的恢复性、爆发性增长。随着经济社会的不断发展，企业和个人的金融需求将更加旺盛，更加多元化，并将倒逼金融开展改革创新。2011 年以来，居民储蓄存款出现外流，增速明显放缓，这就是居民投资需求旺盛，但是得不到满足的表现。民间融资活跃、中小企业融资难问题的凸显，也从一个侧面说明了金融需求的巨大。如何满足日益庞大、多元的金融需求，成为未来金融改革创新的重要课题，既是我们的压力，亦是我们进行创新的动力所在。

3. 金融生态环境更为优良

金融生态环境全面改善，实现从金融高风险地区到亚太地区最具吸引力的金融市场的转变是"十一五"时期广东省金融改革发展最突出的成绩之一，在全省金融工作会议上，黄华华省长对此感慨良多。2011年，广东的金融生态环境建设又取得了新的突破，停业整顿多年的汕头市商业银行实现了改革重组，并已开业；曾经的金融风险重灾区——恩平市，在省金融办的指导支持下，开始了金融生态环境修复工程，已经完成20家城乡信用社的退市工作；"郁南模式"得到推广，县域社会征信体系建设得到有效推进；对民间融资情况进行了排查调研，规模虽大，风险可控，让中央和省委、省政府领导安心；全省银行不良贷款比例已经从"十五"期末的12.3%降到了目前的1.5%，达到全国领先水平。全省的金融生态环境建设正朝着更好的方向不断前进，为广东开展金融改革创新提供了健康肥沃的土壤。

（二）广东加快转型升级、建设幸福广东，迫切需要金融创新为经济社会发展提供"核动力"

"十二五"时期是广东深化改革开放，加快转变经济发展方式的关键时期。"十二五"开局之年，省委、省政府提出"加快转型升级，建设幸福广东"的核心任务，为新形势下做好广东省金融工作指明了方向。近期，省委、省政府推进产业转型升级、加强社会建设的工作进程不断加快，力度不断加大，全省金融界必须不断解放思想，改革创新，紧紧跟上省委、省政府的工作步伐。

首先，要通过金融改革创新，实现金融、产业、科技融合发展，全面融入产业转型升级。从国际一般规律来看，产业转型升级是从资源、劳动力密集型产业逐步向资金和技术密集型产业的转变。其中，资金事关金融、技术事关科技。前面已经说过，从广东现今的资源禀赋来看，金融资源最为丰富，已成为广东的资源优势，我们要做的就是将丰富的金融资源投向先进制造业、现代服务业和战略性新兴产业等重点产业领域。但是，面对更高的创新风险、市场风险及管理风险，广东省现有的以大银行为代表的金融体系和金融资源配置机制还远不能适应产业转型升级的资源配置需求，银行的投资偏好和经营机制决定了其难以给予科技型企业、中小企业充分的金融支持。因此，必须发展具有更高风险接受能力的多层次资本市场，推动利率、汇率及债券发行机制等市场化，建立多种所有制形式、广覆盖、多功能的金融服务体系。通过金融市场、组织、机制、产品和服务等全方位的创新，提高资源配置效率，实现金融与科技、产业的融合发展，成为产业转型升级的重要引擎。

其次，要发挥金融在社会管理、保障民生、道德建设等领域的综合作用，有力支持社会建设。"建设幸福广东"是"十二五"核心任务，给金融界提出了新课题。金融如何支持社会建设，在国内没有现成的经验可循，需要大家发挥创造力，共同探索。总的来说，金融支持社会建设的着力点有：一是保障人民群众的财产安全，实现财富的保值增值。财产安全与每个家庭休戚相关，金融风险事件最容易引发群体性事件，防范化解金融风险就是对社会建设作贡献。在保障安全的同时，也要努力拓宽投资渠道，创新产品和服务，增加人民群众的财产性收入，实现金融资源的有效增长。二是充分发挥金融的民生保障作用。广东是人口大省，人均财政支出排名全国第 23 位，单纯靠财政投入难以实现高水平的公共服务和社会保障，必须在养老、医疗、住房等领域引入商业金融作为补充，降低公共服务成本，提高社会保障水平。三是充分发挥金融对提高社会道德水平，建设社会主义核心价值的积极作用。金融本质上是一种契约，是信用经济，讲究诚信是金融的根本要求，要在发展金融产业，优化金融生态环境的过程中，培养全社会的契约意识和诚信意识，优化社会风尚。

（三）全面建设金融强省，迫切要求积极开展金融创新，加快转变金融发展方式，创造金融发展新优势

广东建设金融强省已经取得了重要的阶段性成果，但是，距离黄华华省长在全省金融工作会议上提出的金融强省目标体系还有很大的差距，当前突出表现有"三大矛盾"：一是金融产业规模迅速扩大与核心竞争力不强的矛盾。金融产业发展主要依靠规模快速扩张和金融资源的投入，自主创新能力不足，市场竞争能力与国际先进水平仍有较大差距，地方金融机构整体实力不够强；二是金融资源快速集聚与金融资源配置能力不强、运用效率不高的矛盾。区域金融市场发育还不健全，金融资源在区域和城乡分布不均衡，粤东西北地区存贷比例偏低，直接融资比重有待进一步提高，民间金融有待规范引导，仍存在中小企业和"三农"等金融服务不足的短板；三是经济发展方式转变较快与金融发展方式转变相对滞后的矛盾。金融产业结构有待进一步优化，金融业务过度依赖信贷中介、证券经纪等传统业务，投资银行、融资租赁、信息咨询等现代金融业务发展不足。这些突出问题和主要矛盾要在"十二五"时期通过金融改革创新、科学发展来解决。广东金融要通过率先实现发展方式转变，巩固国民经济的支柱产业地位，做好现代服务业发展的"领头羊"，当好国家金融改革创新的排头兵，发挥支持经济社会发展的"核动力"作用，创造金融发展的新优势。

三、在创新中锻造金融团队强大的创造力

后国际金融危机时期，国际金融形势风云诡谲，复杂多变，当今世界各国都在主动或被动地应对着这种变化，但是其中几个大方向或者是主要矛盾不会变。一是美国仍然是世界霸主，输出美元换取世界财富的做法20年不会变，美国现在正悄悄处置金融机构的不良资产，实施再工

业化计划，重振美国经济，第三季度以来美元不断走强。二是欧债危机将是一个长期的过程，这是其财政体制与货币体制相分离造成的，短时间内难以解决，而且美国为了"石油美元"的霸权地位将持续打压欧元，所以，中国不要做力所不及的事，去救欧元，而是要把自己的事情做好。三是中国等新兴国家在国际产业分工中地位将持续提升，这是大趋势，广东要在金融、科技、产业融合发展，加快产业转型升级方面给全国作出示范。

未来，各国都会将金融安全放到更高的国家战略地位，欧美发达国家将继续推进金融监管体系的改革，处置金融有毒资产，日本、中国香港、新加坡等金融发达国家或地区将会千方百计增强自身金融市场厚度和金融竞争力，中国、俄罗斯、印度等发展中国家将会加快推进金融市场化和国际化的改革进程。可以预见，未来仍然是金融体制、市场、机构、产品和服务创新层出不穷的年代。

通过刚才对广东金融发展的回顾和未来的展望，我们深刻认识到广东地方金融工作队伍在这个改革创新大潮汹涌的时代中肩负着的重任，将面对众多全新的金融工作。要完成艰巨的金融改革创新、科学发展的任务，要应对新的金融风险，这对我们地方金融工作提出了更新、更高、更严的要求。必须不断解放思想，开拓创新，在工作实践中锻造金融团队强大的创造力，真正成为中国金融改革创新先行先试的排头兵，完成时代赋予我们的重要任务。下面，我从五个方面谈谈如何锻造金融团队的创造力问题。

（一）在创新金融工作新机制中锻造金融团队强大的组织创造力

金融团队需要锻造的第一个创造力是组织创造力。组织创造力是创造设立制度架构、运行机制及协调组织内部运作的能力。金融具有上层建筑与经济基础的双重属性，作为上层建筑，金融的制度设计对一个国家和地区的经济结构，包括产业结构、贸易结构等产生着重大的影响。在金融最顶层的制度设计方面，克鲁格曼提出的"三元悖论"，阐述了货币政策、汇率政策、资本流动性之间的关系，1998年亚洲金融危机和现在的欧洲主权债务危机都是不同政策制度选择的结果。再往下，金融分业经营、分业监管的国家和金融混业经营、混业监管的国家金融发展情况有着巨大差别，稳健性完全不同，像混业经营的美国受国际金融危机的冲击最大，而分业经营的中国和日本，金融体系还比较稳健。从金融业内部结构看，以大银行体制为主的德国、法国、日本的经济发展活力和创新能力就逊色于以资本市场为主的美国，中国现在的流动性过剩与中小企业融资难问题的同时存在也与大银行为主的金融体系有关。此次戛纳G20峰会对超国界的金融监管体系也做了进一步探索。未来，全球经济金融能否实现健康协调发展，仍依赖于全球金融界组织创造力的有效发挥。

对于我们地方金融工作队伍来说，我们的工作环境比其他政府部门更为复杂，在国家没有非常明确划分中央与地方金融监管权责的背景下，开展地方金融工作需要协调处理好与中央驻粤金融监管机构的关系、与地方政府其他机构的关系以及省金融办与各市、县金融局（办）的关系。必须能动地发挥组织创造力，将各个部门、各种力量拧成一股绳，共同做好金融改革创新、科学发展工作。

首先是要正确处理好地方金融工作部门与中央驻粤金融监管机构之间的关系。总的要求是，中央驻粤金融监管机构职能内的事，我们不做，需要一起做的事情我们领头去做，他们做不了的事情，我们要主动做。为了加强工作的组织及协调性，省里面成立了广东金融改革发展工作领导小组，建立了金融改革发展大事的研究协商决策机制。2011年9月7日，省政府召开了金融监管工作会议，会上我代表省金融办提出了建立金融联合监管新机制的建议，进一步深化细化与中央驻粤金融监管机构间的工作协调。处理与中央驻粤金融监管机构的关系，一方面要合情合理，始终从金融改革发展实际和需要出发，不作意气之争；另一方面要坚持互利共赢，成绩和荣誉大家共享，帮助他们向中央争取金融监管权限的下放，我们有金融改革创新综合试验区这个平台，可以一起做金融监管部门自己做不了的事；另外还可以通过帮助他们解决办公用房、职工住房、经费等问题，增强他们对地方的认同感和向心力，方式、方法很多，大家可以一起创新。

其次是要正确处理好地方金融工作部门与政府其他相关工作部门的关系。由于地方政府金融管理职能有待明确完善，在发展创投和私募、企业改制上市、地方金融资产管理等领域存在多部门交叉管理的现象，如果不能有效协调配合，地方金融工作难以顺利推进。要解决这一问题，一方面要通过地方立法或出台文件，明确职能归属，像北京和上海已经出台文件明确金融办（局）为私募股权投资的主管部门，之前为争取对融资性担保机构的监管权限，省金融办做了大量的工作。今后对于各项金融工作职能，省金融办和各级地方金融工作部门仍要积极争取，各市甚至可以先行一步开展创新试验。另一方面，对于综合性的金融工作，要形成有力的领导机制，广东金融改革发展工作领导小组和"政府一把手管金融"机制起了很好的作用，各地做得比较成功的还有推动企业上市的领导机制，较好地协调了税务、工商、国土等各部门。今后，要继续创新工作机制，通过积极参与和引导，将科技金融创新、金融扶贫等工作纳入地方金融工作框架，保持金融办（局）在地方金融工作中的主导地位。

最后是要正确处理好省、市、县（区）政府金融工作部门之间的关系。近年来，随着全省地方金融工作队伍的发展壮大，各级地方政府金融工作部门在小额贷款公司监管、融资性担保机构监管和金融风险防范处置等方面的权责和分工逐步清晰，建立了广州区域金融中心、广东金融高新技术服务区、梅州农村金融改革创新综合试验区等省市共建机制，取得了良好成效。接下来，各级地方政府金融工作部门要积极发挥组织创造力，创新完善地方金融管理体制，开展金融工委、金融国资委等组织机制创新。

（二）在创新金融产业发展新格局中锻造金融团队强大的战略指挥创造力

金融团队需要锻造的第二个创造力是战略指挥创造力。战略的本意是指军事战略，即战争领导者依据战争规律所制定和采取的准备和实施战争的方针、策略和方法。中国的《孙子兵法》就提出了战略的概念，"夫未战而庙算胜者，得算多也；未战而庙算不胜者，得算少也。多算胜，少算不胜，而况于无算呼！"（《孙子兵法·计篇》），这里的庙算就是战略。后来，德国人发明了现代参谋制度，1821 年建立了总参谋部，专门负责制订战略，帮助德国成为了近现代著名的军事强国。第二次世界大战后，美国的安索夫在 1965 年发表了《企业战略》，后来又发表了《战略管理论》，从此以后，"战略"这个概念就进入了企业领域。现在，从国家到企业，甚至到个人都在进行战略规划，"多算胜，少算不胜"的规律永远都在起作用。

制定战略的过程就是发挥创造力的过程，中国共产党之所以能取得新民主主义革命的胜利，就是从政治上到军事上进行了杰出的战略创新，像农村包围城市、持久战、三大战役的战略部署，等等。在经济金融领域，战略指挥创造力一样重要，看过《货币战争》的同志都知道，罗斯柴尔德家族的成功应该归功于其出色的战略能力。20 世纪，美国为建立美元霸权，将金融战略与经济战略、军事战略、外交战略相结合，进行了宏大复杂的操作。我举这些例子是要说明，依靠战略指挥创造力，可以实现以少胜多，以弱胜强，从小变大，由大变强。针对广东金融"大而不强"的现状，省委、省政府在 2003 年提出了建设金融强省，但是未能与发展金融产业相结合，使得金融强省战略的实施没有抓手。到 2007 年，省委、省政府对建设金融强省战略进行了进一步完善，首先是提出了金融产业的理念，以此为纲，明晰金融工作思路，提供金融工作抓手，使其全面融入到广东省产业优化升级的大战略中去。其次，广东省又创新提出了金融前后台产业共同发展、"城市做产业、农村做服务"等一系列战略布局安排。最后，在此基础上，制订了广东金融的"十一五"规划和"十二五"规划，逐步实施建设金融强省战略。

"十二五"时期，广东省发展金融产业、建设金融强省总的战略方向不会变，在全省金融工作会议上，黄华华省长已做了部署，同时，赋予了其新的时代特征，即"十二五"时期的阶段性战略。具体是：加快金融发展方式转变，实现金融与经济社会发展的深度融合。加快转变金融发展方式，就是要继续大力发展金融产业，尤其是鼓励证券业、保险业和新型金融业态加快发展，优化金融产业结构；要鼓励引导金融机构努力提高现代金融业务的比重，优化金融业务结构；要努力提高直接融资比重，优化投融资结构；要努力提高地方金融机构总资产占全省金融机构总资产的比重，优化金融组织体系结构。这些战略内容已经写入《广东省金融改革发展"十二五"规划》，省政府已印发实施。

规划是战略的重要表现形式，制订规划有助于提高金融团队的战略指挥能力。已经制订"十二五"金融发展规划的地级以上市，要认真做好省、市规划的贯彻实施工作，还未制订"十二五"金融发展规划的市，要依据省的规划，结合自身的实际，认真研究未来地区金融发展战略。广州、深圳、珠海、佛山、梅州、湛江、中山、云浮承担着国家和省的重要金融改革发展任务，要从国家和省金融改革发展全局出发，加强对各金融改革创新综合试验区、金融产业发展聚集区中长期发展的战略规划，作出自己的特色，多点推进，多元发展，将广东省金融改革创新综合试验区建设落到实处。

（三）在创新地方金融发展新优势中锻造金融团队强大的战术执行创造力

毛主席说过"在战略上藐视敌人，在战术上重视敌人"。道尽了战略与战术的辩证关系，战略与战术相辅相成，缺一不可。如果缺乏良好的战术执行，好的战略也只能导致灾难性的后果，像孟良崮战役，张灵甫"中心开花"的构想很好，结果友军不肯"拉兄弟一把"，整编74师被全歼。在建设金融强省的大战略下，如果各地、各部门不认真执行，战术上不配合，不仅不能推动金融发展，还会走弯路，乃至失败。

为推进建设金融强省战略，这些年来，全省金融工作部门在化解历史遗留金融风险、地方金融机构改革重组、应对国际金融危机等方面进行了卓有成效的工作和创新，大家的战术执行力已经得到了有效的锻炼和提高。按照省委、省政府规划部署，"十二五"时期，广东省要努力提高"三个指标"和完成十大金融改革发展任务，这对全省金融团队的战术执行创造力是一个新的考验。我们要从以下几个方面着手提高战术执行创造力。

一是要打好粤港澳金融合作这张牌。粤港澳金融合作是广东省金融发展的独特优势所在，也是重要的国家战略，容易取得政策突破。目前，粤港澳金融合作已经步入了正常轨迹，大的合作方向与战略已经确定，关键是如何推进实施的问题。接下来，要通过深化粤港澳金融合作推进利率市场化、人民币资本项目下可兑换等金融体制改革，为跨境投融资提供更加便利的条件，促进更好地创造积聚金融资源和更好地利用金融资源新优势。广州南沙、珠海横琴和深圳前海的金融创新尤其是要用好这张牌，不久前，深圳市通过省政府向国务院报送了在前海开展金融合作创新的14项金融请求，提的比较系统和到位，接下来要向中央金融主管部门努力争取，广州南沙和珠海横琴要继续完善思路，争取更多更好的金融政策，促进区域的顺利开发。另外，东莞和汕头也要继续在粤台金融合作上下功夫，创新本地区金融发展新优势。

二是要努力建设具有广东特色的地方金融体系。从最近的国际金融监管发展趋势看，对工、农、中、建这样的系统性重要金融机构的监管会更为严格，将限制其资本扩张和市场扩张的步伐，给地方中小金融机构发展提供更多的空间。广东省金融要做强，立足点是要站在发展地方金融机构上。"十二五"我们的目标是要做到三分天下，地方金融机构的资产要占金融机构总资产的1/3，这就要求少的要做多，小的要做大，弱的要做强。要继续创新推进农村信用社的定向合作，深化产权制度和管理制度改革，要继续推进省属金融控股公司和各种新型金融机构的组建工作，要研究解决小额贷款公司和融资性担保机构的长远发展问题，要研究如何培育本土型的金融服务外包企业，提高金融后援产业发展的水平。2011年，广东省地方金融机构发展势头良好，农信社经营利润达到200多亿元，新增贷款中地方金融机构贡献了接近一半，按照这个势头加快发展。

三是要以产业金融创新为突破口。产业金融和商业金融都是现代金融的重要组成部分，由于广东省实体产业发展优势，产业金融发展的空间和潜力巨大。其一是要积极引导产业资本进入金融服务领域，参股金融机构，或成立企业财务公司、融资租赁公司、汽车金融和汽车保险公司等专业性金融机构。其二是加快金融创新，促进实体产业的资源、资本、知识产权、预期价值加快资本化，促进金融资源规模和金融市场规模的有效扩大，像加快企业改制上市，开展路桥资产证券化、土地资产证券化试验等。其三是积极推进科技金融、航运金融、物流金融、新能源金融的创新，既可形成金融改革创新的领先优势，又可分享产业发展的红利。

（四）在创新金融生态环境新优势中锻造金融团队强大的可持续发展条件创造力

实现可持续发展是落实科学发展观的内在要求，金融要实现可持续发展，除了不断深化改革，积极开展创新之外，良好的金融生态环境也是重要的成功因素。广东沉重的历史教训告诉我们：金融生态环境建设一刻都不能松懈。经过十年的努力，现在广东省整体金融生态环境已经在国内处于前列，2009年和2010年都排在全国第六位。2011年，浙江、江苏、河南、内蒙古、天津等省市出现了严重的民间融资乱象，直接影响金融和经济社会发展稳定，引起了国家和各界的高度关注，他们是犯了过去广东单纯将金融作为投融资工具的错误，为金融超常规发展付出了代价。如果年底再做金融生态环境的排名，广东的金融生态环境指标理应有机会进入前三名。面对成绩，我们不能自满和松懈，要实现金融的可持续发展，仍需要我们发挥创造力，解决金融生态环境建设的三个大问题。

一是解决金融产业发展政策体系不健全的问题。省、市各级政府要继续加大对金融产业发展的财政投入，省里除了建设金融强省激励专项资金外，2012 年起还有支持小额贷款公司发展的专项资金和支持融资性担保机构发展的专项资金，广州市新制订了大力度的金融发展扶持政策，有条件的地市也要紧紧跟上。要建立金融发展的正向激励和反向约束机制，引导金融机构加大对中小企业、"三农"和粤东西北地区的金融支持力度。还要有效落实和创新国家关于支持中小金融机构、创投和金融服务外包产业发展的政策，促进其加快发展。

二是解决金融人才队伍建设不足的问题。金融是人才密集型产业，广东要缩小与金融发达国家和地区的发展差距，必须解决金融人才不足的问题。近年来，我们组建村镇银行、小额贷款公司、融资性担保机构时发现，管理团队中金融专业人才极少，学历和从业资历都跟不上，这是大问题。对此，省金融办利用粤港澳金融合作的机遇和香港国际金融中心的人才优势，正在规划粤港澳共建横琴国际金融大学（暂名），与广东金融学院合作建设金融职业教育基地等，广州市提出了组建金融研究院的设想，未来都要全力落实。各市要将金融招商与引资相结合，创新方式和手段，引进国内外金融行业领军人才和金融研究人才。

三是关于提高金融风险防范化解水平的问题。防范化解金融风险是我们地方金融工作部门躲不掉、推不了、绕不开的职责，随着国际国内经济金融形势的复杂变化，未知的、突发的金融风险将会增多，如果不能提高金融安全水平，我们深化金融改革创新的努力和扩大金融开放合作的努力都将化为泡影。如何应对宏观调控的风险、国际金融市场的风险，如何加强对地方金融机构和民间融资的监管，都是省市各级政府金融工作部门共同发挥创造力，必须进行研究的大问题。我们要加强金融风险防范的硬件和软件建设，硬件方面，要建立地方政府金融工作部门自己的金融数据信息收集、分析和风险预警系统，打破金融信息盲区，省里已经准备立项建设金融产业发展运行监测信息系统；软件方面，要继续完善金融风险突发事件应急预案、地方中小金融机构（组织）的现场和非现场监管体系，以及建立金融监管协调新机制。珠海横琴、深圳前海等重点试验区要将跨境、跨市场金融风险防范作为金融试验的重要内容。

（五）在创新团队文化新优势中锻造金融团队强大的核心价值创造力

核心价值体系是一个社会意识形态的主体和灵魂，是维系社会和谐与进步的基石。社会主义核心价值体系是党的十六届六中全会首次明确提出的，2011 年 10 月，党的十七届六中全会再次突出强调了社会主义核心价值体系的重要性，提出了全面推进社会主义核心价值体系建设的目标和工作任务。社会的进步，归根结底是人的进步，在座的许多同志都出境、出国考察和旅游过，可以深切地认识到，我们与发达国家的差距，不在于物质，而在于个人的精神面貌和综合素质。改革开放三十年来，物质已经极为丰富，但是，全社会的道德水平没有相应的提高，有些地方甚至出现了倒退，所以，中央高度重视和强调社会主义核心价值体系的建设，提高全社会道德水平，凝聚人心。

与国家、社会一样，地方金融工作部门作为一个团队，也要有自己的核心价值，包括共同的理想、共同的团队精神、共同的团队文化以及荣辱观等，2010 年，我们在团队建设的集中培训中，就如何树立共同理想，培养集体荣誉感和塑造团队文化进行了研究探讨。从省金融办自己的实践来看，以"务实高效，敬业创新"为内容的团队文化建设是比较成功的，队伍的工作作风和精神面貌有了很大的改变。接下来，全省金融工作队伍如何创造自己的核心价值，形成团队文化新优势，我认为要做到以下几点：

一是要热爱地方金融事业，增强责任感、使命感。只有热爱一项事业，才会为之奋斗，在奋斗的过程中才能创造核心价值，而纸面上的核心价值不可能经受时间的考验。全省的金融团队都要深刻认识到，我们进行的是前无古人的事业，我们的每个创新、每项进步，都是在书写中国金融创新发展的历史，从这个意义上来说，其他工作都难以与它比肩。广州正在规划建设金融博物馆，我们的努力、事迹和成就，未来都将存入金融博物馆，被后来者铭记。所以，金融团队的每个成员都不应计较收入高低、荣辱得失，全身心地投入到这个伟大的事业中去，在工作中实现自己的价值，进而锻造出整个集体的核心价值。

二是要保持改革创新的时代精神，增强紧迫感、危机感。改革创新的时代精神是我们团队文化的重要特质，现在，广东金融改革发展的压力不仅来自国内，也来自国外。欧美日发达国家面临严重的危机，转嫁危机是解决危机的捷径，就像当年美国逼迫日元升值一样，必然会想方设法让中国来承担其危机处置成本。美国重返亚太的步伐正在加快，中国周边局势日益紧张，虽然，爆发大规模军事冲突的可能性不大，但是，经济金融领域的竞争会愈发激烈。广东作为联结港澳，对外开放的门户，必将首当其冲。因此，我们必须增强紧迫感、危机感，以时不我待的精神投入工作，首先做好广东金融自己的事，以实现建设金融强省来应对挑战，在此过程中必将升华我们的团队文化。

三是要加强集体荣誉感，维护金融团队的良好形象。省金融办与各市金融局（办）都是年轻的单位，要获得各级党委、政府、其他单位和金融业界及社会各界的认可，仍需要付出巨大的努力。需要全体成员加强集体荣誉感，团结一心，不仅要努力提高业务能力和专业素质，树立在金融工作领域的权威地位，还要展现我们良好的精神风貌和工作作风，让各界感受和认可我们的团队文化及核心价值。

海阔凭鱼跃，天空任鸟飞。创造无极限，力量在心扉。创造力根植于我们每个人的心中，我今天的话只是一个引子，希望能引燃大家心中蕴藏着强大创造力的火焰，掀动大家的创造翼膀，在不断创造中共同推动广东金融工作迈上新台阶。

（在全省地方政府金融工作领导干部培训班上的辅导报告）

天高鹰飞翔

——关于塑造团队精神的四个问题

地方政府金融工作队伍是一支最年轻的政府工作队伍，但共同肩负着推动广东金融改革创新、科学发展和全面建设金融强省沉重的历史使命。为了提高这支队伍的组织能力和战斗能力，最近几年，我们坚持不懈地加强团队建设，在 2010 年广东省金融办系统领导干部培训班上，我以《路长雁成行》为题讲了团队建设的 ABC，主要解决建设一支好团队的基础性问题；在 2011 年同样的培训班上，我以《海阔凭鱼跃》为题讲了塑造团队创造力的问题，旨在提升团队的创新能力和解决实际问题的能力；鉴于广东省地方政府金融工作团队建设的进展情况和广东省地方政府金融工作任务的重大变化，今天我更进一步，讲一讲塑造团队精神的问题。

人总是要有精神的。精、气、神决定了一个人认识世界、创造世界的能力。精、气、神是传统道家的概念，指人的元精、元气和元神。道教认为，人的生命由元神主宰，但必须依靠元精养气生气化气而活，依靠修炼达到守气合神，精、气、神合而为一，重返本源，常驻永生。整个人类社会的发展史就是一部"天行健，君子自强不息"的奋斗史，人类先祖凭借着不屈不挠的奋斗精神和主观能动性，掌握了自然能量与工具，驯服了猛兽，治理了水土，最终通过知识、文化与科技打造了璀璨繁荣的现代文明。中华民族的祖先也给我们留下了丰富的精神文化遗产，从孟子的"贫贱不能移，威武不能屈"到诸葛亮的《出师表》、柳宗元的《陋室铭》、范仲淹的《岳阳楼记》、文天祥的《正气歌》、于谦的《石灰吟》，无不展示美好而强大的个人精神境界，成为中华民族实现伟大复兴的精神宝库。

团队更要有精神。团队精神指的是团队成员普遍具有的信念、感情、意志和作风，是成功团队建设不可或缺的要素，是团队的灵魂。中国共产党是团队精神最突出的强大团队，在新民主主义革命阶段老一辈共产党人创造了长征精神、延安精神，在建设新中国的过程中创造了大庆精神、大寨精神、雷锋精神，在改革开放的过程中创造了"杀出一条血路"的改革开拓精神，这些精神是中国共产党从一个胜利走向另一个胜利的坚强保证。在这里我讲一讲延安精神。延安位于黄土高地，物资匮乏，条件艰苦，但是自 1938 年以来，延安成为了黄种人的精神高地，抗战初期共有 6 万多海内外青年知识分子突破艰难险阻奔赴延安。1935 年至 1948 年的延安 13 年，是我们中国共产党全面推进马克思主义中国化、形成毛泽东思想最为重要的时期，也是延安精神建设形成最为重要的时期，在这一时期中，中国共产党的优秀分子齐聚延安，深入挖掘了延安精神源生态：抗大精神、延安整风精神、南泥湾精神、白求恩精神、张思德精神、延安县干部务实精神、劳动模范精神等。经过实践提炼，最后形成了完整的延安精神。这就是，以毛泽东同志为代表的中国共产党人在延安时期为争取民族独立和人民解放事业的伟大斗争实践中培养形成和发展起来的理想追求、精神风貌、思想品德、工作作风的精华和结晶。基本内涵有：坚定正确的政治方向，实事求是的思路路线，全心全意为人民服务的宗旨，自力更生、艰苦奋斗的工作作风。在今天看来，延安精神仍是我们党的性质和宗旨的集中体现，是我们党优良传统和作风的生动表现，是顽强拼搏、奋发图强、锐意进取的创造精神的生动表现，是中国共产党人的精神情操的集中体现。延安精神极大地丰富了共产党人的精神家园。党的十八大报告继续将党的思想建设放在党建工作的首要位置，强调要坚定理想信念，坚守共产党人精神追求。团队精神的塑造工作值得全省地方政府金融工作部门认真思考、认真研究。

近年来，在省委、省政府的正确领导下，在中央驻粤金融监管部门的大力支持下，在各级地方政府及其金融工作部门的共同努力下，广东省金融改革创新、科学发展取得了显著的成绩。但是，仔细比较发现，不同地区金融工作成效的差异很大，这其中既有广州、深圳、佛山、梅州、云浮、中山等先进地区，也有一些不尽如人意的落后地区。例如，2011 年初，省里就部署推广"郁南经验"，建设农村信用体系，到 2012 年全省农村金融工作现场会召开的时候，一些市、一些县还没有全面行动，此外，还有几个市已经连续多年没有新增上市公司。导致这种滞后情况出现的原因是什么，我认为地区发展基础差异不是主因，根本的差异是精神境界上的差异。梅州、云浮是欠发达地区，经济发展指标在广东省处于倒数位置，这几年就是凭借解放思想、改革创新，敢想敢干，硬是闯出了一条地方金融发展的新路子。在广东省农村金融工作现场会上朱小丹省长连续说了多个"想不到"来给予高度赞扬，并要求其他地区"扪心自问"反思工作上的差距，不知道大家回去后有没有认真思考。难道这些地区的同志不需要思考一下自己团队精神塑造的问题吗？

当前，广东建设金融强省已进入新的历史时期和攻坚克难的关键阶段，对全省各级金融局（办）团队建设提出了更高的要求。与 2007 年一样，2012 年是广东金融改革发展新的里程碑，2012 年召开了两次高规格的金融工作会议——广东省金融工作会议和广东省农村金融工作现场会；连续出台了多个高规格的文件，6 月份，经国务院批准，中国人民银行等八部委联合印发了《广东省建设珠江三角洲金融改革创新综合试验区总体方案》（以下简称《总体方案》），9 月份，省委、省政府印发了《关于全面推进金融强省建设若干问题的决定》（以下简称《决定》），省政府印发了《广东省农村金融工作督查考评办法》、贯彻实施《总体方案》的实施细则和落实《决定》的工作方案。可以说，省委、省政府对金融工作的重视又达到了新的高度，为未来广东省金融改革创新、科学发展营造了良好的政策氛围。现在，广东省的金融发展思路、工作任务、工作分工都十分明确，关键是全面抓落实，而这个责任更多地落在地级以上市政府、县（区）政府身上，落在在座的各位政府金融工作部门领导同志的身上。在这个过程中，要解决金融市场、金融组织、金融开放、金融监管等领域的诸多实际问题，又要有力支持地方经济社会转型发展，还要面对国际国内经济金融形势的复杂变化，所有这些对于我们的金融理论知识、政策水平和工作能力都集中提出了前所未有的更高的要求。为此，广东省政府金融工作团队能否应对挑战与考验，能否在这金融发展的蓝天之下、热土之上展翅飞翔，取决于能否塑造更富时代气息、更加强大有力的团队来引领地方金融工作，从而推动广东金融改革创新、科学发展从一个成功走向另一个成功。其中塑造团队精神刻不容缓。

下面，我就以鹰这个大自然的完美造物为比喻，就如何在新形势下加强全省政府金融工作团队的精神建设问题谈四点意见：

一、要有一双鹰一样的眼睛——锻炼洞悉机遇、认清使命的战略眼光

鹰与老虎一样是居于自然界食物链最顶端的生物，是天空的霸主，是勇猛、自由和独立的象征，目前世界上超过20个国家的国旗或国徽采用了鹰的图案，特别是美国这个唯一的超级大国采用白头鹰作为其国家形象。鹰如此强大的第一个武器是它的眼睛。鹰的眼睛是动物界最为敏锐的眼睛，可以在几千米的高空发现兔子、老鼠、蛇等小型猎物，每秒钟能够处理300帧图像，而我们人类的眼睛每秒钟只能处理24帧图像，这就是老鹰不仅能够发现猎物，还能够在高速运动中准确捕捉猎物的首要秘密所在。科学家将鹰眼的构造与人眼的构造进行比较后发现，鹰的视网膜上有两个中央凹，而人的视网膜只有一个（中央凹是视觉最灵敏的区域，能觉察到细微的运动），鹰眼中央凹感光细胞也比人眼要多得多，每平方毫米达100万个，而人眼仅为15万个。鹰的眼睛也给人类带来技术进步的启发，美国研制出"鹰眼"预警机（即E2预警机），还有在网球、乒乓球

等比赛中使用的鹰眼系统，一种由 8 个到 10 个高速摄像头、4 台电脑和大屏幕组成的即时回放系统。在新的形势下，我们必须像鹰一样，既高瞻远瞩，又洞察幽微，要从全省经济社会发展的战略高度出发，准确科学地把握经济金融发展的大势和努力方向，避免走弯路。

（一）要飞得更高，看得远

鹰之所以喜欢在高空翱翔，是因为飞得越高，视野越开阔，越容易寻找到猎物。团队也一样，想问题、看事情的战略高度越高，所要承担的历史责任就越大，所能取得的成就越大。秦朝虽然短暂，但是，它建立了中央集权的政治体制和官僚政治，奠定了中国大一统的制度基础。与之相反，历史上农民起义成功的很少，即使成功也很难打破封建王朝的"治乱循环"，这是农民阶级的历史局限性造成的，跳不出制度的藩篱。在近现代，中国民族资产阶级由于其历史局限性没有能够取得旧民主主义革命的胜利，而中国共产党从诞生伊始就站在了国家民族的高度来思考中国革命的问题，中共二大分析了国际形势和中国社会半殖民地半封建的性质，阐明了中国革命的性质、动力和对象，确定党的最低纲领是消除内乱，打倒军阀，实现国内和平，推翻国际帝国主义的压迫，达到中华民族完全独立，统一中国为真正的民主共和国；确定党的最高纲领是建立工农专政政权，铲除私有财产制度，渐次达到共产主义社会。后来革命的成功，这个目标纲领功不可没。所以，如何提高整个团队的战略意识和战略眼光是塑造团队精神所要解决的第一个问题。

首先，怎样才能飞得高？关键在于勤于学习，勤于思考。在前几年的培训班上，我反复强调了建设一个学习型团队的重要性，人没有生而知之者，要培养战略眼光和全局意识也没有捷径可走，坚持不懈地学习和思考是唯一途径。关于知识有一个圆圈理论，有限的已知是圈之内，圈之外是无限的未知，知识越多所接触的未知面就越多，相对应的眼光就越开阔，思考和认识就更加深刻。如果坐井观天，僵化保守，头顶的天空永远只有井口大，想要高飞也不可能。现实工作也一样，2007 年我们提出了发展金融产业的新战略，较早作出了发展金融产业是广东产业转型升级的必然选择的科学判断；2008 年，我们提出了深化粤港澳金融合作的新思路，开辟了区域金融合作发展的新路径，提出了建设金融改革创新综合试验区的大胆思路；2012 年，围绕"加快转型升级，建设幸福广东"的发展战略，我们提出了发展国际金融、科技金融、产业金融、农村金融、民生金融，这些年来，广东金融改革创新、科学发展的思路是一个不断延伸、不断深化的过程。金融产业正在快速发展，地方金融工作的外延正在快速扩大，地方政府金融工作团队必须适应这种变化，认真学习，加强自己的知识储备，开拓自己的眼界，通过学习站到巨人的肩膀上，飞到蓝天中。

其次，怎样才能看得远？关键是深入调研，善于分析。学习和实践是相辅相成的两个方面，"纸上得来终觉浅，绝知此事要躬行"，学习必须与实践相结合，才能避免好高骛远，做到实事求是。在这一点上，中国共产党有过深刻的教训，有了正确的革命纲领，不等于找到实现革命胜利的路径，我党曾经照搬苏联经验，从 1927 年起发动了一系列以夺取中心城市为目标的起义，但是均全部失败了，使得中国革命进入低潮，毛泽东同志通过深入调研，分析中国社会主要矛盾，写出了《湖南农民运动考察报告》，形成了"农村包围城市"的正确革命路径。我们金融工作团队既要能飞得高，有大视野，又要能脚踏实地、深入调研，善于发现问题和抓住主要矛盾，想问题、做事情既有理论高度又有现实深度，只有这样，才能做到知行合一。

《总体方案》和《决定》的出台以及广东省金融工作会议的召开已经有 4 个月了，省委、省政府对各地市委、市政府给出了如何有效贯彻落实这些重要文件的命题作文，也对各市金融局（办）提供了开展工作的良好机遇，各市金融局（办）要全力推动各市召开金融工作会议，制订出台指导本地区金融改革发展的相关文件。这是培养和锻炼团队大局意识和战略眼光的难得实践机会，要从全面建设金融强省的大局出发，站在地方经济社会发展全局高度，认真思考，认真调研，谋划好当地金融工作的现在和未来。

（二）要飞得稳，看得清

鹰的眼睛有两个法宝，一个是"望远镜"，另一个是高速动态视觉判断，能在高速运动中准确捕捉猎物。万事万物都是一个不断变化发展的动态过程，由于后国际金融危机时期国际经济金融形势的复杂性，金融是集经济发展"正能量"和风险因素于一身的特殊行业，可以预见，广东全面建设金融强省和推动金融改革创新、科学发展将面对各种复杂艰苦的挑战，需要解决众多深层次的体制机制障碍，这对广东省地方金融工作团队的战斗力将是巨大的考验。所以，我们不仅要飞得高、看得远，还要飞得稳、看得清，锻炼在复杂变化中准确研判并做好各项工作的能力。

首先，怎样才能飞得稳？关键在于既要有飞得起的能量，又要有稳得住的定力。鹰与飞机一样，起飞既需要自身提供足够的加速度和上升推力，又要有效利用上升气流等外在动力，一个团队要成功地开展工作，不仅自身建设要过硬，也要有效利用各种外在有利条件，"好风凭借力，送我上青云"。飞得稳更重要的是在整个飞行过程中，特别是在各种"乱流"、"风切"的干扰下，把握住自己，保持住稳定的航向。要做到这一点，必须从以下三个方面着手：一是培养强大的定力和坚定的信念。"定力"原本是佛教术语，说的是要想修成正果就必须信念坚定，不随物流，不为境传，耐得住寂寞，经得起挫折，拒绝名利诱惑，超越本能欲望。佛家出世，而我们要入世，我们的定力是事业心，是使命感，是责任感，要对承担国家赋予的金融改革创新重任感到光荣，要对全面建成金融强省充满信心。二是要排除干扰想大事。地方金融工作内容多、任务重，平时还要处理各种临时性任务，忙起来，大家都有分身乏术的感觉。不论外界的干扰有多大，我们要始终扭住工作的核心，将80%的精力放到大事上来。在省级层面，我们经受住了2008年国际金融危机的冲击，发展金融产业、建设金融强省的战略没有动摇，未来还将继续坚持下去；对于广州、深圳来说，要始终抓住建设区域金融中心这个核心任务；对于珠海来说，要抓住横琴金融创新这个核心任务；对于佛山、东莞、中山来说，要抓住开展金融、科技、产业融合创新这个核心任务；对于梅州、云浮、湛江、揭阳来说，要始终抓住"三农"发展、统筹城乡发展、改善民生等专项试验区建设的任务。三是要遵循规律走正道。金融的正道是什么，就是始终坚持为实体经济和社会民生服务的本质要求，以此为指引金融发展就不会偏离航向。过去的广东和现在国内的一些地区，金融发展"脱实向虚"，透支金融资源与信用，追求金融短期的繁荣，最终走了很长的弯路，要花很大的成本来处置风险，这是深刻的教训。各地区要汲取教训，按照经济金融关系规律办事，按照金融发展内在规律办事，重视基础性金融工作和金融生态环境建设，实现本地区金融健康可持续发展和长期稳定。

其次，怎样才能看得清？关键是要做到以下三点：一是要拨开迷雾看本质。前面提到了要加强团队的学习和调研，其目的之一是为了培养大家透过现象看本质的能力，"大道至简"，要有化繁为简的能力，排除干扰，抓住工作的核心。举例来说，建设金融强省是一个宏大的战略，起草《决定》如果不能把握金融强省的本质，那一定是"眉毛胡子一把抓"，质量很差。时任中央政治局委员、省委书记汪洋提出金融强省的本质是五个"强"：发展后劲强、市场辐射力强、市场竞争力强、风险管理能力强、对经济社会发展支撑力强，围绕这五个"强"，我们逐条提出了具体政策措施，使得《决定》成为了一个高质量的文件。二是要认清趋势看未来。如果能够认清趋势，看清事物的发展规律，那就能够坚定信心，无论在顺境逆境中都能坚持稳步前行。我们广东乃至中国虽然起步比欧美发达国家慢，但是我们有后发优势，能够看到他们的发展轨迹和经验教训，进而学习借鉴转化到自己的发展上来。为什么在 2007 年的时候，我们有信心提出发展金融产业，依据之一就是欧美发达国家人均 GDP 突破 3000 美元之后都进入到金融产业快速发展阶段，后来事实证明广东金融产业进入到一个高速发展期，金融业增加值 5 年来年均增长 28%，这个上升趋势仍在继续。2012 年广东全省各地级以上市的人均地区生产总值将全部超过 3000 美元，粤东西北地区对本地的金融发展要有信心，要看到本地区的金融需求和金融市场发展空间，坚定做好地方金融工作的信心。三是要胸怀全局看本职。古语道：不谋万世者，不足谋一时；不谋全局者，不足谋一域。解放战争中，人民解放军大兵团作战从来不在乎一城一地的得失，而是从全局着手打总体战、运动战，得心应手。人容易有一种思维惯性，认为自己对整体或全局毫无影响能力，只要在自己的岗位上埋头苦干就行了，全局的事是领导的事，是上级的事，把自己的思考、眼界、责任等都局限于本职、职务范围之内。这样一来，就仿佛蒙眼拉磨的毛驴，看不到全局，分不清轻重缓急，做不到统筹兼顾，工作原地踏步，甚至工作方向出现了偏差，都不能自我纠正。金融是现代经济的核心，是经济社会转型升级的核心引擎，我们要胸怀全局来谋金融发展，围绕中心工作谋篇布局，实现金融产业发展和金融改革创新不偏离经济社会发展的正确方向；要争取地方金融工作在地方政府工作中的重要位置，在党委、政府的重大决策中要大胆发出金融部门的声音，提出行之有效的金融措施建议，要使得地方党委、政府及各部门感受到金融的重要性，加强与金融部门的合作。汪洋书记几次召开小规模务虚座谈会，都要求省金融办领导参加，会上，我们就汪洋书记等领导关心的重大问题提出了很多政策建议，各地市金融办也要这样做。

二、要有一颗鹰一样的心脏——锻打坚韧不拔的团队意志

鹰的心脏是动物界最强大的心脏，在千万米高空、高寒、高压、强风之下始终如一。我们要打造鹰一样的团队，就必须打造鹰一样的心脏。"古之立大业者，不唯有超世之才，更有坚韧不拔之志"。一支卓越的团队，有理想、懂使命是第一步，但也仅仅是第一步，理想和使命必须要以

坚强意志作为支撑，才能转化为强大的战斗力。有理想而无坚强意志的团队，注定要在现实的严峻考验中败下阵来。比如，吴越争霸中的吴王夫差团队，妄自尊大、玩物丧志，最后反而被越国所灭；楚汉相争中的项羽团队，项羽、范增等核心领导人都经不起流言中伤和失败的打击，垓下一战全军覆灭；三国中袁绍的团队，在官渡之战后并不是没有东山再起的机会，但其核心领导人袁绍一蹶不振，导致整个团队分崩离析，最终被曹操所灭。这些团队，谁没有争霸天下的雄心呢？为什么都功败垂成？主要原因就是缺乏坚韧不拔的意志。从现实的"此岸"到达理想的"彼岸"，中间隔着一条水流湍急、艰险崎岖的鸿沟，要跨越鸿沟，必须具备困难面前咬紧牙、在压力面前扛得住、在诱惑面前不动摇的坚强意志。可以说，坚韧不拔的团队意志是团队精神的支柱，是团队强大战斗力的源泉，是团队攻坚克难的根本保障。如果中国工农红军没有钢铁般的意志，就不可能在前有围堵、后有追兵的困境中生存下来，并发展自己，比如飞夺泸定桥，两日两夜行军二百四十公里，马上还要投入到惨烈的战斗中去，没有坚韧不拔的意志，红军也可能兵败安顺场，做了"石达开第二"。

我们前面讲过，地方政府金融团队有条件、有机会成为区域经济社会发展中的中坚力量和重要部门，有能力完成支撑广东加快转型升级、再创发展新优势的崇高使命。但这种地位不会从天上掉下来，不会自动送上门来的，而是要通过一场硬仗接一场硬仗打下来的。金融改革创新不是请客吃饭，不是在沙滩上晒太阳，而是一场高难度、高风险的持久战和攻坚战。建设金融改革创新综合试验区、推动农信社改革、地方商业银行重组等工作，没有一项不是困难和风险重重的，没有坚强的意志，一件事情都办不下来。如果没有坚韧不拔的意志，我们就不可能从一个职能模糊的协调性机构走到今天，同样，如果不进一步增强我们团队的意志力，明天就无法进一步提升我们的地位作用，走向全国金融改革创新的前沿，甚至会逆水行舟，逐渐削弱现有的地位，失去已有的良好条件、环境和抓手。这就是团队消长的重要规律。

很多同志会问，团队意志很重要，但坚强的团队意志从哪里来呢？我认为可以从两个方面看这个问题。

静态地看，坚强的团队意志是崇高的使命、坚强的领导集体和高效的团队组织三者有机结合的精神体现。首先，需要崇高的团队使命作为引领。"取法乎上，仅得其中；取法乎中，仅得其下"，没有高远的志向就不会对自己高标准要求，没有高标准要求就不会有不断进取的意志和决心，个人如此，团队也如此。之前，我在《山高人为峰》的专题讲座中讲了人的发展问题，人生的过程中将面对一座又一座"高山"，有的人能攀上高峰，"一览众山小"，而有的人只能仰望高山，徒呼奈何，其间的差别就是坚定的意志和进取精神。其次，也是最具决定性的，是领导集体的意志，特别是"一把手"坚强的意志品质。华为的任正非、联想的柳传志、阿里巴巴的马云，其个人性格品质对其企业团队品质打下了深深的烙印。在很大程度上可以说，"一把手"坚强的意志品质是团队意志的最后一道防线。最后，就是强大的组织动员能力。只有情同手足、协调一致的强大组织及动员能力，才能为团队意志提供坚强的支撑。秦朝一统中国的关键，就在于商鞅变法所建立的强大的组织动员能力，最高可动员 60 万军队连续战斗 4 年，这个纪录直到抗日战争时期才被打破。

动态地看，坚强的意志是团队在艰难困苦中打拼磨炼的结果，具体来自四个方面：

一是抗高压，永不变形。压力和进取相伴相生，如果不思进取，当然不会有很大的压力（比如现在部分市、县金融工作部门就小日子过得挺舒服）。想要有一番作为，就会面临各种压力，"飞"得越高，压力越大。进取和压力的关系就像"作茧自缚"，在进取过程中，压力就像丝一样，在无形之中越缠越紧，直至形成茧，一个团队，能够破茧而出，就能化蛹为蝶、获得新生，不能破茧而出，就难以自拔。近年来，不乏有领导干部采取极端的方式结束生命，就是自我要求太高，而在复杂局面中不堪重负的结果。所以说，要做一支不断挑战自我、攀登高峰的团队，必须善于化解前进中的各种压力。但抗高压并非天生的心理素质的问题，而主要是后天的学习、认识和习惯问题，是一个客观见之于主观的互动作用关系。如何管理和化解压力？第一，必须正确看待压力。没有压力就没有动力。在组织行为学上，压力分两种，工作上的高标准、责任重等挑战型压力对个人的成长是十分必要的和有益的，只有官僚主义、形式主义等带来的障碍型压力有较大的消极作用。角度一变天地宽，我们要认识到，挑战型压力在一定程度上是积极的，要利用，障碍型压力是消极的，要化解。12月5日，中共中央政治局会议旗帜鲜明地提出了反对官僚主义、形式主义，迈开了新时期党建的第一步。第二，必须善于化解压力。找到自身化解压力的手段。压力是客观实际在主观情绪上的反映，化解压力的一个主要手段就是调整好主观情绪和状态；例如人在情绪低落、身体不适的时候压力会显得比较大，因此要避免超负荷地工作；每个人可以找到适合释放压力的最佳办法，比如运动、和家人相处、找人倾诉等。第三，要养成良好的工作习惯。调查表明，领导干部工作压力的50%以上是来自于繁重的工作，在很大程度上表明掌控局面的能力不够。管理学家德鲁克在著名的《卓有成效的管理者》中提到卓越的管理者应养成的几项习惯，包括分清事情轻重缓急、解决问题不拖延、将大任务分解成小任务等习惯，既是提高管理能力的途径，也是缓解压力的办法，建议大家好好学一学。第四，加强团队关怀，降低团队内耗，减少组织内部压力。研究表明，组织内部人际关系不和谐，是团队成员主要压力来源之一，相当部分领导干部把超过50%的精力放在了内部关系协调上，并为此感到十分焦虑；历史上看，李自成团队、太平天国团队领导人承压过重、决策失误，很大程度上就在于其内耗太大。因此，我们领导班子要带头创造公开、透明、公平、公正的团队环境，不应在团队内部凭空制造压力。特别是要建立把压力化为动力的科学机制。一方面，要科学设定团队的总体压力值，既要自我加压又要量力而为，按照"跳一跳、够得着"的原则设定团队工作目标，以实现目标来激励整个团队；另一方面，要科学分配团队的压力，要实现团队内部压力合理配置，根据不同岗位压力要求选择适当的人，并根据压力状况合理设置岗位分工，从而实现压力、能力和人员的合理配置，增强团队的整体抗压能力和提高工作绩效。

二是抗高寒，永不冷固。人们常说，"高处不胜寒"，越到事业的高处，就越多"寒流"，一个人、一个团队要往高处"飞"，就必须顶得住"寒流的逆袭"。这里的"寒流"主要指打击团队进取心、消磨团队激情的各种隐性的消极力量，包括各种不理解、不支持、不重视、不关心、冷眼冷语、嫉妒中伤，等等。我们常说，对一个伟人、伟大团队的评价是"誉满天下、谤满天下"，讲的就是事业发展到高处必然会遇到阵阵"寒流"。这些年金融办事业发展很快，遇到的寒流也不少，如部分人认为政府金融部门的工作可有可无，一些地方领导干部对地方金融工作不重视、不支持，很多时候我们满腔热情迎来的是无动于衷乃至冷言讥讽，我们兢兢业业的工作得不到认可，甚至吃力不讨好，一些人在我们工作遇到困难时不是建设性地提出意见，反而设置各种障碍，等等。这些隐性的消极力量，对一些同志的工作热情和进取心造成的打击，可能比挫折和困难来得更大一些。我们一些团队和领导干部，面对困难和艰险时能够报以昂扬的斗志，却可能经不起这种"寒流"的袭击，不用积极的行动去化解寒流，反而妄自菲薄、变冷变淡。我们必须看到，事业是热血铸就的，小平同志讲："没有一点闯的精神，没有一点'冒'的精神，没有一股气呀、劲呀，就走不出一条好路，走不出一条新路，就干不出新的事业"，广东的改革开放就是在阵阵"寒流"中闯出来的。我们的团队要飞得更高，就必须要"高处胜寒"，始终永葆干事创业的激情，保持一种奋力前行、永不懈怠的精神状态。要克服小富即安、得过且过的错误观念，"一天干一件实事，一月干一件新事，一年干一件大事"；要具备"十年磨一剑"的思想准备，在默默工作中打好基础、积累成绩；要去除"怕"的思想，不怕担风险、遭非议，在别人的质疑声中独立前行；要"争一口气"，持之以恒，积极有为，干别人不愿意做的事情、吃别人不愿意吃的苦。通过一段时间积累沉淀，在精神、能力上迈上一个台阶，在干事创业中提升团队的能力和地位。

三是抗强风，永不萎缩。江泽民同志曾说，"不愿到困难的地方去，或去了干不出成绩，就不是优秀干部，就不能提拔重用"，干部如此，团队也如此，不愿意承担急难险重任务的团队，或者承担了却干不出成绩的团队，这样的团队就不会发展壮大，就无法成为一支优秀的团队。在当前形势下，逆势而上、知难而进也是我们地方金融团队最急需养成的品质之一。作为成长期、创业期的团队，我们开展工作面临"四难"：第一是政策争取难。比如我们向中央争取批准《总体方案》用了近4年时间，两届省委、省政府主要领导和分管领导先后与中央部委沟通商谈了近十次，其他有关沟通准备工作不计其数。要金融政策的难度大过要资金的难度，没有"软磨硬泡"的韧劲和"十年磨一剑"的功夫，中央的政策就拿不下来。第二是资金难。开展大范围、全局性的金融改革创新，没有必要的前期投入是不行的。这两年各地金融改革创新搞起来之后，对财政投入的需求已明显增加，但省、市财政总盘子有限，特别在当前财政收支趋紧的情况下，争取财政资金比较困难。第三是协调难。地方金融工作不仅直接关系到中央金融监管部门，还涉及发改、经信、工商等多个部门，协调困难。如我们推动组建横琴国际金融大学、防范和处置非法集资等工作，不知道在部门间周折了多少次。第四是人才难。虽然经过这些年的努力，省、市两级政府金融工作部门的实力已大大增强了，但我们也必须看到，与地方金融工作的繁重任务相比、与推动金融改革创新的要求相比，政府金融工作系统编制少、专业人才少、县（区）金融部门不完整，总体上仍然面临"小马拉大车"的问题，人才仍然是我们工作的主要约束条件。这些年，我听到地方金融领导干部都在感叹，在下面办成一点事真难。不夸张地说，在地方办事难，办成事更难，办成金融的大事尤其难。我们这支新团队要发展壮大，就必须知难而上、克服种种阻力和困难，做成别人做不成的事情。差不多的团队、类似的条件，有的地方金融办（局）能把事情做得风生水起，有的却几年干不成一件事情，这绝不仅是能力的问题，更多的是奋斗精神的问题。当然，逆势而上，并不是逆势而为，知难而进主要体现在精神层面，我们在行动上要有灵活性和创新性，要善于造势、借势，利用各种手段来达成目标。

四是做知难而进的主动力。抗高压、有激情、不怕难，经过以上三关，我们可以说，一个意志坚定的团队已初步成形。但还不是一支具备钢铁意志的一流团队。"烈火见真金，百炼方成钢"，一流的雄鹰必然是在搏击风雨中成长起来的，一流的团队必然是在大风大浪中历练出来的。《亮剑》中李云龙的队伍，《士兵突击》中钢七连，就是这种典型。要打磨钢铁的意志，必须要到艰难、重大的实战中去。要有敢担当的魄力，要突破两个"不敢"：不要错误地认为金融局（办）人少、事权少，就不敢在主要领导面前出一些大的主意，做一些推动全局的事情；不要错误地认为本地区、本团队的底子薄，条件差，就不敢在本地、全省乃至全国开展一些先行先试的创新。要有敢担当的本事，在重大机遇、重大决策面前敢于打破陈规、先行先试，在推进重点工作、完成重大任务时能够雷厉风行、一抓到底，在应对急难险重、突发事件时做到靠前指挥、冲锋陷阵。当前，从宏观上看，广东省乃至全国都面临发展动力缺失的问题，各地不同程度陷入发展瓶颈；从微观来看，地方的发展都面临严重的政府债务高企、企业和基础设施融资困难、产业结构不合理等问题，急需采取金融手段加以解决。吃饭靠财政、发展靠金融，现在，科学发展已经到了金融决成败的时刻了。这种困难时刻就是锻打我们金融团队最好的时刻，我们是"靠边站"还是"站出来"，是知难而进还是畏畏缩缩，从根本上决定了整个团队的发展前途。

三、要有一双鹰一样的铁爪——塑造敢打硬仗的攻坚精神

在央视科教频道中经常可以看到鹰捕食的镜头，迅猛凌厉，一气呵成。鹰捕食最重要的工具不是它坚硬的喙，而是它锋利、强韧的铁爪，白

头海雕足底粗糙如砂纸、爪锋利如弯刀，可以迅速准确地从水中抓出滑腻的游鱼，蛇雕的铁爪覆盖着坚硬的鳞片能够抵御毒蛇的毒牙，地球上生存过的最大的鹰类——新西兰的哈斯特巨鹰的爪子有虎爪的力量，能够捕杀体重超过 200 公斤的猎物。倘若鹰失去了那双锋利的铁爪，只能眼睁睁看着猎物溜走，没有了搏击的利器，再美的猎物永远都只能定格在视线中、理论上，这就是鹰爪之于鹰的意义。一个团队如果缺乏攻坚精神，完不成任务、达不成目标，那这个团队就失去了存续的意义，慢慢会滑到被终结的边缘。

　　2012 年，省委、省政府召开了全省金融工作会议，出台了《决定》，国家批准了《总体方案》，绘制了美丽的蓝图，给予我们美好的愿景。只有通过艰苦的建设，蓝图才能变成现实的高楼大厦，如何在 2020 年前全面建成五个"强"的金融强省的现实任务，摆在了我们的面前。发展金融产业具体涉及金融要素市场的培育、金融产业聚集区的打造、地方金融机构的改革重组、新型金融业态的发展、民间金融的规范发展、金融发展环境的改善等；发展国际金融具体涉及资本项目可兑换的先行试验、外汇管理体制改革、跨境人民币业务的创新、本外币离岸业务的发展等；发展科技金融具体涉及区域 OTC 市场的创新发展、各类股权投资机构的发展和规范、政府引导机制的建立等；发展产业金融要求金融创新深入到每个具体产业、深入到大、中、小、微型企业；发展农村金融具体涉及农村金融服务体系的构建、农村金融生态环境的改善、城乡统筹金融发展机制的建立等；发展民生金融具体涉及医疗、教育、养老、责任等保险保障产品的开发和推广等；《决定》提出的金融人才、法制、信用建设和资金扶持政策都要逐一落地。面对众多全新的工作任务，许多改革创新在国内外都无先例可循，这就势必要求广东省地方政府金融工作团队锻造一种敢于先行先试、敢于迎难而上的攻坚精神，拿出"杀出一条血路"的改革勇气和"快、准、狠"的工作作风，敢打敢拼，将金融强省建设和金融改革创新试验区建设不断推向新高峰。

（一）主动出击——从敢想到敢干

在鹰的眼睛部分我讲了锻炼战略眼光的问题，就是鼓励大家要敢想。但是，敢想仅仅是开端，从敢想到敢干才算是真正迈出第一步。任何一个有理想、被尊重的团队，在"想到"之后和"得到"之前，都必须经历"做到"的艰苦阶段。改革开放至今，一代代广东金融人为我们生动展现了什么是敢想敢干，率先在全国展开市场化改革，实现了第一张信用卡、第一家证券公司等许多历史性创新与突破，铸就了广东金融大省的地位，如今我们新一代广东金融人也要继承这种敢想敢干的精神，脚踏实地一步步将金融发展部署变成现实。在广东省金融局（办）团队当中，已经有了很多成功的例子和典范。广东金融高新技术服务区是 2007 年 4 月，我们和佛山、南海领导面对着南海区域地图想出来的，给了它金融后援服务基地的功能定位，之后省市区共同努力将它迅速落地，2007 年 7 月授牌，当年就实现 AIA 等机构进驻，建设进展迅速，连续在北京、香港、新加坡、东京、纽约召开投资推介会，影响力与日俱增。还有梅州农村金融改革创新综合试验区，这是我们在制订试验区建设总体方案时的一个大胆设想，打了个擦边球，扩大了试验区范围，我们这个金融创新命题很准确，最后省里和国家都认可，梅州随之迅速行动，没等国家批准《总体方案》，在 2011 年初就全面启动试验区建设，真抓实干，2 年来取得的发展成绩，大家都已经亲眼看到。其他还有广州、深圳、中山、云浮等市都做得很好。榜样已经在前面，全省各市、县（区）金融工作团队都要行动起来，按照省里面的总体部署，参照先进地区的做法，对于城市金融怎么做、农村金融怎么做，要形成系统的思路、目标、措施，只要提出来，我相信当地市委、市政府不会不支持，明年起省里对各地市金融工作将进行综合考评，市委、市政府也不得不重视，然后就是从易到难、逐项抓落实，只要动起来，2～3 年内，地方金融发展面貌一定焕然一新。从敢想到敢干，是对全省地方金融工作团队精神建设的基本要求。

（二）不屈不挠——从敢干到敢打硬仗

敢干是成功路上迈出的第一步，在理想付诸实现的过程中，障碍不可避免。在我们迈出第一步的同时，就要做好十足的心理准备——接下来的征程不可能一帆风顺，敢干的同时还必须要有敢打硬仗的勇气和决心。牢骚满腹、束手无策、坐以待毙，这都不应是我们团队在困难面前的选择；遇到矛盾绕道走，看到困难先摇头，更不能成为我们团队的风气。我们需要的是泰山压顶不弯腰、惊涛骇浪不低头的顽强与坚韧，以及不屈不挠、勇于拼搏的攻坚精神，要让急难新重的任务成为团队成长的试金石、磨刀石，在攻克一个又一个难关的过程中，锻造和升华团队的精神。

省金融办是一支年轻的队伍，但短短几年在全省政府系统和全国金融办系统已经确立了自己的地位和形象，得到普遍赞誉，这靠的是什么，靠的就是在关键时刻和面对急难新重任务时的积极表现。这些年来，我们在应对国际金融危机、加快转型升级的关键时期都及时拿出应对措施，完成了全省上市公司的股权分置改革、农村信用社票据兑付、城市信用社退市等艰巨任务，还成功推开了粤港澳金融合作的大门，这些工作的成功构成了省金融办一步步向上走的坚实台阶。在这里我还要特别表扬一下广州市金融办，2012年对于他们来说是非常艰苦的一年，省委、省政府和广州市委、市政府在上半年连续布置了金融交易博览会、民间金融街、OTC市场、国际金融城等重要任务，都有时间节点要求，广州市金融办全体动员、分工合作，放弃了休息时间，按时按质完成了各项工作任务，广州市金融发展打开了新局面。广州市金融办的努力获得了市委、市政府的肯定和支持，编制得到增加，职能得到加强，还得到有力的政策支持。敢想敢干，能打硬仗的队伍一定是部队里的王牌，一定是统帅心中的宝贝。其他地区金融局（办）都要明确自己的角色定位，打一两场硬仗看看，尤其是珠海、湛江、揭阳等承担了金融改革发展重要任务的地区一定要把自己的硬仗打好。我还要提醒一下，打硬仗不是要蛮干，在上甘岭战役，志愿军也不是用血肉之躯去抵抗美军的炮火，而是巧妙利用反斜面坑道工事。硬仗也要巧打，要学会利用"政府一把手亲自抓金融"等工作机制来开展工作，要学会利用党委、政府重视的热点和重点来推动金融工作，要学会利用现代金融工具和手段去撬动社会资本，要学会政府搭台让企业、金融机构、民间组织、新闻媒体来唱金融发展"大戏"。像梅州乡村金融服务站借了村委会的力，广州国际金融城打了新型城市化的牌，征信中心和金融数据库建设得到了人民银行的支持，还有通过大学生村官、青年志愿者来开展农村金融工作等。

（三）进步不止——从成功走向成功

政府金融工作部门的团队不同于一般企业团队，有着更长远的目标和更长久的存续期，这样的团队要保持住较强的战斗力、凝聚力。在困难很大的情况下，一不小心就会陷入精神松懈、人浮于事、效率低下的状态。要避免这种状况的出现，最有效的方法是不断更新团队的目标，不断重新设置出发点，将前一个成功的终点作为下一个成功的起点，保持永不懈怠、积极进取的劲头。省金融办就不断设定金融改革创新、科学发展的新目标，从金融大省到金融强省再到具有更强国际竞争力的金融中心区域，从国民经济的支柱产业到经济社会转型升级的核心推动力。对于政府部门来说，还有一个优势就是每五年就要做一次规划，既可以检查各项工作目标的完成进度，又可以设定新的发展目标。我再次强调，各地区一定要做自己的金融规划，没有规划就没有目标，金融工作就难以保持一种连续性。制订"十二五"金融发展规划的地级以上市刚超过一半，没有规划的市，要利用现在的大好机遇，把中长期规划工作抓起来。

对比其他行业，金融行业有几个特殊性：一是风险性，一旦监管松懈、发展意识淡漠，金融风险就会紧随而来，一举毁掉多年的发展成果，广东自身和发达国家以及发展中国家都有深刻的教训。二是流动性，金融市场最为敏感，哪里市场环境好、投资回报率高就会向哪里聚集流动，国内北京、上海、天津、重庆、昆明等许多城市都在打造国际金融中心或区域金融中心，对金融资源的争夺日益激烈。所以，还是那句老话，金融是"大发展，小风险，不发展，大风险"，从主观和客观两个方面来看，金融工作一刻也不能松懈，广东金融发展事业应永不止步，从成功走向成功。

四、要有一对鹰一样的翅膀——塑造协调奋进的合作精神

鹰是飞行速度最快的鸟类之一，一般飞行速度在每小时 100 公里以上，俯冲飞行速度在 250 公里以上。鹰的速度来自于一对灵活坚韧的翅膀，首先，鹰的翅膀具有独特的升腾结构，能够利用气流变化在天空中轻松飞翔，还能够向后倒转翅膀形成飞机机翼形态，迅速向下俯冲捕捉猎物；其次，鹰翅膀的骨骼坚硬轻巧，骨头是空心的，里面充有空气，翅膀的骨骼与身体各部位的骨椎相互结合在一起，肋骨上有钩状突起，互相钩接，形成强固的胸廓，以此减轻重量，增加支持飞翔的能力；最后，鹰的翅膀有很强的再生能力，即使在被折断后仍能忍着剧痛不停地振翅飞翔，不久还能自愈。唐代诗人白居易曾在《放鹰》一诗中用"鹰翅疾如风"来形容鹰的翅膀。我们地方金融工作团队要成功，不仅要有鹰的眼睛，看得远，看得清，能够找到并定准目标，要有鹰的心脏来提供能量，要有鹰的铁爪作为贯彻落实的手段，还要有鹰的翅膀来提供飞翔动力，来跨越目标与现实的巨大"鸿沟"，其内涵就是要塑造协调奋进的合作精神。

一是定准目标，勇往直前，鹰一旦确定猎物，便会加速度冲刺，直扑目标。团队是个人的集合体，在达成目标的过程中必须"同心山成玉，协力土变金"，将团队凝聚成一个围绕共同目标相互支持、团结合作的整体，形成向目标冲刺的加速度。要营造平等友善的工作环境，充分发挥每个人的主动性、积极性；要保持风清气正的职场风气，共同支持鼓励专心努力的人，给予不干事、懈怠的人应有的压力；要加强交流沟通，每个人能够充分发表意见，及时提出和解决工作中的问题；要兼容并蓄，扬长避短，

使得团队中每个人能够充分发挥优点与特长；要根据团队工作绩效，实行相应激励计划，保持团队士气和进取心。只有这样翅膀才能承受得起重负，才能够提供足够的前进和上升动力，朝着共同目标奋力前行。

二是协调奋进，跨越高峰。翅膀永远是一对才起作用，折翼的鹰是飞不高、飞不远的。要跨越全面建设金融强省道路上的座座高峰，广东省地方金融工作部门必须紧密团结，精诚合作。从纵向来看，金融办系统上下级之间必须协调配合。省金融办谋划广东金融改革发展全局，制订总的政策框架，协调中央部委和省直有关部门、中央驻粤金融监管机构，还负责抓落实和督促检查；各市、县金融局（办）承担地方金融工作具体职能，负责贯彻落实各项金融工作任务，在广东省金融工作总的框架下，充分发挥主观能动性，抓发展，抓稳定。之前，首届广州金融交易博览会的顺利举办、广东金融高新技术服务区的快速发展、梅州和云浮的农村金融改革创新的成绩的取得都是省、市、县（区）金融工作部门共同协作努力的成果。从横向来看，全省各地区要实现均衡发展。目前，珠三角与粤东西北地区金融发展不平衡，存在明显的"二八"现象，一长一短两条腿是走不稳的，一大一小两个翅膀是飞不起来的。珠三角的金融发达地区要主动与粤东西北金融欠发达地区对接，促进金融资源的回流反哺，减少强弱之间的差距，粤东西北地区也要奋起直追，使全省金融工作步调和区域发展逐步一致。此外，珠三角各地市之间要协调分工，广州、深圳要按照《总体方案》和《决定》给予的定位分工加快区域金融中心建设，要继续强化广东金融高新技术服务区金融后台发展功能定位，南沙、前海、横琴要结合实际找准不同的金融创新重点，各市在金融平台建设、金融招商上要有全局意识，避免资源浪费。

三是比翼凯旋，分享喜悦。全省政府金融工作团队在不断学习鹰昂扬斗志、顽强拼搏、团结奋进精神的同时，更需要学会共同分享成功的喜悦。爱尔兰剧作家萧伯纳曾经说过："你有一种思想，我也有一种思想，彼此交换，我们每人就有了两种思想。"在工作中，分享是迈向成功的制胜法宝，分享可以带来智慧，带来经验，带来认同，带来喜悦。会分享的团队是一个团结的团队，对于做得好的不嫉妒，共同总结分享经验，对于做得不好的不嫌弃，共同改进缺陷，实现团队整体成功的同时实现每个成员的发展和价值。同时，要将团队的宝贵经验和智慧薪火相传，建立长久有效的学习培训机制，实现团队的持续发展，从成功走向成功。省金融办将努力建立全省金融办系统的经验交流分享机制，建设好广东金融网这一个门户网站，建设金融培训基地和举办更多的学习培训活动，建设好金融产业发展和区域金融运行的数据库，召开形式更加丰富的现场会、交流会，为大家提供经验交流、学习提高的多功能平台。

天高鹰飞翔，地阔任君行。当你拥有一双鹰一样洞悉一切的眼睛，一颗坚韧不拔的心脏，一双无坚不摧的铁爪，一对协调配合的翅膀，你便拥有了世间最强大的力量，迈开你的双脚吧，让我们一起带领广东省地方政府金融工作团队在广东金融的蓝天之下、热土之上，迎接一个又一个新的挑战！争取一个又一个新的成功！

（在广东省地方政府金融工作领导干部培训班上的辅导报告）

解读篇

支持产业升级　广东金融
大发展正逢其时

——《21 世纪经济报道》专访

时隔十年，广东金融再出发。

国务院批复的《珠江三角洲地区改革发展规划纲要（2008～2020年)》（以下简称《规划纲要》）将优先发展现代服务业和加快发展先进制造业作为广东产业发展与升级的重要举措。《规划纲要》和广东省委、省政府相应的决定是，到 2020 年，珠三角地区服务业增加值比重要占到GDP 的 60%，据此，金融业的贡献率则要达到 12%。

金融作为现代服务业中的龙头产业，面对广东第二产业做强、第三产业做大做强的战略诉求，金融产业的发展程度是广东产业升级能否最终实现的关键。

其实，金融依赖产业，更能带动产业，本身就是现代产业体系的核心。广东毗邻港澳，拥有独特和丰富的金融资源以及逐渐良好的金融生态环境，在广东促进产业升级的新时期，金融被提到战略高度正是顺应经济发展规律和产业转型升级规律的应时之举。

7 月 14 日，广东省人民政府金融工作办公室主任周高雄在接受本报记者专访时称，广东的金融发展和广东的产业发展相辅相成，要从产业经济学看金融，从管理会计学算金融，从历史机遇想金融，从支柱产业做金融，从支持产业发展评金融。周高雄和他所在的省金融办的重任之一就是紧紧围绕省委、省政府提出的大力发展金融产业、建设金融强省战略目标，推动和协调金融自身产业化发展和促进产业转型升级。

市场、战略之辩

《21世纪经济报道》：近两年，广东在提倡产业升级，淘汰落后产能，引入技术密集和资本密集产业，那么，金融业在此特殊时期如何定位，在产业升级、转换和承接方面如何发挥金融的作用？

周高雄：金融首先是一个产业，自身的升级就是对整个产业升级的积极贡献。其次，金融对其他产业有很大的支持作用，包括信贷资金的投向，如投向先进的制造企业、现代化的服务业就是一种支持升级的体现。此外，资本市场可以发挥融资及规范企业行为的作用，支持优质企业发展升级。

产业升级的根本就是由低技术、高物质消耗，向高技术、高资本投入的产业方向转变，过去拼资源、劳动力，现在拼技术和资本，而资本密集型产业如果没有金融的支撑，将难以为继，这也更加凸显金融是现代经济核心的独特地位。

因此，在广东产业升级过程中，金融将获得更多的是发展机遇：一个通过提高金融服务水平，充分利用金融资源，促进产业转型升级的大好机遇；一个提升发展完善金融产业的大好机遇。

《21世纪经济报道》：中小企业是产业的基础单元，但并不是所有企业都符合产业升级的要求，那么，金融业如何面对满足中小企业融资和促进产业升级的矛盾？

周高雄：中小企业要发展，好的中小企业更要得到好的发展。我们大力发展民营企业、发展中小企业方向是正确的，但是我们要更多地去支持那些好的中小企业的发展，所谓"好"即符合我们广东产业升级要求的中小企业，比如节能、节地、减排、降耗要有保障，同时就是他们的发展过程当中能够有比较高的效益，毕竟我们进入了高成本的时代，珠三角地区的经营发展成本在增加，如果你没有高效益的话可能就办不下去。

对好的中小企业，我们当然鼓励银行给它提供贷款支持，不过，考虑到我们的融资渠道日趋多元化，要多探索银行信贷支持以外的更多的投融资渠道。在通过完善融资担保体系和面向中小企业的金融服务体系，有效增加对中小企业信贷的同时，今后我们还要出台政策，着力点是在利用资本市场支持中小企业发展上面做更多的文章，比如支持条件好的中小企业在创业板上市或者通过代办股份转让系统、柜台交易市场交易，还有大力发展私募股权投资和创业投资等。我们既要考虑中小企业的发展，也要考虑我们金融机构的资产安全，这是一个辩证关系。

金融产业布局

《21 世纪经济报道》：我们进而关注到，广东提出金融产业化，当中的战略考量是怎样的？

周高雄：现在来看，金融特别是现代金融，不仅仅是融资的工具，更重要的是已经发展成为一个重要的产业。金融资产与业务规模占全国七分之一的广东是全国第一金融大省，但金融业在产业体系中的地位还是比较低，与规模总量不相匹配，与经济发展不相适应。

2008 年初，广东省委、省政府经过解放思想学习讨论活动，广泛深入研究，制订出台了《关于加快建设现代产业体系的决定》，确立金融产业在整个产业体系中的重要地位，提出用 5 年时间将金融产业发展成为国民经济的支柱产业。什么是金融产业？我的理解是运用金融资源在支持其他产业发展的同时也创造了自身增量价值的产业。

这一决策符合广东经济发展实际。去年，广东地区生产总值是35696.46 亿元人民币，人均地区生产总值突破 5000 美元，当经济发展到一定高度，财富开始积累，随后会发生财富效应，而它必定要通过金融发挥作用。一方面，财富转化成为金融资源，另一方面，对金融资源的利用也需要发展壮大金融机构、金融市场，因此，对金融需求必将越来越大。如此，金融产业发展则水到渠成。如你不会利用金融资源做成产业，其他人也会用。实际上，金融产业在近两年获得一个新的历史发展机遇，我们应该抓住这个机遇。

《21世纪经济报道》：我们注意到，广东提产业升级和提金融强省战略几乎是同一时间段。如果放在一个更长的时间考察，广东金融是如何逐步完成这个演进过程的？

周高雄：广东金融发展是在冰和火的洗礼当中走过来的。1997年的亚洲金融风暴，首先从东南亚的一些国家爆发，接着冲击影响中国香港，到了广东的时候，广东把这个风险给挡住了，为全国作出了贡献。但也因此消耗了我们很多的发展时间，消耗了我们很大的财富。回想一下我们的发展三个阶段，实在是非常沉重的。

第一个阶段是20世纪80年代到90年代的中期。这一时期的宏观经济发展模式是从计划经济向有计划的市场经济发展模式转变。这个阶段特点是粗放型的经济增长方式与粗放型的金融投放方式互相驱动，由此埋下一些风险隐患。

第二个阶段是从20世纪90年代到2006年。这一阶段是化解金融风险，建设金融大省的阶段。这一时期的宏观经济发展模式是逐步走向市场经济的发展模式。广东经济发展逐步由粗放型向集约型转变。同时，在金融业市场化改革大步推进，金融机构法人治理结构不断改善的大背景下，粗放的金融经营模式难以为继，长期以来积累的金融风险逐渐暴露，因此，2003年12月，省委、省政府明确提出了建设金融强省的战略目标。虽然取得了很大的进步，但也还是处在一种想发展却发展乏力不足的阶段。

第三个阶段是重要转折与科学发展新阶段。这一时期的宏观经济发展模式是在市场经济体制下的科学发展模式。2007年1月，全国金融工作会议召开，广东抓住了这个机遇，积极谋划金融发展，6月初，省委、省政府召开了全省金融工作会议，出台了两个重要文件，一个是《中共广东省委广东省人民政府关于加快发展金融产业建设金融强省的若干意见》，另一个是《广东建设金融强省"十一五"规划》，由此，广东拉开了全面加快发展金融产业，系统建设金融强省的大幕。

《21世纪经济报道》：作为金融强省"三弦七箭"的箭头，广东如何打造地方金融体系？

周高雄：我们发展金融产业，在产业链条分工上分为前台后台，前台包括直接销售金融产品和服务，直接跟客户发生联系这一块；与前台相对应的就是后台，即与金融机构直接经营活动（前台）相对分离，为其提供服务和支撑的功能模块和业务部门，如数据中心、清算中心、呼叫中心、研发中心、灾备中心等。我们谋划建设了广东金融高新服务区，就是为前台服务的，物理落点在佛山市南海区千灯湖。《规划纲要》要求把它建设成为辐射亚太地区的现代金融产业后援服务基地，比广东省原来的定位更高。由此，广东初步将金融前后台的产业链条衔接起来，这种衔接也是对以前金融产业发展滞后的弥补。

其次是区域分工，城市发展金融产业，广大农村还是要以完善金融服务为主。城市这块要重点建设广州、深圳区域金融中心，两市虽然暂时达不到国际金融中心的条件，但是区域金融中心还是可行的，而整个珠三角地区则要按照《规划纲要》的部署建设金融改革创新综合试验区。

另外，金融产业化，最重要是做大做强地方金融机构，建设多样化、比较完善的金融综合服务体系。主要包括几大类金融机构：一是金融控股集团，打造在全国居于前列的金融控股集团；二是适合广东经济社会发展的中小银行，包括支持高科技的科技发展银行、支持村镇经济的村镇银行、支持"三农"的农村商业银行和农村合作银行；三是还有地方性的保险公司、汽车金融公司等各类金融机构。未来广东将努力把地方金融机构的比重提高，目前广东金融业总资产当中，地方金融机构仅占四分之一，日后要达到三分之一。广东全省发展金融产业的整体目标是在2020年之前，金融产业占到GDP的比例要从现在的6.8%提高到

10%。

珠三角错位发展与粤港合作

《21世纪经济报道》：近期，上海、北京等地建设金融中心的呼声再起，如何看待区域竞争？粤港合作是广东的一个特点，也是一个难点，目前广深港如何协调，发挥集合作用？

周高雄：国内兄弟省市争相发展金融产业也是对我们的鞭策。除了北京、上海之外，追兵还有天津、重庆。今年以来，国务院两个重要文件，再次确定金融业的重要产业地位，即《关于推进重庆市统筹城乡改革和发展若干意见》、《关于上海加快发展现代服务业和先进制造业，建设国际金融中心和国际航运中心的意见》，都再次要求他们要发展金融产业。现在很多省市都觉悟到，金融是非发展不可的产业。

具体来看，香港已成为国际金融中心，上海则是国家规划要发展的国际金融中心，广州、深圳虽不具备成为国际金融中心的条件，但是可以建设区域性金融中心。广州、深圳两地发展不能雷同，要防止同质竞争，甚至是恶性竞争。不过，令人欣慰的是，目前两地的规划还是比较明确，有所区别，错位发展。我们的总体规划是，深圳注重发展资本市场，包括债券、股票市场；而广州则发展适应于制造业、服务业的银行、保险市场，两地形成错位发展。另外，我们跟香港合作，目的是巩固和提高香港国际金融中心的地位，然后在互补、互利、互动的原则下，通过香港国际金融中心带动珠三角整个区域金融产业的发展。

《21世纪经济报道》：在上周，广东省现代服务业发展现场会上再次提到金融是服务业的龙头，但也是难点。目前广东金融产业发展局面已经打开，但是在深化过程中有没有遇到其他问题？

周高雄：金融发展主要条件是资源和市场，还有良好的金融生态环境，且生态环境对金融发展有决定性作用。地方政府能做到的主要就是培育良好生态环境和市场。1998年以来，我们一直都在努力营造良好的金融发展环境，但当时谈发展金融产业的时机还不是很成熟。

现如今，广东金融环境有了巨大的转变，一年比一年好，因此，我们所要做的是要维护好这一难得的生态环境，不要让它受到破坏，当然，这是一个艰难的工作。

从全局来看，还存在一定的体制障碍，解决现行金融监管体制与金融创新发展的矛盾是一个难点。尤其是在深化粤港两地金融合作方面，由于历史原因，两地在法律法规、金融监管和行政体制等方面有很多不一致的地方，而这些又是粤港金融合作必须跨越的门槛，解决这些问题必须要依靠中央的支持。目前，包括港澳在内的珠三角金融产业规划和布局已经基本成形，方向明确，下一步发展要争取中央更多的政策支持，特别是在创建金融改革创新综合试验区中，赋予我们更多的先行先试权。

省金融办周高雄主任
接受采访通用材料

一、广东在构建具有自身特点的地方金融体系方面，省金融办与各地的金融管理部门做了哪些工作？取得了哪些成效？

在构建具有广东特色的地方金融体系方面，广东省创新提出了三个协调发展的大思路：建设城市金融产业体系和农村金融服务体系，统筹城乡协调发展；促进银行信贷市场、资本市场和保险市场共同繁荣、协调发展；建设广东金融高新技术服务区，金融前台和后台配套发展。

按照这样的发展思路，广东省各级金融管理部门共同努力，做了大量卓有成效的金融改革创新工作，取得了积极成效。一是加快构建城市金融产业体系，不断完善农村金融服务体系。各级地方金融管理部门积极推动广东发展银行和广州、珠海、湛江、东莞四家城市商业银行完成了改革重组工作，推动广发证券完成了改制上市，研究和协调推动设立金融控股公司，积极组建科技发展银行、汽车金融公司、汽车保险公司、合资养老保险公司等一批新型地方金融机构。农村金融服务体系方面，广东省进一步深化农信社改革，广州、东莞、顺德农村商业银行规模均为全国同类农村商业银行第一。村镇银行、小额贷款公司等新型农村金融机构（组织）筹

354

建工作不断加快。截至 2010 年底，广东省成立了 8 家村镇银行，批准设立小额贷款公司 139 家，全部消除了"金融服务空白镇"，实现农村基础性金融服务全覆盖。目前，广东省已初步建立起包括城市商业银行、农村商业银行、农村合作金融机构、村镇银行、小额贷款公司、融资性担保机构以及其他新型金融机构在内的、由地方控股、主要为地方经济社会发展服务的地方金融组织体系。二是积极促进三大市场共同繁荣、协调发展。在积极支持银行信贷市场改革创新的同时，大力发展资本市场和保险市场，"十一五"时期，资本市场和保险市场发展增速均超过银行信贷市场，实现跨越式新发展。2010 年底，广东省实现境内上市公司 312 家，占全国的 1/6，直接融资额达到 6000 亿元，翻了 5 倍，股票基金交易额增长 10 倍以上，期货交易额也增长了 10 倍。保险业实现保费收入 1593 亿元，以年均 26.2% 的速度快速增长，保费收入 5 年翻了 3.2 倍。同时，广东省还积极发展产权交易市场等区域金融要素市场，目前已形成了资产、债权、股权、环境权益、文化产权、知识产权、土地权益等综合型产权交易体系。三是大力发展现代金融后台服务产业。广东省积极支持佛山市南海建设广东金融高新技术服务区，作为金融后台产业基地承接来自国内外的金融后台产业和金融服务外包产业。2010 年末，已累计引进包括中国人保、友邦保险等 39 个项目，总投资 120 亿元，未来我们的目标是将其建设成为继爱尔兰都柏林、美国新泽西之后居全球前列的辐射亚太金融后援服务基地。

二、广东的一大优势毗邻港澳，推进粤、港、澳金融一体化，外界有一种观点是"一体化看起来很美，做起来很难"，难点一个是实质性，一个是深层次，那么在你看来，这两大难点突破在哪里？

目前，粤港澳金融合作的确还存在着规模小、水平低、层次浅的问题，粤港澳金融一体化仍停留在"要素互补"的阶段，主要原因还是"一国两制"下粤港澳三地间不同关税区、法律体系、监管标准的制度性约束。由于粤港澳三地间政治、经济、法律、监管标准的不同，三地金融机构和金融市场的跨境合作与融合存在较多的体制机制障碍，短时间内还难以实现全面融合发展。

深化粤港澳金融合作，巩固和提升香港国际金融中心地位是国家战略，也是粤港澳三地政府的共识，深化粤港澳金融合作总的思路和方向不会改变。未来有效深化粤港澳金融合作的突破点有三个：一是 CEPA 框架下粤港澳服务业合作先行先试机制，其中包括金融业合作先行先试，可通过 CEPA 补充协议，对粤港澳金融合作做出特别制度安排，像《CEPA 补充协议六》中的港澳资银行可在广东开设"异地同城"支行，可以设立合资证券咨询机构，在深交所推出港股 ETF 等。二是粤港澳共同在珠海横琴新区共同开展金融制度创新，我们方案的主要内容国务院已经予以批复。三是建设深圳前海深港现代服务业合作区，在跨境人民币业务、资本市场合作、保险市场合作等方面先行开展合作试点。

三、广东的中小企业发展活跃，与此同时，"中小企业融资难"的问题一直是困扰中小企业发展的关键问题，广东在解决中小企业融资方面做了哪些有价值的尝试？

解决中小企业融资难问题是广东省发展中小企业工作的重中之重，同时也是广东省金融重点工作，近年来，广东省金融界积极开展金融机构、产品、服务、机制等全方位的创新，在解决中小企业融资问题方面取得了积极成果。到 2010 年末，广东省中小企业信贷规模已达 1.6 万亿元，占全部企业贷款的 55%。

一是创新中小企业融资服务体系。建立起包括商业银行及其中小企业专营机构、农村合作金融机构、村镇银行、小额贷款公司、融资性担保机构、创业投资机构和私募股权投资机构在内的中小企业融资服务体系。二是创新中小企业融资产品和服务。在间接融资方面，广东省政府通过"金融创新奖"评选等手段积极支持全省银行业金融机构广泛开展中小企业信贷产品和服务创新，每年的创新产品达100多种。在直接融资方面，积极推动优质中小企业在中小板和创业板企业上市工作，尤其是创业板推出一周年内即有41家企业在创业板上市，成立了中小企业股权投资基金，成功发行了中小企业集合债券和中小企业集合票据。三是创新网络银行贷款、电话银行贷款等小企业融资的融资新渠道、新模式。四是建立解决中小企业融资难问题的长效机制。除建立政策性担保机制外，省市各级政府建立了中小企业贷款财政贴息机制和信贷风险补偿机制，在一定额度内为银行中小企业信贷风险损失进行补偿。同时，广东省也在建立中小企业征信机制，不断加强中小企业信用体系建设。

四、经济发展方式转变和产业升级的核心是创新，目前全国普遍存在的问题是金融对产业创新支持力度不够，在这一块，广东方面是否有思路和尝试？

广东这艘"经济航母"要完成产业转型升级，创新是关键。我认为，金融能为自主创新，加快转型升级提供核动力。因此，围绕加快转型升级，广东积极谋划开展金融创新，实现金融与产业转型发展的良性互动。

一是大力发展创业投资，实现与发展战略性新兴产业的良性互动。建立完善发展创业投资的配套政策体系，设立省级创业投资引导基金，鼓励更多有条件的市、县（区）设立创业投资引导基金，研究建立创业投资政策性担保机制；推进在横琴新区建立多币种产业投资基金试点工作，制订开展外商投资股权投资企业试点的相关办法；全方位拓宽创业投资退出渠道，以深交所为核心完善创业板市场制度，推动开展代办股份转让系统试点，完善不同层次资本市场之间的转板机制；推动组建支持科技发展的银行，鼓励商业银行建立科技专营机构，充实创业投资机构后续资金的来源；加强对创业投资的引导和服务，搭建创业投资与战略性新兴产业的对接平台，建立互动机制，实现金融、科技与产业的有效衔接及融合。目前，广东省拟通过省财政注资粤科风险投资集团建立创业投资引导基金，广州、佛山等市已经建立了创业投资引导基金。

二是大力发展融资租赁，实现与发展先进装备制造业的良性互动。制定出台各地支持融资租赁业发展的配套政策。推动银行业金融机构与广东省大型企业集团合作建立融资租赁公司，引进国内大型融资租赁公司到广东设立分公司，扶持发展以民间资本为主的融资租赁公司，建立政企合作机制，结合广东省先进制造业发展方向开展机械设备、船舶、飞机、汽车等融资租赁业务。

三是大力转变金融产业发展方式，实现与发展现代服务业的良性互动。进一步优化金融产业结构，提高金融产业核心竞争力，推动金融产业发展从规模扩张向更加注重功能集聚提升转变，从注重融资功能向综合化服务功能转变。通过深化粤港澳金融合作和扩大开放引进金融机构、金融人才、金融管理经验，提高广东省金融产业发展国际化水平，加快与世界接轨。加大对现代服务业其他各重点产业发展的金融支持力度。如开展物流金融、航运金融、商贸金融文化创意产业金融等产业金融创新；以广州、深圳服务外包示范基地城市和广东金融高新技术服务区为核心，大力发展金融服务外包产业；优化金融营商环境，开展企业集团外汇资金集中管理试点，优化支付、结算、外汇等服务环境，引进跨国企业财务中心、结算中心、成本和利润核算中心，促进总部经济发展。

五、金融业作为撬动经济转型升级的杠杆作用越来越大，全国各地对于建设金融中心的愿望非常强烈。很多人士指出，构建特色金融中心，需要发挥自身优势，避免同质化。能否谈一下，对于广州和深圳两大区域金融中心，该如何差异化发挥金融的聚集和辐射效应

广州、深圳都是广东省重要的区域金融中心，在广东省金融发展版图中占据重要地位，自 2007 年以来，在省委、省政府《关于加快发展金融产业建设金融强省的若干意见》《广东建设金融强省"十一五"规划》《珠江三角洲地区产业发展布局一体化规划》等一系列重要文件中，不断完善广州、深圳区域金融中心发展定位，结合广东省经济金融发展总体部署，发挥自身优势，形成发展合力。广东省关于建设广州、深圳区域金融中心总的思路是：

广州依托国家中心城市地位和金融机构、金融资源、金融人才聚集优势，不断做强银行业、壮大保险业、突破期货业，打造产业金融创新基地和南方金融总部基地，建设包括银团贷款、资金结算、票据业务、产权交易、金融教育科研、财富管理等金融综合研究业务中心，大力发展金融信息服务业，加快建立与国家中心城市地位相适应的现代金融体系和金融服务业高端集聚功能区。

深圳则是要充分发挥特区改革开放先行作用和毗邻香港的地缘优势，加快做好金融产品和服务创新工作，积极发挥广东金融改革创新试验田作用，在推动珠三角地区和全国的金融改革开放中更好地发挥窗口、示范和带动作用；以建设前海深港现代服务业合作区为突破口，率先推动深港金融体系融合发展，建设粤港澳金融合作核心区；同时，充分利用资本市场发展优势，建设中国创业投融资中心。

建设好广州、深圳两个金融区域中心，充分发挥其金融中心聚集辐射效应，对于广东省积极参与全球经济、金融治理和区域合作意义重大。广州、深圳通过区域金融中心建设，不断聚集金融总部，强化珠三角区域内金融资源配置能力，推进金融改革创新和港澳金融合作先行先试，将加速推进珠三角金融一体化进程，加快建设与香港国际金融中心紧密联系，以珠三角城市金融产业体系为支撑，具有国际竞争力的金融中心区域，并进一步辐射带动环珠江三角洲地区、泛珠三角地区以及台湾和东盟地区。

六、一直以来，农村的发展受到了各种条件的制约，其中很关键的一条是农村金融服务体系十分薄弱，目前，广东的农信社改革速度还比较慢，村镇银行数量少，广东将如何改变这一局面，构建适合农村发展需求的金融服务体系

广东省委、省政府一直高度重视农村金融工作，始终将增强金融服务"三农"能力，解决农村金融服务不足问题作为地方金融中心工作，认真贯彻落实国家农村金融改革各项部署，积极发展完善农村金融服务体系，探索建立金融支农机制，取得了积极成效。一是已经初步建立起包括农村商业银行、农村合作金融机构、村镇银行、小额贷款公司在内的农村金融服务体系，在金融服务较为匮乏的江门恩平组建了村镇银行，小额贷款公司县域覆盖率达到72%，在2010年上半年仅用2个月时间就解决了23个金融服务空白乡镇问题。二是农村金融改革创新活跃。在金融改革创新综合试验区框架下，在梅州建设农村金融改革创新试验区、在湛江建设统筹城乡发展金融改革创新综合试验区，在中山开展城乡基础金融服务一体化试点，同时，云浮郁南、肇庆、佛山三水等市也根据本地区条件积极开展金融扶贫、农村青年创业贷款、政银保合作农业贷款及农村信用体系建设等农村金融创新试验。三是积极发展"三农"保险。近年来，广东省积极推广能繁母猪保险、政策性农房保险，积极发展政策性农业保险试点，创新了农村合作医疗的"番禺模式"。

虽然，广东农村金融改革发展已经取得了积极的成绩，但是，由于农业经济的特殊性和工业反哺农业、城市反哺农村的长效金融机制正在逐步健全，农村金融服务仍然有待加强；由于广东农信社历史包袱重、发展不平衡、改革难度大，改革进展还相对缓慢；村镇银行的组建工作受到发起人资格限制，数量上暂时落后于其他兄弟省市。

未来，广东省将按照《规划纲要》提出的建成资本充足、运行安全、功能完善的农村金融体系要求，进一步发展完善农村金融服务体系，加大金融服务"三农"力度。一是进一步深化农村信用社产权制度改革和管理制度改革，实现整体解困，完善法人治理结构和经营机制，成为有可持续发展能力的现代金融企业。二是加快村镇银行组建工作，完成至 2011 年末组建 27 家村镇银行的发展目标。三是完成小额贷款公司县域全覆盖试点工作，支持具备条件的小额贷款公司按有关规定改制为村镇银行。四是建立符合"三农"需要的农业保险体系，组建政策性农业保险公司和村镇保险公司。五是建立健全政策担保、商业担保、互助担保相结合的农村信用担保体系。六是鼓励引导国有商业银行、股份制商业银行、保险公司等大型金融机构加强县域金融网点建设，加快研发网上银行业务，大力拓展 POS 商户及 ATM，积极开展 POS 下乡和 ATM 下乡业务，改善农村地区的金融支付环境。

多策并举合力支持中小
微型企业融资发展

——《关于支持中小微企业融资的若干意见》解读

（2012 年 3 月 22 日）

2012 年 2 月，广东省政府出台了《关于支持中小微企业融资的若干意见》（粤府〔2012〕17 号），共 50 条。这是广东省首次出台专门支持中小微型企业融资发展的政策文件，是广东省有关部门合力支持中小微型企业融资发展的重要行动，显示了省委省政府支持中小微型企业科学发展的信心和决心。文件出台后，省内主要媒体均全文刊发，人民网、新浪网等主要门户网站进行转发，引起社会各界的高度关注和广泛赞同，今天我想趁这个机会适度解读，帮助企业家充分运用好政策解决企业发展过程中的融资难、融资贵问题。同时，也希望在座的企业家就贯彻落实《意见》多提宝贵意见和建议。

一、起草文件的背景和必要性

广东省有中小企业 100 多万户，个体工商户超过 300 万户，均占全国总数的十分之一左右，是广东省经济的重要组成部分。中小微型企业科学发展事关民生和社会稳定，重视中小微型企业就是重视广东经济、重视广东民生。2010 年以来，受宏观经济环境影响，很多中小微型企业经营困难持续增大，其融资难、融资贵成为全社会高度关注的热点问题。国务院及

"一行三会"出台了一些意见和措施，支持中小微型企业融资发展。2012年1月召开的第四次全国金融工作会议更将加快解决小型微型企业融资难问题放到了今后一个时期金融改革发展突出的重要位置上，并提出了一系列具体要求。广东省也出台了支持中小企业发展的一些政策措施。但是，很多政策措施没有完全落到实处，特别是在融资扶持方面没有形成合力，没有配套措施，缺乏专门支持中小微型企业融资发展的政策。

当前，国际金融形势复杂多变，危机四伏。各个国家都将金融安全放在与国土安全同等重要的位置上。为维护国家金融安全，针对2011年以来部分省市的金融乱象和抑制通货膨胀的考虑，国家必定继续实施严格的审慎的金融监管政策。在审慎监管环境下，大银行等出于安全性考虑，将更倾向于向大企业、大项目贷款，中小微型企业融资将难上加难。在此严峻的宏观大环境下，广东省各级政府及其有关工作部门必须主动转变观念，积极创新工作方式，不断探索适应中小微型企业融资发展的金融监管制度，并有效发挥财政资金扶持与引导作用、积极发展各类金融机构，才可能有效解决中小微型企业融资难、融资贵的问题。

"加快转型升级"是"十二五"时期广东省经济发展的核心任务，中小微型企业转型升级的紧迫性日益凸显，这一点想必在座的企业家都有切身感受。产业转型升级实质上是从资源、劳动力密集型产业向资本、技术密集型产业的转变，其动力一是科技创新，二是金融支持。据初步分析，广东省中小企业实现转型升级的资金需求约为2万亿元。如果不能为中小企业提供持续有力的融资支持，中小企业转型升级将受到极大制约。目前，全省金融机构总资产已经达到13.08万亿元，只要各级政府及其有关工作部门、各级金融监管部门及金融机构一起努力，打通金融资源与中小微型企业之间的融资通道，就能动员、利用广东省丰富的金融资源支持中小微型企业转型升级、科学发展。

当前，中小微型企业从银行信贷市场融资困难，一些企业不得不向民间高成本融资，导致民间融资异常活跃，潜在风险逐渐显现：一是巨额民间融资游离于金融监管体系之外，削弱了政府宏观调控政策的针对性和有效性；二是民间融资的成本远高于企业正常生产经营的盈利水平，影响了企业的可持续发展能力；三是高息放贷、非法集资等各类非法金融活动容易引发局部金融风险及社会不稳定；四是民间融资违背市场经济规律，短期高回报影响了企业家经营实业的积极性，可能引发从实体经济撤出资金投入民间金融市场，最终导致一些实体经济"空心化"，对广东省经济金融长期稳定发展产生严重的不利影响。因此，中小微型企业融资难与民间融资的不规范发展具有一定的必然联系，我们必须将这两个问题统筹考虑妥善解决，充分发挥广东省民间资本充裕的优势，引导和规范民间资本合法有序地支持实体经济发展。

基于以上背景和必要性，有必要由省政府出台一个专门支持中小微型企业融资的文件。

二、起草文件的主要过程

针对广东省中小微型企业融资难、融资贵的新问题，省委省政府高度重视，省领导多次作出重要批示，要求有关部门认真研究解决。2010 年以来，按照省政府的工作部署，针对广东省中小微型企业融资发展出现的新情况、新问题，结合民间融资出现的新动向，省金融办牵头会同省有关单位和中央驻粤金融监管部门，先后深入粤东、粤西、粤北和珠三角地区 10 多个市县进行调研，与当地政府有关部门、金融监管部门、各类金融机构、中小微型企业代表和行业协会负责人进行深入座谈，并实地走访企业，了解情况，听取建议。

在充分调研的基础上，省金融办组成了专门的文件起草小组，认真研究调研情况，结合有关单位意见和建议，充分借鉴兄弟省市的先进经验，起草了《关于支持中小微企业融资的若干意见》（以下简称《意见》）。文件经过全省金融监管工作会议讨论和征求全省各地各有关部门意见，历经多次修改，并在朱小丹省长和陈云贤副省长的亲自指导下，最后经省政府常务会议审议通过。

三、文件主要内容的解读

（一）《意见》从建立支持中小微型企业融资的协调合作机制，促进银行、证券、保险机构科学发展，鼓励金融机构加大对中小微型企业间接、直接融资的支持力度，拓宽中小微型企业直接融资渠道，积极发展小额贷款公司和稳健发展融资性担保机构，加强信用体系建设以及加大对涉农中小微型企业的支持力度等十二个方面合力支持中小微型企业融资发展，政策措施共50条

由《意见》的内容可见，该政策是从大金融市场的角度出发，充分调动和整合包括银行、证券、保险和民间资本等全部金融资源来统筹解决中小微型企业融资难、融资贵的问题，同时，又进一步为民间资本进入金融领域指出了方向和路径。《意见》内容比较全面，操作性非常强，有较明确的目标和措施，不乏"干货"。下面我选择几个重点进行介绍。

（二）关于促进银行机构科学发展，加大间接融资支持力度的问题

近年来，广东省积极发展村镇银行、农村商业银行等地方中小银行业金融机构，建立多层次的金融服务体系，满足中小微型企业的资金需求。鼓励和支持有实力的中小企业参与农村合作金融机构、村镇银行等中小银行业金融机构的组建和改革发展。同时，协调和鼓励金融机构设立中小微型企业专营机构，专人专门服务中小微型企业，针对不同行业和业务种类制定专门的客户评价标准和准入范围，缩短中小微型企业信贷业务审批周期。

此外，为了进一步完善高新技术企业金融服务体系，促进战略性新兴产业的科技创新，支持中小微型企业尤其是高新技术企业的发展，促进产业结构的转型升级，广东省金融办积极加强与相关部门的沟通协调，支持广州市发起设立广东科技发展银行，并先后两次草拟设立科技银行的请示，由省政府上报国务院，目前正等待相关部门的批准。

截至2011年末，广东省共有25家村镇银行开业，有12家农信社成功

改制为农村商业银行，12 家农信社获省政府批准同意改制为农村商业银行。从广东省中小银行业金融机构发展情况来看，村镇银行、农村商业银行等金融机构在促进各地经济发展、引导规范民间投融资行为和促进地方金融稳定等方面发挥了积极作用，有力地支持了广东省中小微型企业和"三农"发展。

下一阶段，根据广东省金融改革发展"十二五"规划和《意见》确定的目标，省金融办将进一步鼓励和支持中小银行业金融机构的发展，"十二五"时期，再组建一批农村商业银行和村镇银行，鼓励符合条件的小额贷款公司改制为村镇银行，实现全省地级以上市村镇银行全覆盖，并重点支持在东西北地区和农业大县设立新型农村金融机构，构建全省多层次、差异化、广覆盖的金融服务体系。

一直以来，国务院和省委省政府对民间资本进入包括银行等金融领域态度是非常鲜明的，先后出台了多项政策，在实际操作中，对符合条件的中小企业和个人，我们也是敞开门真心欢迎的，这次出台的《意见》再次明确了这个问题。但一些社会公众、企业家和媒体总觉得政府对民间资本进入金融领域有偏见，总觉得政府设置了"玻璃门"、"弹簧门"，这也可能与我们宣传工作做得不够有关。在这里，我想用事实告诉大家，广东省已成功改制为农村商业银行的 12 家农信社增资扩股的绝大部分资金都来源于民间资本，已开业的 25 家村镇银行的非银行股东绝大部分也是民间资本。借此机会，我们欢迎包括在座企业家在内的广大民营企业以新出台的 50 条《意见》为契机，积极参与广东省农信社的改制和发起设立村镇银行等各类地方中小银行，这也是民营中小企业实现转型升级的重要途径。目前，广东省农信社系统正处于改革发展的关键时刻，很多农信社特别是粤东粤西地区的农信社急需引进战略投资者，希望在座的企业家抓住这个难得机遇，省金融办也将在这方面给予大力支持。

（三）关于促进证券期货机构科学发展，加大直接融资力度的问题

目前，从全国和广东省的情况来看，中小企业融资过分依赖于银行间

接融资，资本市场的直接作用还没有充分发挥出来，《意见》的重要内容就是要发展资本市场，通过上市、发债、产权交易等资本手段解决中小企业融资问题。

1. 广东省证券期货机构发展情况

目前，广东省注册的证券公司共有 22 家，证券公司家数居全国第一，证券公司整体经营水平良好；在广东省注册的证券投资咨询公司共有 17 家。其中广发证券成功实现借壳上市，招商证券等成功在上海证券交易所上市，中信证券于 2011 年 10 月成功登陆香港主板，募集资金 116. 17 亿元，成为国内首家在香港资本市场挂牌上市的证券公司。在广东省注册的基金公司有 19 家，管理基金约 330 只。在广东省注册的期货公司有 25 家，期货代理交易额达 46. 79 万亿元。此外，目前共有 5 家台湾证券公司通过其香港子公司在广东设立了 6 家代表处。

2. 关于推进中小企业改制上市工作

近年来，省委、省政府高度重视上市工作。省委、省政府领导多次作出重要批示，省委、省政府多次召开会议部署工作，出台相关政策。根据省委、省政府的部署，在中国证监会、深沪交易所的大力支持下，省金融办会同有关部门积极推进企业改制上市工作，广东省各地企业改制上市热情高涨，取得突出成效。2007 年以来，广东省连续五年新增 A 股上市公司家数居全国首位，实现了"五连冠"。截至 2011 年底，广东省当年新增上市公司 47 家，新增 A 股上市公司继续居全国首位。目前，广东省共有境内上市公司 359 家，其中中小企业板上市公司 148 家，创业板上市公司 64 家，上市公司总家数、中小企业板上市公司家数和创业板上市公司家数继续居全国首位。

3. 关于"新三板"扩容试点工作

2011 年 3 月 2 日，省政府召开了全省国家级高新技术园区争取"新三板"试点前期准备工作会议，研究部署广东省国家级高新区有序进入"新三板"试点工作。在省金融办等有关部门的大力推动下，各有关市、各国家级高新区陆续出台各类优惠政策，降低企业改制成本，调动企业改革创新的积极性，鼓励园区内企业改制并到"新三板"挂牌交易。各地还大规模开展对"新三板"试点的宣传和培训，实地走访企业和建立后备企业资源库，有效地提高了园区内企业对"新三板"的认识，推动更多的企业积极改制。目前，广东省9个国家级高新区都基本形成了"内核一批、签约一批、储备一批"的"新三板"拟挂牌后备企业梯队，为广东省争取更多高新园区进入"新三板"扩容试点打下了扎实的工作基础。

4. 关于产权交易市场建设工作

目前，按照国发〔2011〕38号文要求，广东省正在积极稳妥开展清理整顿各类交易场所工作。广东省将按照建设多层次资本市场的要求，以建立区域资本市场为目标，加强对统一产权市场规划、建设，优化各产权市场布局和结构，规范有序地规划建设企业产权、环境权益、文化版权等各类权益交易平台；以市场化为手段，推进产权市场整合步伐，加快全省统一综合性产权交易中心市场平台的形成。有关部门将制订产权交易市场管理办法，建立健全广东省各类交易场所监管体系，建立各类交易场所市场准入制度等监管制度。

5. 关于债券市场建设工作

在省金融办的大力推动下，广东省区域集优债等中小企业集合融资试点取得初步成功。一是省金融办指导佛山市成功发行广东省首只，也是全国首批区域集优债——佛山市区域集优债一号中小企业集优票据，7家中小企业合计融资3.59亿元。二是省金融办协调指导广州市江丰实业等5家企业成功发行了1.5亿元的中小企业集合票据。这有效缓解了广东省中小企业融资难问题。

6. 关于设立创业投资引导基金和股权投资基金工作

广东省政府一直高度重视创业投资的发展，积极设立创业投资引导基金。在省金融办的积极建议和努力争取下，省政府决定从战略性新兴产业扶持基金中划出一笔资金设立创业投资引导基金。目前，省发展改革委正在筹备设立创业投资引导基金。在省金融办的努力推动下，广东省股权投资基金发展取得了积极成效。省金融办指导协调省机场集团和中科招商基金管理有限公司共同发起设立了中科白云股权投资基金、粤财控股和中银国际共同发起设立了中银粤财中小企业股权投资基金等大型股权投资基金。同时，广东省还将根据产业体系建设规划和产业发展要求，积极推动成立多只大型产业投资基金。

下阶段，省金融办将积极研究出台广东省中小企业上市激励政策，建立省中小企业上市激励机制，会同广东证监局、深交所等部门，以中小企业板、创业板为重点，加强对后进地区的培训指导力度，挖掘上市资源，加强宣传培训，营造中小企业上市的良好氛围，争取更多符合条件中小企业上市。

最近几年，在各级政府的推动和已上市企业的示范效应下，很多企业老板的观念已经发生转变，开始主动找政府相关部门和中介机构寻求上市。但还有很多老板的观念没有完全转过来，认为上市要花很多钱、补交很多税费，而一上市企业就不是自己说了算了，算来算去，还是不上市过自己的小日子比较划算。在这里，我想举一个例子，就是佛山南海的南方风机，这家公司原来就是一家父子企业，做的是工业通风设备，业绩在珠三角千千万万中小企业中并不算怎么突出。2009年，该公司作为广东省第一家在创业板上市的公司，通过上市，不仅产值翻了几番，还扩大了知名度，很多核电、地铁工程大单主动找到他们。可见，上市不仅仅是为了解决中小企业的融资难，从你求银行贷款到银行求你贷款，更重要的是让企业脱胎换骨，实现跨越式的发展，从根本上实现转型升级。

在我们今天解读的《意见》里也为中小企业直接融资提供了多项选择，比如中小板、创业板、新三板、境外上市、创业投资等，我想总有一款适合大家。在座的企业家如果有兴趣，可以咨询各级政府金融工作部门，我们将提供免费服务。

（四）关于积极发展小额贷款公司

　　小额贷款公司是指依法设立，由自然人、企业法人与其他社会组织投资设立，不吸收公众存款，经营小额贷款业务的有限责任公司或股份有限公司。小额贷款公司应坚持以"三农"和小微型企业为服务对象和以"小额、分散"为服务方式发放贷款。

　　按照银监会、人民银行《关于小额贷款公司试点的指导意见》（银监发〔2008〕23 号）精神，以及根据省政府《关于开展小额贷款公司试点工作的实施意见》（粤府〔2009〕5 号）的规定，省政府金融工作办公室为广东省小额贷款公司监管部门。设立小额贷款公司或营业部应经省级金融工作部门审核批准；经批准设立的小额贷款公司，应当在公司名称中冠以"小额贷款"字样，由省级金融工作部门出具批准同意设立文件，并凭该批文向工商行政管理部门办理注册登记手续；任何单位和个人未经批准不得设立小额贷款公司或营业部。

　　广东省小额贷款公司试点工作自 2009 年（深圳自 2006 年开始）在各地积极稳妥推进。试点工作从地级以上市深入到各县域，从"双转移"产业园区推广到发展特色小额贷款公司，多策并举，逐步铺开，取得了较好的成效。

　　截至 2011 年末，广东省小额贷款公司 196 家，注册资本 193 亿元，从银行业金融机构融入资金 23.88 亿元，累计投放贷款 39.92 万笔、金额 744 亿元，贷款余额 186 亿元；不良贷款率 1.27%；净利润 10.9 亿元；从业人员 3045 人，机构县域覆盖率 87.6%。

　　下阶段，广东省小额贷款公司试点将采取积极发展与监管配套并举，加强风险防范，全面提升融资服务功能，推进行业平稳较快发展。支持和鼓励各地先行先试，对符合监管力量配置足、融资需求旺盛以及机构发展数量规模大等条件的地级以上市试点下放审批权或委托审批。支持小额贷款公司创新发展，加快推进小额贷款公司融资比例弹性化、业务经营范围适度放宽、跨县域在贫困地区设立分支机构、单一股东持股比例调整的试点工作，力促小额贷款公司可持续健康发展。积极落实财政扶持小额贷款公司对发放给涉农贷款、小微企业、个体工商户贷款发生损失的风险补偿。

（五）关于稳健发展融资性担保机构

融资性担保机构是指依法设立，经营融资性担保业务的有限责任公司、股份有限公司等机构；融资性担保业务是指担保人与银行业金融机构等债权人约定，当被担保人不履行对债权人负有的融资性债务时，由担保人依法承担合同约定的担保责任的行为。

根据《广东省〈融资性担保公司管理暂行办法〉实施细则》（粤府令第149号）的规定，省金融办和各地级以上市金融局（办）是广东省融资性担保公司的监管部门。设立融资性担保公司及其分支机构，应当经省金融办审查批准；经批准设立的融资性担保公司，应当在公司名称中冠以"融资担保"字样，由省金融办颁发经营许可证，并凭该许可证向工商行政管理部门申请注册登记；任何单位和个人未经批准不得经营融资性担保业务，不得在名称中使用"融资担保"字样。

广东省融资担保业起步较晚，2002年全省仅有担保机构18家。2003年以来，省委、省政府出台了一系列支持政策，加快了担保业发展步伐，担保机构发展到3000余家，为缓解中小微型企业融资难问题发挥了积极作用。2010年9月，按照国家的统一部署，广东省对融资性担保公司开展了规范整顿，取得了良好成效，融资担保业开始走上规范经营、科学发展的正确轨道。截至2011年末，全省共有融资性担保公司法人机构382家，分支机构44家。融资性担保公司注册资本总额达555亿元，从业人员1.18万人。全省融资性担保在保户数19.51万户，在保余额1482亿元。

下一步，广东省将按照"科学监管和有效扶持相结合"的原则，稳健发展融资性担保机构，努力打造政策引导与市场调节相结合、民营资本与国有资本互为补充、政策性担保与商业性担保相互促进，直保、分保、再保业务共同发展的融资担保体系。一方面要加强监督管理。落实监管职责，完善监管制度，依法依规加强监管，建立监管长效机制。另一方面要研究制定广东省融资担保行业扶持政策，加大扶持力度，逐步建立和完善制度化、常态化的扶持政策体系，并进一步推进和深化银担合作，促进行业稳健发展。

（六）关于引导民间融资规范发展

民间融资是指在正规金融机构或金融组织之外，以筹资为目的的借贷行为。民间融资历史悠久，具有"灵活、快捷、方便"的特点，有效弥补了正规金融机构贷款的不足，成为企业和个人融资的重要渠道。但是，民间融资游走在法律边缘，具有自发性、盲目性、不规范性的特点，容易产生高息放贷、非法集资等问题。

根据省金融办的调查测算，2011年6月末广东省中小企业和个人民间融资总量约为1.19万亿元，占同期银行业金融机构贷款余额（5.57万亿元）的21.4%。其中，中小企业民间融资总额约5407亿元，个人民间融资总额约6526亿元。总体看，广东省民间融资规模大、发展快、隐患多，但风险可控。

随着广东省民间融资市场的加速发展，亟需建立联合监管机制，加强监测和管理，正确区分基本合法和非法的民间融资行为，采取区别对待措施，对合法的民间融资要积极规范引导，促进科学发展，对非法的民间融资要严厉打击，维护社会稳定。下一步，广东省将继续大力发展包括小额贷款公司、融资担保公司在内的多种类型的地方金融组织，鼓励和引导民间资本进入金融领域。

为引导民间金融机构聚集规范发展，在省金融办的大力支持下，目前，广州市正在建设国内首条集资金借贷、财务管理、支付结算和信息发布为一体的民间金融街。民间金融街将集中引导一批经营规范、服务优质的民间融资机构及金融机构个人业务专营部门进驻，拓展面向中小微型企业和个人的金融服务，培育民间金融知名企业，逐步形成反映资金需求状况和有效监管环境的民间金融价格形成机制。在此，也希望在座的企业家积极参与广州民间金融街的投资和建设，并充分利用民间金融街融资发展。

（七）关于加强粤港澳金融合作

推动粤港澳金融合作是广东开展金融对外改革开放的核心。近年来，在中央的正确领导下，粤港澳三地政府、金融工作部门和金融界共同努力，抓住《粤港合作框架协议》及《粤澳合作框架协议》实施的有利时机，积极探索金融先行先试，各项合作取得了显著成效。

下一步，广东省将以"十二五"规划实施为契机，大力推进粤港澳金融合作，加快实施 CEPA 及其补充协议、《粤港合作框架协议》和《粤澳合作框架协议》，继续深化三地金融市场、机构、业务、监管和智力合作，鼓励粤港澳三地互设金融机构和在广东合作发起金融机构与金融中介机构，争取国家支持进一步降低港澳金融机构进入广东金融市场门槛。深入开展金融业务合作，支持开展跨境融资服务和保险服务，大力推进粤港澳人民币业务合作，支持香港建设人民币离岸中心。深入开展金融市场合作，加快三地金融市场的互联互通，重点推动粤港资本市场合作，推动广东企业赴香港上市和发行人民币债券，在深交所推出港股 ETF。深入开展金融智力合作，加强粤港澳合作办学，共建高端金融教育培训机构。同时，积极研究推进粤港合作建立广州期货交易市场工作、加快广州南沙、深圳前海和珠海横琴等区域的金融创新建设、加快推进广东金融高新技术服务区建设，推动粤港澳共建横琴智力园区。

（八）关于信用体系建设与融资环境建设

信用体系建设是指通过对企业征信系统与个人征信系统的建设，形成全社会的信用记录、查询、使用和惩戒等制度，培育社会信用市场，为营造诚实守信的社会主义市场经济环境服务。

信用体系建设可以有效解决中小微型企业融资难中信用缺失、信息不对称等问题，降低市场交易成本和监管成本，对于改善中小微型企业融资环境，提升中小微型企业整体素质和竞争能力，抵御信用风险具有重大作用。

广东省一向重视社会信用体系建设工作，通过与人民银行广州分行加强合作，共同推进社会信用体系建设工作，从而有效改善广东省中小微型企业融资环境。省政府于 2009 年建立了省社会信用体系建设联席会议制度，成员单位包括省发展改革委、经信委、公安厅、外经贸厅、地税局、工商局、质监局、法制办、金融办、人民银行广州分行、广东银监局、证监局、保监局等多个部门。近年来，人民银行广州分行先后制定了《关于加强广东金融业信用建设的指导意见》（广州银发〔2011〕92 号）、《广东省社会信用体系建设规划纲要 2010～2015（讨论稿)》和《广东省行业信用信息共享平台建设方案（讨论稿)》，有力地加快了广东省社会信用体系建设工作。

在加强社会信用体系建设的同时，广东省大力推进农村信用体系建设工作，探索解决涉农中小微型企业融资难题的有效途径，其中郁南县将健全信用制度与推动创新社会管理有机结合，通过建立县级征信中心、信用镇（村）和金融扶贫三大举措，成功地走出了一条农村信用体系建设和金融支农新路子，取得显著成效。郁南县创办了广东省首个县级综合性征信中心，开发企业和农户非银行信用信息查询系统，构建农村信用信息跨部门采集和共享机制，有效解决金融机构与企业信息不对称问题，降低金融机构信贷风险和运营成本。同时，扎实开展信用村和信用户创建工作，利用农村熟人社会特点，创新性地引入社会评价信息，构建切合农村实际的农户信用评价机制，并引导金融机构对信用良好的农户和企业放贷，简化小额信贷手续，有效满足了农户和涉农企业生产资金需求。郁南县还将对口帮扶单位扶持资金和社会捐助资金设立为金融扶贫基金，为贫困户提供贴息小额担保贷款、农资赊销服务以及先付款后种养的"订单农业"等扶贫方式，有效创新扶贫方式。

鉴于郁南模式对全省各地区，尤其是山区县农村信用体系建设和农村金融改革发展起到了带头示范作用，2011 年 3 月，省金融办会同省农业厅、人民银行广州分行专门召开了郁南县农村金融综合改革经验推广会，总结郁南先进经验，鼓励和支持在全省山区市、县（市、区）政府开展郁南模式推广工作。目前，省金融办正在草拟《广东省山区县推广落实"郁南模式"的工作方案》，拟报广东金融改革发展工作领导小组同意后，以省政府名义印发全省各地执行。

下一步，广东省将继续着力于优化中小微型企业融资环境，加快完善中小微型企业信用体系建设，着力解决中小微型企业融资信息不对称问题。建立健全可持续的中小微型企业信用增级机制，建立以商业性担保为主体、政策性担保为支撑的中小微型企业融资担保体系。鼓励和扶持各地设立中小微型企业融资服务中心。定期举办地方政府、金融机构与中小微型企业融资洽谈会，开展融资项目的交流与对接。加强对民营企业家的金融知识培训。

各位企业家们，省委、省政府已将解决中小微型企业融资难、融资贵问题摆上重要工作日程。省金融办将会同省直有关部门和中央驻粤金融监管部门把解决该问题作为落实全国经济工作会议和金融工作会议精神以及省委省政府支持中小微型企业发展的一系列政策措施的具体行动，并按照《意见》要求，加强协调合作，进一步大力开展金融创新，在支持中小微型企业融资工作上形成合力，优化民营经济和中小微型企业发展的融资环境，有效满足中小微型企业转型升级科学发展的融资需求。当前，广东省中小微型企业转型升级的紧迫性日益凸显，希望在座的企业家抓住机遇，积极通过融资促发展、促转型，加快转型升级步伐，不断实现做大做强。

全面建设金融强省　惠泽亿万广东人民

　　9月，南粤一片生机盎然，建设金融强省的东风继续劲吹。

　　继今年6月国务院批准《广东省建设珠江三角洲金融改革创新综合试验区总体方案》后，9月1日，中共广东省委印发了《中共广东省委广东省人民政府关于全面推进金融强省建设若干问题的决定》（以下简称《决定》）。

　　据悉，这是自2007年《中共广东省委广东省人民政府关于加快发展金融产业建设金融强省的若干意见》之后第二个由省委印发的高规格的重要金融文件。

　　《决定》的出台，对金融和经济社会发展有何重要指导意义？近日，省政府金融工作办公室主任周高雄受省委常委、常务副省长、广东金融改革发展工作领导小组组长徐少华委托，接受《南方日报》采访，对《决定》进行深度解读。

　　记者：《决定》出台的背景和重要意义是什么？

　　周高雄："加快转型升级，建设幸福广东"是省委、省政府在新时期的重要的战略部署。加快转型升级是场硬仗，面对后国际金融危机时期国内外经济金融形势的复杂变化，在广东省转型升级攻坚克难的关键时期，省委、省政府再次将金融强省建设摆到广东省科学发展战略的突出位置上，将其作为支撑广东省转型升级的核心制度安排。

在今年6月省委省政府召开的全省金融工作会议上，汪洋书记在讲话中强调，现代金融既是国民经济的重要支柱和发展引擎，也是市场配置资源不可替代的核心枢纽，不仅自身要加快发展还要以更加市场化方式推动其他产业和领域转型升级。汪洋书记将金融比作列车的核心引擎，要率先实现从"自然吸气"到"涡轮增压"的升级。2007年以来，广东金融产业实现了跨越发展，当前正处在"化蛹成蝶"、由大变强的关键阶段，只要我们在省委省政府的坚强领导下，齐心协力，把金融这个"发动机"再提高一个能级，把金融这个"稳定器"再强化一个版本，将全省13.6万亿元金融资产、10万亿元存款巨量的金融资源配置到最富创造力、最具先进生产力的实体经济中去，将现代金融具备的各种民生保障、社会管理、公共服务等功能有效发挥出来，就一定能在促进经济社会转型升级更快、更稳的同时，实现建设金融强省的宏伟目标，为亿万广东人民带来现实的福祉。

现在，省委省政府以重要决定的形式，对全面建设金融强省作出重要决策和全面部署，充分体现了省委省政府全面建设金融强省的坚定决心；这是一个伟大的号召，号召全省把金融工作放到推动经济社会转型升级的重要议程上，群策群力，共同积极推动广东金融改革创新、科学发展，共同建设金融强省。

记者：《决定》的形成过程是怎样的？

周高雄：《决定》这个文件由省委政策研究室、省政府金融工作办公室牵头会同金融监管部门、有关科研院校共同起草，从前期调研到文件出台前后经历了近1年时间，期间经过了多轮广泛征求意见和修改完善，先后经广东金融改革发展工作领导小组会议、省政府常务会议和省委常委研究通过。文件对广东未来5~10年的金融改革创新、科学发展作出了全面部署，提出了一系列新的政策措施。

记者：为什么说《决定》是广东省积极贯彻落实第四次全国金融工作会议精神和国务院批准的《广东省建设珠江三角洲金融改革创新综合试验

区总体方案》的重要举措？

周高雄：今年 1 月，国务院召开了第四次全国金融工作会议。6 月，经国务院批准、中国人民银行等八部委联合印发了《广东省建设珠江三角洲金融改革创新综合试验区总体方案》（以下简称《总体方案》），为广东省金融改革发展指明了方向，创造了前所未有的政策空间。为把全国金融工作会议的精神变成实际行动，把《总体方案》的政策优势变为金融产业优势，省委省政府结合实际，进一步厘清建设金融强省的路线蓝图和实施计划，出台《决定》。

《决定》从以下三个方面来贯彻落实第四次全国金融工作会议精神和《总体方案》：第一，突出体现市场化改革创新的方向。《决定》明确提出要"以市场化改革创新为推动力"，在各项任务中明确界定了政府和市场的作用边界，特别是把建设全国最具市场竞争力的金融创新区域作为珠三角金融改革创新综合试验区的主要定位，把引导民间资本进入金融服务领域作为转变金融发展方式的关键举措，把营造国际化、法治化金融发展环境作为金融发展的主要保障。

第二，突出体现金融与经济社会融合发展的内在要求。《决定》将全面建设金融强省与"加快转型升级、建设幸福广东"核心任务紧密结合起来，以服务实体经济和社会民生发展为立足点，"好"字为先，快在其中，更加注重金融对实体经济转型升级、科学发展的引擎杠杆作用，更加注重金融对社会民生的保障服务作用，更加注重金融对国际化法治化营商环境的支撑提升作用，真正实现金融与经济社会发展的深度融合、互促发展。

第三，突出体现解放思想、先行先试的创新思路。《决定》把《总体方案》赋予广东金融改革创新先行先试的政策进一步细化深化，在金融发展布局、金融市场、金融组织、金融产品和服务、金融开放等领域提出了一系列先行先试的创新举措。

记者：《决定》关于广东省金融改革创新、科学发展的新思路、新举措有哪些？

周高雄：《决定》凝聚了省委主要领导同志、省政府主要领导同志和很多关心支持金融工作的省级领导同志、各地区、各部门领导同志以及金融界、理论界同仁的智慧和心血，是广东省近年来金融工作最高质量的重要文件。最能体现《决定》高质量的是一系列金融改革创新、科学发展的新思路、新举措。我个人认为，可以概括为"五个第一次"：

第一次对"全面建设金融强省"的重要内涵作出明确阐述。《决定》明确提出建设金融强省就是要努力由金融大省向发展后劲强、市场辐射力强、市场竞争力强、风险管理能力强、对经济社会发展支撑力强"五个强"的金融强省转变。为我们建设金融强省工作明确了方向和工作任务。

第一次明确将转变金融发展方式作为广东省金融改革发展的首要任务。即以服务实体经济为立足点，以市场化改革创新为推动力，以防范化解风险为生命线，完善金融管理体制，优化金融生态环境，建设现代金融体系，全面提高金融资源配置力和综合竞争力。

第一次提出了以"五个金融"作为建设金融强省的重要路径。一是着力发展国际金融，通过深化粤港澳金融合作，提高广东金融国际化水平和大力发展跨境人民币业务，为广东企业"走出去"提供良好金融服务；二是着力发展科技金融，优化创新创业投融资环境和融资支持体系，通过多层次资本市场解决科技型企业高风险的融资需求；三是着力发展产业金融，结合产业发展特点和广东省产业发展优势深入开展金融创新，切实加大对重点项目、"双转移"、中小微型企业的金融服务；四是着力发展农村金融，完善农村金融要素市场和金融服务体系，发展涉农保险，以农村信用体系建设为突破口优化农村金融发展环境；五是着力发展民生金融，大力发展责任保险，推广医疗保险"湛江经验"，创新运用保险等现代金融机制改善社会管理和支持民生事业建设。

第一次对全省金融产业发展进行了全面分工。珠三角地区要在建设金融改革创新综合试验区的基础上，深入推进珠三角金融一体化发展，明确了广州、深圳、佛山、东莞、珠海、中山等城市金融分工以及南沙、前海、横琴的创新定位；对东西北地区提出要在梅州、湛江、云浮等地布局开展农村金融以及统筹城乡金融改革创新试点，推动粤东西北金融跨越发展。

第一次把金融发展"软环境"建设提到前所未有的高度。例如，在金融人才队伍建设方面，在全国率先明确提出选拔金融系统优秀管理人才担任市、县政府分管金融工作的领导职务，向全国招聘选拔"金融副市长"和"金融副县长"等重要举措。在金融法制建设方面，开展地方性金融立法探索，推动组建金融法庭和金融仲裁机构。在金融扶持政策方面，将进一步扩大建设金融强省专项资金规模。

在《广东省建设珠江三角洲金融改革创新综合试验区总体方案》新闻发布会上的发言

（2012 年 7 月 25 日）

2012 年 6 月 26 日，省委、省政府召开了高规格的全省金融工作会议，汪洋书记、朱小丹省长出席会议并作重要讲话，同时出台《中共广东省委广东省人民政府关于全面推动金融强省建设若干问题的决定》，揭开了全面建设金融强省的大幕；同日，首届中国（广州）国际金融交易·博览会成功举办；6 月 27 日，经国务院同意，中国人民银行等八部委联合印发了《广东省建设珠江三角洲金融改革创新综合试验区总体方案》（以下简称《总体方案》）。《总体方案》获得国家批准意义重大，影响巨大，为便于各新闻媒体理解和宣传《总体方案》，今天专门召开新闻发布会，我受省政府领导委托，向大家介绍建设珠江三角洲金融改革创新综合试验区的背景、重要意义和《总体方案》的主要内容。

一、建立珠江三角洲金融改革创新综合试验区的背景和重要意义

广东是国内最先开展金融市场化改革的地区，利用改革开放的体制机制优势在 20 世纪 80 年代末迅速发展成为重要的金融大省。从 20 世纪 90

年代中期开始，国家按照社会主义市场经济的改革方向，加快金融改革，逐步建立市场化的金融运行机制，建立多元化、现代化的现代金融体系，建立专业化、法治化的金融监管体系，并先后在上海浦东、天津滨海新区等地开展了金融改革创新试验，完善了长三角地区、环渤海地区的金融发展布局。而在同一历史时期，广东受亚洲金融危机的冲击和困扰，只能全力处置金融风险，在金融改革创新上滞后于长三角、环渤海地区。2007年，广东省在基本解决历史遗留金融风险的基础上，将金融工作重心从处置风险转到科学发展上来，提出了发展金融产业、建设金融强省的重要金融发展战略，并逐步形成较为完整的金融发展布局、金融产业规划、金融扶持政策、金融合作框架。2008年底国务院批复同意《珠江三角洲地区改革发展规划纲要（2008～2020年）》，提出"允许在金融改革和创新方面先行先试，建立金融改革创新综合试验区"，在国内首次提出金融改革创新综合试验区概念，这既是中央对最近几年广东金融改革发展成绩的充分肯定，也是中央对广东深化金融改革、科学发展先行一步的殷切期望。为落实这一重要金融工作部署，广东省将金融改革发展的新思路、新举措写进了《总体方案》并于2010年7月上报国务院。《总体方案》得到中国人民银行、中国银监会、中国证监会、中国保监会等部门的大力支持，经过修改完善，2012年5月，《总体方案》获得国务院批准并由中国人民银行等八部委联合印发实施，这标志着近年来广东金融改革发展的思路、规划、政策措施得到了国家的充分肯定，并被纳入国家金融发展战略。

国家支持广东建设金融改革创新综合试验区的重要意义主要有三点：

（一）建设金融改革创新综合试验区是新时期国家推进金融改革发展的重要举措

2008年国际金融危机发生后，世情、国情持续发生深刻复杂的变化，我国经济社会呈现新的发展特征，转型升级的压力不断增大。金融作为现代经济的核心，必须在经济社会双转型过程中发挥核心引擎作用。2012年初，国务院召开了第四次全国金融工作会议，全面动员和部署了新时期全国金融改革发展工作，拉开了国家新一轮金融改革发展的大幕。与以往几轮金融改革相比，由于当前我国金融市场规模更大，金融与经济社会发展联系更加紧密，开展金融改革涉及面更广、难度更大，尤其是人民币国际化、利率市场化等深层次改革更是"牵一发而动全身"，国家要求我们要处理好服务实体经济与金融自身发展、金融创新与金融监管、金融开放与金融安全等各种复杂关系。在此背景下，国家期望广东发挥经济大省、金融大省的优势，利用试验区先行先试政策优势，落实好国家金融工作部署，并就推动金融进一步开放、建设现代金融体系以及解决中小微型企业融资难、融资贵问题、农村金融发展滞后问题等率先开展探索，积累经验。广东勇敢地承接了这一重任。

（二）建设金融改革创新综合试验区是广东全面建设金融强省最重要的内容

广东省已经进入到全面建设金融强省的历史新阶段，在我国现有的金融法律、监管体系下，要完成建设金融强省这一复杂艰巨的任务，广东省必须与中央金融监管部门形成合力，共同创建有利于金融改革创新的体制机制，打造建设金融强省的坚实平台和抓手，营造良好的金融政策环境。《总体方案》的及时出台为全面建设金融强省提供了有力的政策保障，在试验区框架下，在中央金融监管部门的大力支持下，将有力地推动解决制约广东金融改革创新的体制机制障碍，在金融市场、金融体系、金融产品和金融服务、金融监管、金融合作等领域全方位推动金融改革创新先走一步。更重要的是，在制订《总体方案》过程中，我们始终坚持金融与经济社会发展紧密结合的原则，与省委、省政府"坚持社会主义市场经济改革方向，加快转型升级，建设幸福广东"的中心任务保持高度一致，其内容涵盖了国际金融、科技金融、产业金融、农村金融、民生金融多个领域，使得金融改革创新综合试验区建设成为金融强省建设最重要的有机组成部分，成为建设金融强省的核心推动力。

（三）建设金融改革创新综合试验区有利于深化粤港澳金融合作

深化粤港澳合作，尤其是深化粤港澳金融合作是国家战略。国家"十二五"规划明确提出"支持建设以香港金融体系为龙头、珠江三角洲城市金融资源和服务为支撑的金融合作区域"，要"支持香港发展成为离岸人民币业务中心和国际资产管理中心"，要"增强金融中心的全球影响力"。在广东建设金融改革创新综合试验区必将进一步深化粤港澳金融合作，由此成为广东金融改革创新的重要特色。将粤港澳金融融合发展作为整体规划及布局，体现了《粤港合作框架协议》确定的金融合作内容和 CEPA 框架下粤港澳金融合作先行先试的要求，反映了近年来粤港澳共同研究议定的金融合作思路。《总体方案》政策层次高、文件效力强、推动合作力度大，搭建了包括中央驻粤金融监管部门与粤港澳三地政府在内的合作平台，建立了高规格的直接沟通联系机制，有利于解决粤港澳金融合作的体制机制障碍，开辟更大的金融合作空间。

二、《总体方案》的主要内容

按照统筹区域和城乡金融发展原则，《总体方案》由三大主要部分组成，一是在珠三角地区建设城市金融改革创新综合试验区，二是在环珠三角的梅州市建设农村金融改革创新综合试验区，三是在环珠三角的湛江市建设统筹城乡发展金融改革创新综合试验区。这是国内试验内容最丰富和覆盖范围最广的金融试验区。主要政策内容如下：

在城市金融改革创新方面的主要内容有：一是加快建设现代金融市场体系。重点是构建多层次资本市场，开展债券发行主体、发行机制和交易模式创新，规范发展区域产权和股权交易市场，推进区域票据市场电子化建设。二是加快完善金融组织体系。在深化地方金融机构改革的同时，积极发展有利于支持转型升级、保障民生和创新创业的资产管理公司、融资租赁公司、消费金融公司、财务公司、创业投资企业、股权投资企业、各类专业型保险机构以及相关金融中介机构，鼓励和引导民间资本进入金融服务领域，加快发展金融后台服务产业和金融服务外包企业。三是加快金融产品和金融服务创新。在有效防范风险的前提下，有序开发跨机构、跨市场、跨领域的金融业务；积极开展各种类型的产业金融创新；做好跨境贸易人民币结算试点工作，逐步扩大人民币在境外的流通和使用，在横琴新区和前海地区探索资本项目可兑换的先行试验；开展科技金融创新，完善创新创业投融资环境；创新中小企业融资产品和工具；研究开展房地产投资信托基金和个人住房抵押贷款证券化业务；将深圳市保险改革试验区相关政策扩大到珠三角地区，赋予相应的保险创新便利；开展金融机构网上支付、网上交易、移动支付等金融信息化服务创新。四是推动珠三角地区金融一体化发展。重点包括建设错位发展、功能互补的广州、深圳区域金融中心，以广东金融高新技术服务区为基础建设辐射亚太地区的现代金融产业后援服务基地，在中山开展城乡金融基础服务一体化试点，逐步推动区域金融基础设施建设、金融监管一体化。五是提升区域金融合作水平。重点是深化粤港澳三地在金融市场、机构、业务、监管和智力等合作，在政策允许范围内支持符合条件的在粤金融机构和企业赴香港上市、发行人民币债券、信托投资基金，稳步开展港澳直接投资人民币结算，探索深交所与港交所在证券信息、产品开发、技术联通等方面开展深层次合作，支持粤港澳三地金融机构跨境互设机构等。此外，还在东莞开展粤台金融合作试点，积极深化与东盟金融合作。六是进一步优化金融发展环境。包括加强金融法制建设、社会信用体系建设等。

在农村金融改革创新方面的主要内容有：一是培育完善农村金融要素市场，重点是在国家政策范围内研究推进农村宅基地和土地承包经营权抵押贷款试点工作。二是创新农村金融服务体系。重点有深化农村信用社改革、加快发展适合农村特点的村镇银行、贷款公司、农户资金互助社等新型金融机构（组织）、探索一站式、社区型、综合化农村金融服务模式、创新农业保险产品和机制等。三是优化农村金融发展环境。包括完善支付结算等农村金融基础设施建设，提高农村金融服务信息化水平；完善农村金融风险补偿和利益协调机构，引导金融机构增加对"三农"金融投入；加强农村社会信用体系建设等。

在统筹城乡协调发展金融改革创新试验方面的主要内容有：一是探索城乡金融协调发展新机制，促进城市金融资源支持"三农"发展。主要包括健全金融支持"三农"的财政激励政策和考核办法、创新"三农"信贷担保机构和推进银保合作、建立现代农业股权投资基金、建立农副产品和水产品远期现货交易中心、建立城乡信用信息共享机制等。二是加快形成支持城乡协调发展的金融服务体系。主要包括优化城乡金融机构网点布局、创新"三农"保险业务、推动城乡支付结算系统一体化等。

总之，《总体方案》内容丰富、涵盖了银行信贷市场、资本市场、保险市场、外汇市场等，是广东开展金融改革创新工作重要的政策源泉。我们将与广东金融界 70 万同仁一道，充分运用和不断开辟新的源泉，共同完成国家赋予的建设金融改革创新综合试验区的光荣任务。

省金融办学习贯彻落实党的十八大精神　加快建设金融改革创新综合试验区　开展专题活动情况的汇报

（2012 年 12 月 25 日）

省政府安排这次活动意义重大。省金融办努力做好有关工作，同时开展专题活动。省金融办一手抓学习，提高认识，组织了全省金融办系统专题培训班及多种形式的学习研究活动，一手抓调研，组织开展了规范民间借贷网络服务、建设省级产权交易集团和知识产权质押贷款等三个重要调研。在抓落实中，组织制定了《广东省建设珠江三角洲金融改革总体创新综合试验区方案实施细则》（以下简称《总体方案实施细则》）和落实《中共广东省委　广东省人民政府关于全面推进金融强省建设若干问题的决定》（以下简称《决定》）的工作方案，在此基础上，更进一步集中全办干部意见、经过四轮大范围的讨论研究，制订了明年工作计划，提出了三大方面 60 多项具体任务，把各项任务分工到了处室。下面，我简单汇报一下有关情况。

一、关于学习十八大精神的两点体会

（一）省委、省政府关于发展金融产业，建设金融强省的战略部署，完全符合党的十八大精神。2007 年以来，省委、省政府提出发展金融产业、建设金融强省的战略部署，紧紧抓住工业化中后期金融业逐渐崛起为国民经济支柱产业的发展规律，以做产业的思路发展金融，发展总部金融、金融后台和金融配套服务产业等；深化金融改革，从克服传统金融与现代产业发展不相适应的矛盾出发，加快建立现代金融体系。在广东三次产业结构调整特别是服务业比重提升仍没有突破性进展的背景下，金融业提前开展"战略性结构调整"和发展方式转变，金融产业增加值占 GDP 增加值从不足 3% 增长到 6% 以上，上市公司数量实现翻番，地方性金融机构甩掉历史包袱、迅速发展壮大，金融服务产业转型升级和社会民生的能力不断增强。近年来广东的金融改革发展的实践，本身就是创造性地坚持科学发展主题主线的生动体现。2012 年以来，省委、省政府进一步提出大力发展"五大金融"，国家批准广东省建设金融改革创新综合试验区，先行先试、为全国提供经验的重要使命，这表明中央对广东省工作成绩和工作思路的肯定，标志着广东省金融改革发展已站到了践行科学发展观排头兵的位置。《广东省建设珠江三角洲金融改革总体创新综合试验区方案》（以下简称《总体方案》）和《决定》的主导思想完全符合十八大精神。实干兴邦，要将十八大精神落到实处，关键就看我们能不能把珠三角金融改革创新综合试验区建好，把"五大金融"发展好。

（二）落实《总体方案》和《决定》，是新时期广东金融发展最现实的历史机遇。十八大报告要求准确判断重要战略机遇期内涵和条件的变化，我们认为，落实到广东金融界，就是要把握广东金融的战略机遇内涵和条件的变化。金融工作没有中央强有力的政策支持不行，没有地方强有力的组织领导也不行。上海、天津等地前几年金融发展较快，关键也就在此。《总体方案》和《决定》出台，是一个主要标志，从习近平同志在广东视察的讲话中可以看到，国家在广东搞试验是动了真格的，可以说，历史性的、现实的机遇同到，条件已基本具备，广东金融界的同仁们是可以大干一场的。当然，试验区毕竟是试验区，要靠解放思想、大胆试试，试验的主体是各级地方政府和全体金融机构，有赖于大家一起努力和奋斗。

二、省金融办落实十八大精神的思路和明年工作安排

落实十八大精神、推进金融改革创新先行先试，省金融办深感责任重大。我们将在省委、省政府坚强的领导下，把贯彻落实《总体方案》和《决定》作为中心任务，充分发挥组织管理、协调服务的作用，把省委省政府的重要部署落到实处。一是抓好激励和督查考核，对工作做得好的地方和金融机构给予激励、支持、补助或奖励，对工作不力的地方予以专门督导。二是树立好典型和总结推广先进经验，对各地、各金融机构的好的经验，我们将认真总结，并采取工作现场会等各种形式在全省推广。三是努力向中央各部门争取新的政策支持，对各地、各金融机构的遇到的困难，给予支持、提供服务。四是对事关全局的重点金融改革创新项目的统筹规划、重点突破。五是做好职责内的各项金融发展和稳定工作。明年，我们将在省委、省政府的领导下，着力抓好以下十项工作：

（一）保稳定。重点包括建立地方金融稳定新机制、修改完善金融突发事件应急预案、加大非法集资处置力度等，确保不发生系统性金融风险的底线。

（二）保增长。重点包括组织召开广东重大基础设施投融资创新发展会议，全面落实省政府和各大金融机构的战略合作协议，引导金融机构加大对广东省在重点领域、重点项目建设的支持。

（三）加快珠三角金融改革创新试验区建设。重点包括提出近期需要国家给予支持的金融政策，在明年"两会"期间由省主要领导专门向国务院领导同志汇报，建立由人民银行和省政府共同牵头的省部共建机制，抓好广州、深圳、东莞、佛山、中山、珠海、梅州、云浮、揭阳等重点市以及横琴、前海、南沙等重点地区的金融创新试点的落实工作。

（四）大力发展"五大金融"。重点包括召开一次全省产业金融、科技金融创新发展工作会议，推动在佛山、东莞建立创业投资示范市，开展企业上市"零"突破行动，加强农村金融工作的督察考评，扶助清远、茂

名、河源等地开展农村金融试验，召开一次全省性保险工作会议，探索开展递延型养老保险试点等工作。

（五）建设地方金融体系。重点包括进一步深化农信社改革、组建两个省属金融控股集团，政策性融资担保公司，农业保险公司、争取设立科技型专业银行，以及争取广东省国家级高新区进入新三板扩大试点、研究组建省级交易所集团、建设佛山 OTC 市场，积极发展期货市场等金融市场和金融机构的发展工作。

（六）发展民间金融。重点包括建好广州民间金融街，组建佛山市民间融资一条街，出台促进民间金融科学发展的指导意见，规范民间网络借贷行为和运作，规范融资担保行业健康发展等工作。

（七）建好金融产业发展重要平台。重点包括建设广州国际金融城，办好第二届中国（广州）国际金融交易博览会，策划举办具有国际影响力的高层论坛。

（八）继续深化金融交流合作。重点包括积极推进粤港澳金融服务贸易自由化，探索广东与东盟、葡语系国家以及其他国家的金融合作，积极推动粤港澳共建横琴国际金融大学和粤港共建广州期货交易所。

（九）营造良好的金融发展环境。重点包括结合"三打两建"专项行动，完善地方中小金融组织、区域性交易市场平台监管制度建设，加强社会信用体系建设，加强金融信用服务市场培育和监管，扩大建设金融强省专项资金规模等工作。

（十）加强金融人才队伍建设。重点包括推动在重点市、县（区）设立金融副市、县（区）长，派驻市长助理，加强与港澳地区的金融监管人才培训合作，选派高层金融干部到发达国家培训学习等工作。

工作篇

在广东省加快推进新型农村金融机构组建工作会议上的讲话

（2010 年 10 月 14 日）

今天，我们召开广东省加快推进新型农村金融机构组建工作会议，目的是通报广东省新型农村金融机构组建工作进展情况，研究部署下一阶段的工作，动员各地级以上市政府金融工作部门和驻当地银监部门抓落实，确保实现广东省 2011 年底前设立 27 家村镇银行的总体规划。刚才，佛山银监分局和中山、东莞市金融局负责同志介绍了推进新型农村金融机构组建工作的好做法、好经验，值得各地学习和借鉴。广东银监局刘福寿局长通报了当前广东省新型农村金融机构组建工作的基本情况，提出了具体的工作要求，我完全赞成。感谢银监部门所做的积极努力及大量工作，也借此机会向驻粤各级银监部门长期以来为广东省金融改革发展所做的努力以及对广东省各级政府金融工作部门的大力支持和帮助表示衷心的感谢！下面，我讲三点意见：

一、广东省新型农村金融机构组建工作进展较慢，不利于完善农村金融体系

最近两年，世界各地发生了程度不同的金融危机，我国经济金融发展也遇到了 21 世纪以来最为复杂的环境。在党中央、国务院的统一领导下，我国经济金融工作经受住了各种各样的考验，国民经济始终保持平稳较快

增长。与此同时，广东省通过深入贯彻落实科学发展观，在全力应对国际金融危机、保持经济平稳较快发展方面也取得了显著成绩。2009 年全省实现生产总值 3.9 万亿元，增长 9.5%，高于全国 0.8 个百分点。其中金融业作出了巨大贡献，2009 年全省金融业实现增加值 2177 亿元，增长 13.4%，高于同期第三产业增速 2.4 个百分点，金融业整体规模首次赶上香港。在金融产业快速发展的带动下，第三产业已成为广东经济增长的首要推动力，目前贡献率达 52.3%。在银行业方面，广东省银行业金融机构认真贯彻落实党中央、国务院提出的"保增长、扩内需、调结构"要求，合理把握信贷节奏，各项业务平稳发展。截至 2010 年 8 月末，广东省银行业金融机构各项存款余额 77432.99 亿元，比年初增加 7741.73 亿元，各项贷款余额 49831.19 亿元，比年初增加 5321.68 亿元，不良贷款率 2.16%，比年初下降 0.29 个百分点，总体上保持了良好的发展势头，为广东省应对国际金融危机的冲击，实现又好又快发展奠定了坚实基础。

农村中小金融机构作为金融体系的重要组成部分，在自身不断发展完善的同时，对地方经济发展特别是县域经济发展也作出了非常重要的贡献。2009 年以来，广东省立足统筹城乡两个金融市场，全面推进农村金融改革，着力构建和完善农村金融体系，有效提升农村金融服务能力和水平，取得了明显成效。截至 2010 年 8 月末，广东省农村中小金融机构各项存款余额 8260.75 亿元，各项贷款余额 5391.69 亿元，实现净利润 72.37 亿元，与上年同比增长 92.52%，不良贷款余额和比率降至 417.12 亿元和 7.75% 以下。这些成绩的取得与广东省积极探索农村金融体制改革密不可分。一是 2009 年 7 月初，广东省启动了以产权制度改革为主要内容的新一轮深化农村信用社改革工作，按照"成熟一家，改制一家"的总体思路，推动符合条件的农村信用社改制成农村商业银行，截至目前，广东省已有广州、东莞、顺德、榕城 4 家农村商业银行挂牌开业，揭西、端州、高要、源城、禅城、阳东 6 家联社也已获得省政府批准启动农村商业银行筹建工作。二是按照 2010 年中央一号文件精神，全力解决省内金融机构空白乡镇金融服务问题，在省政府的统一部署下，经过各有关市、县政府、各级政府金融工作部门和驻当地银监部门、农业银行、农村信用社、邮政储蓄银行等有关机构和人员的共同努力，各地克服时间紧、任务重、条件差、困难多的种种困难，截至 2010 年 6 月末，空白乡镇金融服务问题全面得到了解决，广东省实现了乡镇基础性金融服务全覆盖。三是 2009 年 8 月，省金融办和广东银监局联合下发了《广东省 2009～2011 年新型农村金融机构组建实施工作方案》，大力在省内培育发展新型农村金融机构，主要以组建村镇银行为主。目前，广东省已经有 5 家村镇银行开业，全部实收资本达到 10.46 亿元，在全国 200 多家村镇银行中名列前茅。至此，广东省农村信用社、农村商业银行、村镇银行、小额贷款公司和谐发展、具有广东特色的农村金融体系初步构建成型，极大地支持了广东省"三农"和中小企业的发展。2010 年上半年，全省农村中小金融机构涉农贷款余额达到 2199.69 亿元，比年初增加 169.90 亿元，增长 8.37%。值得一提的是，5 家村镇银行开业时间长的 1 年多、短的 4 个月，在服务"三农"和中小企业方面显示出巨大的潜力：截至 2010 年 8 月末，中山小榄村镇银行累计发放中小企业贷款 3.56 亿元，占各项贷款的 62.5%；今年开业的东莞长安村镇银行截至 2010 年 8 月末，中小企业贷款余额也已达到 3.29 亿元，在各项贷款余额中的占比达到 57.3%。村镇银行的设立，建立起农村金融供给的新渠道，使当地农村金融服务迈上了新台阶。

总体来看，在过去的一年多时间里，广东省金融业保持了良好的发展态势，农村金融改革工作取得了明显成绩，农村金融服务水平逐步提升，但是，我们更要清醒地看到，广东省新型农村金融机构组建工作仍不尽如人意。正如刚才刘局长所通报，按照 2009 年至 2011 年组建 27 家村镇银行的规划，目前经银监局批复开业的村镇银行仅 5 家，批复筹建的 3 家，预计年底前可开业村镇银行 10 家，离规划目标相距甚远。时间已过半，组建任务完成未过半，压力很大。2011 年要完成组建 17 家村镇银行的任务，而且大部分至今未确定主发起银行，形势很严峻。组建进度慢，不仅与监管部门的政策要求有关，而且与各地工作力度不够大也有很大关系。一是部分地区领导同志思想认识不到位，重视不够，推动工作力度不大；二是部分地区政府缺乏主动性，既不主动外出考察学习，也不积极与金融机构联系，寻找合适的主发起银行，能不能完成任务无所谓（如茂名高州）；三是个别地区选点欠考虑，政府内部对设立村镇银行有不同意见，可能要更换设立地点（如珠海）；四是个别地区政府过度干预村镇银行的股权结构及股东资质、比例等问题，延误组建工作；五是个别地区将组建主导权交给中介机构，使其存在控制村镇银行等不切实的想法，甚至出现关联控股过度等不合规的行为。

因此，加快推进广东省新型农村金融机构组建工作进程已刻不容缓。

二、统一思想，提高认识，增强加快组建新型农村金融机构的紧迫感和自觉性

新型农村金融机构在我国的诞生，时间还不长，有些同志的认识不清晰，我们今天召开这个会议，其中一个目的就是要统一认识，充分认识组建新型农村金融机构不单是银监部门的事情，也是地方政府，特别是地方政府金融工作部门的一项重要工作。

首先，大力培育新型农村金融机构是各地统筹城乡经济发展的内在要求。"三农"问题始终是关系我国现代化事业的全局性、战略性和根本性问题，是全党全国人民的头等大事。在现阶段，统筹城乡经济社会发展，建设现代农业，发展农村经济，增加农民收入，是我国全面建设小康社会的一项重大任务。中央多次强调全面建设小康社会，必须统筹城乡经济社会发展，更多关注农村、关心农民，支持农业，把解决好农民增收、农业和农村经济发展问题作为经济工作的重中之重。当前，国家启动了扩大内需战略，其着力点仍然在于农村地区要加快发展，城乡统筹发展要加速。城乡统筹发展，金融要先行，金融发展本身就是城乡统筹发展的重要内容。因此，解决好农村地区的金融服务问题，运用金融手段加快城乡统筹

发展，既符合现阶段中央关于全面建设小康社会的精神，也是广东省各地方政府促进农业、农村经济发展和农民增收、城乡经济统筹发展的内在要求。

其次，大力培育新型农村金融机构是中央支持农村地区加快发展的重要举措。今年的中央1号文件——《中共中央、国务院关于加大统筹城乡发展力度，进一步夯实农业农村发展基础的若干意见》中提出了"加快培育村镇银行、贷款公司、农村资金互助社，有序发展小额贷款组织，引导社会资金投资设立适应'三农'需要的各类新型金融组织"的要求，充分体现了党中央、国务院把农村金融服务工作放在重中之重位置的坚定决心。温家宝总理在扩大新型农村金融机构试点工作方面强调指出："扩大农村地区金融机构准入政策试点范围，是加强金融支持农业和农村发展的重要举措。要加强领导，密切同地方的配合，加大监管力度，防范金融风险，随时注意总结经验，确保试点工作顺利进行，取得明显成效。"银监会2010年农村中小金融机构监管工作会议也提出了加快培育新型农村金融机构的要求。三年规划是各地征求地方政府以后报国务院批准确定的，各地方政府必须严格执行，确保如期完成任务。在接下来的一年多时间里，各级地方政府要提高思想认识，进一步增强责任感和紧迫感，树立大局意识，加大工作力度，扎实做好村镇银行的培育与发展，积极构建投资多元、种类多样、贴近"三农"、服务到位的农村金融组织，不断提升对农村经济社会发展的金融供给能力，促进农村地区资金融通，支持农村地区加快发展。

再次，大力培育新型农村金融机构是完善农村金融服务体系、改进农村金融服务的现实需要。无论是从全国还是从广东省来看，目前的实际情况是：一方面，由于农业担保体系和信用环境建设相对滞后，使得国有银行、股份制银行在向城市快速发展的同时，在农村的机构网点停滞不前，有的地方甚至还在萎缩；另一方面，随着农村体制改革的不断深入，土地承包制度更完善，农村林权改革等各项改革的实施，农村劳动力富裕，农民致富的愿望越来越强烈，县域及以下地区金融需求旺盛，从而导致农村资金供求矛盾日益突出。银监会作为银行业监管机构，大力度地调整放宽农村地区银行业金融机构准入政策，降低机构准入门槛，目的就是吸引社会各类资本到农村地区创业发展，促进金融资源优化配置，促进金融这一杠杆向"三农"倾斜。调整放宽农村地区银行业金融机构准入政策，本质上讲就是调整金融资源分配，是一项金融惠农政策。因此，希望各市、县政府及其金融局（办）从建设社会主义新农村和构建农村和谐社会的战略高度，从统筹城乡发展和城乡一体化建设的全局出发，在培育发展村镇银行方面能够有所作为，在有效提升对农村经济发展的金融服务供给能力上有所作为，作出应有的贡献。

三、多策并举，确保完成新型农村金融机构组建规划工作

2009 年 8 月，广东省金融办与广东银监局联合下发了《关于做好我省 2009~2011 年新型农村金融机构组建实施工作的通知》，具体提出了广东省三年新型农村金融机构组建实施工作方案。但是，由于各种各样的原因，目前广东省 27 个村镇银行规划建设中，有一半多还没有落实主发起银行，广东省村镇银行组建工作任重道远。接下来我们要按照科学发展观要求，以党中央、国务院有关文件精神为指引，严格按照银监会的有关规定和广东省"三年工作规划"，结合实际，开动脑筋，积极思考，认真抓好辖区内村镇银行组建的每一项工作。

（一）各市、县金融局（办）要加强协调，推动地方政府加强组织领导，明确有关方面的工作职责。广东省村镇银行组建工作在 2008 年试点的基础上，继续以省金融办牵头成立的"广东省新型农村金融机构试点工作厅际联席会议"为总协调机构。省联席会议成员包括省委农办、省金融办、广东银监局、人民银行广州分行、省财政厅、省工商局、省国税局、省地税局等单位。各级政府金融工作部门和驻当地银监机构要高度重视村

镇银行组建工作，遵循"政府推动支持帮扶、当地民企积极参与、银监分局引导协调、主发起银行主导"的原则，即：整个组建过程监管部门始终承担起引导协调的作用；筹建前期应积极发挥地方政府的推动、支持、帮扶作用，金融工作部门要代表政府主动解析当地引资政策，想办法出台一些奖励和帮扶政策，但一旦确定主发起行，筹建工作必须由主发起行负责，要按办银行的规矩办银行。同时，要建立专门的工作机制，无论是三年中哪一年的规划，当前都要全面启动。为加强村镇银行组建实施工作的组织领导，保障组建工作顺利实施，各市、县金融局（办）要推动地方政府成立专门的领导组织和工作机构，由相关机构及部门主要负责人参加，并抽调骨干力量具体负责组织实施工作。各地金融工作局（办）要做好牵头工作，驻当地银监机构也要积极主动做好配合和政策方面的指导工作。本次会议之后，有关各方要立即行动起来，尽快提出有针对性的工作方案，合力解决村镇银行主发起行难落实的问题。各地金融工作部门和银监部门要将具体工作方案在10月底前分别报送省金融办和广东银监局。对于年底前没有实际工作进展的，我们将考虑取消其组建指标，在该市的其他县、市（区）寻找合适的地方设立村镇银行。

（二）要推动地方政府协调有关职能部门，赋予新型农村金融机构相关配套政策。在引导银行业金融机构发起组建村镇银行之时，要充分发挥政府与市场的共同作用，多渠道、多手段整合各方优势资源，为村镇银行提供宽松的政策通道和有力的物质保障，尽可能在银行机构网点选址、通讯设施、营业用房、供水供电、费用补差、税收优惠和减免、安全保卫、消防要求等方面给予政策支持，达到地方经济、"三农"发展和村镇银行三方互利共赢，共同发展的目的。这方面工作，中山、东莞市，广州、佛山市已经做出很好的表率，刚才中山、东莞市还给我们介绍了他们的经验和做法。鉴于村镇银行主要面向"三农"发放贷款，收益低，风险大，开业初期吸收存款和实现盈利有困难的实际情况，建议各地可适当结合当地实际情况，在村镇银行组建和业务发展过程中，由地方财政给予村镇银行适当的开办费补助，涉农贷款也可由地方财政按有关政策给予适当补贴，村镇银行所在地政府有关企业尤其是涉农部门要积极在村镇银行开户。同时，可以考虑进一步完善村镇银行信贷担保运作机制，地区及各县、市（区）面向"三农"开展业务的专业担保公司要积极与村镇银行加强联络联系，建立紧密的业务合作关系，构建金融信贷与风险担保的运行机制，共同推进村镇银行可持续性发展。

（三）有关各个方面要加强沟通协调，确保圆满完成任务。在广东省加快新型农村金融机构组建工作过程中，各级金融工作部门、各地市银监分局，各有关的银行业金融机构要做到有沟通、有落实，主要负责人切实负起责任，动员和部署本机构力量，积极参与到有关的工作中来。村镇银行所在市政府金融工作部门要搭建好政府与主发起银行的沟通平台，了解银行业金融机构组建村镇银行的意愿，加强协调沟通，如有有意担当主发起人的机构，要向市领导反馈，并在协调一致的基础上，落实符合主发起人条件的机构。同时，也希望各银监机构主动配合地方政府推进村镇银行主发起人的选择落实工作。另外，要加强政策宣传，合理引导民间资本参与村镇银行组建工作，把握好企业关联关系，控制自然人入股比例。村镇银行主发起人确定之后，各银监机构要加强与所在地政府、金融局（办）、主发起人的协调沟通，指导村镇银行发起人制订新机构筹建工作方案，并按照监管工作要求做好村镇银行相关的准入审核工作。主发起行在制订和实施工作方案时，也要加强与有关各方的协调和配合，按照市场准入程序要求，尽快做好村镇银行筹建开业工作。此外，村镇银行的股权设置和股东资格问题是一个十分专业的问题，需要银监部门根据相关监管法规结合广东省银行业风险管理要求，综合考虑村镇银行主发起行的资产规模、风控水平、盈利能力、监管评级、经营文化等多方面因素才能最后自主裁量，各项准入工作应以银监会的相关法规为准，各级政府不要强加干预，甚至提高门槛。

同志们，做好广东省村镇银行组建工作，需要社会各个方面的鼎力支持和积极参与，希望在座的各级政府金融工作部门和驻当地银监机构高度重视，金融局（办）领导要负责任地将这次会议的精神向政府主要领导汇报，并积极落实，多策并举推进广东省村镇银行组建工作进程，为有效提升广东省农村金融服务水平、促进广东省"三农"经济发展、实现广东省城乡统筹发展作出新的贡献。

谢谢大家！

在"2010 年中国广东—新加坡金融合作交流会暨广东金融高新技术服务区推介会"上的演讲

（2010 年 12 月 16 日）

新加坡地域虽小，但她是精彩的国际大平台：不仅是一个令人神往的花园城市，更是一个具有强大竞争力的国际金融中心。来到这里举办"金融合作交流会"是一次交流与学习的好机会，我们感到非常高兴。借此机会，我谨代表广东省人民政府金融工作办公室对帮助、支持举办这次活动的新加坡有关方面的人员表示衷心的感谢！对参加这次会议及相关活动的各位来宾表示热烈的欢迎和衷心的感谢！

区域金融合作是一项富有挑战性的工作，广东与香港的金融合作是在 2008 年的一次金融合作研讨会上成功启动的，期望这次金融合作交流会能够促成广东与新加坡及东盟地区金融合作迈出第一步。

随着中国—东盟自由贸易区的建立，广东与东盟的经贸合作已是如火如荼，而金融合作则风平浪静。有人认为这是巨大的反差，但我认为这"平静"下面很不平静，正孕育着金融合作的成功。因为，经济决定金融是一条铁的规律。

首先是"大市场"决定了金融合作有广阔的空间。中国—东盟自由贸易区是全世界规模最大的贸易区域，经济规模最大，贸易规模最大。广东作为经济大省和贸易大省，预计 2010 年地区生产总值达到 4.5 万亿元，进出口贸易总额达到 7400 亿美元，在中国与东盟合作中占据重要地位，2009 年广东与东盟贸易额占全国的 1/3，金融在其中起到了重要的支持作用。从金融地图上看，在这一地区中，排名全球前 10 位的国际金融中心有新加坡和中国香港，还有排名全球第 22 位的广东深圳，其中新加坡是金融服务业出口增长最快的国家。广东是中国的金融大省，金融规模从 20 世纪 90 年代初起就稳居全国第一位，最近四年来，更是实现了又好又快的发展。目前，广东金融机构总资产已达 11 万亿元人民币，超过了香港；银行存款总额超过 8 万亿元，贷款总额超过 5 万亿元；境内上市公司数量达到 303 家，深交所今年 IPO 融资额全球排名第一，股票、基金、期货交易额均全国排名第一；广东保费收入近 1400 亿元，居全国第一位。广东金融产业增加值约 2400 亿元，"十五"期间年均增速为 29.2%，已经初步发展成为国民经济的支柱产业。这是金融机构总资产平均每年增长 1 万亿元、存贷款年均增长 15% 以上、保费收入年均增长 20% 以上、境内上市公司数量翻一倍的必然结果。大市场必将催生大金融，广东与东盟庞大的金融市场，良好的金融中心城市构成了广东与新加坡及东盟地区开展合作最为坚实的基础，蕴含着强大的竞争优势，开辟了广阔的市场空间。

其次是"大机遇"决定了金融合作的可能性。大机遇包括两个方面，第一个是区域经济结构调整带来的大机遇。广东正在加快构建现代产业体系，实现经济结构的战略性调整，在此进程中需要金融给予强有力的支持，发挥核心推动力的作用，仅仅是广东现代产业 500 强发展项目就需要 1.2 万亿元的投资。广东与东盟开展各个领域的合作，整合区域产业链条更需要大规模的资金支持和国际结算、货币清算、风险管理等全方位的金融服务，商机是无限的。第二个是金融自身发展的机遇。后国际金融危机时代，为应对世界金融格局的变化，中国正在加快金融改革开放的步伐，目前正大力推进跨境贸易人民币结算，在中央制定"十二五"规划建议中明确提出了逐步实现人民币资本项目下可兑换。广东是首批开展跨境贸易人民币试点的省份，2010 年末跨境贸易结算金额达到 2000 亿元，随着境外流通人民币的逐渐增多，必然要求拓宽境外人民币的投资渠道和回流途径，这就为广东、新加坡及东盟各成员国提供了金融发展的新机遇。对广东来说，将通过深化粤港澳金融合作参与香港人民币离岸中心建设，发挥国家赋予广东金融改革创新先行先试的政策优势，重点在珠海横琴新区和深圳前海地区开展人民币国际化的改革试验，广东率先开放可为东盟地区的金融机构开拓市场提供新的机遇。新加坡金融界已经敏锐地看到这个大机遇，积极参与到广东新一轮的发展中来，像星展银行和大华银行已经在广东设立了多家分支机构，著名的风险投资集团——亿胜集团已进驻广东金融高新技术服务区，开展创业投资等业务。

最后是"大发展"必将实现互利共赢。金融合作互利共赢的现实范例就是粤港金融合作。经过双方多轮协商和共同努力，广东与香港两地政府达成了金融合作是互利共赢的共识，确立了"互补、互动、互利"的合作原则，在短短的三年时间内取得了令人瞩目的合作成效。随着"异地同城支行"等合作项目的开展，港资银行进入广东的门槛迅速降低，港资银行在珠三角各市的覆盖面迅速提升至 89%，截至 2010 年 6 月末，港资银行已在广东设立了 99 家营业性机构，总资产 1434 亿元人民币，分别占在粤外资银行营业性机构数和总资产的 62% 和 50.57%。粤港合作进一步推动了广东企业赴香港上市，广东已有 85 家广东企业在香港上市，总市值超 7500 亿港元。保险业合作方面，港资保险公司在广东市场的份额快速扩大，广东首家中港合资保险经纪公司中人保险经纪公司的业务规模已经是广东第一。广东与香港的金融合作不仅巩固和提升了香港国际金融中心地位，同时也带动了广东金融的新发展。我们相信，广东与新加坡及东盟各成员国的金融合作也将形成强大的发展合力，推动经济金融的大发展。

在中国—东盟自由贸易区框架下，广东仍然是亚太地区经济发展的热土，仍然是金融发展的热土。我们竭诚欢迎新加坡及东盟金融机构来广东拓展业务，共同携手为双方经贸往来服务。我们衷心希望能够与新加坡共同分享金融科学发展的经验，共同探索构建区域内更加开放、更有效率、更加安全的金融市场体系。

祝各位来宾、各位朋友事业成功！身体健康！

谢谢大家！

加快转变金融发展方式
给力转型升级　添福和谐广东

（2011 年 3 月 23 日）

　　本次座谈会的主题是"广东'十二五'时期应重点关注的社会经济发展问题及对策建议"。按照省委、省政府的工作部署，由省金融办牵头编制了《广东金融改革发展"十二五"规划》，目前规划稿已经完成，正在按照省委、省政府有关"十二五"发展指导思想和部署继续完善。近日，国家"十二五"规划已经出台，中央对于"十二五"时期经济社会发展总的思路是：以科学发展为主题，以加快转变经济发展方式为主线，深化改革开放，保障和改善民生，巩固和扩大应对国际金融危机的成果，促进经济长期平稳较快发展和社会和谐稳定。中央总的要求有五点，即坚持把经济结构战略性调整作为加快转变经济发展方式的主攻方向，坚持把科技进步和创新作为加快转变经济发展方式的重要支撑，坚持把保障和改善民生作为加快转变经济发展方式的根本出发点和落脚点，坚持把建设资源节约型、环境友好型社会作为加快转变经济发展方式的重要着力点，坚持把改革开放作为加快转变经济发展方式的强大动力。按照国家的总体部署，结合广东省实际情况，广东省委、省政府将"加快转型升级，建设幸福广东"作为"十二五"时期经济社会发展的核心任务，广东金融工作要紧密围绕这个核心任务来进行。当务之急是解决影响广东金融产业持续健康发展的主要矛盾。下面，我谈两点意见：

一、深入研究影响广东金融产业科学发展的主要矛盾

当前，影响广东金融产业科学发展以及金融与经济社会发展良性互动的主要矛盾有以下两对：

（一）大规模增长的金融资产与放缓经济增长速度情况下金融需求相对减少的矛盾

"十一五"时期，广东省实施了金融产业发展战略，金融产业以恢复性、跨越式的特点快速增长，金融业增加值每年递增 30.4%，占 GDP 的比重从不到 3% 提升到了 6%（同比口径），由此激活了全省金融市场，金融资产放量增长。尤其是 2008 年国际金融危机发生后，投资拉动成为广东省经济发展的主要推动力，加大融资力度促进投资成为金融业的重要任务，信贷投放规模迅速扩大，形成了经济增长与金融资产规模扩大互相促进联动发展的局面，呈现一种正相关关系。"十一五"时期，广东省 GDP 从 22557 亿元增长到 45473 亿元，年均增速为 12%，金融机构总资产从 4.5 万亿元增长到 11.54 万亿元，年均增速为 20.7%，信贷规模从 23261.21 亿元增长到 51799 亿元，年均增速为 14.8%。综合数据显示，广东省 GDP 增长对贷款增长的拉动系数约为 1.11（全国实证结果也表明，名义 GDP 增长 1%，需要贷款增长大约 1.2%）。

广东 GDP 增长对贷款增长拉动情况

年份	2006	2007	2008	2009	2010	均值
GDP（亿元）	25969	30606	35696	39082	45473	12%
（增速%）	(14.1)	(14.5)	(10.1)	(9.5)	(12.2)	
贷款规模（亿元）	25935	30617	33836	44510	51799	14.8%
（增速%）	(11.5)	(18.1)	(10.5)	(31.5)	(16.4)	
GDP 增长对贷款增长的拉动系数	0.63	0.82	0.82	2.15	1.14	1.11

"十二五"时期，广东省将加快经济发展方式转变，经济增长将体现规模与质量并重，省委、省政府已经主动调低了经济增长速度，GDP 计划年均增速为 8%，比"十二五"时期降低 4 个百分点。按照"十一五"时期 GDP 增长对信贷增长拉动系数测算，广东省 GDP 增长每放缓 1 个百分点，将减少贷款需求约 500 亿元，4 个百分点就是 2000 亿元，5 年就是 1 万亿元。由于银行业资产占到全省金融机构总资产的 90%，信贷投放的减少将直接影响金融资产扩大和金融产业发展速度。在此情况下，依靠规模扩张的金融产业发展方式将难以为继，金融业将逐渐从卖方市场转向买方市场。要实现将金融产业发展成为国民经济支柱产业的发展目标，必须在经济增速放缓、金融需求相对减少的背景下，保持金融的有效增长，要求金融产业发展从规模扩张转向更加注重功能集聚和能级提升，转向更加注重对经济发展的服务与渗透，开拓新市场，开发新产品和提供新服务。

（二）加快经济发展方式转变与金融产业发展方式转变较慢的矛盾

经济决定金融，金融是现代经济的核心。"加快转型发展，建设幸福广东"必然对金融发展产生重大影响，在创造相对多的金融新需求的同时，更要求进一步提升金融服务经济社会发展的能力。在刚印发的 2011 年省政府工作要点中，由省金融办牵头或者参与的工作任务达到了 16 项，金融前所未有地深入到国民经济社会发展的各个领域。但是，目前广东省金融产业发展面临创新能力不强，发展层次不高、服务功能不足、制约金融科学发展的体制机制障碍较多等诸多问题，不能满足加快经济方式转变产生的多样化、综合性金融需求。突出表现在以下三个方面：

在银行信贷市场方面，银行业急需摆脱信贷依赖，拓宽业务领域。目前，商业银行盈利模式仍然高度依赖存贷利息差，中间业务收入比重较低，像工商银行，其存贷差、中间业务和投资交易业务的比重为 6:2:2，招商银行的非利息收入占其利润的 25% 左右，广东省地方中小银行业机构的这个比例则更低，因此容易产生强烈的信贷扩张冲动，希望通过信贷扩张做大资产规模，谋求上市扩大资本金，然后再扩大信贷规模，这种简单的扩张发展模式下如果银行内控机制落后则潜藏巨大风险，像齐鲁银行就是前车之鉴。今年"两会"期间，王岐山副总理已经批评了中小银行的这种做法和倾向。这种扩张发展模式在"十二五"时期将面临严峻挑战。近期受国家紧缩货币政策的影响，存款准备金率已提高到19.5%的高位，工、农、中、建等大型商业银行更是执行更高的差额存款准备金率，信贷规模扩张速度受到压抑；远期则是更严峻的利率市场化挑战，竞争加剧，利差收窄（下降幅度各方预计在20%～30%），银行盈利必受重大影响；此外，资本市场、保险业加快发展，必将冲击传统银行业务，可能会出现大规模的储蓄搬家现象。同时，银行业的服务功能的提升对于支持广东省加快转型升级尤其重要，现代银行具有企业所不具备的信息优势和渠道优势，除了融资服务外，可以为企业提供项目可行性研究、兼并重组、进出口贸易等全方位的咨询服务，国际上许多大银行其咨询业务都非常著名，"全能银行"是欧美银行业发展的重要趋势，而我国和广东省的银行业的相关服务功能现在还处于起步阶段。

在资本市场方面，急需加快发展速度，强化资源配置能力。直接融资比例偏低是广东省金融发展面临的突出问题，排除应对国际金融危机信贷规模超常规扩张的因素影响，广东省目前直接融资比例在20%左右。国家"十二五"规划已明确提出要"显著提高直接融资比例"。当前广东省资本市场发展不能较好地适应加快经济发展方式转变需要的表现有：一是支持产业发展的直接融资工具不多，发行规模最大的是短期融资券和中期票据，其他像企业债券、公司债券、地方政府债券和各种资产证券化产品很少，"十一五"时期广东省企业债券发行规模仅占全国的1.3%（全国是13959亿元，广东省仅183亿元）。二是资产证券化率不高。不仅银行信贷资产、土地用益权等资产、资源没有证券化，而且省属国有企业经营性资产、路桥资产等优质资产都没有充分实现证券化。今年2月，国资委副主任邵宁提出未来央企都要做到主营业务上市，近期上海市提出大力推进市属大产业集团核心资产整体上市，今年市属企业资产证券化率要提高到35%，广东有关工作还相对滞后。三是证券业整体发展水平仍然不高，像广发证券这样的大型证券公司的盈利主要依靠手续费，其投行业务并不出色。发达国家的投行已经是国际金融战争或金融竞争的主要力量，亚洲金融危机、国际金融危机、欧洲主权债务危机，投行在其中都扮演了重要的角色。投行的服务功能也日益综合化，其研究报告的权威甚至超过所在国政府研究部门，像野村证券的综合研究所年营业额能达到50亿美元以上。如果广东省证券公司缺乏核心竞争力，则无法有效分享未来我国资本市场大发展的红利。

在保险市场方面，急需优化结构，全面提升服务功能。"十一五"时期，广东省保险业实现了大发展，保费收入规模连续突破1000亿元和1500亿元关口，在全国领先优势不断扩大。但是广东省保险业发展还处在起步阶段，在全省11.54万亿元金融资产中，保险业资产才3200亿元，仅占总资产的2.77%。寿险与财险发展仍不平衡，寿险与财险比例为71:29，与"十五"期末并无明显改变。并且财险业务结构不合理，车险占到业务总量的74.1%，而有利于促进自主创新的科技保险，有利于现代物流业发展的货运险、船舶险，有利于重大项目建设的工程险、特殊险，有利于企业开拓国际国内市场的信用险等保险产品发展还比较薄弱。保险行业的综合服务功能还有待进一步提升，财险方面，急需从风险补偿向风险管理转变；寿险方面，急需从人身保障向个人生涯规划和家庭保障计划的综合平台转变。

二、积极转变金融产业发展方式，给力转型升级，添福和谐广东

第一，在银行信贷市场方面，"十二五"时期，一是要引导鼓励银行业金融机构，尤其是地方中小银行业机构做好做实广东城市金融市场，进

一步开发农村市场、中小企业市场、消费信贷市场，提高资本运用效率，在市场竞争中提高经营效益。二是要支持鼓励银行业拓宽业务领域，发挥信息优势和渠道优势，提升投资银行、财富管理、决策咨询等多种服务功能，加快从融资中介向全能金融服务型转变。在短期内，银行业发展还难以达到国际先进水平，可以通过深化粤港澳合作及扩大开放，引进国际先进经验和相关人才，引进适度的市场竞争，促进银行服务功能的提升。三是要将发展融资租赁业作为银行业发展的重要方向，实现与发展先进装备制造业的良性互动。充分发挥广东省银行业信贷资本雄厚的优势，推动银行业金融机构与广东省大型企业集团合作建立融资租赁公司，引进国内大型融资租赁公司到广东设立分公司，扶持发展以民间资本为主的融资租赁公司，建立政企合作机制和完善配套政策。四是要积极发展适应广东转变经济发展方式的要求的新的银行机构，如发展支持科技创新的中小银行，服务台湾企业的台资银行等。

第二，在资本市场方面，"十二五"时期，要继续将发展利用资本市场作为金融工作主要着力点，建立适应经济方式转变和自主创新需要，实现风险分层管理的多层次资本市场体系。一是要大力发展创业投资，实现与战略性新兴产业发展的良性互动。重点是建立完善创业投资的引导机制和退出机制，由各级政府建立创业投资引导基金，建立创业投资的政策性担保机制，建立包括创业板、代办股份转让系统、场外交易市场在内的多元化发展及退出渠道，政府还要搭建创业投资与战略性新兴产业的对接平台，省金融办已建议以省政府名义每年举办"中国广东金融·科技·新兴产业博览会"。二是要加快做大做强广发证券等地方证券公司，通过定向增发等方式优化股东结构，先以香港为平台，参与国际金融市场运营，积累经验，寻机兼并香港及欧美证券公司，最终发展成为具有全球影响力的国际性证券公司。三是要发展适应广东转变经济发展方式要求的新市场平台，探索粤港共建广州期货交易所，发展"新三板"交易市场、综合性产权交易市场，借鉴台湾和上海经验，争取国家支持建立区域性非上市公众公司股权交易市场。

第三，在保险市场方面，"十二五"时期，一方面，广东省要做好保险业全面发展工作，新组建和引进一批保险总部机构和汽车保险、养老保险、农业保险等专业性保险机构，积极引进保险公司的资产管理、产品研发等后援部门，有条件的地方成立保险集团公司。另一方面，要深化保险业的创新，提升保险服务功能，争取再创造像"湛江模式"、电子保单一样的重大保险创新。要积极争取中国保监会扩大保险改革创新试验区的范围，这对广东省保险总部发展和保险创新都有重要的战略意义。

第四，"十二五"时期，要进一步完善和强化地方金融体系，组建省属金融控股公司，掌握更大的金融话语权和更多的金融资源。上海国际集团、天津泰达集团、重庆渝富集团都是整合地方金融资源，深化地方金融改革的核心力量。如果广东不能尽快组建省属金融控股集团，将难以推进地方金融产业发展战略，将丧失发展先机。

第五，要深化金融改革创新，为建设幸福广东创造更多更好的条件。"十二五"时期，广东省金融改革创新、科学发展要紧紧围绕建设幸福广东这一核心要求，发挥现代金融财富管理、社会管理、社会保障的重要功能，着力保障和改善民生，使全体民众共享金融改革发展的成果，为建设幸福广东创造更多更好的条件。要通过发展金融前后台产业和金融中介服务行业、通过金融支持创业、通过促进区域协调发展创造更多更好的就业条件；要通过发展理财业务，建设财富管理中心，拓宽人民群众境内外投资渠道，创造人民群众增加财产性收入的更多机会；要通过创新发展医疗、养老保险服务创造有利人民健康、有利提高养老保障的更好条件；要通过提高金融信息化水平，加强行风建设创造更好的金融服务条件。

第六，全面建设金融改革创新综合试验区，为转变金融产业发展方式注入强大活力。广东省上报国务院的建设金融改革创新综合试验区总体方案已经由人民银行总行牵头完成了征求意见和修改工作，得到了中央各部委的积极支持。总体方案得到国务院的批准后，广东省将全面着力建设金融改革创新综合试验区，以此为政策保障，着力解决制约金融功能提升的体制机制障碍，争取在完善金融市场体系、外汇管理体制改革、金融产品和服务创新、区域金融合作、地方金融管理体制改革等领域取得新的突破，为转变金融产业发展方式注入强大的活力，为转变经济发展方式提供持续、强有力的支持。

在江门政银企交流会议上的讲话

（2011 年 4 月 28 日）

在全省农村信用社深化改革之际，江门市区农信联社举办"百家争鸣促发展，农商论剑开新章"政银企交流活动，将对江门市农村信用社改革发展起到更好的推动作用。在此，我谨代表广东省人民政府金融工作办公室预祝这次活动取得圆满成功！下面我就当前广东省金融发展和农村信用社改革谈三点意见。

一、发展金融产业大有可为

金融是现代经济的核心。"十一五"期间，广东金融界认真贯彻落实省委、省政府经济工作部署，以促进经济发展方式转变为主题，深入贯彻落实《珠江三角洲地区改革发展规划纲要（2008～2020 年)》，锐意改革创新，积极发展金融产业，建设金融强省取得了重要的阶段性成果：

一是金融业增加值加速度增长。到 2010 年末，全省金融业增加值达 2493.47 亿元，是"十五"期末 661 亿元的 3.77 倍，年均增长 30.4%。金融业增加值占地区生产总值的比重为 6.1%（可比口径），占第三产业增加值的比重为 12.3%。

二是三大金融市场共同繁荣，领先优势不断扩大。截至 2010 年末，在银行信贷市场方面，全省中外资银行业金融机构本外币各项存款余额 82019.40 亿元，各项贷款余额 51799.30 亿元，均比"十五"期末增长 1

倍以上。在资本市场方面，全省境内上市公司数量达到 312 家，比"十五"期末增加 150 家。在保险市场方面，全省保险公司实现保费收入 1593 亿元，同比增长 30%，是"十五"期末的 3.2 倍。

三是金融发展活力和后劲显著增强。"十一五"时期，广东基本完成处置历史遗留金融问题，摘掉了金融高风险地区的帽子，成为国内和国际上最具吸引力的金融热土之一。到 2010 年末，注册地在广东省的法人金融机构总数已经达到 221 家，全省金融机构总资产达到 11.54 万亿元，是"十五"期末的 2 倍多。

2011 年是"十二五"开局之年，也是广东省加快转变经济发展方式攻坚克难的关键时期，省委、省政府要求全省上下以科学发展为指导，以加快转变经济发展方式为主题，加快转型升级、建设幸福广东。按照省委、省政府"十二五"工作部署，"十二五"时期广东省金融工作总体目标是：加快建设与促进经济发展方式转变和构建现代产业体系相适应的现代金融产业体系，实现金融发展与经济社会发展的和谐统一，推动广东从金融大省向金融强省的转变，为建设幸福广东创造更多更好的条件。这一总体目标包含两大方面的内容：

一是发挥金融对经济发展最重要的支持作用，促进加快转型升级。这就要着力构建金融综合服务体系，包括：建立健全产业金融服务体系，促进产业转型升级；建立健全支持创新创业的金融服务体系，支持提升自主创新水平；建立健全消费金融体系，促进改善民生；建立健全绿色金融体系，支持建设资源节约型和环境友好型社会；建立健全外汇管理服务体系，促进外经贸转型升级；建立健全中小企业金融服务体系，有效解决中小企业融资难问题；建立健全农村金融服务体系，支持"三农"和统筹城乡协调发展。

二是实现金融大省向金融强省的转变。这就要推动金融产业转型升级，表现为"五个加快"：加快建设金融改革创新综合试验区，在金融改革创新的重要领域和关键环节率先取得实质性突破；加快建设具有广东特色的地方金融组织体系，着力提升地方金融机构的竞争实力和创新服务能力；加快建立功能齐备的多层次金融市场体系，着力提升直接融资水平，大力提升金融配置资源的能力；加快推进金融合作与开放，建设以香港国际金融中心为核心、与构建广东开放型经济体系进程相适应的国际金融中心区域；加快优化金融生态环境，把广东建成全国优良的金融生态区域之一，建立和完善金融改革发展激励政策体系和保障机制，为金融改革发展提供持续动力。

根据这两大目标内容要求，我们制订了广东金融"十二五"发展规划，提出了高于全省经济增长的发展目标。经过各方面及有关专家的论证：广东发展金融产业大有可为。

二、农村合作金融机构是地方金融体系的重要组成部分，是农村金融的主力军

在广东省，农村合作金融机构存、贷款等业务市场份额均占了地方金融机构总份额的七成，为县域经济和"三农"发展作出了重大贡献，是名副其实的农村金融主力军。农村合作金融机构健康持续发展事关农业、农村、农民和国民经济全局，并直接关系到广东省发展金融产业、建设金融强省目标的实现。广东农村信用社搞好改革，实现科学发展，是全省上下共同的愿望。广东省农村合作金融机构资产总量全国最大。2004 年末启动深化农村信用社改革试点工作前，全省共有 99 家农信联社，其中 2 家一级法人联社，97 家多级法人联社；资产总量 5518 亿元，各项存款余额 3533 亿元，各项贷款余额 2343 亿元。人民币存款余额在省内排在四大国有商业银行之后，贷款仅次于工行和农行。不良贷款贷款占比 35.71%，高出全国农信社平均水平 12 个百分点，此外还有历年亏损挂账 143 亿元，历史包袱沉重。按照国务院的部署，2005 年初广东省启动深化农村信用社改革试点工作，在省委、省政府的正确领导下，经过各级政府、各有关部门、各农村信用社的共同努力，改革试点工作取得了重要的阶段性成果，

至2009年底，除汕头特区联社外，全省98家联社全部完成票据兑付工作，是全国21个试点省（市）中较早完成票据兑付的省（市）之一；98家联社全部完成统一法人工作。2009年7月，省委、省政府审时度势、英明决策，印发了《关于进一步深化农村信用社改革的实施意见》（粤府办〔2009〕36号），并召开动员大会，启动了以产权制度和管理体制改革为主要内容的新一轮深化农村信用社改革。经过深化改革，成效显著：截至2010年末，全省农村合作金融机构资产总额达10489亿元，比改革前增长90.08%；本外币各项存款余额8894.03亿元，比改革前增长151.72%，仅次于工行居全省第二；本外币各项贷款余额5451.20亿元，比改革前增长132.59%，跃居全省第一；五级分类不良贷款比例6.68%，低于全国农村合作金融机构平均水平（7.4%）0.72个百分点；全省农村合作金融机构实现经营利润167.09亿元，比改革前增加150亿元，增长930.78%；净利润84.53亿元，比改革前增加90.01亿元，经营效益明显提高。广州、东莞、顺德、揭阳市区、河源源城农信社成功改制为农村商业银行，进一步完善了农村金融体系，为农信社改革的继续推进增添了力量。

广东省农信社经过一系列改革后，业务规模稳步增长，资产质量明显改善，经营效益大幅提升，抗风险能力逐步增强，在社会上形成了良好的整体形象，"三农"服务主力军地位进一步巩固。截至2010年末，全省涉农贷款余额2387亿元，占各项贷款余额的43.79%，涉农贷款余额居全省金融机构首位。此外，农村合作金融机构还针对"三农"和中小企业金融开展业务创新，试点了多种符合"三农"实际特点的信贷产品和金融服务，设立了"三农"贷款专营中心、小企业专营中心，致力于推动"三农"和中小企业发展。在2010年全国农村合作金融机构服务"三农"和支持中小企业先进评选活动，广东省获得"最佳服务'三农'贡献奖"、"最佳服务中小企业贡献奖"等殊荣。农村金融主力军的能力明显增强。

三、农村商业银行是农村金融机构的骨干力量

2009 年 7 月启动的新一轮深化农信社改革主要内容是产权制度改革，具体来说就是推动农信社完善法人治理结构，条件成熟的农信社改制为农村商业银行。虽然广东省农信社经过一轮改革后，农信社基本都搭起了"三会一层"的法人治理结构，但偏重于组织形式改造，尚未做到形神兼备，还存在内部人控制的情况。因此，省委、省政府在按国务院要求完成第一阶段改革工作后，结合广东省农村信用社实际，及时部署了新一轮深化改革工作，积极推动具备条件的农村信用社改制为农村商业银行，条件尚未成熟的农村信用社则按照股份制改革和有关监管要求完善法人治理结构、健全内控管理机制，实现可持续发展，将来在适当时机可通过市场化途径改制。按照粤府办〔2009〕36 号文有关要求，广东省原计划在 2010 年底前完成 11 家左右农村商业银行组建工作，到 2011 年底，全省农村信用社主要监管指标和股权结构达到监管要求。由于部分已获省政府批准启动改制工作的农信社在改制过程遇到一些问题影响了改制进度，因此到 2010 年底，全省完成了广州、东莞、顺德、揭阳榕城、河源源城 5 家农村商业银行组建工作，禅城、高要、端州、揭西、阳东、中山、南海、新会以及我们今天论坛的主办方江门市区 9 家农信联社已获省政府批准同意改制为农村商业银行，也在紧锣密鼓地开展相关改制工作。今年初还有阳春和大埔 2 家农信社向省政府提出了改制申请，有条件的农信社都加快了改制步伐。

改革后的农村商业银行业务发展迅速，市场竞争力大幅提升，成为农村金融机构中的骨干力量。截至 2010 年末，已挂牌的 5 家农村商业银行总资产达 4713.79 亿元，占全省农村合作金融机构的 44.94%；各项存款总额 4051.45 亿元，占全省农村合作金融机构的 45.55%；各项贷款余额 2351.31 亿元，占全省农村合作金融机构的 43.13%；实现净利润 59.9 亿元，占全省农村合作金融机构的 70.86%。与此同时，农村商业银行在当

地所占市场份额、业务创新水平、市场竞争力等方面都远高于当地其他农村金融机构。

农村商业银行的骨干作用还体现在对困难农信社的帮扶上。邓小平同志"让一部分人先富起来，先富带动后富，最终实现共同富裕"的理论用在深化广东省农信社改革中是非常合适的。广东省农信社区域发展极不平衡，全国最好的和最差的农信社都在广东，帮助困难农信社走出困境也是这一轮深化农信社改革的重要任务。在粤府办〔2009〕36号文中专门就此项工作提出了实施意见，即按照互助互利原则，结合政府出资、行政推动等方式，通过市场化形式推动先行改制的农村合作金融机构与粤东西北地区特困农信社开展定向合作，使特困农信社达到监管要求，最终实现全省农信社整体解困，协调发展。目前，省金融办已经会同有关单位起草了《广东省农村合作金融机构定向合作指导意见》，即将提交广东金融改革发展工作领导小组审议后印发实施。下一阶段，除了继续推动有条件的农信社组建农村商业银行外，我们将按照有关指导意见大力推进农村合作金融机构定向合作，推动特困农信社的兼并重组，指导农村合作金融机构不断完善法人治理，争取通过这轮深化改革，全省农村合作金融机构主要监管指标和股权结构达到监管要求，成为"自主经营、自我约束、自我发展、自担风险"市场主体，巩固服务"三农"主力军地位，更好地支持县域经济发展。

根据以上情况和工作安排，江门农信社改制为农商行恰逢其时。最后，祝江门市区联社改制早日成功！希望你们继续为江门经济发展作出更大的贡献。

谢谢大家！

在 2011 年陆家嘴论坛上的"浦江夜话"

(2011 年 5 月 20 日)

一、广东省政府加强金融管理工作的实践和成效

广东得改革开放风气之先，经济迅速发展。同时，广东金融也实现了迅速发展，在 20 世纪 90 年代初金融整体规模跃居全国首位。但是，由于一部分人金融安全意识不强、金融运行机制、监管体制和法律体系不健全等原因，在 1998 年亚洲金融危机的冲击下，广东爆发了系统性金融风险，广国投被迫破产，近 200 家地方中小金融机构停业整顿。广东用了 10 年的时间、1000 多亿元的资金来处置金融风险。在处置风险的同时，广东也在不断总结和反思地方金融工作，在 2003 年着手组建广东省政府金融工作部门——广东省金融服务办公室，以凤凰涅槃的勇气和科学发展的精神重新谋划广东金融改革创新、科学发展工作。广东的探索得到了国家的积极支持，包括中编办批准成立广东省金融办；支持处置遗留问题；支持改革创新等。

2007 年，中共广东省委、省政府召开了首次全省金融工作会议，全面推动广东地方金融工作迈上新台阶，实现了金融改革创新、科学发展的新跨越。"十一五"时期，广东地方金融工作的实践和成效可以用实现"三大思想转变"和建立"五个新机制"来概括。

"三大思想转变"是指：从片面求大求多的思想中解放出来，实现由

420

注重发展规模、速度向追求规模、速度与效率相协调的转变；从惧怕风险的思想中解放出来，实现由注重防范风险向防范风险与科学发展并重的转变；从把金融仅仅作为投融资工具的思想中解放出来，实现由注重融资行为向发展金融产业的实质性转变。

"五个新机制"是成立广东金融改革发展工作领导小组，创建了跨部门协调推动金融改革创新、科学发展新机制；建设金融改革创新综合试验区，创建了金融改革创新新机制；成立粤港金融合作专责小组，创建了粤港金融合作新机制；制定金融突发事件应急预案，创新了防范化解金融风险新机制；建立地方新型金融机构（组织）"联合审核、阳光准入"工作制度，创新了依法廉洁行政工作新机制。

经过全省金融界的共同努力，广东金融发生了历史性的深刻变化，2010 年广东金融产业增加值实现 2493 亿元，"十一五"期间年均增长 30.4%，占 GDP 的比重从 3% 提高到 6.1%；全省金融机构总资产达到 11.54 万亿元（其中地方金融机构总资产 2 万亿元），超过香港；实现税后利润 1530 亿元，创造税收收入 847 亿元。金融市场保持持续繁荣，金融机构本外币存贷款余额分别为 82019 亿元和 51799 亿元，境内上市公司达到 312 家，保费收入 1593 亿元。同时，广东金融生态环境也达到历史最好水平，即使在国际金融危机冲击下，也没有发生较大的金融风险，实现了"帮忙不添乱，逆势争上游"，银行不良贷款比例已经从"十五"期末的 12.7% 降至 1.9%，成为国内外金融市场最具吸引力的地区之一。

二、对完善地方政府金融管理体制的思考和建议

中国是大国。中国经济金融的快速发展客观要求有一个与之相适应的上层建筑；在经济结构多元化、金融市场主体多元化情况下，中央高度集中的金融监管体制已不能充分适应经济社会发展的需要；在经济、社会双转型条件下，金融对内开放、对下放权，利大于弊。因此，如何完善地方政府金融管理体制问题首次提上国家金融改革发展重要议事日程，被明确

421

写入国家"十二五"规划纲要。这是国家对全国各省市政府金融工作部门近年来工作的高度肯定，也是我们地方政府金融工作部门进一步完善职能，更有力地推动地方金融改革创新、科学发展的重要历史机遇。对于如何完善地方政府金融管理体制，我认为要做到"三对有利于"。

一是既要有利于防范和化解金融风险，更要有利于促进金融产业科学发展。国家"十二五"规划纲要提出"完善地方政府金融管理体制，强化地方政府对地方中小金融机构的风险处置责任"，从广东处置地方中小金融机构风险的经验来看，单是强调地方政府处置风险的责任而不赋予地方政府对中小金融机构市场准入与日常监管的权力，不能从根本上防范金融风险。从全国大局和长远利益来看，各省市共同努力，不断优化地方整体金融发展环境、加强金融风险事前防范及事后及时处置更为重要。此外，广东率先提出大力发展金融产业的战略构想，已在实践中取得了成功，并上升为国家战略。在我国金融加快改革开放的新时期，国家应从理论上到实践中明确金融在国民经济中的核心地位，明确金融产业的地位，必须抓紧构建更强竞争力、更高效率、更富创新能力的金融产业体系，才能有效参与全球金融市场竞争和确保国家整体金融安全。在此过程中，地方政府将发挥重要的作用，如做大做强地方金融机构、建设金融功能区等。因此，对于地方政府金融管理体制改革，首先要从全局着想，充分地调动中央和地方两个积极性，要重视发挥地方政府金融工作的积极性、主动性和能动性；要从实处着力，适当下放一些急用、管用的权力。

二是既要有利于维护国家金融安全，更要有利于金融资源的优化配置。2006 年底召开的第三次全国金融工作会议激发了地方金融工作的活力，地方金融产业蓬勃发展，在沿海地区，金融资源已经发展成为最丰富的资源。完善地方政府金融管理体制，应在维护国家金融安全的前提下，进一步打破制约金融改革创新、开放合作的体制机制障碍，促进金融资源在不同区域、不同产业间的自由流动。有必要强化地方政府在建设区域金融市场、深化投融资体制改革、规范发展民间金融等领域的职能；有必要赋予广东、上海等地与港澳台及东盟地区开展金融合作的权力。

三是既要有利于加强金融监管,更要有利于充分发挥金融企业不同的功能作用。目前,我国金融业发展滞后于经济社会的发展,尤其是金融发展方式的转变仍滞后于经济发展方式的转变,不能实现与经济社会发展的良性互动。完善地方政府金融管理体制,应在加强监管的情况下,充分发挥不同性质、不同类型的金融企业支持经济社会发展的独特功能或综合功能,实现金融工作与经济社会发展的紧密结合,发挥更强大、更到位的推动力作用。

根据上述思路,提出如下两点建议:

一、全国实行在中央统一领导下分层监管的金融管理体制。中央按大部制原则设立金融管理委员会,履行制订国家金融工作的方针政策、制订金融产业发展规划、制定宏观调控政策措施、对重点大型金融企业进行管理、监督的职能。地方政府设立金融产业厅,履行执行国家金融政策、制订地方金融产业发展规划、优化金融生态环境、培育发展区域金融市场、培育发展地方金融企业、开展金融合作、防范处置地方中小金融机构风险的职能。

二、赋予地方政府必要的金融监管权力。目前,地方金融工作的难点在于缺乏行之有效的地方性法规、规章,建议国家赋予地方政府一定的地方金融立法权限,以利于地方政府更有效地结合当地实际情况开展金融立法及监管工作;同时对中小金融机构的准入审批、监管权限都下放到省级政府或中央派驻当地的金融监管机构。

在"2011·中国广东金融高新技术服务区日本投资推介会"上的演讲

(2011 年 10 月 25 日)

东京是全球最重要的国际金融中心之一，与香港、新加坡等城市经济体不同，以东京为核心的东京都市圈拥有从先进制造业到现代服务业完整的产业链条，代表着日本经济金融发展的新高度。同时，日本的产业升级和金融国际化经验对于广东来说，弥足珍贵。借助今天的"投资推介会"，广东向日本金融界学习来了。首先，我谨代表广东省人民政府金融工作办公室向帮助、支持举办这次活动的日本有关方面的人员表示衷心的感谢！对参加这次活动的各位来宾表示热烈的欢迎！

广东一直是中国对外交流的门户，是海上丝绸之路的起点，广东不仅有独具岭南特色的文化、美食，还有发达的经济和全中国最大的金融体系。到 2010 年末，广东金融机构总资产达到 11. 54 万亿元人民币，现在已经超过 12 万亿元，折合成日元大约是 145 万亿日元，整体规模已于 2009年超过香港地区、新加坡和台湾地区。广东金融市场规模也居中国第一。到 2011 年 9 月末，广东的存款总额是 8. 86 万亿元人民币，贷款总额是 5. 72 万亿元人民币，分别占全国的 1/9 和 1/10；广东中国境内上市公司有 342 家，境外上市公司也有 300 多家，股票基金交易额占全国的一半以上，证券投资基金资产规模占全国的 2/5，期货交易额占全国的 1/6；保费收入占全国的 1/9。广东金融机构众多，总部在广东的银行、证券、基金、期货、保险机构有 230 多家。从 2007 年起，广东致力于发展金融产业，现在广东金融业已经发展成为国民经济的支柱产业，最近 5 年来，金融业增加值年均增长 30.4%，占广东省地区生产总值的比重超过 6%。2010 年，广东金融业的税收和利润总额 2400 亿元人民币，同时，广东的金融资产质量非常好，银行不良贷款率仅为 1.6%。但是，广东金融发展水平与发展质量距离日本、欧美等金融发达国家仍然有巨大的差距，未来还有很大的发展空间。广东提出，未来 5 年内，金融产业增加值占广东省地区生产总值的比重要达到 8% 以上，直接融资比例要提高到 30% 以上，要建立一批在中国乃至全球具有重要影响力的金融龙头企业以及更加完善的具有较强资源配置能力的现代金融市场体系，等等。大市场蕴含大机遇，广东将成为日本金融机构开拓海外市场和进行资本投资最理想的区域之一。

创新是金融发展不竭的动力。广东是中国最早开始金融市场化改革的地区，诞生了中国第一张信用卡、第一家证券公司、第一个银行电子结算中心，等等。近年来，随着广东经济社会的快速发展，金融创新日益活跃，村镇银行、汽车金融公司、融资租赁公司等新型金融业态不断诞生，知识产权质押融资、集合债券、集合票据等金融产品创新活跃，网络银行、手机银行、电子保单等新型服务模式运用日益广泛。2008 年，国家批准同意在广东建设中国首个以金融改革创新为核心内容的综合试验区，赋予广东在金融市场、机构、产品、服务和监管等领域更大的创新权限，广东将成为日本金融机构针对中国市场需求开展金融创新的理想舞台。同时，随着广东加快发展先进制造业和现代服务业，产业不断向高级化发展，对投资咨询、风险管理、财富管理等现代金融业务需求更加旺盛。日本金融机构具有丰富的金融产品、服务和管理创新经验，像野村证券及其综合研究所的投行业务、信息咨询业务，三井住友海上火灾保险公司的风险管理业务都是行业内领头羊，为此，我们诚挚欢迎日本金融机构积极参与广东的金融改革创新，共同提高广东金融业的服务水平。

广东是中国金融最早开放的地区，在中国加入世贸组织之后，金融开放不断加快，目前，已有 69 家外资银行和 23 家外资保险机构在广东设立了分支机构，三井住友银行、瑞穗实业银行、野村证券等知名日本金融机构已经进驻广东。为应对后国际金融危机时期世界经济金融格局的复杂变化，中国正在进一步加快金融开放进程，广东再次成为中国金融开放的前沿。国家已经批准在珠海横琴新区和深圳前海地区开展金融开放与合作试验，广东正不断深化与香港金融合作，创新发展各种跨境金融业务和人民币离岸业务，探索汇率市场化和人民币资本项目下可兑换。日本是亚洲金融国际化的先行者，对于广东有重要的借鉴意义。深化日本金融界与广东的合作，营造更为便利的投融资环境，能够引导更多的金融资源支持两地的经贸、产业合作，为广东产业转型升级和日本产业振兴作出积极的贡献。

未来，广东仍将是亚太地区经济发展的热土，仍将是金融发展的热土。其中，建设广东金融高新技术服务区是难得的历史机遇，在已经进驻 67 家机构、投资 230 亿元的今天参与合作，是最为明智的选择。我们竭诚欢迎日本金融机构来广东拓展业务，衷心希望能够与日本金融界共同分享金融发展的经验，共同开创经贸金融合作的新篇章。

祝各位来宾、各位朋友事业成功！身体健康！

谢谢大家！

规范整顿　审慎监管
推动广东融资担保业科学发展

（2011 年 11 月 30 日）

按照会议的安排，现就广东省融资担保监管工作情况，向会议报告。

一、广东省融资担保行业的基本情况

截至本月底，广东省共有融资担保机构 382 家，其中，2011 年 3 月底前经过规范整顿验收发证的机构 326 家，新批设的机构 56 家。融资担保机构通过规范整顿，总体运行平稳。

一是资本实力持续增强。对规范整顿和行业发展的良好预期，极大地鼓舞了一批优质民营企业和社会资本投资广东省融资担保业的积极性，2010 年以来，申请新设机构和增资扩股十分活跃。全省融资担保机构注册资本总额已达 517.4 亿元，比规范整顿前增加 139.6 亿元，增长 37%。

二是融资担保业务稳定增长。在银行信贷规模普遍压降的不利情况下，截至 2011 年第三季度末，全省融资担保机构在保余额为 1415.43 亿元，比 2010 年末增加 119.56 亿元，增长 9.22%；其中，融资担保在保余额达 940.61 亿元。

三是风险管控水平较大提升。2011 年前三个季度，全省融资担保累计代偿金额 4.92 亿元，代偿率 0.24%；累计损失金额 0.34 亿元，损失率 0.04%，代偿和损失额均控制在较低水平。全省融资担保机构共提取各项担保准备金 38.55 亿元，比 2010 年末增加 12 亿元，增长 45.2%；拨备覆盖率达 5.2 倍。

四是盈利能力不断改善。2011 年前三个季度，全省融资担保机构实现担保业务收入 30.22 亿元，其中融资担保业务收入 25.7 亿元；担保业务利润 25.3 亿元，净利润 11.7 亿元。

五是经营管理进一步规范。通过规范整顿，广东省融资担保机构的合规经营意识大大增强，公司治理结构和内控机制进一步优化，业务经营和内部管理逐步走上规范发展轨道。

二、广东省融资担保监管的主要做法

融资担保业上联：大大小小的金融机构，下联：千千万万的中小微企业，是联结经济金融的重要桥梁，是经济金融互动的枢纽环节，但也可能成为经济危机、金融风险的温床及导火索。我们高度重视融资担保机构的高风险性，践行"依法行政、审慎监管、稳健发展"的理念，切实做好广东省融资担保监管工作。主要做法有：

（一）认真贯彻落实监管制度。2010 年以来，银监会等七部委先后颁布了《融资性担保机构管理暂行办法》和八个专项配套制度，奠定了融资担保监管制度体系和基础。我们认真抓好贯彻落实工作。《管理办法》颁布后，广东省金融办立即牵头组织《实施细则》的起草，经过深入调研，反复征求意见，八易其稿修改完善，报省政府批准后，以省政府令第 149 号颁布施行（这可能是全国唯一以省政府令形式颁布的融资担保监管《实施细则》）。为广东省依法行政、审慎监管提供了坚实的制度保障。国家八个专项配套制度陆续颁发后，我们及时转发，先后召开 4 次专题培训大会，集中宣讲政策，组织学习研讨，推动贯彻落实。例如，我们根据《融资性担保公司董事、监事、高级管理人员任职资格管理暂行办法》的要求，对全省融资担保公司董事、监事、高级管理人员任职资格组织了重新核准，有力地推动了融资担保机构高管团队建设。

　　（二）扎实推进机构规范整顿。按照联席会议的统一部署，我们对全省融资担保机构开展规范整顿，通过宣传发动、主流媒体公告、申报登记、自查整改、审核验收五个阶段的扎实工作，如期完成规范整顿任务，取得了良好成效，基本实现了"规范整顿与业务发展两不误、两促进"。在完成对法人机构的规范整顿工作后，我们又及时对省内融资担保公司的分支机构进行了规范整顿。经过规范整顿，在全省1219家担保机构中，有326家融资担保法人机构、34家分支机构验收合格，取得了经营许可证。

　　规范整顿工作中，我们严格执行国家七部委《管理办法》和广东省《实施细则》的规定，重点把好"五道关"：一是建立两级联审机制，严把审核验收关。采取省、市两级审核，由市初审后报省最后审定，省、市两级均建立由金融工作部门牵头，工商、财政、经信、银监等有关部门和专家参加的联审验收小组，以无记名投票表决的方式进行验收。二是坚持融资担保业务标准，严把登记确认关。广东省规范整顿登记以"有经营融资担保业务业绩"作为登记条件。经过审核登记确认，全省符合登记条件的机构共367家，占工商部门注册登记的担保公司数量1219家的30.11%。三是全面核准任职资格，严把高管核准关。由各市金融局组织现任高管人员进行书面考试、集体谈话或个别谈话；对董事长（执行董事）、总经理实行省、市两级金融局（办）联合核准，其他高管由地市金融局组织核准。四是推进自查整改，严把专项审计关。要求各担保公司对照《实施细则》规定的标准自查自纠，逐项落实整改，并聘请符合资质条件的会计师事务所对规范整改情况进行专项审计，出具专项审计报告，上报验收工作组审阅。五是严格审查重点指标，严把"一票否决"关。我们将验收指标细分为3个"一票否决指标"和20个"重要参考指标"，对担保机构逐项考核验收。对于"一票否决指标"不达标的，以及一些"重要参考指标"不符合监管要求的，如注册资本未足额到位，董事长、总经理任职资格未经重新核准，其他投资比例超过净资产20%等，均退回再作整改，确保验收工作质量。

（三）建立分级监管机制。按照《实施细则》的规定，广东省融资担保监管工作实行省、市分级监管机制。《实施细则》颁布后，我们即召开全省融资担保监管工作会议作出部署。全省各地级市（深圳市除外）均归口金融局（办）负责融资担保机构的监管。各市监管部门建立健全组织机构，配备专职监管人员，积极履行监管职责。目前，广东省已建立了省金融办负责全省融资担保机构监督管理工作、各市金融局（办）具体负责辖区日常监管和风险处置工作的分级监管机制。

（四）做好准入审批工作。机构准入是监管工作的第一道防线。为加强审核把关，推进民主决策和科学决策，保证审批工作的公平、公开、公正，我们积极探索建立"民主审核、阳光准入"的联合审核机制，广东省金融办牵头成立了广东省融资担保公司准入审核委员会，负责广东省融资担保公司设立与变更注册资本等事项的审核工作。准审委成员由广东省金融办和广东省发改委、财政厅、工商局、经信委和广东银监局等有关单位工作人员和担保专家组成。准审委不定期召开会议，采取无记名投票表决的方式，对担保公司的申请事项进行审核。2010 年以来，我们共召开融资担保公司准审委会议 7 次，审议担保公司设立及变更注册资本申请事项181 件，同意 159 件，否决 22 件，否决率约 12%。

（五）编制机构发展布局。根据广东省金融业发展"十二五"规划确定的发展目标，我们按照"机构规划数量与地区经济总量相适应，机构准入与监管力量相适应"的原则，参考经济总量、中小企业贷款额、存贷比、融资担保放大倍数、监管力量、现有机构数量等 6 个因素进行测算，研究编制了"十二五"期间广东省融资担保机构的发展布局。全省规划发展总数将达到400 家，各市的规划发展数以 400 家为基数分别测算确定；同时，另增设 30家的激励指标，用于对广东省（不含深圳）地方金融风险管控好、融资担保监管力量强、扶持中小企业实绩突出的地区给予激励。

（六）加强日常监管工作。规范整顿工作结束后，我们将监管工作重点转向对融资担保机构经营合规性和风险性的日常监管。一是发出通知，对规范整顿后的日常监管工作进行了重点部署。二是对融资担保机构的监管档案进行整理，以机构为单位，逐家建立监管档案，编制机构概览，一户一档进行管理。三是建立和落实监管工作责任制，将监管工作职责落实到具体工作人员。四是落实行业统计制度和重大风险事件报告制度，按季采集、汇总和报送统计报表，并做好重大风险事件的监测和报告工作。五是加强现场检查和跟踪监控，分期分批对辖区融资担保机构开展巡查，部分市还聘请专业机构对辖区融资担保机构进行审计，及时发现问题，提示风险。从 2011 年 6 月底起，我们集中 2 个月时间，对全省融资担保机构开展了规范整顿"回头看"的专项检查，在组织各担保机构自查的基础上，广东省金融办联合融资担保机构准入审核委员会部分成员单位，对融资担保机构合规经营情况和各市监管部门的履职情况进行了抽查，并将抽查情况通报各地级以上市金融局（办），督促其进一步规范整改，以巩固规范整顿成果。

三、下一步监管工作思路

通过规范整顿，广东省融资担保机构综合实力有较大增强，行业信誉有较大提升，业务发展平稳健康，取得了较好的阶段性成效。我们将在融资性担保业务监管部际联席会议的指导下，借鉴兄弟省市的成熟经验，不断改进和完善广东省的监管工作。一是要进一步完善监管制度，包括研究细化经营许可证管理办法、机构评级办法等，加强对融资担保机构的精细化管理。二是要加强监管队伍建设，探索建立省级监管部门对地方监管部门的履职评价制度，不断提高监管工作水平。三是要加快推进融资担保机构非现场监管信息系统建设，在保证数据报送和行业统计工作需要的基础上，不断完善监测、预警等功能，运用现代技术手段加强非现场监管。四是要按照监管与扶持有效衔接的原则，研究制定广东省融资担保行业扶持政策，加大扶持力度，逐步建立和完善制度化、常态化的扶持政策体系。五是要加强现场检查，切实防控风险，确保不发生单体机构风险和系统性风险。

以上汇报可能有不妥之处，请大家批评指正。谢谢！

全面动员金融资源
积极支持实体经济发展

(2012 年 7 月 25 日)

2012 年以来，广东省金融办会同中央驻粤金融监管部门认真贯彻落实第四次全国金融工作会议和省委、省政府的中心工作部署，坚持金融服务实体经济的本质要求，加强对全省经济发展的预研预测工作，全面动员金融资源积极支持实体经济发展，对促进全省经济增长发挥了重要作用。截至 2012 年 6 月末，全省金融业增加值完成 1397.71 亿元，同比增长 12.5%；金融业固定资产投资同比增长 229.8%；全省银行业金融机构本外币存款余额 99669.5 亿元，同比增长 12.24%，本外币贷款余额 63447.04 亿元，同比增长 13.83%；全省上市公司总数达到 388 家，当年新增 29 家，新增融资 163.28 亿元；上半年全省实现保费收入 900 亿元，同比增长 1.1%。现将省金融办上半年全面动员金融资源，支持实体经济发展的工作情况汇报如下：

一、比较准确地预测了今年全省经济发展趋势，提出积极应对的建议

2011 年底，省金融办对当前经济金融发展形势进行了预研预测，向省委、省政府写了专题报告，《关于经济金融形势分析及明年广东金融工作思路的报告》分析了国际国内经济金融发展趋势以及对广东省带来的挑战

和影响：2012年1月至5月将是广东省经济增长最困难的时期。建议广东省金融工作从保增长、促升级、惠民生和保稳定四个方面采取积极措施，特别是在第一、第二季度密集出台新措施大力支持实体经济发展。较好地发挥了省金融办作为参谋助手的作用。上述预测和建议得到朱小丹省长和陈云贤副省长的高度肯定。

二、与各大政策性银行、大型国有商业银行签署战略合作协议，加大信贷投放力度

为加强金融机构对广东省经济的支持力度，早在今春"两会"期间和中国（广州）国际金融交易博览会期间，省金融办会同广东银监局积极做好筹备工作，省政府分别与农业发展银行、工商银行、农业银行、中国银行、建设银行、交通银行、邮政储蓄银行以及光大集团签署了"十二五"时期战略合作协议，进一步深化了广东省与大型银行机构的战略合作。省金融办积极推动各大银行落实战略合作协议内容，支持广东省重点项目建设、战略性新兴产业发展、中小微型企业融资发展和企业"走出去"。各大金融机构积极支持广东省实体经济发展，加大了对广东省公路、铁路、核电等重点项目的信贷支持力度，并通过增设网点、创新产品和服务方式等支持广东省战略性新兴产品发展和专业镇建设。同时，还举办了一系列产融对接专题活动。2012年5月，省政府与中国银行联合举办"中国银行服务广东企业'走出去'专题活动"，省委、省政府主要领导出席了活动。南沙、前海、横琴三地与中国银行签署了有关金融创新合作协议，广东省20余家重点企业与中国银行下属机构签署了"走出去"金融服务协议和多元化金融服务协议，有力地支持了广东省企业"走出去"。

三、加快建设多层次资本市场，发展直接融资

针对目前广东省企业融资过多依赖银行贷款等间接融资，直接融资比例偏低的问题，省金融办会同广东证监局大力推进资本市场建设和发展。

一是在 2012 年中国（广州）国际金融交易博览会期间，省政府与上海证券交易所、深圳证券交易所分别签署了战略合作框架协议，为广东省加强后备上市企业培育，利用公司债券、企业债券、市政债券、中期票据等直接融资提供了有力支持。二是积极推进企业改制上市，继续保持上市公司数量国内领先优势。截至 2012 年 6 月末，全省共有 388 家上市公司，2012 年新增上市公司 29 家，新增融资 163 亿元。三是区域产权交易市场建设取得重大进展。2012 年 5 月，深圳前海股权交易中心挂牌成立；6 月，广州股权交易中心获得正式授牌。四是大力发展短期融资券、中期票据和中小企业集合债券。截至 2012 年 5 月底，全省短期融资券 219.5 亿元，企业债 71 亿元，中期票据 217.7 亿元。

四、成功举办首届中国（广州）国际金融交易·博览会

2012 年上半年，广东省金融办和广州市政府、"一行三局"等单位按照省委、省政府的工作部署和要求，认真筹备，于 6 月 26~28 日成功举办首届中国（广州）国际金融交易·博览会和全省金融工作会议，省委、省政府主要领导出席了开幕式和会议。首届金融交易博览会特色突出，搭建了金融与科技、产业，金融机构与企业、消费者对接平台，共吸引近 300 家相关机构参展，促成产融对接项目 171 个，合计签约金额 7146 亿元，现场对中小微企业提供信贷授信 10.3 亿元，办理保险业务 8400 万元，提供风险保障金额 110 亿元，接待观众超过 10 万人次，成功宣传了广东省金融发展成果，提振了广东金融科学发展的信心，有效促进了金融与实体经济的对接，社会反响强烈。

五、及时出台支持中小微型企业融资发展的新措施

针对广东省中小微型企业融资出现的新情况、新问题，省金融办在充分调研和广泛征求意见的基础上，起草了《关于支持中小微企业融资的若

干意见》（粤府〔2012〕17 号），已于 2012 年 2 月省政府常务会议审议通过后印发执行，并制订贯彻落实的分工方案由省政府办公厅印发实施。随后，省金融办通过赴各地进行实地调研指导，与有关部门举办民营经济发展形势报告会、粤商大讲堂等多种形式，对"50 条"进行宣讲和解读，增强了各地、各部门和中小微型企业对文件的认识，促进了政策的贯彻落实，取得了积极成效，中小微型企业融资难问题获得缓解。2012 年上半年，全省小微型企业贷款余额首次突破万亿元，达 10537.99 亿元，同比增长 22.04%。

六、积极发展地方中小金融机构，建立多层次的金融服务体系

省金融办认真落实国务院关于支持民间投资进入金融领域的相关政策，积极发展村镇银行、小额贷款公司、融资担保机构等地方金融机构（组织），加快农信社改革步伐，鼓励和引导民间资本进入金融领域，为县域经济发展和中小微企业提供金融服务。2012 年上半年，省金融办完成了小额贷款公司县域全覆盖的工作任务，提高了小额贷款公司的资本金限额、单一持股比例和融资杠杆比例，对融资性担保公司进行了三次风险排查，推动建立了广州民间金融街。截至 2012 年 6 月末，广东省共有 27 家村镇银行开业（其中，深圳有 6 家）；有 13 家农信联社改制为农村商业银行，另有 14 家农信联社获批改制，全省农村合作金融机构本外币各项存款余额 10581 亿元，增长 5.43%，贷款余额 6843 亿元，增长 9.09%，不良贷款率下降至 4.03%；全省共有小额贷款公司 251 家，注册资本 269 亿元，累计投放贷款 945 亿元，贷款余额 214 亿元，2012 年新增投放贷款 201 亿元；全省融资性担保机构 395 家，注册资本 568 亿元，融资性担保在保余额 893 亿元。

下一步，省金融办将继续按照省委省政府中心工作部署，紧紧围绕"加快转型升级、建设幸福广东"的核心任务，加强与各有关部门、各金

融机构的沟通合作，认真贯彻落实各项政策措施，更好地发挥金融支持实体经济发展的重要作用，重点做好以下工作：

一是强化金融对"保增长"的支持作用，有效落实省政府与各大银行机构签署的战略合作协议，加大资金投放，确保满足新获批、新开工项目的资金需求；继续加大对中小微型企业融资支持力度，贯彻落实好《关于支持中小微企业融资的若干意见》（50条）；采取有效措施支持外经贸加快转型升级，并进一步发挥金融在鼓励和引导消费方面的积极作用。

二是继续推动金融、科技、产业融合创新发展，加快产业结构调整。重点以广州高新区、广东金融高新技术服务区、东莞松山湖高新区等为平台开展科技金融创新，今年底举办第三届中国（广东）金融·科技·产业融合创新洽谈会；继续做好"新三板"扩大试点的准备工作，进一步完善广州股权交易所交易规则和监管办法。

三是推动农村金融、民生金融创新。加强对"三农"的金融支持力度，8月上旬在梅州召开全省农村金融工作现场会议，总结推广好全省农村金融发展的成功经验；继续做好"湛江模式"和郁南经验的推广工作，进一步完善县域中小企信用体系和农户信用信息系统建设。

在"发挥澳门平台作用
推动中国与葡语系国家经贸金融发展"
金融论坛上的演讲

(2012 年 10 月 10 日)

很高兴应邀出席今天的金融论坛。根据论坛的主题及议程,我简要介绍广东金融发展主要情况,并就充分发挥澳门平台作用,推动广东与葡语系国家的金融合作提出一些想法与各位代表交流探讨。

一、广东金融产业发展情况

2007 年以来的五年是广东金融生态环境改善最明显,金融产业发展最迅速的五年。2007 年,广东省在全国率先提出了发展金融产业,建设金融强省的战略构想,确立了将金融产业发展成为国民经济支柱产业的重要目标。5 年来,广东金融界 70 万同仁着力深化改革,扩大开放,锐意创新,全面优化发展环境,在成功应对国际金融危机的严重冲击,促进经济平稳较快发展的过程中,实现了金融产业的跨越式发展,成为广东国民经济的支柱产业。突出表现在以下四个方面:

(一)金融生态环境转为良好。经过近 10 年的努力,广东金融历史遗留问题已于 2006 年底得到有效解决,从 2007 年起,地方金融机构全面转入健康科学发展轨道,全省银行业不良贷款比例从 2005 年的 12.2% 降至

2011 年的 1.4%，降低 10.8 个百分点，远低于全国平均水平。证券期货行业规范发展态势不断巩固，保险机构质量效益稳步提升，业务结构不断优化。广东省政府与中央驻粤金融监管机构通力合作，建立和完善了维护区域金融稳定的长效机制，加强了金融风险事前防范和事后处置工作，实现了国际金融危机冲击下广东金融市场的繁荣稳定，近年来没有发生一起较大金融风险事件。中国人民银行、中国社会科学院分别测评均显示，广东金融生态环境良好，已居全国前列。

（二）金融产业快速增长。2011 年，全省金融业增加值实现 3123 亿元人民币（约合 494 亿美元），最近 5 年年均增长 28%，金融业增加值占 GDP 的比重从不足 3% 提高到 6.3%。金融机构总资产达 13.08 万亿元（约合 2 万亿美元），继续超过香港，实现税后净利润 1810 亿元（约合 286 亿美元）。银行、证券、保险三大市场规模继续保持全国领先。2012 年上半年全省本外币贷款余额为 63447 亿元（约合 10031 亿美元），存款余额为 99670 亿元（约合 15758 亿美元），保费收入为 900 亿元（约合 142 亿美元），均占全国的 1/10。股票交易额 7.97 万亿元（约合 1 万亿美元），期货交易额 22.64 万亿元（约合 4 万亿美元），分别占全国的 1/2 和 1/3；目前，全省已有 391 家上市公司，继续保持总体规模、增长速度全国领先的位置。金融组织体系迅速发展壮大，广东省有法人银行业金融机构 186 家，证券公司 22 家，基金管理公司 21 家，期货公司 24 家，保险总部机构 20 家，小额贷款公司 251 家，融资性担保机构 395 家，金融从业人员达 70 万人。

（三）金融改革创新先行先试取得重大突破。广东是中国最早开始金融市场化改革的地区，诞生了中国第一张信用卡、第一家证券公司、第一个银行电子结算中心，等等。2007 年以来，广东稳步推进金融改革创新，2008 年底，国务院批准的《珠江三角洲地区改革发展规划纲要》赋予广东建设金融改革创新综合试验区重任，允许广东在金融改革创新方面先行先试。2012 年 6 月，《广东省建设珠江三角洲金融改革创新综合试验区总体方案》获得国务院批准并由中国人民银行等八部委联合印发。广州南沙、深圳前海、珠海横琴相继成为国家开展金融创新和开放的重要平台。广东金融高新技术服务区已吸引 80 家金融机构和金融服务外包企业进驻，总投资额超过 270 亿元人民币（约合 43 亿美元），辐射亚太地区的现代金融产业后援服务基地建设初具规模。此外，中国（广州）国际金融交易·博览会、广州国际金融城、广州民间金融街、区域 OTC 市场等重大平台建设成效明显，广东金融改革创新发展的新亮点不断涌现。

（四）金融开放合作不断深化。广东是中国金融最早开放的地区，在中国加入世界贸易组织之后，金融开放不断加快。截至 2012 年 6 月末，已有 58 家外资银行在广东设立 219 家机构，全省外资银行总产达 4669 亿元人民币（约合 738 亿美元），实现利润 33 亿元（约合 5 亿美元）；共有 23 家外资保险机构进驻广东，实现保费收入 55 亿元（约合 9 亿美元），占广东保险市场的比重为 6.11%；全省共有 132 家企业赴香港上市。跨境贸易人民币结算试点率先在广东展开，截至 2012 年 8 月底，广东省累计办理跨境人民币结算业务金额 1.6 万亿元（约合 2530 亿美元），约占全国结算总量的三成。

二、新时期广东金融改革发展的主要思路

2012 年 6 月 26 日，中共广东省委、省人民政府召开了第二次全省金融工作会议，对全省金融工作进行了科学部署，进一步明确了金融改革创新的主要思路，坚定了发展金融产业，建设金融强省的奋斗目标。广东将紧紧围绕"加快转型升级、建设幸福广东"的核心任务，不断加快转变金融发展方式，大力发展国际金融、科技金融、产业金融、农村金融、民生金融，全面加快建设金融强省，努力实现金融与经济社会深度融合发展。按照《广东省金融改革发展"十二五"规划》确立的目标，到 2015 年，广东省金融业增加值占 GDP 和第三产业增加值的比重将分别达 8% 以上和 15% 以上，全省金融机构总资产将达 20 万亿元人民币（约合 3 万亿美元）。

具体思路是：

（一）全面提高金融改革创新能力，加快建设金融改革创新综合试验区。积极推进广州南沙、深圳前海、珠海横琴新区金融创新平台建设，打造引领金融创新与开放的重要引擎。加快建设广州、深圳两个区域金融中心，增强金融积聚辐射功能。加快建设广东金融高新技术服务区，初步建成辐射亚太地区的现代金融后援服务基地，到 2015 年，引进金融后援服务企业超过 200 家，总投资超过 400 亿元人民币（约合 63 亿美元）。推动中山、珠海、东莞等地形成各具特色的金融发展格局。推进梅州、云浮、湛江等地以农村金融改革创新为重点的综合试验区建设，统筹城乡协调发展。

（二）全面建设具有广东特色的地方金融体系。一是建设具有广东特色的地方金融组织体系。通过改革重组，打造一批具有全国竞争力和影响力的金融龙头企业；进一步深化农村信用社改革，推动条件成熟的农村信用社改制为农村商业银行；大力发展创业投资和股权投资，组建企业集团财务公司、金融租赁公司、保险经纪公司等一批符合产业转型升级需求的新型金融机构（组织）。到 2015 年，全省地方金融机构总资产预计达 6.3 万亿元人民币（约合 1 万亿美元），占全省金融机构总资产的比重达到 30% 以上。二是建设功能完善、配置高效的现代金融市场体系，包括大力发展多层次资本市场，建立统一高效、功能完备的产权交易市场，发展一批地方金融要素交易市场，到 2015 年，全省上市公司达到 600 家左右，全省直接融资比重达到 30% 以上。

（三）全面提高金融支持经济社会加快转型升级的服务水平。优化信贷结构，鼓励银行机构制定与产业政策相匹配的信贷政策；大力发展消费金融和健全多层次社会保障体系，完善支持民生发展的金融服务体系；深入开展金融、科技、产业融合创新试点，打造广东产业转型升级新平台；积极开展海洋金融、汽车金融、绿色金融等特色产业金融创新；进一步完善中小微企业融资服务，积极缓解中小企业融资难问题。

（四）进一步深化金融开放与合作，全面提高金融国际化水平。未来5年，广东将全面深化粤港澳金融合作，初步建立起粤港澳金融共同市场。积极推进粤台金融合作，在珠江三角洲和粤东地区形成台资金融机构聚集区。广泛开展广东和东盟金融合作与交流。在广州南沙、深圳前海和珠海横琴开展金融开放合作创新试验，争取在外汇管理、离岸金融、人民币跨境业务等金融开放领域先行先试。加快推进金融机构"引进来"和"走出去"。到2015年，外资金融机构总资产达7500亿元人民币（约合1186亿美元），年均增长17%，占全省金融机构总资产比重达到3.5%，地方金融机构国际经营网络初具规模。

三、发挥澳门平台作用，推动广东与葡语系国家金融交流与合作

（一）澳门在推动粤葡金融合作中具有重要战略地位。澳门与葡语系国家一直保持着广泛而密切的联系，并在中国与葡语系国家经贸金融合作发展中发挥着重要的平台作用。广东毗邻澳门，独特的政治经济金融地位，特殊的地理、人文和制度安排，凸显了澳门在推进广东与拥有2.5亿人口的葡语系国家经贸金融合作中特殊的"地理桥梁"、"文化桥梁"、"资金桥梁"、"交流桥梁"和"政策桥梁"作用。中国"十二五"发展规划明确提出支持澳门加快建设成为中国与葡语系国家商贸合作的平台，国家先后出台的《珠江三角洲地区改革发展规划纲要》、《粤澳合作框架协议》、CEPA及其补充协议和《横琴总体发展规划》等一系列深化粤澳、粤葡金融合作的创新政策，更进一步强化了澳门对推动广东与葡语系国家经贸金融合作中的重要地位和作用。澳门已经成为广东与葡语系国家建立更紧密合作关系的桥头堡。

（二）充分发挥澳门在推进粤葡金融交流与合作中的平台作用。广东与澳门和葡语系国家经济发展水平不同，优势与特点各异，互补性很强，这为粤澳葡三方的金融合作提供了广阔的合作与发展空间。下面，我就如何利用

澳门服务平台作用，发展广东与葡语系国家的金融合作提出四点建议：

1. 探索建立粤澳葡金融合作的沟通联络机制。透过澳门建立广东与葡语系国家相关机构的对话协调机制，进一步健全粤澳金融合作专责小组工作机制，共同探讨透过澳门市场推进粤澳葡金融交流与合作。

2. 推动金融机构互动合作。推进粤澳及葡语系国家之间互设法人机构、分支机构和后台服务机构，设立新型金融机构，参股地方法人银行改革。鼓励葡语国家金融机构在澳门设立独资、合资或分支机构，并通过澳门享受 CEPA 等相关优惠政策，进而降低葡语系国家金融机构进入广东的门槛。

3. 推进金融业务和市场合作。进一步推动跨境人民币业务发展，共同推进跨境货物贸易、服务贸易人民币结算工作；推进粤澳资本项目交易使用人民币结算；发挥澳门与葡语系国家同欧盟经贸紧密联系的优势，扩大人民币境外结算区域；利用澳门金融市场推进粤葡金融资本融合，为跨境重大基础设施提供银团贷款；推进横琴新区离岸金融建设；探索开展粤澳跨境抵押品融资试点；探索开展粤澳及葡语系国家代理、联合投保、咨询、客户信息沟通等方面的保险业务合作。

4. 推进金融技术和智力合作。广东借鉴学习澳门及葡语系国家现代金融先进管理技术、工具和方法，提高广东金融信息化水平。加强粤澳葡高层次金融人才交流，吸引澳门、葡语系国家金融高端人才，支持金融培训机构合作，推动金融智力合作。

女士们、先生们，在中央政府的正确领导下，广东正积极履行国家赋予的"金融创新，先行先试"的历史重任，全面推进金融开放与合作。我们衷心希望粤澳葡各方抓住如此重要的历史机遇，发挥各自的优势和特点，加大合作力度，创新合作方式，拓宽合作内容，充分发挥澳门服务平台作用，把粤葡金融交流与合作不断推向深入，共同为实现澳门经济适度多元化发展，促进粤澳与葡语系国家共同繁荣作出贡献。

最后，预祝本次论坛取得圆满成功！祝各位嘉宾身体健康，工作愉快！

在广东金融高新技术服务区
美国投资推介会上的讲话

(2012 年 11 月 21 日)

在感恩节前夕，广东省政府在纽约哈佛俱乐部召开广东金融高新技术服务区美国投资推介会，目的是增进中美金融界的互相了解和友谊，以广东金融高新技术服务区为平台深化广东与美国的金融和产业合作，寻求合作共赢的新商机。在此我首先代表广东省人民政府向大家的到来表示热烈的欢迎和真挚的感谢！借此良机，我就深化广东与美国经济金融交流合作与大家交换一下意见。

说到广东，在座的诸位美国朋友应该不会陌生。广东作为中国对外贸易和交流的重要门户已经有两千年的历史，19 世纪中叶开始，大批广东先民即赴美国留学、务工和经商，为美国经济社会发展作出了自己的贡献，美国各地的唐人街留下了深刻的广东文化印记。近 30 多年来，广东成为中国改革开放的排头兵，成为中国举足轻重的经济大省、贸易大省，现在广东的地区生产总值占全国的 1/9，财政收入占全国的 1/7，进出口总额占全国的 1/4。广东与美国的经贸联系日益紧密，美国已成为广东除香港外的第一大贸易伙伴。2011 年，广东与美国的进出口总额是 1044 亿美元，占广东全部进出口总额 9135 亿美元的 11%；2012 年前三个季度，广东实现与美国贸易进出口总额 805 亿美元，增长 4.3%。在全球经济最为困难的时期，广东与美国的经贸关系仍在不断发展，成为全球产业链条不可分割的组成部分。

美国和中国是世界第一大和第二大经济实体，都是全球经济增长的核心引擎，在经济全球化条件下，正努力建设相互尊重、互利共赢的合作伙伴关系，尤其是在后国际金融危机时期，两国担负着构建更平衡国际经济金融新秩序的共同使命。目前，中国和美国都在推动新一轮的产业重构，中国正在推动产业转型升级，美国正以新的技术革命实现"再工业化"，这将推动资本、技术、产业在全球进行重新布局，这其中蕴含着巨大的合作机遇。金融是现代经济的核心，经贸合作的不断深化必将带动深化金融领域的合作，广东作为中国的经济大省、外贸大省，特别是金融大省，将成为深化中美经济和金融合作的重要舞台。未来可以重点从以下三个方面来深化广东与美国的金融合作交流。

第一，积极参与广东金融强省建设，推动金融产业加快发展。广东金融市场规模在全国领先，金融资源丰富，到2012年9月末，广东全省的银行存款和贷款余额分别为10.07万亿元和6.56万亿元，分别占全国的1/9和1/10；有中国境内上市公司391家，总市值2.51万亿元，海外上市公司也有300多家；保费收入已经突破1500亿元，2012年前三个季度的保费收入是1300亿元；全省金融机构总资产已经突破了14万亿元。广东不仅仅满足于金融规模的快速增长，而是更重视提升金融运行效率、金融创新能力、金融资源配置能力，在中国率先提出了建设金融强省和发展金融产业的战略口号。我们把金融作为一个产业来规划，给予政策扶持和大力发展，现在广东的金融产业增加值占地区生产总值的比重已经达到6.5%左右，我们目标是到2015年将这个比重提高到8%以上，使得金融产业真正发展成为广东国民经济的支柱产业。美国的金融业发展在全球领先，我们希望美国的金融机构能够积极参与广东金融市场的开拓，更多地在广东设立区域总部或者各类分支机构，参与广东金融机构的改革重组，美国花旗银行作为广发银行的战略投资者是个成功的先例。我们正在广州、深圳高标准建设金融商务区，国家又赋予广州南沙、深圳前海和珠海横琴特殊的金融开发政策和税收等优惠政策，将为美国金融机构进入中国金融市场提供良好的平台。

第二，积极促进金融产品和服务创新，为广东经济社会发展提供良好配套服务。广东新时期有两大核心战略，一是"加快转型升级"，推动产业优化升级，提高自主创新能力，实现经济健康可持续发展；二是"建设幸福广东"，提高人民生活水平和社会保障水平，改善社会管理和公共服务。这就提供了巨大的金融创新需求，在经济领域，需要构建以多层次资本市场为核心的现代金融体系，大力发展直接融资，支持高新技术企业的发展；在社会领域，需要创新各种养老、医疗以及责任保险等产品，大力发展个人理财及资产管理业务。此外，广东企业加快在全球拓展，在全球范围内开展投资、并购也需要综合性的、国际化的现代金融服务。同时，为支持广东的金融创新，中国国务院批准在广东建设金融改革创新综合试验区，允许广东在金融市场、金融机构、金融产品和金融开放等领域开展一系列改革创新试验。广东在金融创新方面仍有许多不足，而这些金融创新领域恰好是美国金融业的特长，希望美国金融业界能够向广东提供资本市场、保险市场以及 PE、VC 机构发展的成功经验，积极在广东开展产品和服务创新，为广东企业转型升级和"走出去"以及提高民生福祉提供良好的金融服务。

第三，积极发展金融后援服务产业，建设辐射亚太的现代金融产业后援服务基地。金融前后台分离发展是现代金融业的发展趋势，金融后援服务和服务外包产业已成为现代服务业的重要组成部分，全球业务规模逐年快速增长，美国新泽西已经成为世界著名的金融后援服务基地。广东已经将发展金融后援和服务外包产业作为金融产业重点发展内容，加快建设以广东金融高新技术服务区为代表的金融后台服务园区，有效承接国际金融后援服务产业的转移。现在，美国的花旗银行、AIG、AIA 等金融机构已经将数据处理中心等后台服务机构设在广东，未来我们希望有更多的金融后台服务机构和金融服务外包企业能够进驻广东，广东省市各级政府将为大家提供良好的服务。

　　我们真诚欢迎美国金融界、经贸界的朋友们来广东考察投资，在广东设立区域总部和后台机构，我们将努力营造良好的营商环境，提供高效优质的服务。最后，预祝本次投资推介会圆满成功。祝愿各位来宾、各位朋友身体健康！工作顺利！事业兴旺！

　　谢谢大家。

为建设中国特色社会主义作出新贡献

——在省金融办党组中心组专题学习会上的讲话

(2012 年 12 月 3 日)

在全国上下深入学习贯彻党的十八大精神之际，我们今天召开党组中心组学习扩大会议，学习贯彻党的十八大精神，结合工作实际认真落实中央和省委的要求。刚才，各位党组成员、办领导班子成员分别谈了学习体会认识，各支部的书记或支部代表也结合自身工作实际作了很有深度的发言。讲得都很好，我完全赞成。

学习贯彻落实党的十八大精神，重点是学习贯彻落实胡锦涛同志的《报告》，准确把握党的十八大的精神实质。《报告》内涵丰富、部署全面，主线是建设中国特色社会主义，主题是践行科学发展观。下面，我以"为建设中国特色社会主义作出新贡献"为题，谈四点认识。

一、深刻理解中国特色社会主义的丰富内涵

中国特色社会主义是当代中国发展进步、民族振兴的伟大旗帜，也是全党全国各族人民团结奋斗的旗帜。它包括中国特色社会主义道路、中国特色社会主义理论体系、中国特色社会主义制度，具有丰富的科学内涵。

中国特色社会主义道路，就是在中国共产党领导下，立足基本国情，以经济建设为中心，坚持四项基本原则，坚持改革开放，解放和发展社会生产力，建设社会主义市场经济、社会主义民主政治、社会主义先进文

化、社会主义和谐社会、社会主义生态文明，促进人的全面发展，逐步实现全体人民共同富裕，建设富强民主文明和谐的社会主义现代化国家。

中国特色社会主义理论体系，就是包括邓小平理论、"三个代表"重要思想、科学发展观在内的科学理论体系，是对马克思列宁主义、毛泽东思想的坚持和发展。

中国特色社会主义制度，就是人民代表大会制度的根本政治制度，中国共产党领导的多党合作和政治协商制度、民族区域自治制度以及基层群众自治制度等基本政治制度，中国特色社会主义法律体系，公有制为主体、多种所有制经济共同发展的基本经济制度，以及建立在这些制度基础上的经济体制、政治体制、文化体制、社会体制等各项具体制度。

中国特色社会主义道路是实现途径，中国特色社会主义理论体系是行动指南，中国特色社会主义制度是根本保障，三者统一于中国特色社会主义的伟大实践，党领导人民在建设社会主义长期实践中形成了最鲜明的中国特色。

（一）建设中国特色社会主义的总依据是社会主义初级阶段。我国的基本国情是处于并将长期处于社会主义初级阶段，社会主要矛盾是人民日益增长的物质文化需要同落后的社会生产之间的矛盾。十一届三中全会以后，党以社会主义初级阶段为建设中国特色社会主义的总依据，把工作中心转移到经济建设上来，实行改革开放，确立社会主义初级阶段基本路线，确立党的基本纲领、基本经验，确立社会主义市场经济体制的改革目标和基本框架，确立社会主义初级阶段的基本经济制度和分配制度。这体现了我们党一切从实际出发、用实践检验真理的实事求是精神，体现了我们党与时俱进、不断探索的勇于实践精神，体现了我们党在实践中丰富和发展马克思主义的理论创新精神。

（二）建设中国特色社会主义的总布局是"五位一体"。"五位一体"是指社会主义市场经济、社会主义民主政治、社会主义先进文化、社会主义和谐社会、社会主义生态文明建设。值得注意的是，党的十八大报告将生态文明建设提升到更高的战略层面，把中国特色社会主义事业总体布局由经济建设、政治建设、文化建设、社会建设"四位一体"拓展为包括生态文明建设的"五位一体"，并在报告里单列一篇论述生态文明，体现了我们党对中国特色社会主义总体布局认识的深化。中国特色社会主义的总布局，符合经济基础和上层建筑相适应、人与自然和谐共处、当前发展和未来发展相统一的人类社会发展客观规律，是贯彻落实科学发展观的生动体现。

（三）建设中国特色社会主义的总任务是实现社会主义现代化和中华民族伟大复兴。争取民族独立、人民解放，实现国家富强、人民富裕，是中国人民百年来努力奋斗的目标。我们党成立 90 多年来，紧紧依靠人民，取得了一系列的伟大胜利，开创和发展了中国特色社会主义。建设中国特色社会主义的最终目的是促进人的全面发展，逐步实现全体人民共同富裕，建设富强民主文明和谐的社会主义现代化国家。可见，建设中国特色的社会主义的总任务，既继承了中华儿女、仁人志士百年来实现民族复兴的伟大理想，具有深厚的历史背景，又把马克思主义基本原理同中国实际和时代特征结合起来，具有宏伟广阔的未来愿景。

（四）在新的历史条件下夺取中国特色社会主义新胜利，要牢牢把握"八个基本要求"。一是必须坚持人民主体地位；二是必须坚持解放和发展社会生产力；三是必须坚持推进改革开放；四是必须坚持维护社会公平正义；五是必须坚持走共同富裕道路；六是必须坚持促进社会和谐；七是必须坚持和平发展；八是必须坚持党的领导。这"八个基本要求"，是改革开放 30 多年来我们党在坚持和发展中国特色社会主义伟大实践中的宝贵经验，是新的历史条件下夺取中国特色社会主义新胜利的基本要求。

二、深刻理解现阶段夺取中国特色社会主义新胜利的目标和任务

现阶段夺取中国特色社会主义新胜利的总目标是，确保到 2020 年实

现全面建成小康社会。现阶段夺取中国特色社会主义新胜利的任务有五项：一是经济持续健康发展，转变经济发展方式取得重大进展，实现国内生产总值和城乡居民人均收入比 2010 年翻一番；二是人民民主不断扩大，依法治国基本方略全面落实，人权得到切实尊重和保障；三是文化软实力显著增强，文化产品更加丰富，文化产业成为国民经济支柱产业；四是人民生活水平全面提高，基本公共服务均等化总体实现，收入分配差距缩小，社会保障全民覆盖；五是资源节约型、环境友好型社会建设取得重大进展。

十八大提出的全面建成小康社会奋斗的目标和任务，是我们党科学分析国内国外形势，正确判断我国仍处于可以大有作为的重要战略机遇期的基础上提出的新要求。这些新要求，是对过去十年全面建设小康社会目标的充实和完善，符合中国特色社会主义全面发展的内在要求，符合深化改革开放、加快转变经济发展方式攻坚时期的实践需要，既与十六大、十七大提出的目标相衔接，又更加切合我国现阶段发展新的实际情况。例如，在经济建设方面，更加重视发展成果人民共享，新增"城乡居民人均收入比 2010 年翻一番"的目标；在政治建设方面，更加重视扩大人民民主，注重维护普世价值，新增"人权得到切实尊重和保障"的要求；等等。

十八大还明确了深化改革开放的重点：一是加快完善社会主义市场经济体制；二是加快推进社会主义民主政治制度化、规范化、程序化；三是加快完善文化管理体制和文化生产经营机制；四是加快形成科学有效的社会管理体制；五是加快建立生态文明制度，健全国土空间开发、资源节约、生态环境保护的体制机制。这五方面的内容，涵盖了全面深化改革开放的主攻方向、目标和重点任务，为深化改革开放指明了方向，充分体现了我们党进一步深化改革开放的自觉性和坚定性。

三、全面理解现阶段金融改革创新科学发展的工作任务

十八大对进一步深化我国金融改革开放发展，作出了全面部署。十八

大报告明确提出现阶段金融改革创新科学发展的工作任务是："深化金融体制改革，健全促进宏观经济稳定、支持实体经济发展的现代金融体系，加快发展多层次资本市场，稳步推进利率和汇率市场化改革，逐步实现人民币资本项目可兑换。加快发展民营金融机构。完善金融监管，推进金融创新，提高银行、证券、保险等行业竞争力，维护金融稳定。"这为深化金融体制改革、提升金融产业科学发展的水平，提高金融支持全面建成小康社会的能力指明了方向，对广东地方金融工作具有很强的理论和现实指导意义。

首先，深化金融体制改革、完善金融监管为广东建立适应实体经济发展和民生需求的现代金融管理体制提供了根本依据。"十一五"以来，广东金融产业科学发展、金融强省建设取得显著成绩。但受现行的金融管理体制制约，"金融滞后"问题依然突出，存在金融发展阶段与经济社会发展阶段不相适应、金融发展方式与加快转变经济发展方式不相适应、金融资源配置能力效率与全社会巨大的投融资需求不相适应、金融开放程度与经济发展内外并举的新格局不相适应的"四个不相适应"问题。建立中央与地方分层监管的现代金融监管体制，在地方建立适应实体经济发展和民生需求的地方金融管理体制，是解决"四个不相适应"问题的根本出路，完全可以作为贯彻落实十八大关于深化金融体制改革部署的政策选择。

其次，加快金融市场改革开放、推进金融创新为全面实施《广东省建设珠江三角洲金融改革创新综合试验区总体方案》提供了有利契机。珠江三角洲金融改革创新综合试验区的规划设计，是广东利用试验区先行先试政策优势，推动金融领域进一步开放、建设现代金融体系以及解决中小微企业融资难、融资贵等问题率先开展的探索，覆盖内容广泛、涉及范围大，完全符合十八大关于推进金融创新的战略部署。党的十八大决定加快金融市场化改革和对外开放，有利于广东省积极争取中央各相关部委和全国性金融机构总部的大力支持，必将促进广东省加快珠三角金融改革创新综合试验区建设步伐。

最后，维护金融稳定对进一步提高全省金融抗风险能力提出了更高的要求。防范金融风险确保金融安全是金融工作的生命线。当前国际金融市场动荡不已，欧债危机持续发酵，我国经济步入中等增速阶段，广东经济转型升级处于攻坚克难的关键时期，客观上要求我们在推动金融改革开放创新发展的同时，必须高度重视防范金融风险，提高对地区金融突发事件的处置能力，防止个别金融风险事件演化成系统性区域性金融风险。

此外，十八大关于实施创新发展战略、推进经济结构战略性调整、推动城乡一体化、全面提高开放型经济水平，以及增强文化整体实力竞争力、推动实现更高质量的就业、增加居民收入、全面节约资源等战略部署，虽然没有明确提到金融改革创新科学发展的工作任务，但对金融支持加快转变经济发展方式全面建成小康社会提出了更新的课题。

四、为建设中国特色社会主义作出新贡献

"十一五"期间广东金融发展取得的显著成绩，是我们在省委、省政府正确领导下，贯彻落实科学发展观的实践成果，完全符合十八大精神实质。我们要继续贯彻中央和省委的部署要求，把认真学习宣传和全面贯彻落实党的十八大精神，作为当前和今后一个时期的首要政治任务，切实把思想统一到党的十八大精神上来，把力量凝聚到实现中央和省委确定的各项金融改革创新科学发展任务上来，加快建设金融强省，为建设中国特色社会主义作出新贡献。

（一）促进金融产业科学发展，为践行科学发展观继续作出积极探索

最近时期，广东金融产业快速健康发展，践行科学发展观取得重要成果。在现阶段，作为经济社会的"血液循环系统"，金融必须加快转变发展方式，才能增强对经济社会的"输血造血"功能。要以全面实施国务院批准的《广东省建设珠江三角洲金融改革创新综合试验区总体方案》和贯

彻落实省委省政府《关于全面推进金融强省建设若干问题的决定》为契机，实现广东金融新一轮科学发展。

一是全面建设珠三角金融改革创新综合试验区，建成促进宏观经济稳定、支持实体经济发展的现代金融体系。要努力在国家金融改革重点领域和关键环节先行先试，开展金融制度、金融市场、金融机构、金融产品等创新。要优化产业布局，增强广州、深圳两个中心城市的辐射带动能力，打造深圳前海、珠海横琴及广州南沙金融改革创新和开放发展重要平台，推进珠三角金融一体化和粤东西北地区金融跨越发展。

二是增强广东金融体系的资源配置能力和市场竞争力。要大力支持广东省金融龙头企业提高国际竞争力和行业影响力，培育发展股权投资、融资租赁等创新型金融机构，建立区域性股权交易、碳排放交易、商品期货、金融资产等各类产权市场和金融交易平台，鼓励金融机构有序推进金融产品创新。

三是提升广东金融市场的国际化水平。要深入推动粤港澳金融融合发展，积极开展跨境人民币业务创新，加大对外经贸转型的金融支持力度。发展金融服务外包业务，打造金融后援服务产业园区。提高金融市场和业务对外开放的程度，推动广东金融市场逐步与国际金融市场接轨。

四是规范和引导民间金融发展。要积极引导民间资本进入金融服务领域，加快完善建设广州"民间金融一条街"。探索建立健全民间融资监测体系，加强民间融资规范化管理，引导民间借贷网络平台规范发展，促进民间融资健康发展。

（二）大力支持经济增长，为全面建设小康社会作出新贡献

要充分发挥金融服务实体经济的核心作用，支持广东保持经济平稳健康可持续发展，为全面建成小康社会提供坚实的物质基础。

一是落实重要战略合作协议，动员更多金融资源支持全省经济社会发展。要认真落实省政府与国内主要银行机构签订的战略合作协议，积极支

持广东重点领域、重点项目建设和外经贸企业转型升级。要落实省政府与上交所、深交所签订的战略合作框架协议，推进开展中小企业利用私募债融资工作。要积极探索广东在重大基础设施建设中利用多种资本市场工具融资。

二是促进金融、科技、产业融合发展。要优化财政资金使用方式，将现代金融支持手段与财政扶持手段相结合，大力支持转型升级。例如，培育发展支持社会创业的创业投资引导基金和创业投资担保公司，积极组建为科技型企业融资服务的专业银行，大力推动科技型企业上市，为科技型企业加快发展打造强有力的融资支持体系；建立技术改造贷款、并购贷款的补贴机制，实行差异化贷款管理，鼓励传统优势产业转型升级。

三是支持"三农"发展。要完善农村金融服务体系，深化农村信用社改革，发挥邮政储蓄银行等金融机构作用，全力服务"三农"。要创新农村金融服务方式，借鉴、总结省内外有关农村专业合作组织金融服务创新、农村生产要素权属抵质押贷款试点等经验做法，加大对农村经济建设和农业集约经营的金融支持。

四是培育新型绿色金融业态，支持生态文明建设。发展低碳金融，既是培育新的经济增长点的有效途径，也是支持生态文明建设的有力措施。要引导金融机构加大对节能减排企业或项目、环境整治与保护工程的信贷投放力度，推广合同能源管理方式。要支持风电、核电、节能环保等绿色企业上市及发行债券，支持发起设立能源产业投资基金以及以低碳领域为投资重点的股权投资基金。要积极探索开展环境污染责任保险等绿色保险试点。要积极开展碳排放权交易试点并逐步建立有影响力的碳交易市场。

（三）大力惠民生，为建设幸福广东作出新贡献

要认真总结推广已经取得的成功经验，着力发展民生金融，为人民安居乐业、增强幸福感、共享经济社会发展成果作出积极贡献。

一是创新运用保险机制改善社会管理。以推广"湛江模式"为契机，

积极探索商业金融参与医疗保障体系建设的新模式，创新养老金投资方式和模式，开展个人税收递延型养老保险试点，提高养老保障水平。发挥商业保险公司专业化优势，大力发展责任保险，提高社会自我管理和应对风险的能力。

二是加大对社会民生事业建设的金融支持。推动房地产信托投资基金试点，鼓励铁路交通、公用事业等行业发行资产支持证券。加强对文化创意产业的文化服务体系的金融支持，加强金融文化建设。

三是建立覆盖全面、服务高效的社区金融服务体系。加大对社会民生事业建设的金融支持。培育发展消费信贷，支持发展小额创业信贷，研究制定小额贷款公司发展扶持政策，推动金融创新促进农民增收、改善农村民生、增进农民福祉。

（四）全力保稳定，为创建平安广东作出新贡献

要发挥金融参与社会管理的功能，积极维护地方金融和经济社会稳定，为创新社会管理模式、创建平安广东贡献新力量。

一是增强地方金融风险防范和处置能力。要建立健全金融稳定机制，加强地方金融风险监测预警，完善全省金融突发事件应急预机制。要提高上市公司质量，规范上市公司发展，建立健全各类交易场所的长效监管机制。

二是积极稳妥处置金融机构风险。要妥善处置融资担保单体机构风险，守住不发生系统性风险的底线，提高行业信誉。要建立处置非法集资长效机制，积极开展防范和打击非法集资宣传教育活动，稳妥推进重大非法集资案件处置工作。

三是落实"三打两建"工作和"八大行动"工作部署。要积极开展金融市场监管体系和信用体系建设，完善地方金融市场监管体系，加强农村社会信用体系建设、政务诚信建设和诚信宣传教育，推动银行、证券、保险行业信用体系建设。要加大推广民营科技园"三资融合"建设模式、促进粤东西北地区城区扩容提质、降低企业获得信贷的难度等方面的工作力度。

省金融办 2008 年以来的工作总结

一、2008 年以来的主要工作情况

2008 年以来，广东省金融办会同中央驻粤金融监管部门以及省直有关部门，大力发展金融产业、建设金融强省，推动金融业实现大发展大跨越，为加快转型升级、建设幸福广东提供了强有力支持。主要工作如下：

第一，大力发展金融产业，成功将金融业打造成为国民经济的支柱产业。创造性地以做产业集群的思维来发展金融业，完善全省金融产业发展布局、规划和产业政策，强化广州、深圳区域金融中心辐射带动作用，推动建立广州国际金融城、广东金融高新技术服务区等现代金融产业聚集区，打造中国（广州）国际金融交易·博览会等产业发展平台。5 年内全省金融业增加值年均增长达28%，2011 年达3123 亿元，是2007 年的1.83倍，占 GDP 的比重从不足3%提高到2011 年的6%以上；2011 年末全省金融机构总资产达 13.08 万亿元，是 2007 年末的 2 倍，从 2009 年起超过香港；2012 年全省共有各类金融和准金融机构超过 700 家，金融从业人员近70 万人。

第二，推动金融改革创新先行先试，成功建立金融改革创新综合试验区。一方面，历经 4 年多努力，成功争取到国家赋予的金融改革创新试验区的"尚方宝剑"。2008 年，珠三角《规划纲要》提出在广东省建设珠江三角洲金融改革创新综合试验区，省金融办积极制订《广东省建设珠江三角洲金融改革创新综合试验区总体方案》并争取中央批准，已于 2012 年 6

月经国务院批准，由中国人民银行等八部委联合印发执行。另一方面，在争取政策的同时，在国家允许的范围内积极开展金融改革创新实践。包括在全国率先开展了跨境贸易人民币结算，结算量占全国的 1/3；创新了商业保险参与医保体系建设的"湛江模式"；建立了区域性 OTC 市场；创新了农村金融服务体系建设的"梅州模式"和农村信用体系建设的"郁南经验"等。

第三，深化地方金融机构改革，建立具有广东特色的地方金融组织体系。2008 年以来，广东省努力推动地方金融机构改革，全面化解历史遗留包袱，大力创设新的金融机构或组织，2009 年完成了农信社央行票据兑付工作，2011 年完成全部地方商业银行改革重组工作，到 2012 年 9 月末共改制了 13 家农村商业银行，组建了 27 家村镇银行、251 家小额贷款公司和 395 家融资性担保公司，以及一系列财务公司、汽车金融公司等创新型金融机构，另有 15 家农信联社获批改制，金融体系的资本实力、资产质量和规模以及效益大幅提高，运营效率、竞争实力和抗风险能力全面增强。2012 年 6 月末全省银行机构实收资本 1978 亿元，是 2007 年底的接近 2 倍；不良资产为 1.4%，比 2007 年底降低 4.3 个百分点。金融体系的完善促进金融资源配置效率不断提升，贷存比从 2007 年底的 62.5% 上升至 2012 年 9 月末的 65.1%，金融对现代产业体系建设、区域和城乡协调发展等的支持逐步增强，2009～2011 年涉农贷款、中小企业贷款增速连续三年高于全省贷款平均增速。

第四，全面深化粤港澳金融合作，构建金融合作开放新格局。与香港特别行政区、澳门特别行政区政府金融工作部门紧密合作，共同建立了粤港、粤澳金融合作的长效机制，确定了金融合作的方向和主要内容；充分利用 CEPA 框架下粤港澳服务业合作先行先试的政策优势，共同推动粤港澳金融市场融合发展，目前港资银行已在广东省设立了 120 多家营业性机构，有 130 多家广东企业赴香港上市。特别是，推动在南沙、横琴、前海开展人民币资本项目自由兑换、离岸金融等十多项重要的金融创新特殊政策，推动将横琴、前海等地金融创新也上升为国家战略。

第五，努力防范化解金融风险，建设金融安全区。不仅妥善解决了历史遗留金融风险问题，还成功抵御了国际金融危机的严峻挑战，银行不良贷款率从2007年底的5.7%降到了1.4%的历史最好水平，更建立了金融突发事件应急机制、非法集资案件处置机制、地方中小金融机构（组织）监管机制，积极推动社会信用体系建设，确保地方金融平稳有序运行。

二、2012年的主要工作举措

2012年以来，广东长期积累的结构性矛盾和经济波动因素叠加，经济形势比较严峻。省金融办围绕省委、省政府中心工作，积极应对经济形势变化，组织全省金融界切实做好稳增长、调结构、促民生各项重点金融工作。主要工作如下：

第一，着力稳增长，切实解决经济下行期间企业和重点项目的资金困难问题。推动"产融对接"，举办首届中国（广州）国际金融交易博览会，促成产融对接项目近200个，金额达7000多亿元；推动大型金融机构加大对广东省的金融资源投入和创新支持力度，3月份分别与工、农、中、建等8家全国性大型商业银行开展战略合作，促成超过500亿元信贷资源向广东省倾斜。进一步完善中小微金融服务体系，力求降低经济下行周期中银行信用收缩对中小企业较大的负面影响，推动省政府出台《关于支持中小微企业融资的若干意见》；2012年新成立4家村镇银行，新批设38家小额贷款公司，实现全省每个县级行政区均有1家以上小额贷款公司，进一步推进融资担保公司规范整顿工作，完善了小微金融服务组织体系；发行了中小企业私募债等中小企业直接融资工具，拓宽中小企业融资渠道；创造性地率先在全国建立广州民间金融街，以机构聚集化和定价公开化来促进广东庞大地下民间融资的规范化、"阳光"化，目前已聚集超过32家小微型金融组织。

第二，着力调结构，加快建立健全驱动转型升级的高效金融机制。一是着力推进金融、科技、产业融合创新发展，促进经济发展实现创新驱动。整顿清理区域内产权交易市场，创新成立了深圳前海股权交易中心和广州股权交易中心，非上市、非公众的创新型、成长性企业的场外融资平台逐步成形；与全国社保基金理事会、中金公司等资金实力雄厚的资产管理类机构合作，推动在广东省设立大型产业投资基金，推动产业加速整合提升；在全国资本市场总体表现不佳、上市门槛收紧的情况下想方设法推动企业上市，上半年新增上市企业 32 家。二是大力推动在前海、横琴等地开展金融创新，加快推动重大平台建设。广东省上报国务院的在深圳前海地区开展金融改革创新先行试验的请示得到批复，获得粤港跨境人民币业务等一系列金融特殊政策；与珠海市合作，落实国务院 2010 年批复横琴开展金融创新的各项政策，加快在横琴探索开展组建多币种产业投资基金等金融制度创新，两个重要平台均已将金融创新发展作为建设的核心内容。南沙、东莞台湾高科技园等重大平台的金融创新谋划工作也正在紧锣密鼓地开展中。此外，省金融办还推动加快广东金融高新技术服务区建设，6 月末已有 85 家金融机构和金融服务外包企业进驻，总投资额超过 270 亿元。

第三，着力促民生，完善支持社会民生事业发展金融服务体系。一是积极推广"湛江模式"，支持提高城乡居民医疗的服务水平。与省人力资源和社会保障厅、广东保监局共同推动在全省推广医疗保险的"湛江模式"，推广试点将率先在汕头、肇庆、清远、云浮 4 市进行。二是积极发展责任保险，通过政府购买服务的方式，利用市场化的保险机制提升广东省公共安全体系建设水平。2012 年已会同广东保监局起草并向省政府上报了《关于加快发展责任保险促进广东省公共安全体系建设的实施意见》，提出了一系列有力的政策措施。三是做好政策性农村住房保险协议到期续签工作，加强农村住房的风险保障。全年全省农户参保率保持在 95%以上。

在国家政策放宽和广东省金融界自身努力的共同作用下，金融业逐渐从 2011 年流动性紧张的局面缓和过来，保持平稳健康的良好发展势头，充分体现出经济社会发展的的"稳定器"和"加速器"作用。前三个季度全省金融业增加值 2105.89 亿元，同比增长 9.2%。在银行信贷市场方面，9 月末中外资金融机构本外币贷款余额 65584 亿元，同比增长 14.7%，分别比第一、第二季度高 1.2 个和 0.9 个百分点；本外币存款余额 100705 亿元，同比增长 13.6%，增速分别第一、第二季度高 2.3 个和 1.4 个百分点。在资本市场方面，到 9 月末，全省有 391 家上市公司，本年新增 32 家上市公司，继续保持总体规模、增长速度在全国领先的位置。在保险市场方面，全省实现保费收入 1300.8 亿元，同比增长 4.9%。

三、关于当前工作的形势分析

受 2011 年以来国家紧缩的货币和信贷政策和经济下行的影响，2012 年以来广东省金融体系运行的复杂性有所提高，但整体仍然保持健康稳健运行，表现出很强的适应调整能力；在政府金融部门和金融监管机构的主动作为下，在经济下行周期基本有效克服了所谓的金融加速经济下滑的"顺周期性"，发挥出"逆周期"的市场调节和稳定作用；在产业转型升级中不仅没有被动地形成金融资源的呆滞，而且成为加快产业转型升级的强大引擎。随着国家稳增长政策的逐步出台，金融运行正较快地向正常路径上回归，前三个季度金融业各项指标逐月稳步上升。未来一段时期，尽管金融运行形势仍将比较复杂，但只要引导调节得当，不仅不会发生系统性金融风险，而且将会在转型升级过程中不断提高创新和发展能力，实现金融体系自身的转型升级。主要判断依据是：

第一，金融基本面比较稳健。金融并未在前些年经济高速增长期间放宽信用门槛而积累大量"信贷泡沫"，主要信贷抵押物房地产抵押比重较低，而且房地产价格巨跌的可能性很小，因此只要经济不要出现"崩溃式"下行，通过相机调节，金融体系"顺周期性"不会表现得十分明显。并且如前所述，经过近年来的改革重组，妥善化解了历史金融包袱，全面提高金融机构的资产质量、风险控制能力和市场反应能力，提升了金融市场的深度和广度，应该足以应对一定的冲击。

第二，支持自主创新和产业结构调整的金融机制逐渐成形。正如上述所说，近年来我们积极培育的风险投资、融资租赁、集团财务等创新型金融机构和知识产权质押等创新金融产品发展迅速，而传统的银行、证券和保险机构也健全了金融机构的公司治理，提高经营能力，正在向与现代产业发展相适应的现代金融机构转型，同时在政策上支持和鼓励金融创新的氛围已经形成，假以时日，必能成为产业转型升级的强大驱动力。

第三，发展金融还有很大空间。2011 年末广东省银行存贷比只有 66%，远低于浙江的 87.4%、天津的 90.5%、江苏的 72.8%、山东的 79.9%、重庆的 81.8%；单位 GDP 增长所需要的信贷投入为 1.1 元，高于江苏的 0.98 元、山东的 0.83 元，低于浙江的 1.66 元、天津的 1.42 元、重庆的 1.31 元。这一方面表明广东省经济增长的"信贷驱动"不明显，发展质量较优，信用链条远没有像其他省份那样紧绷，整体运行风险较小；另一方面也表明广东省仍存在巨大的金融资源闲置。只要把存贷比提升到 75% 监管水平上限，每年可为经济注入超过 8000 亿元信贷投入，按照现行信贷投入和 GDP 产出比例估算，可每年形成超过 9900 亿元增加值产出。可以说，广东省的金融是一个尚未充分开掘的"金山"，只要更充分地利用金融资源形成强大的资本优势，与广东省市场优势"双轮驱动"，必能推动广东省经济"率先突围"、形成新一轮的高速增长。

四、今后五年的工作思路

2012 年初国家召开了第四次全国金融工作会议，6 月国家同意广东建设珠江三角洲金融改革创新试验区，省委、省政府召开了高规格的全省金融工作会议，8 月省委省政府出台了《关于全面推进金融强省建设若干问题的决定》，当前广东以巨额的金融资产总量、高质量的金融资产质量、先行先试的金融政策和强劲的改革创新能力，迈入到全面建设金融强省新的历史时期。新时期，省金融办推动金融改革创新、科学发展总的思路是：围绕"加快转型升级、建设幸福广东"核心任务，以服务实体经济为立足点，以市场化改革创新为推动力，以防范化解风险为生命线，完善金融管理体制，优化金融生态环境，建设现代金融体系，大力发展国际金融、科技金融、产业金融、农村金融、民生金融，进一步提高金融产业在现代产业体系中支柱产业的地位，显著增强金融对调结构、促转型、稳增长、惠民生的支撑推动作用，有效提高金融业的国际化水平、综合服务水平，全面建成发展后劲强、市场辐射力强、市场竞争力强、风险管理能力强、对经济社会发展支撑力强的金融强省。到 2015 年，预计金融业增加值占 GDP 比重达 8%，直接融资比重达 30%，地方金融机构资产占全省金融总资产比重超过 1/3。我们将开展的主要工作如下：

第一，发挥金融改革创新综合试验区政策优势，着力推动金融改革创新先行先试。制定出台贯彻落实《总体方案》的实施意见，把国家赋予的金融先行先试政策落到实处，把珠三角地区建设成为全国金融创新最活跃的区域。抓好深圳前海、珠海横琴、广州南沙等金融创新平台建设，打造引领金融改革创新的重要引擎。统筹金融改革创新的规划布局，加快广州、深圳、梅州、云浮、湛江、珠海、佛山、中山等重点金融改革创新地区的金融工作步伐，形成特色鲜明、优势互补的金融改革创新全新格局。

第二，加快转变金融发展方式，着力构建具有较强竞争力的现代金融体系。支持地方金融机构巩固发展优势、加快做大做强。积极培育和规范发展区域性股权交易市场，为非上市公司提供综合服务。在清理整顿的基础上，以市场化方式整合培育区域产权交易所，培育壮大产权市场。争取国家支持，探索发展商品期货、金融期货、黄金、保险等交易市场。继续推动省农信联社进一步深化改革，推动符合条件的农村信用社改制为农村商业银行或完成股权改造，通过定向合作等手段解决困难地区农信社发展问题。鼓励民间资本进入金融服务领域，规范发展小额贷款公司、融资性担保公司，争取率先开展"社区银行"试点。

第三，坚持以服务实体经济为首要任务，着力促进产业转型升级。落实与中国银行、中国建设银行、中国邮政储蓄银行等各大金融机构签署的战略合作协议，争取银行金融机构加大对广东的资金投放，鼓励银行机构加大对产业转型升级的信贷支持。以国家级高新区和省级战略性新兴产业基地为平台，深入开展金融、科技、产业融合创新试点。充分发挥广东省产业优势，鼓励金融机构依托产业集群、产业链开展海洋金融、汽车金融、网络金融、碳金融等特色产业金融创新。进一步完善中小微企业融资服务，构建支持中小微企业融资的长效机制。

第四，提高金融服务社会民生水平，着力支持幸福广东建设。创新运用保险机制，发展各种类型的责任保险提高公共服务供给能力和社会管理效率。引导金融机构加大对社会民生的金融支持，探索推行资产证券化、拓宽保险资金运用渠道等，为保障房建设、市政建设和重大项目建设提供资金支持。总结推广"湛江模式"，创新具有广东特色的医保模式，积极发展医疗、养老、意外伤害、教育等民生保险产品。总结推广梅州、郁南等地社会信用体系建设经验，在县域建立征信中心和为农户建设信用信息系统。

第五，全面深化粤港澳金融合作，着力构建金融对内对外开放新格局。继续推进 CEPA 框架下粤港澳金融合作先行先试，利用与港澳直接对接的优势，推动三地金融市场融合发展，促进金融资源自由流动。把握人民币国际化的历史机遇，与香港合作发展跨境人民币业务，开展跨境双向人民币贷款、广东企业赴香港发行人民币债券等重要试点。以深圳前海、珠海横琴、广州南沙作为发展国际金融的重要平台，吸引国内外大型金融机构设立区域总部或分支机构，以广东金融高新技术服务区等作为发展后援服务的重要基地，积极承接国际金融服务外包业务。加大对广东企业"走出去"金融支持力度。

第六，建立金融风险防范化解新机制，着力维护金融稳定。加强地方金融部门与省直有关部门以及中央驻粤金融监管机构的沟通协调，形成监管合力，不断提升监管有效性。强化地方政府金融风险处置责任，加快建立健全全省金融风险监测和预警系统，加强地方金融风险事前预判和防范。加强对小额贷款公司、融资性担保机构的服务和监管，确保地方中小金融机构稳健发展。

五、2013 年的工作安排

2013 年，省金融办将全面推动落实《广东省建设珠江三角洲金融改革创新综合试验区总体方案》和《中共广东省委广东省人民政府关于全面推进金融强省建设若干问题的决定》，抓住时机，趁势而上，大力发展国际金融、科技金融、产业金融、农村金融、民生金融，进一步提高金融产业在现代产业体系中支柱产业的地位，进一步增强金融对调结构、促转型、稳增长、惠民生的支撑推动作用。

第一，在金融改革创新先行先试上下功夫，全面推进珠江三角洲金融改革创新试验区建设。制订出台《广东省建设珠江三角洲金融改革创新综合试验区总体方案》实施细则，推动建立起由中央有关部委和广东省人民政府密切合作的部省合作机制。推动广州、深圳、梅州、云浮、湛江、珠海、佛山、中山、揭阳等重点地区加快金融改革创新发展，推动省内各地、各有关金融机构根据试验区所赋予的特殊政策加快制订有关实施方案或配套政策，确保将试验区各项政策落到实处。继续做好前海、横琴、南沙金融创新发展的政策研究和向国家争取的有关工作，以金融推动加快省重点平台建设。研究制订出台珠三角保险创新试验区建设方案，将深圳市保险改革试验区相关政策扩大到珠三角地区。

第二，在深化落实"五个金融"上下功夫，全面强化金融对实体经济的支持。在产业金融方面，着力加大投资的金融支持力度，多渠道拓宽融资渠道，确保进行中、新获批、新开工项目的资金需求。在科技金融方面，探索组建科技小额贷款公司和科技融资担保公司，以及科技金融服务集团和文化融资担保公司，规范并加快发展股权交易市场和区域产权交易市场，进一步强化科技产业化的金融支持。在国际金融方面，鼓励金融机构加强对广东省外贸企业综合金融服务，积极支持广东省企业"走出去"；着力推进人民币业务创新，推动资本项目外汇管理创新，加强对外经贸转型的金融支持。在民生金融方面，逐条落实省政府《关于支持中小微企业融资的若干意见》，加大对大中小微企业融资支持力度；推广广州金融街经验，推动小贷、融资担保公司聚集发展，建设民生金融示范基地；积极发展责任保险和政策性农业保险，切实发挥保险维护社会稳定、加强风险保障功能。在农村金融方面，加快完善农村金融服务体系，加快梅州、云浮农村金融改革创新综合试验区建设，特别是将要按照省政府即将出台《广东省农村金融工作督察考评办法》，加强督察考核，提高各地农村金融工作的积极性。

第三，加快发展地方性金融机构上下功夫，全面建设具有广东特色的地方金融体系。推动组建省属金融控股公司，建立推动地方金融机构加快改革重组的有力抓手。研究制订扶持地方性金融机构发展的有关意见，推动地方金融机构做大做强，强化对地方的金融服务能力。推动省农信联社深化改革，进一步理顺管理体制，继续推进符合条件的农村信用社的产权制度改革工作，加快推进农村信用社定向合作，促进全省农村合作金融机构健康可持续发展。继续推进新型农村金融机构组建工作。争取组建科技银行、友邦粤财养老保险公司、政策性农业保险等创新型金融机构。

第四，在加强金融风险防范上下功夫，全面维护经济下行期的金融安全稳定。建立地方金融风险旬报制度，实时监测可能存在的风险隐患；完善金融稳定协调工作领导机制，加强联动、形成维护地方金融稳定的合力。修订《广东金融突发事件应急预案》，完善各种金融突发事件的应对处置。继续监测民间金融风险，促进民间融资规范健康发展。完善非法集资处置工作机制，努力做好处置非法集资工作。抓好小贷、担保两类机构的监管工作，制定并落实小贷、担保两类机构监管工作检查考评办法，对各地的监管工作进行督察考评，逐步建立对各地方政府监管部门的履职评价制度。此外，还要加快城信社清算撤销工作，指导汕头市做好汕特联社改革工作，处置完成历史遗留金融问题。

后　记

在互联网时代的地球村里，有一个人人都离不开的好东西：路由器。它就是计算机网络中用来判断网络地址与选择路径的智能连接设备。它能在多网络互联环境中，建立灵活的连接，并能选择最短路径，准确地将数据包输送到目的地。

在信息时代的金融世界里，金融资源已长出可飞翔蓝天的翅膀，资本的天然属性是发振这对翅膀的原动力，有翅膀总要飞翔。

在金融人的梦想里，应有一个"金融路由器"。

在我撰写本书期间，国际金融危机对中国经济、金融的影响日益加深，审慎监管的呼声很高，按传统观念，我不应有"金融路由器"的奢望；但7年来，广东金融界70万同仁沉着应对金融危机的影响，科学发展金融产业，交出了一份"帮忙不添乱，逆势争上游"的优秀答卷，其中不乏建设"金融路由器"的一些积极探索。

《金融发展探索》既是我个人学习、实践的重要总结，也是我和我的同事们努力探索的重要总结。我衷心感谢直接领导我工作的广东省政府各位领导同志！衷心感谢同我一起努力工作的同事们！

当完成本书的时候，我深深感谢给予我具体支持帮助的各位同事和朋友，深深感谢中国工程院院士、吉林大学校长李元元老师写序推荐本书。

2015 年 10 月